U0511104

陈祖武学术文集

清代学术源流

陈祖武　著

创于1897　商务印书馆
The Commercial Press

图书在版编目（CIP）数据

清代学术源流 / 陈祖武著. — 北京：商务印书馆，
2023
（陈祖武学术文集）
ISBN 978-7-100-21428-5

I. ①清… II. ①陈… III. ①学术思想－思想史－
研究－中国－清代 IV. ①B249.05

中国版本图书馆CIP数据核字（2022）第118413号

陈祖武学术文集
清代学术源流
陈祖武 著

商 务 印 书 馆 出 版
（北京王府井大街36号 邮政编码 100710）
商 务 印 书 馆 发 行
三河市尚艺印装有限公司印刷
ISBN 978 - 7 - 100 - 21428 - 5

2023 年 4 月第 1 版　　　开本 680×960　1/16
2023 年 4 月第 1 次印刷　　印张 32 1/4
定价：188.00 元

作 者 简 介

陈祖武，1943 年 10 月生于贵州省贵阳市。1965 年 7 月，毕业于贵州大学历史系。1981 年 7 月，毕业于中国社会科学院研究生院历史系。历任中国社会科学院历史研究所研究实习员、助理研究员、副研究员、研究员。2006 年，当选中国社会科学院首届学部委员。1998 年至 2008 年，任历史研究所所长。2009 年，被国务院聘为中央文史馆馆员，至今一直在馆员岗位履职。主要学术著作有《中国学案史》《清初学术思辨录》《乾嘉学术编年》《乾嘉学派研究》《清代学术源流》《清代学者象传校补》《清史稿儒林传校读记》等。兼任全国古籍规划小组成员，主要古籍整理成果有《榕村语录》《杨园先生全集》《清儒学案》《榕村全书》等。

学术文集自序

　　生也有涯，学无止境，读书为学一生，不觉已届桑榆景迫。饮水思源，不忘根本。我生在贵州，长在贵州，是在五星红旗下成长起来的新中国学人。从小学、中学一直到大学，我在家乡接受了系统的学校教育。家乡的山山水水和各民族父老乡亲的养育，赋予我坚定不渝的家国情怀和艰苦奋斗的精神品格。一九六五年七月，由贵州大学历史系毕业，从此告别故乡。始而昆明，继之北京，负笈南北，萧师多益，一步一个脚印地摸索前行。

　　晚近以来，病痛缠身，几同废物。回过头去看一看艰难跋涉的足迹，无间寒暑，朝夕以之，数十年功课皆在伏案恭读清儒学术文献之中。恪遵前辈师长教诲，历年读书为学，每有所得，则只言片语，随手札记。日积月累，由少而多，居然亦能自成片段。承出版界诸多师友厚爱，从一九八三年中华书局约撰《中国历史小丛书》之"顾炎武"，到二〇二二年商务印书馆刊行之《中国学案史》和《感恩师友录》，四十年间，废书所得幸获十馀次结集。

　　近期，又蒙商务印书馆盛谊，拟将我数十年之历次为学结集汇为一帙，凭以为新时代之浩瀚学海存此一粟，奉请方家大雅赐教。传承学脉，德高谊厚，谨致深切谢忱。责任编辑鲍海燕同志，不辞辛劳，竞竞业业，置疫情肆代于不顾，屡屡枉驾寒舍，斟酌商量，精益求精，年轻俊彦如此之敬业精神，最是令我终身铭感。

陈祖武　谨识
二〇二二年五月廿日

陈祖武学术文集自序

生也有涯，学无止境，读书为学一生，不觉已屈桑榆景迫。饮水思源，不忘根本。我生在贵州，长在贵州，是在五星红旗下成长起来的新中国学人。从小学、中学一直到大学，我在家乡接受了系统的学校教育。家乡的山山水水和各民族父老乡亲的养育，赋予我坚定不渝的家国情怀和艰苦奋斗的精神品格。一九六五年七月，由贵州大学历史系毕业，从此告别故乡。始而昆明，继之北京，负笈南北，兼师多益，一步一个脚印地摸索前行。

晚近以来，病痛缠身，几同废物。回过头去看一看艰难跋涉的足迹，无间寒暑，朝夕以之，数十年功课皆在伏案恭读清儒学术文献之中。恪遵前辈师长教诲，历年读书为学，每有所得，则只言片语，随手札记。日积月累，由少而多，居然亦能自成片段。承出版界诸多师友厚爱，从一九八三年中华书局约撰《中国历史小丛书》之《顾炎武》，到二〇二二年商务印书馆刊行之《中国学案史》和《感恩师友录》，四十年间，读书所得幸获十余次结集。

近期，又蒙商务印书馆盛谊，拟将我数十年之历次为学结集汇为一帙，凭以为新时代之浩瀚学海存此一粟，奉请方家大雅赐教。传承学脉，德高谊厚，谨致深切谢忱。责任编辑鲍海燕同志，不辞辛劳，兢兢业业，置疫情起伏于不顾，屡屡枉驾寒舍，斟酌商量，精益求精。年轻俊彦如此之敬业精神，最是令我终身铭感。

陈祖武　谨识

二〇二二年五月卅日

目　录

原版前言 *

承北京师范大学出版社不弃，2010 年年初，责任编辑同志致电寒舍，嘱祖武选编近若干年所撰学术论文，以《清代学术源流》为题结集，奉请该社出版。谬蒙盛谊，喜愧交并。祖武深知，虽已届望七之龄，然在学史、治史的道路上，无非起步伊始。所知不过沧海一粟，要认真去学习的功课还太多太多，又遑论东施效颦，忝然出版文集！好在近二三十年间，祖武关于讨论清代学术史的习作，皆在不同场合，以不同形式发表，业已接受过方家大雅的指教。因而此番结集，或可作为学史历程的一个阶段性记录。其间的偶然所得及诸多失误，对今日及往后的年轻朋友，抑或不无些微助益。秉持此一宗旨，于是便有了奉献给各位的这一册不成片段的集子。如果幸能再获四方高贤拨冗赐教，祖武不胜感激，谨预致深切谢忱。

以上，算是本书的编选缘起。2004 年 8 月，应《人民日报》理论部之约，祖武曾就清代学术史研究写过一篇短文，题为《清代学术研究的三个问题》。六年过去，重读箧中旧文，似乎所言尚无大谬，谨冠诸卷首，权充本书前言。

近一二十年间，关注清代学术的学者日益增多，并不断有研究成果问世，显示了良好的发展前景。关于清代学术研究，笔者以为，划分清代学术演进的阶段、清理《清史稿·儒林传》之讹误和发掘《清儒学案》的文献价值，是值得关注的三个问题。

---

* 该前言为初版（北京师范大学出版社 2012 年版）时所作。

划分清代学术演进的阶段

清代学术，以对中国数千年学术的整理、总结为特点，经史子集，包罗宏富。260 余年间，既随社会变迁而显示其发展的阶段性，又因学术演进的内在逻辑而呈现后先相接的一贯性。以时间为顺序，大体上可以分为三个阶段。

第一个阶段为清初学术，上起顺治元年（1644），下迄康熙六十一年（1722）。顺治、康熙两朝，是奠定国基的关键时期。就一代学术的发展而言，清初的 80 年，是一个承先启后、开拓路径的重要阶段。其间，才人辈出，著述如林，其气魄之博大，思想之开阔，影响之久远，在中国古代学术史上是不多见的。清初学术，既有别于先前的宋明学术，又不同于尔后的乾嘉汉学，它以博大恢宏、经世致用、批判理学、倡导经学为基本特征。正是在以经学济理学之穷的学术潮流之中，清初学术由经学考辨入手，翻开了对传统学术进行全面整理和总结的新篇章。

第二个阶段为清中叶学术，上起雍正元年（1723），下迄道光十九年（1839）。雍正一朝为时不长，实为清初学术向清中叶学术演进的一个过渡时期。清中叶学术以乾嘉学术为主体。王国维先生曾以一个"精"字来概括乾嘉学术："国初之学大，乾嘉之学精，而道咸以来之学新。"乾嘉学术，由博而精，专家绝学，并时而兴。惠栋、戴震、钱大昕主盟学坛，后先辉映，古学复兴蔚成风气。三家之后，最能体现一时学术风貌，且以精湛为学而睥睨一代者，当属高邮王念孙、王引之父子。至阮元崛起，身为封疆大吏而奖掖学术，以道光初《皇清经解》及与之前后问世的《汉学师承记》《汉学商兑》为标志，乾嘉学术遂步入其总结时期。

第三个阶段为晚清学术，上起道光二十年，下迄宣统三年（1911）。嘉庆、道光间，清廷已内外交困。面对汉学颓势的不可逆转，方东树、唐鉴等欲以理学取而代之，试图营造一个宋学复兴的局面。然而时代在前进，不惟汉学日过中天，非变不可，而且宋学一统也早已成为过去，复兴蓝图不过一厢情愿而已。晚清学术，既不是汉学的粲然复彰，也不是宋学的振然中兴，它带着鲜明的时代印记，随着亘古未有的历史巨变而演进。70 年间，先是今文经学复兴同经世思潮崛起合流，从而揭开晚清学术之序幕。继之洋务思潮起，新旧体用之争，一度呈席卷朝野之势。而与此同时，会通汉宋，假《公羊》以议政之风愈演愈烈，终成戊戌维新之思想狂飙。晚清的最后一二十年间，"以礼代理"之说蔚成风气。先秦诸子学的复兴，更成一时思想解放的关键。孙中山先生"三民主义"学说挺生其间，以之为旗帜，思想解放与武装抗争相辅相成，腐朽的清王朝无可挽回地结束了。然而，立足当世，总结既往，会通汉宋以求新的学术潮流，与融域外先进学术为我所有的民族气魄相汇合，中国学术依然沿着自己独特的发展道路执着地求索，曲折地前进。

清理《清史稿·儒林传》之讹误

《清史稿·儒林传》凡四卷，前三卷入传学者共 284 人，第四卷依《明史》旧规，为袭封衍圣公之孔子后裔 11 人。前三卷为全传主体，以学术好尚而区分类聚，大致第一卷为理学，第二、第三卷为经学、小学。入传学者上起清初孙奇逢、黄宗羲，下迄晚清王先谦、孙诒让，一代学人，已见大体。各传行文皆有所依据，或史馆旧文，或碑志传状，大致可信。因此，数十年来，几辈学人研究清代学术史，凡论及学者学行，《清史稿·儒林传》都是重要的参考依据。

然而，由于历史和认识的局限，加以书成众手，完稿有期，故而其间的疏失、漏略、讹误又在所难免，从而严重影响了该传的信史价值。仅举数例，以见大概。

卷一《陆世仪传》，称传主"少从刘宗周讲学"。据考，陆氏虽于所著《论学酬答》中表示，刘宗周为"今海内之可仰以为宗师者"，却并无追随其讲学的实际经历。惟其如此，乾隆年间全祖望为陆世仪立传，说陆氏因未得师从刘氏而"终身以为恨"。又传末记陆世仪从祀文庙，时间也不准确。传称："同治十一年，从祀文庙。"其实，陆氏从祀，事在同治十三年（1874）四月，五月十六日饬下礼部议复，从祀获准已是光绪元年（1875）二月十五日。

又如同卷《颜元传》，称"明末，父戍辽东，殁于关外"。"戍"字不实。据考，颜元父至辽东，系明崇祯十一年（1638）为入关清军所挟，非为明廷戍边。一字之讹，足见撰传者之立足点所在。

戴震为乾隆间大儒，影响一时学风甚巨。在《清史稿·儒林传》中，戴氏本传举足轻重，不可轻率下笔。然而此传则疏于考核，于重要学行似是而非。传称"年二十八补诸生"，不确。据段玉裁《戴东原先生年谱》、洪榜《戴先生行状》、王昶《戴东原先生墓志铭》，均作乾隆十六年（1751）补诸生，时年二十九。此其一。其二，传称"与吴县惠栋、吴江沈彤为忘年友"，亦不确。惠栋、戴震相识于乾隆二十二年，戴少惠27岁，确为忘年之交。而沈彤已于乾隆十七年故世，终身未曾与戴震谋面，"忘年友"云云，无从谈起。疑系张冠李戴，将沈大成误作沈彤。其三，紧接"忘年友"后，传文云"以避仇入都"。倘依此行文顺序，则先有与惠、沈订交，随后传主才避仇北上。其实大谬不然。戴震避仇入都，事在乾隆十九年，三年后南旋，始在扬州结识惠栋、沈大成。于此，戴震事后所撰《题惠定宇先生授经图》《沈学子文集序》，说得非常清楚。

他如对吕留良、谭嗣同、梁启超、章太炎等人视而不见，拒不入传，则已非疏失可言，而是腐朽的历史观使然。有鉴于此，清理《清史稿·儒林传》之讹误，爬梳史料，结撰信史，已是今日学人须认真去做的一桩事情。

发掘《清儒学案》的文献价值

清代史料，浩若烟海，一代学术文献足称汗牛充栋。以文献长编而述一代学术，前辈学者早已建树筚路蓝缕之功，其间业绩最为卓著者，是徐世昌主持纂修的《清儒学案》。

《清儒学案》的纂修，始于1928年，迄于1938年中。这部书虽因系徐世昌主持而以徐氏署名，实是集体协力的成果。全书凡208卷，入案学者计1169人。上起明清之际孙奇逢、顾炎武、黄宗羲，下迄清末民初宋书升、王先谦、柯劭忞，一代学林中人，举凡经学、理学、史学、诸子百家、天文历算、文字音韵、方舆地志、诗文金石，学有专主，无不囊括其中。它既是对清代260余年间学术的一个总结，也是对中国古代学案体史籍的一个总结。惟因其卷帙浩繁，通读非易，所以，除20世纪40年代初容肇祖、钱穆等先生有过评论之外，对其做专题研究者并不多见。

同《清史稿·儒林传》相比，《清儒学案》的入案学者已成数倍地增加，搜求文献，排比成编，其用力之艰辛也不是《清史稿》所可比拟的。尽管一如《清史稿》，由于历史和认识的局限，《清儒学案》的历史观已经远远落伍于时代，疏失、错讹亦所在多有。然而其文献价值则无可取代，应予以充分肯定。今日学人研究清代学术史，《清儒学案》实为不可忽视的重要参考著述。

《清儒学案》承黄宗羲、全祖望二家开启的路径，采用学者传记和学术资料汇编的形式，述一代学术盛衰。这样一种编纂体裁，或人自为案，或诸家共编，某一学者或学术流派自身的传承，抑或可以大致反映。然而，对于诸如此一学者或流派出现的背景，其学说的历史地位，不同时期学术发展的基本特征及趋势，众多学术门类的消长及交互影响，一代学术的横向、纵向联系，尤其是蕴涵于其间的规律应当如何把握等等，所有这些问题又都是《清儒学案》一类学案体史籍所难以解答的。一方面是学案体史籍在编纂体例上的极度成熟，另一方面却又是这一编纂体裁的局限，使之不能全面反映学术发展的真实面貌。这种矛盾状况，足以说明学案体史籍已经走到了尽头。

进入 20 世纪以后，随着西方史学方法论的传入，融汇中西而有章节体学术史问世。梁启超先生挺然而起，倡导"史界革命"，完成《清代学术概论》和《中国近三百年学术史》的结撰。以之为标志，学术史编纂翻过学案体史籍的一页，迈入现代史学的门槛。

祖武治清代学术史 30 余年，以读清儒著述为每日功课。不间寒暑，朝夕以之，幸有所得则为文敬清四方同好指教。多历年所，成篇居然数以十计。此番应北京师范大学出版社之约，从中遴选 20 余篇结集，旨在据以窥知有清一代学术之演进历程。承国家哲学社会科学规划办公室组织专家评审，将此一不成片段的集子纳入成果文库。鞭策鼓励，感激至深，谨向规划办公室并各位评审专家致以崇高敬意和由衷感谢。

承北京师范大学出版社盛谊，尤其是责任编辑刘东明同志受累，精心编辑，精心校对，精心出版，本书方能有今日之面貌，谨致深切谢忱。

陈祖武　谨识

2010 年 12 月 8 日初稿

2011 年 11 月 20 日改订

上编　明清更迭与清初学术

第一章　清初国情分析

探讨历史问题，一个基本的准则，便是要将这一问题置于它所由以产生的社会环境中去。对历史上的经济问题如此，政治问题如此，军事问题如此，学术文化问题亦复如此。而在历史上，不同时期的学术现象，不仅有其自身发展的内在逻辑，而且无不是受那一定时期的社会经济、政治等诸多因素的制约，并在宏观上规定了它所能达到的高度。因此，要考察清初学术史，总结出 80 年间学术发展的基本规律来，准确地把握当时历史环境的基本特征，就成为一项十分必要的工作。也就是说，弄清楚清初的国情，是研究顺治、康熙二朝学术史的出发点。

一、对 17 世纪中叶中国社会发展水平的基本估计

清初的历史，乃至全部清王朝的兴衰史，是在一个什么样的基础之上展开的？这是需要我们首先去加以解决的问题。

清王朝建立的 17 世纪中叶，无论在世界历史上，还是在中国历史上，都是一个重要的发展时期。不过，这种重要性的内涵，世界史与中国史却不尽一致。就世界范围而言，在西欧的一些国家，资本主义经济关系经过一个多世纪的酝酿，到此时已经日趋壮大而足以同腐朽的封建制度相抗衡，并最终取得冲决封建经济网罗的胜利。以 1640 年英国资产阶级革命的爆发为标志，开始了资本主义在西欧的胜利进军。这样的巨大历史变迁，无疑是具有划时代意义的，它对人类社会历史发展的影响也是空前的。从此，揭开了世界近代历史的第一页。但是，这丝毫不意味着世界各国在同一时期都迈入了近代社会的门槛。同各个国家、各

个民族经济发展水平的不均衡相一致，它们各自的社会发展水平也不可能是同步的。当欧洲的历史翻开近代社会篇章的时候，古老的中国却依然被封建制度牢固地桎梏着，并没有提出迎接近代社会的历史课题。在当时西欧的历史舞台上，显示出扭转乾坤力量的，是新兴生产方式的代表者资产阶级。而在东方，左右当时中国历史命运的，仍旧是与封建宗法制扭结在一起的封建地主阶级及其国家机器。从17世纪20年代起，在中国历史舞台上叱咤风云的农民大众，虽然以不可抗拒的力量摧毁了旧的封建王朝，但是他们却没有意识到，也不可能去否定这个王朝所据以建立的封建经济结构。恰恰相反，严酷的历史现实表明，作为推动历史车轮前进的阶级，17世纪的中国农民大众，在争得生存下去的一点可能之后，他们所付出的巨大代价，却被顽固的封建制度无情吞噬。其结果，便是他们沿着父祖生前的足迹，依旧回到以耕织相结合的生产方式中去，成为替新的封建王朝创造财富的基本力量。

在17世纪的中国社会成员构成中，同西欧迥然而异，这里不惟没有资产阶级的席位，而且也尚不具备产生资产阶级的历史条件。尔后的历史发展证明，直到之后两个世纪，中国资产阶级才出现在历史舞台上。近数十年来，我国历史学界和经济学界的研究成果显示，尽管自明代中叶以后，在我国少数地区的某些手工行业中，已经出现了资本主义萌芽，但是由于作为国民经济主要构成部分的农业劳动生产率的低下，这就决定了手工行业中的这种萌芽是极其微弱的。退一步说，即使是如同某些同志所论证的，在当时的农业生产中也出现了类似的萌芽。但是从总体上来看，较之以农业和家庭手工业相结合的封建经济，局部而微弱的资本主义萌芽，不过宛若汪洋大海中的一叶扁舟而已，步履艰危，随时存在倾覆的可能。在17世纪20年代到80年代的社会动荡所造成的经济凋敝中，资本主义萌芽被摧残殆尽，就充分地说明了这一点。

足见，同样作为重要的历史发展时期，西欧的17世纪是以资本主义的胜利进军来显示其历史特征的。而中国的17世纪不然，它所展示的则是一幅激剧动荡的历史画卷。封建商品经济的发展所孕育的微弱资本主义萌芽，土地兼并、赋役繁苛所造成的生产力大破坏，空前规模的农民大起义和随之而来的封建王朝更迭，旷日持久的国内战争，以及这一世纪最后 20 年间封建经济的复苏，所有这些都层次清晰地错落在画面上。这一幅历史画卷表明，在 17 世纪的中国，古老的封建社会虽然已经危机重重，但是它并没有走到尽头，它还具有使封建的自然经济恢复和发展的活力。因此，17 世纪中叶的中国社会并没有翻开近代历史的篇章，它依旧处在封建社会阶段，只是业已步入其晚期而已。我们不能违背这样一个基本的历史实际，用世界历史的分期来规定中国历史的分期，人为地把 17 世纪中叶的中国社会纳入世界近代社会的范畴。否则，我们不仅对清初学术历史价值的估计要出现偏差，而且对整个清代学术的历史评价都可能出现偏差。

二、明清更迭是历史的前进

从广义上说，明清更迭并不仅仅是指崇祯十七年（1644）三月十九日朱明王朝统治的结束，以及同年五月清军的入据北京和四个月后清世祖颁诏天下，"定鼎燕京"①。它是一个历史过程。这一过程长达一个世纪的时间，其上限可以一直追溯到明万历十一年（1583）清太祖努尔哈赤以七大恨告天兴兵，其下限则迄于清康熙二十二年（1683）清廷最终清除亡明残余，统一台湾。

中国封建社会发展到明代，随着专制主义中央集权的强化，其腐朽性亦越发显现出来。及至明神宗万历之时，朱明王朝已入末世。其间虽有过张居正十年（1573—1582）的锐意革新，然而颓势已成，不可逆转。启祯两朝，更是江河日下，犹如痈疽积年，只待溃烂了。

---

① 《清世祖实录》卷九"顺治元年十月甲子"条。

土地兼并，这在漫长的中国封建社会，尤其是它的晚期，是一个无法解决的社会问题。明末，不惟地主豪绅巧取豪夺，"求田问舍而无所底止"，更有官庄的肆意侵吞。据《明史·食货志》载："神宗赉予过侈，求无不获。潞王、寿阳公主恩最渥，而福王分封，括河南、山东、湖广田为王庄，至四万顷。群臣力争，乃减其半。……熹宗时，桂、惠、瑞三王及遂平、宁德二公主庄田，动以万计，而魏忠贤一门，横赐尤甚。盖中叶以后，庄田侵夺民业，与国相终云。"① 仅以江苏吴江一地为例，"有田者什一，为人佃作者什九"，土地兼并已经发展到如此严重的地步。加之私租苛重，缙绅飞洒、诡寄，转嫁赋役，"佃人竭一岁之力，粪壅工作，一亩之费可一缗。而收成之日，所得不过数斗，至有今日完租而明日乞贷者"。②

明末，在以农民为主体的广大劳动者身上，既有私租的榨取，复有官府繁苛赋役的重压，而辽、剿、练三饷的加派，则更属中国古史中所罕见的虐政。崇祯十二年（1639），御史郝晋上疏，对加派的苛酷惊叹道："万历末年，合九边饷止二百八十万。今加派辽饷至九百万，剿饷三百三十万，业已停罢，旋加练饷七百三十余万。自古有一年而括二千万以输京师，又括京师二千万以输边者乎？"③ 在重重压榨之下，人民生计荡然。崇祯末年，自江淮至京畿的数千里原野，已是"蓬蒿满路，鸡犬无声"④。

同经济的崩溃相终始，明末政治格外的腐败：阉寺弄权，士绅结党，贪风炽烈，政以贿成，一片亡国景象。明神宗在位40余年，蛰居深宫，侈靡无度。熹宗一朝，宦官魏忠贤一手障天，祸国殃民，"自内阁六部至四方总督、巡抚，遍置死党"⑤。魏氏党羽，推行恐怖政治，

---

① 《明史》卷七七《食货志一》。
② 顾炎武：《日知录》卷一〇《苏松二府田赋之重》。
③ 《明史》卷七八《食货志二》。
④ 谷应泰：《明史纪事本末》卷七二《崇祯治乱》。
⑤ 《明史》卷三〇五《魏忠贤列传》。

"广布侦卒，罗织平人，锻链严酷，入狱者率不得出"[1]。政治黑暗，无以复加。天启六年（1626）八月，浙江巡抚潘汝祯请为魏忠贤建生祠。一人首倡，群丑效尤，竞相建祠于苏、杭、松江、河北、河南、山西、陕西、四川等地，"计祠所费，不下五万金"[2]。寡廉鲜耻，趋炎附势，已成一时风尚。而炽烈的贪风，公行的贿赂，在明季官场更有席卷之势。崇祯帝即位之初，户科给事中韩一良上疏言道："然今之世，何处非用钱之地？何官非受钱之人？向以钱进，安得不以钱偿？……以官言之，则县官行贿之首，而给事为纳贿之魁……科道号为开市。臣两月来辞金五百，臣寡交犹然，余可推矣。"[3]崇祯当政17年，尽管孜孜图治，然而病入膏肓，积重难返，历史又岂是个人意志所能转移！因此，崇祯一朝"事事仰承独断"的结果，不惟于事无补，反倒使"谄谀之风日长"[4]。这样腐朽已极的封建专制政权，理所当然要遭到历史的淘汰。

正当朱明王朝积弱待毙之际，地处我国东北的建州女真崛起。自努尔哈赤于万历十一年（1583）兴兵以来，短短半个世纪，雄踞辽沈，虎视关内。皇太极继起，挥师频频叩关，出没于山东、山西、河北，乃至京畿一带，成为终明之世不得摆脱的敌对力量。而置朱明王朝于死地的，则是无路可投的农民大众。天启七年，陕西白水县农民率先举起义旗。星星之火，倏尔燎原，于崇祯十七年（1644）将腐朽的朱明王朝埋葬。但是李自成的大顺农民政权，由于其小生产者的局限，没有能够得以巩固，入据北京仅仅40余日便又匆匆西去。明末农民大起义的胜利成果，为拥兵西进的满洲贵族所攫夺。中国封建社会没有发生根本的变革，而只是凭借农民起义的力量，实现了改朝换代的政治变动。

清王朝作为一个全国性的封建政权，自顺治元年（1644）建立，迄

---

① 《明史》卷三〇六《田尔耕列传》。
② 谷应泰：《明史纪事本末》卷七一《魏忠贤乱政》。
③ 谷应泰：《明史纪事本末》卷七二《崇祯治乱》。
④ 谷应泰：《明史纪事本末》卷七二《崇祯治乱》。

康熙二十二年（1683）统一台湾，经历了整整 40 年的动乱。

顺治元年（1644）满洲贵族的入关，改变了明末阶级力量的对比，使之出现了新的组合。在北方，曾经受到李自成农民军严重打击的地主阶级，以吴三桂降清为标志，很快与满洲贵族合流。而在张献忠农民军所扫荡的南方，地主阶级亦纠集反动武装，对农民军进行拼死反抗。未曾受到农民起义沉重打击的江南官绅，则于同年五月，在南京建立起弘光政权，试图与满洲贵族"合师进讨，问罪秦中"[1]。清廷作为满汉地主阶级利益的代表者，一方面于顺治元年颁发圈地令，下令将北京附近各州县的所谓"无主荒田"，"尽行分给东来诸王、勋臣、兵丁人等"，以确保满洲贵族对土地的大量占有，使"满汉分居，各理疆界"；[2] 另一方面，则在不与圈地冲突的前提下，明文规定保护汉族地主阶级的利益，于顺治二年宣布，因战乱出逃的地主，返乡之后，"准给故业"，任何人不得"霸占"，否则将以"党寇"惩处。[3] 就全国范围而言，顺治之初，基本上是一个满汉地主阶级联合镇压农民起义的局面。

然而，清政权对汉族地主阶级的联合和保护是有前提的，那就是必须无条件地服从新王朝的统治，承认满洲贵族在这一联合政权中特殊的核心地位。对此不得有丝毫的异议，更不能"拥号称尊"，否则"便是天有二日，俨为敌国"。[4] 所以，当南明政权拒不接受这样的现实之后，这一格局便迅速发生了变化。顺治二年四月，明末农民大起义的主要领袖之一李自成牺牲于湖北通山县九宫山。翌年冬，另一主要领袖张献忠亦在四川西充县凤凰山捐躯，轰轰烈烈的明末农民大起义，至此就更向低潮跌落下去。在农民军蒙受重大挫折、局促西南一隅的同时，清军挥师南下，以武力强迫江南官绅接受历史的现实。顺治二年五月，弘光政

---

① 蒋良骐：《东华录》卷四"顺治元年七月"条。

② 《清世祖实录》卷一二"顺治元年十二月丁丑"条。

③ 《清世祖实录》卷一五"顺治二年四月丁卯"条、卷一八"顺治二年闰六月辛巳"条。

④ 蒋良骐：《东华录》卷五"顺治元年七月"条；《清世祖实录》卷六"顺治元年七月壬子"条所载同，唯"俨为敌国"作"俨为劲敌"。

权崩溃。六月，清廷再颁剃发令，将满人剃发习俗强制推行于江南。清廷重申："自今布告之后，京城内外，直隶各省，限旬日尽行剃完。若规避惜发，巧词争辩，决不轻贷。"还严格规定："已定地方，仍存明制，不遵本朝制度者，杀无赦！"①这样的民族高压政策，虽然使不少江南官绅低头就范，但是也有更多的不甘民族屈辱者，挺而抗争，投身到风起云涌的反剃发斗争中去。形势的急剧变化，打破了满汉地主阶级联合镇压农民起义的格局，民族矛盾一度上升为社会的主要矛盾。

民族矛盾的空前激化，为大顺、大西农民军余部同继弘光政权后相继建立的南明隆武、永历政权联合抗清，提供了客观的条件。于是在清初历史上，出现了以农民军为主体的抗清斗争高潮。但是，一则由于南明政权的极度腐败，不惟官僚倾轧，党争不已，而且极力排斥、打击农民军。再则无论是大顺军还是大西军，又都没有形成一个强有力的领导集团，两支力量始终未能有效地合作，甚至还发生火并。这样，经过10余年的角逐，到康熙三年（1664），抗清斗争终于被镇压下去。至此，全国范围的反民族压迫斗争基本告一段落，民族矛盾趋向缓和。

自康熙三年起，曾经出现过一个近10年的相对平静局面。之所以说它是相对平静，其根据在于，康熙帝亲政前后，鳌拜辅政，屡兴大狱，擅杀无辜，弄得朝野不宁。六年，康熙帝亲政。八年，总算把鳌拜除去。但是，此时台湾郑氏犹拥兵自立，不奉正朔；西北准噶尔部封建王公正在积聚力量，以与清廷抗衡；吴三桂、尚可喜、耿精忠等藩王，则已是尾大不掉了。所以，与其说是平静，倒不如说是更大规模对抗和动乱前的酝酿。一方面是清廷强化其中央集权政治需要的日益迫切，另一方面是以吴三桂为代表的封建军阀割据称雄欲望的恶性膨胀，矛盾双方力量的消长，演成了自康熙十二年起，长达8年之久、蔓延10余省的三藩之乱。康熙二十年（1681），三藩乱平。嗣后，清廷才于康熙

---

① 蒋良骐：《东华录》卷五"顺治二年六月"条。

二十二年降伏郑氏势力，统一了台湾。

　　一如前述，明朝末年，社会经济已经是一个崩溃的烂摊子。清军入关之初，连年用兵，战火不熄，社会生产力遭到了严重的破坏，经济状况久久不能复苏。就连清世祖也不得不承认，顺治中叶的社会状况，依旧是"民不聊生，饥寒切身"，"吏治堕污，民生憔悴"。①三藩之乱平定后，康熙帝就曾及时指出："今乱贼虽已削平，而疮痍尚未全复。"他深以"师旅疲于征调""闾阎敝于转运"为念，敦促内外官员"休养苍黎，培复元气"。②一时民生疾苦，当可想见。然而，毕竟经过明末农民大起义的冲击，腐朽的封建秩序在一定的时间和地域被打乱了，农民大众争得了生存下去的可能。而且，反民族压迫斗争的长期进行，也促使清初统治者不得不对明末积弊及清初虐政作出适当调整。明末的"三饷"加派，早在顺治初即已明令废除。宦官干政，官绅结党，也为清廷三令五申严行禁止。康熙帝亲政以后，鉴于圈地所造成的恶劣后果，于康熙八年六月，特为颁诏，宣布："自后圈占民间房地，永行停止。"③所有这些，都为清初经济的恢复提供了可能。即以垦田数字为例，中国封建社会素来以农为本，于此正可窥见一时经济的盛衰。明末，已是一片混乱，不足为据。明中叶的弘治年间，为4228058顷。张居正执政之时，"天下田亩通行丈量"，为7013976顷。④当然，前者有欺隐，后者有虚浮，不尽实录，但是作为一个大致的依据数还是可以的。清初，经过顺治帝亲政后的10年，尤其是康熙初政10余年的努力，顺治十八年（1661），全国垦田已达549万余顷。康熙二十四年，更增至607万余顷。⑤康熙中叶的理学名臣陆陇其曾经说过："康熙二十年以后，海内

　　①　《清世祖实录》卷七五"顺治十年五月己卯"条。
　　②　《清圣祖实录》卷九九"康熙二十年十二月癸巳"条。
　　③　《清圣祖实录》卷三〇"康熙八年六月戊寅"条。
　　④　《明史》卷七七《食货志一》。
　　⑤　《清朝文献通考》卷一《田赋一》。

始有起色。"①这样的话应当是可信的。平心而论，清朝初期，尽管有40年的动乱，但无论是在经济上，还是在政治上，较之明末，都显然有调整、有进步。所以，以清代明，不是历史的倒退，而是历史的前进，只是这个蹒跚的前进过程，采取了曲折的动荡形式罢了。

三、由乱而治的清初社会

康熙二十年（1681）三藩之乱的平定，两年之后台湾郑氏势力的回归，使清王朝确立了对全国的有效统治。从此，清廷采取多种有力措施，使业已恢复的经济迅速发展，清初社会遂由乱而治。在康熙二十三年至六十一年的近40年间，虽然旷日持久的储位之争引起了政治上的许多麻烦，为维护国家的统一，清廷还曾两度在西北和西藏采取大规模的军事行动，而且局部的农民起义等也偶有发生；但是就全国范围而言，大体上可以说是政通人和，百废俱兴，出现了一个由安定趋向繁荣的局面。

康熙帝是一个很有作为的封建帝王。他在少年时代，从清世祖手上承继过来的是一个草创未就的基业。亲政之后，他顺乎人心，以"与民休息"为治国宗旨，指出："从来与民休息，道在不扰，与其多一事，不如省一事。朕观前代君臣，每多好大喜功，劳民伤财，紊乱旧章，虚耗元气。上下讧嚣，民生日蹙，深为可鉴。"②从面临的实际情况出发，他"以三藩及河务、漕运为三大事"，"书而悬之宫中柱上"③，朝思夕虑，念念不忘。八年的三藩之乱，是对年轻的康熙帝的一次严峻挑战。运筹帷幄，决胜千里，锻炼和显示了他驾驭国务的卓越才干。三藩乱平，隐患根除，台湾回归，海内一统。此后，康熙帝励精图治，一

---

① 《清经世文编》卷二八《论直隶兴除事宜书》。
② 《康熙起居注》"康熙十一年十二月十七日戊午"条。
③ 《清圣祖实录》卷一五四"康熙三十一年二月辛巳"条。

如既往地兴修水利，奖励垦荒，集主要精力于河务和漕运的处理。他指出："漕运关系重大"①，而河务又"关系漕运民生"，因此他说："今四海太平，最重者治河一事。"② 为此，他在1684年至1707年，六次南巡，调查黄淮的治理和漕运的整顿。在他的精心部署和督导之下，"淮黄故道，次第修复，而漕运大通"，出现了"漕輓安流，商民利济"③ 的景况。这样，就为农业生产的迅速发展和南北经济的沟通提供了可靠的保证。

随着生产的发展，国家日趋富足。康熙四十四年（1705），国库存银较之顺治末年成数百倍地增长，达到4000余万两。④ 由于国帑充裕，清廷一再蠲免地方赋税，一则旨在舒缓民力，再则亦可收藏富于民之效。康熙四十九年十月，清圣祖颁谕，普免天下钱粮，他宣布，全国各地应纳赋税，"自明年始，于三年以内，通免一周"⑤。五十一年二月，清廷更把作为封建国家重要财政来源的人口税冻结，明令："将直隶各省见今征收钱粮册内，有名人丁，永为定数。嗣后所生人丁，免其加征钱粮。"⑥ 到康熙末、雍正初，全国耕地面积较之顺治末年成百万顷地增长，接近并逐渐超过明代万历年间的水平。与之相一致，此时的清王朝，国力强盛，威震四方。经过一连串的军事行动之后，清廷牢固地确立了对内外蒙古、新疆和西藏的统治，统一的多民族国家的疆域，至此大致奠定下来。

在我国封建社会晚期的历史上，由康熙中叶开始出现的安定和繁荣局面，是自明代永乐年间以后200余年来所未曾有过的。它为其后雍正、乾隆年间国力的鼎盛，奠定了雄厚的基础。旧史家曾于康熙一

---

① 《康熙起居注》"康熙二十八年三月二十六日癸巳"条。

② 《康熙起居注》"康熙二十八年正月二十三日辛卯"条。

③ 《清圣祖圣训》卷三三《治河一》。

④ 《清圣祖实录》卷二二九"康熙四十六年五月戊寅"条。

⑤ 《清圣祖实录》卷二四四"康熙四十九年十月甲子"条。

⑥ 《清圣祖实录》卷二四九"康熙五十一年二月壬午"条。

朝有过如下讴歌："风移俗易，天下和乐，克致太平。其雍熙景象，使后世想望流连。"[1]"想望流连"云云，既多余，复可悲，自不足取，但是，清除其间所包含的腐朽气息之后，这样的评价与历史实际也相去未远。

---

[1]　《清史稿》卷八《圣祖本纪三》。

第二章　清廷文化政策批判

在影响清初学术发展的诸多因素中，清廷的文化政策是一个重要方面。关于这个问题，以往的研究批评其消极影响多，肯定其积极作用少，未得一个持平之论。因此，实事求是地对清初的文化政策进行探讨，无疑是一个应予解决的课题。

一、清初文化政策的主要方面

顺治一朝，戎马倥偬，未遑文治，有关文化政策草创未备，基本上是一个沿袭明代旧制的格局。康熙初叶，南明残余扫荡殆尽，清廷统治趋于巩固。圣祖亲政之后，随着经济的逐渐恢复，文化建设亦相应加强，各种基本国策随之确定下来。康熙二十三年（1684）以后，三藩乱平，台湾回归，清初历史进入了一个相对稳定的发展时期。伴随清廷文化政策的调整，学术文化事业蒸蒸日上，臻于繁荣。

清初的文化政策，可以大致归纳为如下几个方面。

第一，民族高压政策的确定。

作为上层建筑的文化政策，一方面它必然要受到所由以形成的经济基础的制约，从而打上鲜明的时代印记；另一方面各种具体政策的制定，又无不为统治者的根本利益所左右，成为维护其统治的重要手段。满洲贵族所建立的清王朝，虽然形式上是所谓"满汉一体"的政权体制，但是以满洲贵族为核心才是这一政权的实质所在。这样的政权实质，就决定了满洲贵族对广袤国土上的众多汉民族和其他少数民族的强制统治。反映在文化政策上，便是民族高压政策的施行。由顺治初叶开始，以武力为后盾，渐次向全国推行的剃发易服，构成了民族高压政策的基本内容。这一政策的强制推行，其结果，一是直接导发江南人民可歌可泣的反剃发斗争，促成明末农民起义军余部同南明政权的联合，并以之为主力，与清廷展开长达十余年的大规模军事对抗；二是它在民族心理上造成的隔阂，历二百数十年而不能平复，从而在一代历史中时隐时显，成为长期潜在的一个严重不稳定因素。

与之相一致，顺治十六年（1659），清廷开焚书恶劣先例，以"畔道驳注"为口实，于当年十一月，下令将民间流传的《四书辨》《大全辨》等书焚毁。严饬各省学臣："校士务遵经传，不得崇尚异说。"[①]翌年一月，又明令士子"不得妄立社名，纠众盟会"[②]。接着便于康熙初叶的四大臣辅政期间，制造了清代历史上的第一次大规模文字冤狱——庄廷鑨明史案。从此，研究明史，尤其是明末的明清关系史，便成为学术界的禁区。圣祖亲政以后，虽然奉行"宽大和平"的施政方针，对学术界苛求尚少，但是在这样一个利害攸关的问题上，则不容越雷池半步。后来文字冤狱的再起，康熙五十二年（1713）翰林院编修戴名世因著述而招致杀身惨祸，直至雍正、乾隆间文网密布，冤狱丛集，根源皆在于此。

严酷的封建文化专制，禁阏思想，摧残人才，成为一时学术发展的严重障碍。

第二，科举取士制度的恢复。

科举取士，自隋唐以来，历代相沿，既成为封建国家的抡材大典，也是文化建设的一项基本国策。明末，战乱频仍，灭亡在即，科举考试已无从正常举行。顺治元年（1644），清廷入主中原。十月，世祖颁即位诏于天下，明令仍前朝旧制，"会试，定于辰、戌、丑、未年；各直

---

① 《清世祖实录》卷一三〇"顺治十六年十一月甲戌"条。
② 《清世祖实录》卷一三二"顺治十七年一月辛巳"条。

省乡试，定于子、午、卯、酉年"①，从而恢复了一度中断的科举取士制度。顺治二年五月，南明弘光政权灭亡，清廷从科臣龚鼎孳、学臣高去奢请，命南京乡试于同年十月举行。七月，浙江总督张存仁疏请"速遣提学，开科取士"，以消弭士子"从逆之念"。② 于是乡试推及浙江。翌年二月，首届会试在北京举行，经三月殿试，傅以渐成为清代历史上的第一名状元。同年八月，为罗致人才，稳定统治，清廷下令复举乡试，来年二月再行会试。于是继傅以渐之后，吕宫成为新兴王朝的第二名状元。后来，傅、吕二人均官至大学士。

与之同时，清廷修复明北监为太学，广收生徒，入监肄业。旋即又改明南监为江宁府学，各省府、州、县学，也随着清廷统治地域的扩展而渐次恢复。同学校教育相辅而行，各省书院亦陆续重建，成为作育人才、敦厚风俗的一个重要场所。

自康熙二年（1663）起，清廷曾一度废弃科举考试中的八股文，专试策论。后从礼部侍郎黄机请，于七年仍旧改回。从此，以八股时文考试科举士子，遂成一代定制。

第三，"崇儒重道"基本国策的实施。

在中国数千年封建社会中，重视文化教育，是一个世代相沿的传统。宋明以来，从孔孟到周、程、张、朱的所谓"道统"说风行，"崇儒重道"便成为封建国家的一项基本文化国策。

清初，经历多尔衮摄政时期的干戈扰攘，顺治八年世祖亲政之后，文化建设的历史课题提上建国日程。九年九月，"临雍释奠"典礼隆重举行，世祖勉励太学师生笃守"圣人之道"，"讲究服膺，用资治理"。③翌年，又颁谕礼部，把"崇儒重道"作为一项基本国策确定下来。十二年，再谕礼部："帝王敷治，文教是先，臣子致君，经术为本。……今

---

① 《清世祖实录》卷九"顺治元年十月甲子"条。
② 《清世祖实录》卷一九"顺治二年七月丙辰"条。
③ 《清世祖实录》卷六六"顺治九年九月辛卯"条。

天下渐定，朕将兴文教，崇经术，以开太平。"①两年后，即于顺治十四年九月初七，举行了清代历史上的第一次经筵盛典。下月，又以初开日讲祭告孔子于弘德殿。虽然一则由于南方战火未熄，再则亦因世祖过早去世，所以清廷的"振兴文教"云云多未付诸实施，但是"崇儒重道"的开国气象，毕竟已经粗具规模。

世祖去世，历史出现了一个短暂的回旋。在康熙初叶的数年间，辅政的满洲四大臣以纠正"渐习汉俗"、返归"淳朴旧制"为由，推行了文化上的全面倒退。康熙六年（1667），圣祖亲政，八年，清除以鳌拜为首的顽固守旧势力，文化建设重上正轨。同年，圣祖亲临太学释奠孔子。翌年八月，为鳌拜等人下令撤销的翰林院恢复。十月，圣祖颁谕礼部，将世祖制定的"崇儒重道"国策具体化，提出了以"文教是先"为核心的十六条治国纲领："敦孝弟以重人伦；笃宗族以昭雍睦；和乡党以息争讼；重农桑以足衣食；尚节俭以惜财用；隆学校以端士习；黜异端以崇正学；讲法律以儆愚顽；明礼让以厚风俗；务本业以定民志；训子弟以禁非为；息诬告以全良善；诫窝逃以免株连；完钱粮以省催科；联保甲以弭盗贼；解仇忿以重身命。"②后来，清廷将所谓"圣谕十六条"颁示天下，成为一代封建王朝治国的基本准则。

康熙九年十一月，日讲重开。翌年二月，中断多年的经筵大典再度举行。此后，每年春秋二次的经筵讲学，便成为一代定制。自日讲重开，年轻的清圣祖在日讲官熊赐履等人的辅导之下，孜孜向学，将"崇儒重道"的既定国策稳步付诸实施。以康熙十七年的诏举"博学鸿儒"为标志，宣告了清廷"崇儒重道"国策的巨大成功。

第四，"博学鸿儒"特科的举行。

开科取士，意在得人。封建王朝于既定科目之外，为延揽人才而

---

① 《清世祖实录》卷九一"顺治十二年三月壬子"条。
② 《清圣祖实录》卷三四"康熙九年十月癸巳"条。

增辟特科，载诸史册，屡见不鲜，并不自清初始。然而如同康熙间的"博学鸿儒"科得人之盛，则是不多见的。自顺治初年以后，在连年的科举考试中，虽然一时知识界中人纷纷入彀，但是若干学有专长的文化人，或心存正闰，不愿合作，或疑虑难消，徘徊观望，终不能为清廷所用。既出于"振兴文教"的需要，又为争取知识界的广泛合作以巩固统治，在平定三藩之乱胜利在即的情况下，清圣祖不失时机地作出明智抉择，对知识界大开仕进之门。康熙十七年一月，他颁谕吏部："自古一代之兴，必有博学鸿儒振起文运，阐发经史，润色词章，以备顾问著作之选。……我朝定鼎以来，崇儒重道，培养人才。四海之广，岂无奇才硕彦，学问渊通，文藻瑰丽，可以追踪前哲者？"在发出这一通议论之后，圣祖接着责成内外官员："凡有学行兼优、文词卓越之人，不论已仕未仕，令在京三品以上及科道官员，在外督抚布按，各举所知，朕将亲试录用。其余内外各官，果有真知灼见，在内开送吏部，在外开报督抚，代为题荐。务令虚公延访，期得真才，以副朕求贤右文之意。"①

命令既下，列名荐牍者或为"旷世盛典"歆动而出，或为地方大吏驱迫就道，历时一年，陆续云集京城。十八年三月初一，清廷以《璇玑玉衡赋》和《省耕诗五言排律二十韵》为题，集应荐 143 人②于体仁阁考试。榜发，录取一等 20 人，二等 30 人，俱入翰林院供职。后来，上述 50 人虽在官场角逐中各有沉浮，其佼佼者最终亦多遭倾轧而去职，但是"博学鸿儒"科的举行，其意义则远远超出 50 名入选者个人的升沉本身。它的成功首先在于显示清廷崇奖儒学格局已定，这就为尔后学术文化事业的繁荣作出了一个良好的开端。其次，由于对有代表性的汉族知识界中人的成功笼络，其结果，不仅标志着广大知识界与清廷全面

---

① 《清圣祖实录》卷七一"康熙十七年一月乙未"条。
② 此人数据《清圣祖实录》所载。陆以湉《冷庐杂识》作 154 人。

合作的实现，而且在更广阔的意义上对满汉文化的合流产生了深远影响，从而为巩固清廷的统治提供了文化心理上的无形保证。

第五，图书的访求与编纂。

"书籍关系文教"①。在封建社会，衡量一个王朝文教的盛衰，大致有两个可供据以评定的标准：其一是得人的多寡，人才的质量；其二则是作为学术文化直接成果的图书编纂与收藏。顺治一朝，文化虽未能大昌，但世祖雅意右文，图书的编纂和访求早已引起重视。定鼎伊始，清廷即沿历代为前朝修史成例，于顺治二年（1645）三月始议编纂《明史》；五月，设置总裁、副总裁及纂修诸官数十员。世祖亲政后，以御撰名义，于顺治十二年九月，将《资政要览》《范行恒言》《劝善要言》《人臣儆心录》颁发异姓公以下、文官三品以上各一部。翌年正月，又令儒臣编纂《通鉴全书》《孝经衍义》等。八月，《内则衍义》撰成。十二月，再敕修《易经通注》。十四年三月，责成各省学臣购求遗书。当时，由于世祖的博览群书，内院诸儒臣已有"翻译不给"②之叹。后来，虽因世祖的遽然夭折，《明史》《孝经衍义》诸书皆未完篇，但筚路蓝缕，风气已开。

圣祖继起，发扬光大，经初政 20 余年的努力，遂奠定了日后图书编纂繁荣兴旺的深厚根基。其间，于经学则有《日讲四书解义》《易经解义》《书经解义》《孝经衍义》的先后撰成。于史学则在康熙十八年（1679）重开《明史》馆，"博学鸿儒"科录取人员悉数入馆预修《明史》。对于本朝史事，则有《三朝实录》《太祖、太宗圣训》《大清会典》《平定三逆方略》诸书的纂修。康熙二十三年以后，更扩及诗文、音韵、性理、天文、历法、数学、地理及名物汇编等。一大批具有较高学术价值的官修图书，诸如《佩文韵府》《渊鉴类函》《分类字锦》《古

---

① 《清世祖实录》卷一一七"顺治十五年五月庚申"条。
② 《清世祖实录》卷九八"顺治十三年二月丙子"条。

今图书集成》《全唐诗》《律历渊源》《周易折中》《性理精义》及《朱子全书》等，若雨后春笋，纷然涌出。清廷终于以图书编纂的丰硕成果，迎来了足以比美唐代的贞观、宋代的太平兴国、明代的仁宣之治的繁荣时期。

第六，由尊孔到尊朱。

推尊孔子，作为崇儒的象征，历代皆然。如果说圣祖亲政之初在太学释奠孔子，尚属不自觉地虚应故事，那么康熙二十三年以后，他的尊孔，便是一种崇尚儒术的有力表示。

由孔子开创的儒学，在我国历史发展的不同时期，具有外在表现形式各异的时代特征。自北宋以后，儒学进入理学时代，因而元、明诸朝，尊孔崇儒与表彰理学，两位一体，不可分割。明清更迭，社会动荡。这一客观现实反映于意识形态领域，理学营垒分化，朱熹、王守仁学术之争愈演愈烈。清初统治者要表彰理学，就面临一个究竟是尊朱还是尊王的问题。

顺治一朝，国内战争频繁，无暇顾及这一抉择。圣祖亲政，尤其是三藩乱平、台湾回归之后，这样的抉择愈益不可回避。从形式上看，科举取士制度固然可以作为争取知识界合作的一个有效手段。然而，要形成并维持整个知识界和全社会的向心力，实现封建国家的长治久安，仅仅依靠这样的手段显然是不够的。因此，对清初封建统治者来说，寻求较之科举取士制度深刻得多的文化凝聚力，便成为必须完成的历史选择。顺应这样一个客观的历史需要，经历较长时间的鉴别、比较，清廷最终摒弃王守仁心学，选择了独尊朱熹学说的道路。

康熙四十年以后，清廷以"御纂"的名义，下令汇编朱熹论学精义为《朱子全书》，并委托理学名臣熊赐履、李光地先后主持纂修事宜。五十一年正月，圣祖明确指出："朱子注释群经，阐发道理，凡所著作及编纂之书，皆明白精确，归于大中至正。经今五百余年，学者无敢疵议。朕以为孔孟之后，有裨斯文者，朱子之功最为弘巨。"① 随即颁谕，将朱熹从祀孔庙的地位升格，由东庑先贤之列升至大成殿十哲之次。至此，清廷以对朱熹及其学说的尊崇，基本确立了一代封建王朝"崇儒重道"的文化格局。

二、清廷文化决策的思想依据

作为维护统治者根本利益的手段，一定时期的文化政策总是那一时期统治者思想的集中反映。就中国古代社会而言，它在很大程度上便是有作为的封建帝王治国思想的反映。清圣祖是一个杰出的政治家，清初封建国家的文化政策，正是以其儒学思想为依据制定的。因此，剖析圣祖的儒学观，对于把握清初文化政策的实质及其对学术发展的影响，就是很有必要的事情。

清圣祖名玄烨，公元 1662 年到 1722 年在位。他生于顺治十一年（1654），卒于康熙六十一年（1722），终年 69 岁。逝世后，谥仁皇帝，庙号圣祖。

玄烨 8 岁即位，14 岁亲政，这一特定的条件，促成了他在政治和文化诸方面的早熟。在其儒学观形成的早期，对他影响最深的是儒臣熊赐履。自康熙十年二月至十四年三月间，熊赐履一直充任日讲官。玄烨亲政后的日讲，虽自九年十一月二十一日即宣告举行，但实际上正式开始则是此后一年多的十一年四月。也正是从此时起，熊赐履把年轻的玄烨引入了儒学之门。熊笃信朱熹学说。当时，他省亲回京，在玄烨召见时即明确表示："臣读孔孟之书，学程朱之道。"② 半月后，他以朱熹注《论语·学而篇》的讲解，揭开了康熙一朝日讲的第一页。在其后的三

---

① 《清圣祖实录》卷二四九"康熙五十一年正月丁巳"条。
② 《康熙起居注》"十一年四月初一日"条。

年间，熊赐履始而隔日进讲，继之每日入宫，向康熙帝讲"读书切要之法"，讲"天理人欲之分"，讲"俯仰上下，只是一理"，讲"本然之性与气质之性"，讲"辟异端，崇正学"，讲朱熹的知行观，斥王守仁的"知行合一"说。总之，既博及致治之理，又广涉用人之道，为年轻的康熙帝奠定了坚实的儒学基础。

在熊赐履等人的循循善诱之下，还在康熙十一年六月，玄烨就已经表露出对理学的浓厚兴趣。他向翰林院学士傅达礼询问道："尔与熊赐履共事，他与尔讲理学否？尔记得试说一二语来。"熊赐履的理学主张，诸如"理学不过正心诚意，日用伦常之事，原无奇特"，"惟务躬行，不在口讲"等，都为玄烨所接受。同年八月，他又召熊至懋勤殿，郑重询问朝臣中讲理学的情况。十二年十一月，为了研究周敦颐的《太极图说》，他还特别让熊赐履等儒臣各撰《太极图论》一篇，加以讨论。熊赐履以讲理学而深得康熙帝宠信，于康熙十四年三月擢升武英殿大学士。这以后，熊虽然离开了日讲官职务，随之又在满汉朝臣的党争中失势而被黜回乡，但是他的理学主张对于玄烨儒学观的形成，却产生了潜移默化的影响。"明理最是紧要，朕平日读书穷理，总是要讲求治道，见诸措施。故明理之后，又须实行。不行，徒空说耳"①。玄烨的这一段自述，正清晰地道出在熊赐履的影响下，他早年儒学观的基本倾向。

玄烨的儒学观，核心是一个辨别理学真假的问题。康熙二十二年十月，他就此做了首次表述，指出："日用常行，无非此理。自有理学名目，彼此辩论，朕见言行不相符者甚多。终日讲理学，而所行之事全与其言悖谬，岂可谓之理学？若口虽不讲，而行事皆与道理吻合，此即真理学也。"②这段话包含三层意思，第一层是说理学有真假之分；第二层是说理学并非玄虚的精神实体，无非就是规范人们言行的道理；第三

---

① 《康熙起居注》"十二年八月二十六日"条。
② 《清圣祖实录》卷一一二"康熙二十二年十月辛酉"条。

层是说言行如一与否，是检验理学真伪的试金石。康熙帝之所以会形成这样的认识，究其根源，则始于与翰林院学士崔蔚林就理学基本范畴的辩论。

崔蔚林是当时朝臣中王守仁学说的信奉者，他撰有《大学格物诚意辨》讲章一篇。玄烨闻讯，于十八年十月十六日将他召至宫内，读罢讲章，君臣间就格物、诚意诸范畴进行了罕见的直率问答。在对"格物"范畴的阐释中，崔蔚林依据王守仁学说立论，主张"格物是格'物'之本，乃穷吾心之理也"。并且对朱学提出质疑，认为："朱子解作天下之事物，未免太泛，于圣学不切。"当玄烨转而论"诚意"，指出"朱子解'意'字亦不差"时，崔仍然由王学出发，提出异议，声称："朱子以意为心之所发，有善有恶。臣以意为心之大神明，大主宰，至善无恶。"这场短兵相接，是对玄烨形成伊始的儒学观的挑战。当时他虽未进行驳议，但显然并不以崔说为然，而是以"性理深微，俟再细看"[1]暂时中断了这场问答。经过周密准备，10 天之后，玄烨依据程朱之说对崔蔚林的讲章进行反驳。他说："天命谓性，性即是理。人性本善，但意是心之所发，有善有恶，若不用存诚工夫，岂能一蹴而至？行远自迩，登高自卑，学问原无躐等，蔚林所言太易。"同时，他还就理学分野判定崔蔚林属于王学系统，指出："蔚林所见，与守仁相近。"[2]

在帝王面前，崔蔚林阐述其理学主张是那样慷慨陈词、无所顾忌，这本来就为圣祖所不悦。加以崔言不顾行，居乡颇招物议，因之更激起玄烨反感。于是二十一年六月，在与内阁近臣议及崔蔚林官职的升迁时，玄烨的反感开始流露。他说："朕观其为人不甚优。伊以道学自居，然所谓道学未必是实。闻其居乡亦不甚好。"[3]一年之后，他便提出前述辨理学真伪的那段讲话。从此，"假道学""冒名道学"等，也就成

---

① 《康熙起居注》"十八年十月十六日"条。

② 《康熙起居注》"十月二十六日"条。

③ 《康熙起居注》"二十一年六月初二日"条。

为圣祖指斥言行不一的理学诸臣的习惯用语。然而事情并未就此了结。二十三年二月，崔蔚林自知在朝中已无立足之地，疏请告病还乡。圣祖决意借此机会，对假道学作一次惩治。于是他示意内阁近臣："崔蔚林乃直隶极恶之人，在地方好生事端，干预词讼，近闻以草场地土，纵其家人肆行控告。又动辄以道学自居，焉有道学之人而妄行兴讼者乎？此皆虚名耳。又诋先贤所释经传为差讹，自撰讲章甚属谬戾。彼之引疾乃是托词，此等人不行惩治，则汉官孰知畏惧！"[①]崔蔚林就此声名狼藉。

无独有偶，继崔蔚林之后，康熙三十三年，当时任顺天学政的理学名臣李光地成为假道学的又一典型。这年四月，李光地母病故，由于他未坚持疏请离任回乡奔丧，因而以"贪位忘亲"[②]招致言官弹劾。一时之间，朝议哗然，迫使康熙帝出面干预。风波虽然迅速平息，但是玄烨对假道学的憎恶已经不可压抑，他决心进行一次总的清算。闰五月初四，他集合翰林院全体官员于瀛台，以《理学真伪论》命题考试。试毕，又就熊赐履弟赐瓒在考试中暴露出的问题借题发挥，对理学诸臣"挟仇怀恨"，"务虚名而事干渎"，"在人主之前作一等语，退后又别作一等语"等丑恶行径加以痛斥。其鞭挞所至，不仅李光地、熊赐瓒首当其冲，而且业已故世的魏象枢、汤斌等也未能幸免。就连对他有教诲之谊的熊赐履，同样被指名羞辱。在历数假道学言行不一的诸多劣迹之后，玄烨为理学诸臣明确规定了立身处世的准则，这就是："果系道学之人，惟当以忠诚为本。"[③]

综上所述，足见康熙儒学观的形成过程，是一个从了解理学、熟悉理学，直到将理学归结为伦理道德学说的过程。关于这一点，玄烨晚年有一段系统的表述，他说："理学之书，为立身根本，不可不学，不可不行。朕尝潜玩性理诸书，若以理学自任，则必至于执滞己见，所累者

---

① 《康熙起居注》"二十三年二月初三日"条。
② 蒋良骐：《东华录》卷一六"康熙三十三年四月"条。
③ 《清圣祖实录》卷一六三"康熙三十三年闰五月癸酉"条。

多。反之于心，能实无愧于屋漏乎？宋、明季代之人，好讲理学，有流入于刑名者，有流入于佛老者。昔熊赐履在时，自谓得道统之传，其殁未久，即有人从而议其后矣。今又有自谓得道统之传者，彼此纷争，与市井之人何异！凡人读书，宜身体力行，空言无益也。"① 这是圣祖对其儒学观的重要自白，其立足点就在于理学是立身根本之学。由此出发，他鄙弃空讲理学，不主张以理学自任，更反对去争所谓"道统之传"。归根结底，就是要以封建伦理道德为规范，切实地去身体力行。

玄烨儒学观的形成过程，也是一个提倡经学、融理学于传统儒学的过程。还在康熙二十一年八月，他在与日讲官牛钮、陈廷敬的问对中，就接受了"道学即在经学中"的观点。当时，牛、陈二人认为："自汉、唐儒者专用力于经学，以为立身致用之本，而道学即在其中。"② 玄烨对此表示完全赞同。一年后，《日讲易经解义》纂成，在为该书撰写的序言中，他重申"帝王立政之要，必本经学"，还提出了"以经学为治法"③ 的主张。圣祖论学始终提倡把"明理"同"通经"相结合，他指出："凡圣贤经书，一言一事，俱有至理，读书时便宜留心体会。此可以为我法，此可以为我戒。"④ 因此他认为："不通《五经》《四书》，如何能讲性理？"⑤ 圣祖又进而断言："治天下以人心风俗为本，欲正人心、厚风俗，必崇尚经学。"⑥

玄烨儒学观的形成过程，还是一个尊崇朱熹，将朱学确认为官方哲学的过程。他一生讲求儒学，对朱熹、王守仁的著述都曾经用心做过研究，他主张"宽舒""无私"，不赞成无谓的门户纷争。他说："朕常读朱子、王阳明等书，道理亦为深微。乃门人各是其师说，互为攻击。夫

---

① 《康熙起居注》"五十四年十一月十七日"条。
② 《康熙起居注》"二十一年八月初八日"条。
③ 《清圣祖实录》卷一一三"康熙二十二年十二月乙卯"条。
④ 《康熙御制文集·庭训格言》。
⑤ 《康熙起居注》"五十四年十二月初一日"条。
⑥ 《清圣祖实录》卷二五八"康熙五十三年四月乙亥"条。

道体本虚，顾力行何如耳。攻击者私也，私岂道乎？"① 但是，在确认以什么样的学说来统一思想的关键问题上，他却毫不调和，愈益明显地趋向于朱学。事实上，他早年的惩治崔蔚林，就无异于对王学的贬抑。后来，当他提倡熟读儒家经典时，又强调："自汉以来，儒者世出，将圣人经书多般讲解，愈解而愈难解矣。至宋时，朱子辈注《四书》《五经》，发出一定不易之理，故便于后人。朱子辈有功于圣人经书者，可谓大矣。"② 到圣祖晚年，更是无以复加地推尊朱熹，表彰朱学。他指出："朱子洵称大儒，非泛言道学者可比拟。"③ 又说："先儒中，惟朱子之言最为确当。其他书册所载，有不可尽信者。"④ 在其所撰《理学论》中，他再度重申："自宋儒起而有理学之名，至于朱子能扩而充之，方为理明道备。后人虽杂出议论，总不能破万古之正理。所以学者当于致知格物中循序渐进，不可躐等。"⑤ 对他一生以儒学治国的经验，圣祖依据朱熹"居敬穷理"之教，归纳为一个敬字。他说："朕自幼喜读《性理》，《性理》一书，千言万语，不外一敬字。人君治天下，但能居敬，终身行之足矣。"⑥

总之，一个视理学为伦理道德学说，一个融理学于传统儒学之中，一个确认朱熹学说为官方哲学，这就是构成清圣祖儒学观的基本内容。它在康熙一朝，为文化政策的制定提供了根本的理论依据。

三、清初文化政策的历史作用

就全部清代历史而言，清初的顺治、康熙二朝，是一个奠定国基的

---

① 《康熙起居注》"二十六年六月初九日"条。
② 《康熙御制文集·庭训格言》。
③ 《清圣祖实录》卷二一六"康熙四十三年六月丁酉"条。
④ 《清圣祖实录》卷二九一"康熙六十年三月乙丑"条。
⑤ 《康熙御制文集·理学论》。
⑥ 《康熙起居注》"五十六年十一月二十六日"条。

重要发展时期。清王朝建立之初，经历明末数十年的战乱，经济凋敝，疮痍满目。随后，满洲贵族自身错误的民族高压政策，南明残余势力的挣扎，以及农民起义军余部的对抗，又酿成长达近 40 年之久的国内战争。在长期的社会动荡中，国计民生遭到了空前的破坏。然而就是在这样极度艰难的局势之下，清初统治者不仅消除了敌对势力，实现了国家的统一，而且赢得了经济的从复苏而趋向繁荣。促成这一历史转折的原因是多方面的，其间，封建国家的文化政策就发挥了积极的历史作用。

"帝王敷治，文教是先"①。从顺治到康熙，近80年间，清廷始终以此为制定文化政策的立足点。由于把文化教育作为治国根本大计，因而战略决策的正确，保证了学术文化事业的健康发展。知识界是社会的中坚，中国历代封建统治者无不把争取知识界的合作作为施政的基本方针。因此，清朝入主中原之初，虽然军事征服是压倒一切的任务，但是它依然如同先前的统治者一样，把开科取士视为抡材大典，向知识界敞开了合作的大门。以康熙十七年（1678）的诏举"博学鸿儒"为标志，清廷为争取知识界的全面合作，取得了巨大成功。

清初文化政策的历史作用，还表现为清初统治者完成了对社会凝聚力的选择。任何一个社会要寻求自身的发展，都必须具有凝聚全体社会成员的力量。不同的历史时期，不同的国家和民族，这一力量的选择会因时因地而各异。然而树立共同的社会理想，明确应当遵循的公共道德规范，则是一个具有共性的基本方面。清初，无论是世祖也好，还是圣祖也好，他们最初都选择了尊崇孔子的方式，谋求以孔子为代表的儒家思想去统一知识界的认识，确立维系封建统治的基本准则。尔后，随着封建统治者儒学素养的提高，清廷选择了将尊孔具体化而趋向朱学独尊的历史道路。确认朱熹学说为官方哲学，使清初统治者为一代封建王朝找到了维系人心的有效工具。在经历长期的动乱之后，这对于稳定社

---

① 《清世祖实录》卷九一"顺治十二年三月壬子"条。

会与促进封建国家经济、文化诸方面的恢复和发展，具有十分重要的意义。它的成功表明，如果忽视去进行这样的选择，一旦社会失去凝聚力量，后果是不堪设想的。

当然也应该看到，清初统治者对社会凝聚力的选择，并没有把朱熹学说作为一个博大的思想体系去进行系统的研究。相反，却出于维护自身统治的狭隘需要而加以曲解。他们抹杀了理学的哲学思辨，将其归结为僵死的封建伦理道德学说。同时，把经朱熹阐发的丰富思想，也仅仅视为约束人们行为的封建道德教条。正是这种文化上的短视，导致清初统治者否定了王守仁思想中的理性思维光辉。其恶劣后果，经雍正、乾隆两朝的封建文化专制引向极端，终于铸成思想界万马齐喑的历史悲剧。其间的历史教训，又是值得我们认真记取的。

评判某一时期文化政策的得失，考察其对当时学术文化演进的导向作用是一个重要依据。成功的文化政策，既是产生这一政策的历史时期学术文化水准的客观反映，同时它又能够顺应潮流，推动学术文化事业的发展。在这方面，清初的文化政策同样显示了它的历史作用。

明清更迭，经世思潮空前高涨。"天崩地解，落然无与吾事"[1] 的恶劣学风遭到猛烈抨击，"严夷夏之防"以"匡扶社稷"[2] 的呐喊南北并起，"天下兴亡，匹夫有责"[3] 成为时代最强音。清廷出于维护自身权益的需要，在武力征讨的同时，辅以文化高压政策，毫不含糊地遏制了这一思潮的发展。除野蛮的剃发易服之外，诸如顺治间的焚书，禁止士子结社，借科场舞弊和士绅拖欠国赋而动兴大狱，乃至康熙初制造惨绝人寰的庄氏史案，无一不是对经世思想的沉重打击。因此迄于康熙初叶，通过论究明清之际的史事来"引古筹今"[4] 已经成为不可能，借助阐发

---

① 黄宗羲：《南雷文定》卷一《留别海昌同学序》。
② 王夫之：《读通鉴论》卷五《成帝四》。
③ 顾炎武：《日知录》卷一三《正始》。原作："保天下者，匹夫之贱与有责焉耳矣。"后经梁启超概括为："天下兴亡，匹夫有责。"
④ 顾炎武：《亭林文集》卷四《与人书八》。

"夷夏之防"来宣扬反清思想更是非法。至于眼前的国计民生利弊，也无人再敢于问津。

然而，对于清初诸儒倡经学以济理学之穷的努力，清廷则予以及时的肯定。作为封建王朝最高统治者的清圣祖，既接受儒臣关于"道学即在经学中"的主张，又明确昭示天下，"帝王立政之要，必本经学"[1]，决意为正人心、厚风俗而"崇尚经学"[2]。于是清廷以御纂诸经日讲解义及众多图书官修的形式，与学术界的经学倡导合流，从而把知识界导向了对传统学术进行全面整理和总结的新阶段。

---

[1] 《清圣祖实录》卷一一三"康熙二十二年十二月乙卯"条。
[2] 《清圣祖实录》卷二五八"康熙五十三年四月乙亥"条。

第三章　蕺山南学与夏峰北学之交涉

明清之际的学术界，有两个很重要的学术群体，一个是江南以刘宗周为宗师的蕺山南学，另一个是河北以孙奇逢为宗师的夏峰北学。这两个学派与稍后的二曲关学鼎足而立，同主顺治及康熙初叶学术坛坫风会。因而雍正、乾隆间史家全祖望论清初学术，遂将蕺山学传人黄宗羲与孙奇逢、李颙并举，而有"三大儒"之目。至于晚近学术界以黄宗羲、王夫之、顾炎武为清初三大儒，则时移势易，视角各别，未可同日而语。以下，拟就蕺山南学与夏峰北学之间的关系，试作一些梳理，旨在据以从一个侧面窥见明清间学术演进的脉络。

一、孙夏峰笔下的刘蕺山

明末清初的近一百年间，是中国古史中一个激剧动荡的时代。这是一个天翻地覆的时代，也是一个孕育卓越历史人物的时代。刘蕺山和孙夏峰就是生活在这样一个时代的杰出学术大师。他们以各自的学术实践，不惟开一方风气先路，而且影响所及，终清一代而不绝。

刘蕺山名宗周，字起东，号念台，学者以其居于蕺山麓而尊为蕺山先生。浙江山阴（今绍兴）人。生于明万历六年（1578），卒于清顺治二年（1645），得年 68 岁。孙夏峰名奇逢，字启泰，号钟元，晚号岁寒老人，学者以其晚年所居而尊为夏峰先生。河北容城人。生于明万历十二年（1584），卒于清康熙十四年（1675），得年 92 岁。刘蕺山长孙夏峰 6 岁，两位是同一辈人。唯蕺山于明亡后绝食而逝，夏峰则离乡背井，依然在世 30 余年。尽管蕺山生前，夏峰未得一睹风采，但正是在蕺山故世后的 30 余年间，随着夏峰与南北学者的过从日久，尤其是同蕺山学诸传人的数度往还，于是在他的笔下，高山仰止，追随恐后，则多见蕺山学行踪影。谨掇其大要，分述如后。

孙夏峰笔下的刘蕺山，首先是一个志节耿然的烈士。明亡，东宫讲官刘理顺、兵部主事金铉身殉社稷，金铉且名在蕺山弟子之列。孙夏峰为文纪念刘、金二烈士，皆论及刘蕺山。所撰《刘文烈遗集序》云，天启间，刘理顺"与刘公宗周、金公铉、吴公甘来，缌缌为斯道斯民忧"[①]。而《金忠节公传》亦称："刘宗周为少司空，尝就铉论学，与陈龙正、史可法、朱之冯道德经济，互相劝勉。"[②] 对于刘蕺山的以身殉国，孙夏峰备极推崇。顺治十二年六月，他将刘宗周与方孝孺、高攀龙、鹿善继、黄道周等五人学行汇为一编，题为《五人传忠录》。夏峰于卷首有云："刘念台叙明理学，引方正学为首，非谓其为读书种子乎？倪献汝叙历代理学，以黄幼玄为终，亦谓其忠孝至性，百折不回，真伟男子也。"[③] 同样的话，还见于夏峰为黄道周的《麟书钞》所撰序，他说："刘念台先生序明理学，以正学为首。倪献汝序《理学宗传》，以石斋为终。……刘、倪二公，正谓其节之奇，死之烈。忠到足色，方于理学无憾耳。"[④]

根据以上所引述的材料可见，在孙夏峰看来，刘蕺山不惟以忠烈名垂史册，而且也是卓然成家的理学大师。于是在孙夏峰历时 30 年精心结撰的《理学宗传》中，刘蕺山便以"理学而以节死"的大家著录。当《理学宗传》尚在结撰之时，顺治十六年十月，孙夏峰曾将书中评诸家学术语辑为《诸儒评》存之箧中。其中之《刘念台》一目有云："子曰：'已矣乎，吾未见能见其过而内自讼者也。'公谱微过、隐过、显过、大

① 孙奇逢：《夏峰先生集》卷二《刘文烈遗集序》。
② 孙奇逢：《夏峰先生集》卷八《金忠节公传》。
③ 孙奇逢：《孙征君文稿三种》之二《五忠录引》。
④ 孙奇逢：《夏峰先生集》卷四《黄石斋麟书钞序》。

过、丛过、成过，条列分明，随事随念，默默省察。有犯此六科者，凛然上帝临汝，诛锄不贷。久久过自消除，而本心不改。此方是存之之君子，而免为去之之庶民。微乎！危乎！可不慎诸！"①据考，蕺山之论立身，有《人谱》之作，时在明崇祯七年甲戌秋八月。《人谱》之《续编三》为《纪过格》，所记诸过，依次为微过、隐过、显过、大过、丛过、成过。夏峰之评语依据，显然即由此而来。

由对刘蕺山志节的敬仰，进而服膺其学说，以至潜移默化，不期而然，接受蕺山学术主张，走上合会朱王学术的道路。在孙夏峰的笔下，此一线索若隐若现，依稀可辨。

康熙初，孙夏峰应河南内黄知县张沐邀，前往该县讲学，撰有《题内黄摘要后》一文。文中写道："我辈今日谈学，不必极深研几，拔新领异。但求知过而改，便是孔颜真血脉。"②一如《诸儒评》之依刘蕺山《人谱》立论，此一书后语，亦当沿《人谱》而出。蕺山学说，初由主敬入，中年则以慎独为宗旨，晚年合诚意、慎独为一，卓然领袖一方。所撰《读大学》有云："《大学》之道，诚意而已矣，诚意之功，慎独而已矣。"又说："夫道一而已矣，学亦一而已矣。《大学》之道，慎独而已矣；《中庸》之道，慎独而已矣；《语》《孟》《六经》之道，慎独而已矣。慎独而天下之能事毕矣。"③孙夏峰之所论，如出一辙。始而曰："刘念台曰，三十年胡乱走，而今始知道不远人。"④继之云："圣学只在诚意，诚意只在慎独。"⑤最终归而为一，倡言："慎独是一统的功夫，千圣万贤，总只是这一件事。无内外，无精粗，无大小，一以贯之。"⑥刘蕺山论陆、王学术传衍，归咎于杨简、王畿，他说："象山不差，差

①　孙奇逢：《孙征君文稿三种》之三《诸儒评》。
②　孙奇逢：《夏峰先生集》卷五《题内黄摘要后》。
③　刘宗周：《刘子全书》卷二五《读大学》。
④　孙奇逢：《孙征君文稿三种》之一《与友人论道书》。
⑤　孙奇逢：《夏峰先生集》卷七《答陈子石》。
⑥　孙奇逢：《夏峰先生集》卷二《语录》。

于慈湖；阳明不差，差于龙豀。"[1] 又说："阳明不幸而有龙豀，犹之象山不幸而有慈湖，皆斯文之厄也。"[2] 孙夏峰于此亦然，据云："慈湖正以传象山，龙豀正以传阳明，而无声无臭，无善无恶，夫岂谬于师说？而虚无之教，食色之性，又未尝不借口焉。堂邑所谓传象山者失象山，传阳明者失阳明。甚矣，言之不可不慎也。"[3] 惟其如此，康熙初《理学宗传》定稿付梓，孙夏峰特于卷末辟出"补遗"一类，杨简、王畿皆在此一类中。他于此解释说："补遗诸子皆贤，乌忍外！尝思墨子固当世之贤大夫也，曾推与孔子并，何尝无父！盖为著《兼爱》一篇，其流弊必至于无父，故孟子昌言辟之。愚敢于补遗诸公效此忠告。"[4]

夏峰之学，早年由朱子起步，中年受同乡学长鹿善继影响，朝夕潜心《传习录》，成为阳明学的笃信者。晚而钦仰刘蕺山学行，遂以修正王学、合朱王于一堂为归宿。他为蕺山弟子金铉所写的小传称："吾乡理学而忠节者，公与鹿伯顺也。鹿之学近陆王，公之学守程朱。"[5] 以追随鹿伯顺而笃信阳明学者，竟去表彰学守程朱的蕺山弟子，一则可见孙夏峰非拘守门户之人，再则亦不啻表明他对刘蕺山师弟修正王学的认同。所以孙夏峰超然于门户之上，指出："文成之良知，紫阳之格物，原非有异。"[6] 又说："两贤之大旨固未尝不合也。"他认为："陆、王乃紫阳之益友忠臣，有相成而无相悖。"进而主张合朱、王于一堂，倡言："我辈今日要真实为紫阳，为阳明，非求之紫阳、阳明也。各从自心、自性上打起全副精神，随各人之时势身份，做得满足无遗憾，方无愧紫阳与阳明。"[7] 这与刘蕺山所云"后之君子有志于道者，盍为之先去其

---

① 刘宗周：《刘子全书》卷一三《会录》。
② 刘宗周：《刘子全书》卷一九《答韩参夫》。
③ 孙奇逢：《夏峰先生集补遗》卷上《答问》。
④ 孙奇逢：《理学宗传》卷首《义例》。
⑤ 孙奇逢：《夏峰先生集》卷八《金忠节公传》。
⑥ 孙奇逢：《四书近指》卷一《大学之道章》。
⑦ 孙奇逢：《夏峰先生集》卷七《复魏莲陆》。

胜心浮气，而一一取衷于圣人之言，久之必有自得其在我者。又何朱、陆、杨、王之足云"①，实是同调共鸣，后先呼应。

如果说在孙夏峰结撰《理学宗传》的过程中，他对刘蕺山的学说了解尚未深入，那么当康熙六年该书刊刻藏事之后，迄于十四年逝世，引为同志，倾心推许，蕺山学说对孙夏峰的影响则非同一般。有关这方面的情况，在孙夏峰的《日谱》中，多有所反映，弥足珍贵。

康熙七年九月初九日，孙夏峰读刘蕺山《学言》，有札记一则，他说：

> 读刘子《学言》，有示韩参夫云："力铲浮夸之习，深培真一之心。"又曰："从闻见上体验，即从不闻不见消归；从思虑中研审，即向何思何虑究竟。庶几慎独之学。"参夫，宛平布衣也。严守程朱，予从弱冠后即与之友，甲戌年（明崇祯七年——引者），同在武城署中，住三月余。游学江南，渠曾与高忠宪游，归而向予言之甚详。此在乙丙之前。后从念台游，则未及闻也。音问久绝，定作古人矣。读刘子语，恍见故人于字里行间。

一周之后，夏峰又记下了读蕺山《圣学宗要》的无限欣喜。他写道：

> 予之刻《宗传》也，妄臆以濂溪为孔子之闻知，以姚江为濂溪之闻知。此一时之偶见如此。忽友人寄刘子《圣学宗传》（传字误，当作要——引者），其言曰："周子其再生之仲尼乎？明道不让颜子，横渠、紫阳亦曾、思之亚，而阳明见力直追孟子。自有天地以来，前有五子，后有五子，斯道可为不孤。"读之一快。公先得我耶？我先得公耶？抑南北海此心此理有同然耳。

---

① 刘宗周：《刘子全书》卷二一《张含宇先生遗稿序》。

翌年二月初六日，夏峰就读蕺山文致信弟子汤斌，再度称道蕺山"先得我心"。信中有云：

> 刘念台之言曰："三十年胡乱走，而今始知道不远人。"念台集中多快语。至周子其再生之仲尼乎？阳明见力直追孟子，自有天地以来，前有五子，后有五子，斯道可为不孤。《宗传》一编，妄意以濂溪为孔子之闻知，以姚江为濂溪之闻知，不谓念台先得我心之同然耳。近读杨虞城集，皆真实做工夫人，不可少也。

事隔十日，同样的心境见于《复梁以道》中。夏峰说："刘念台之言曰：'三十年胡乱走，而今始知道不远人。'刘、杨两先生，其宗旨正与我辈相符，恨不即握手一详言之。"

康熙十二年（1673），孙夏峰已届九十高龄。是年八月廿六日，他就理气、心性的关系，在《日谱》中留下札记一则。据云：

> 理气之说纷纭不一，有谓理生气，有谓理为气之理者，有谓有是气方有是理者。迩刘念台云，理即是气之理，断然不在气先，不在气外。知此则知道心即人心之本心，义理之性亦即气质之本性，一切纷纭之说可以尽扫矣。

以蕺山主张而尽扫诸家聚讼，倾心推许，不啻夏峰晚年定论。

二、蕺山学北传的重要途径

一如前述，在刘蕺山生前，孙夏峰并未能有机会当面请益。用夏峰自己的话来说，只是"余从弱冠时，知向慕公，后王念尼从公游，公亦知有余也"① 而已。加以时值明末，兵荒马乱，已非从容论学之时，因此这便大大地妨碍了蕺山学术的北传。而据蕺山弟子恽日初云："先师为明季二大儒之一，顾自《人谱》外，海内竟不知先生有何著述。"② 这就是说，迄于康熙初叶，刘蕺山著述刊行于世者不过《人谱》一种而已。惟其如此，康熙二十年（1681）前后，蕺山弟子始接踵而起，表彰师说。先是恽日初辑《刘子节要》，继之为黄宗羲撰《蕺山学案》，最后则是董玚重订《蕺山先生年谱》，编纂《刘子全书》。然而蕺山后学的所有这些努力，多在孙夏峰身后。既然如此，那么蕺山学术又是何时、通过何种渠道北传而影响孙夏峰的呢？就目前所能读到的文献来看，顺治七年（1650），孙夏峰弟子高鐈的南游会稽，当是一次开凿渠道的重要举措。

高鐈，字荐馨，河北清苑人。明季诸生，善书法，喜为诗。顺治二年师从孙夏峰。三年，夏峰家园被满洲贵族圈占，含恨南徙新安（今河北安新）。六年冬，复因新安时局不靖，再度举家南迁。夏峰本拟渡黄河，越长江，直去浙东，以完先前同故友所订儿女婚事。一则年事已高，不堪旅途劳顿，再则十数口千里跋涉，亦非易事，于是抵达河南辉县苏门山后，被迫改变初衷，侨居下来。夏峰南徙，高鐈始终相伴而行，所以孙夏峰90岁时撰《怀友诗》于高鐈有云："垂老轻去乡，荐馨共旅食。"此应是孙、高师弟间此一段经历的真实写照。

据孙夏峰《日谱》记，高鐈南游会稽，始于顺治七年春夏间，至十二年春北返，历时近五年之久。高鐈何以要远游会稽，且一去就是五年之久？笔者孤陋寡闻，为学不勤，个中详情迄未得明。但是有一点则是可以肯定的，那就是受老师之命，携结撰中的《理学宗传》初稿前往浙东请益。关于这一点，孙夏峰在《理学宗传》卷首《自叙》中，

---

① 孙奇逢：《理学宗传》卷二五《刘宗周》。
② 恽日初：《致董无休书》，转引自董玚《刘子全书抄述》，见《刘子全书》卷首。

说得很清楚。他说："此编已三易，坐卧其中，出入与偕者，逾三十年矣。……初订于渥城，自董江都而后五十余人，以世次为序。后至苏门，益廿余人。后高子携之会稽，倪、余二君复增所未备者，今亦十五年矣。"渥城即新安，据汤斌辑《孙征君年谱》载，《理学宗传》在渥城初订，时当顺治四年（1647），参与其事者为夏峰弟子高镈、王之征、陈铉及谱主第三子博雅。顺治七年夏初，夏峰师弟一行抵达苏门山，再理旧稿，旋即由高镈携往会稽。

顺治十二年春，高镈北归。此次远游，无论带着何种目的，亦无论其目的是否悉数实现，然而仅就南北学术交流而言，高镈此行足以称作满载而归。

首先，高镈圆满地完成了其师托付的使命。在同浙东学者的数年交往中，他不仅宣传了夏峰学说，为《理学宗传》初稿觅得了知音，而且通过频繁的书信，亦使孙夏峰得以了解蕺山学术及其传人的大致状况。其次，沿着高镈的足迹，夏峰弟子马尔楹偕夏峰次子孙奏雅，于顺治八年夏秋间亦抵达浙东，从而拓宽了南北学术交流的通道。再次，通过高镈、孙奏雅、马尔楹等人的努力，蕺山诸后学及时而准确地把蕺山学说及其代表著述直接传递给了孙夏峰。在清初南北学术的此次重要往还中，如果说高镈创辟榛芜，建树了开拓之功，那么在这条通道上孜孜以求，最终完成蕺山学北传历史使命的，则无疑应是蕺山诸后学。其中功绩最为卓著者，当首推倪元瓒。

倪元瓒，字献汝，浙江上虞人。其兄元璐，字玉汝，号鸿宝，崇祯间官至户部尚书，明亡，以身殉国，志节耿然。倪元璐少刘宗周15岁，于蕺山学术备极推崇。据蕺山子刘汋辑《刘子年谱录遗》记：

> 先生当党祸杜门，倪鸿宝以翰编归里，三谒先生，不见。复致书曰："先生至清绝尘，大刚制物，动以孔孟之至贵，而为贵诸荆卞之所难。璐心服之，诚如七十子之于夫子也。"每于士大夫推尊不容口，言及必曰刘先生

云何。先是越之衿士无不信先生为真儒，而缙绅未尝不讪笑之。独鸿宝号于众曰："刘念台今之朱元晦也。"于是始有信之而愿学者。自此，祁公彪佳、施公邦曜、章公正宸、熊公汝霖、何公弘仁，争以著蔡奉先生。

元瓒为元璐弟，受其兄影响，亦当在服膺蕺山学术诸后学之列。

高镳南游，结识倪元瓒，将《理学宗传》初稿送请审订，实是托付得人。顺治十二年（1655）春高镳、孙奏雅北归，带回元瓒书札及其对《理学宗传》的评笺。孙夏峰喜得志同道合良友，于当年三月廿一日欣然复书倪献汝。信中写道：

> 仆燕右腐儒，衰迟漂泊，自鼎革以来，家于山岑水湄者若而年。自谓喘息余年，不填壑沟，尚欲策励耄耋，图报称穹苍于万一。年来求友于四方，而真实斯道者寥寥。荐馨南游，得良友为快。奏儿归，持手教，殊慰数年仰企。令兄先生以忠魂领袖一代，先生复以镛铎振教东南，真所谓凤翔天外，鹤唳云中。尚剥床蔑贞，独存硕果，向往实甚。暨读序笺《宗传》，儒释防维，佩教良多。此书原甲申寓水乡时成之，未及订正。迩复有《七子》一编，其中有欲请益者，路遥不能就正。念台先生所选，未得一卒业，想自有定见。若水寤寐有年，此心此理应不以南北海隔耳。[1]

虽然今日我们已无从读到倪元瓒的来书，但是从孙夏峰的回信中可见，正是元瓒来信把刘蕺山留有董理宋明理学遗著的消息告诉了孙夏峰，所以夏峰闻讯才会说"念台先生所选，未得一卒业"。

据《刘蕺山先生年谱》记，蕺山生前董理宋明理学，留有著述凡四种。一是《方逊志先生正学录》，成于天启四年（1624）；二是《皇明道统录》，成于天启七年；三是《圣学宗要》，成于崇祯七年（1634）；

---

① 孙奇逢：《日谱》卷六《寄倪献汝》。

四是《阳明先生传信录》，成于崇祯十一年。刘蕺山认为，方孝孺"蚤师宋潜溪，接考亭正传，国朝理学当以公为称首"①，故而于方氏学行多所表彰。结合稍后孙夏峰辑《五人传忠录》及所撰诸文考察，则此处之言"念台先生所选"，当指表彰方氏学行著述。惟其如此，我们在先前所引述的夏峰撰《五忠录引》和《黄石斋麟书抄序》，才会一再重申："刘念台叙明理学，引方正学为首。"

之后，孙夏峰与倪献汝书札往复，历有年所。顺治十二年（1655）十一月，献汝遣族子前来随夏峰问学。翌年，夏峰再度致书献汝，据云：

> 《宗传》一书，迩在订正，于评笺中服足下大中至正之教，灯焰来兹。其波澜一柱（下缺——引者）。留附姜二滨转至，未审达否？近读黄石斋先生《大涤函书》，学不依经，语属开山，方正学之后一人。诗文中皈依君家昆仲，读至此段应求，不可向他人道也。②

信中，取黄石斋与方正学后先辉映，实足见蕺山学术北传之初对孙夏峰的深刻影响。在这里值得指出的是，夏峰信中提到的姜二滨，如同倪元瓒一样，也是此时将蕺山学术北传的重要功臣。

姜二滨，名希辙，号定庵，浙江余姚人。希辙为蕺山弟子，在蕺山诸后学中，若论同孙夏峰的交往，他应是开启先路的人。顺治九年，姜二滨由浙江温州教谕改任直隶元城知县。抵任之后，即拜谒过孙夏峰。十二年，二滨又修书请益，于是夏峰答书云：

> 前接光霁，极蒙延款。最是人所棘手时，独能脱然行所无事，该是元公、明道一流人。恨相隔远，山中筒寄未便，不谓学道君子，虚怀益甚，于悲天悯人之际，益切事贤友仁之思。仆即衰朽，何敢负此下问。

---

① 刘汋等：《蕺山先生年谱》卷上"天启四年四十七岁"条。
② 孙奇逢：《日谱》卷八《寄倪献汝》。

就是在这封信中，孙夏峰向姜二滨通报了倪献汝评笺《理学宗传》的消息，也谈到了新近辑录《七子》的情况，还随信过录有关资料请教。夏峰说：

> 仆生长北方，见囿一隅，少而有志，老无所成。年来与二三同人辑有《诸儒语录》一编，偶同人携之会稽，得倪献汝评定阐发，匡我不逮。继而念"宗传"二字，宁严勿滥，颜渊死而孔子之道不传，曾子外余不得与。又于众多人中，标《七子》另为一选。俱无刻本，路远不便寄去，各家之书俱在，谨录其姓名暨所评请教。①

由于刘蕺山遗著的迟迟不得结集刊行，因而清初蕺山学术的北传进展甚缓。迄于顺治十六年（1659），传至孙夏峰手上的，仅是《人谱》一种而已。所以，一如前述，他在当年所撰《诸儒评》中，评蕺山学术只及《人谱》改过诸节。这样一个局面延续 10 余年，直到康熙六年（1667），《理学宗传》定稿刊行，始得局部改善。这便是《学言》《圣学宗要》《古易抄义》诸书，继《人谱》之后，为孙夏峰列入刘蕺山主要著述目录。同时，《学言》《古易抄义》中精要语，夏峰亦摘出 13 条，录入《理学宗传》中。其后数年，孙夏峰不断消化蕺山学术，进而融为我有，在弟子后学间倾心表彰。蕺山学术的北传进入了一个健实的发展阶段。康熙十二年五月，姜二滨遣其子尧千里问学，师从孙夏峰，并寄来刘蕺山遗著数种暨《易说》。至此，就对夏峰北学的影响而言，蕺山南学的北传遂告完成。

三、从《理学宗传》到《明儒学案》

学术交流，总是互为影响，相得益彰。清初，通过南北学者间的往

---

① 孙奇逢：《夏峰先生集》卷七《答姜二滨》。

还，在蕺山南学北传的过程中，夏峰北学亦同时南传。前述倪元瓒、姜希辙之引孙奇逢为同调而共鸣，相继分遣族子和亲子远道跋涉，追随夏峰，即是一有力证明。此外，孙夏峰代表著述《理学宗传》的南传，则是另一个富有说服力的佐证。考察此一著述的南传过程，对于把握夏峰北学予蕺山后学的影响，抑或更有意义。

一如前述，《理学宗传》尚在结撰过程中，其初稿即已陆续南传。顺治七年（1650），高镳携师稿南下，送请倪元瓒、余增远评笺，应为夏峰北学南传之发轫。顺治十二年，孙夏峰修订《宗传》旧稿，从中辑出《七子》，将目录、评语分别录送倪元瓒、姜希辙审正，则属北学南传所迈出的坚实一步。康熙六年（1667），《理学宗传》定稿刊行，随后远播浙东，成为黄宗羲《明儒学案》的先导。此一阶段当可视为夏峰北学南传的完成时期。

从《理学宗传》到《明儒学案》，其间究竟是一个什么样的关系？前哲时贤于此罕见董理。1983 年，笔者曾以《孙夏峰与黄梨洲》为题，在《清史研究通讯》撰短文一篇提出讨论。之后，又相继在拙作《清初学术思辨录》和《中国学案史》中加以重申。借此机会，谨再略作一些梳理。

《理学宗传》刊刻蒇事，是否及时寄送倪元瓒、姜希辙，由于文献无征，已难知晓。然而时隔六年之后，该书即已送达刘宗周高第弟子黄宗羲之手，则是有文献依据的。据黄炳垕辑《遗献梨洲公年谱》卷下康熙十二年六十四岁条记："太夫人八十寿辰，孙征君夏峰先生（原注：奇逢，时年九十矣）寄到《理学宗传》一部，并寿诗一章。"这就是说，《理学宗传》至迟于康熙十二年已传至浙东。又据黄宗羲著《明儒学案》卷五七《孙奇逢学案》记："所著大者有《理学宗传》，特表周元公、程纯公、程正公、张明公、邵康节、朱文公、陆文安、薛文清、王文成、罗文恭、顾端文十一子为宗，以嗣孟子。之后诸儒，别为考以次之。可谓别出手眼者矣。岁癸丑，作诗寄羲，勉以蕺山薪传，读而愧之。时年九十矣，又二年卒。"该书于案主小传后，且辑有《岁寒集》中论学语录 18 条。可见此时不惟《理学宗传》南传，而且孙夏峰诗文集亦已为黄梨洲读到。

康熙十二年（1673），《理学宗传》和《岁寒集》的得以南传，功臣当为孙夏峰弟子许三礼。三礼字典三，号酉山，河南安阳人。顺治十八年（1661）进士。后候选在家，历有年所，直到康熙十二年，始赴京谒选，得授浙江海宁知县。行文至此，请允许笔者就《清史稿》卷二五六"许三礼本传"的疏失作两点必要说明。据徐文驹撰《安阳许公三礼墓志铭》载，三礼赴京谒选，时当康熙癸丑，即十二年。而《史稿》本传不载谒选之年，于"顺治十八年进士"之后，即接以"授浙江海宁知县"。由此，遂酿成传主始任海宁知县为顺治十八的失实，此其一。其二，据《康熙起居注》载，许三礼以海宁知县行取入京，授福建道御史，时当康熙二十年七月。而《史稿》本传由于漏载传主始任海宁知县时间，故于"在县八年，声誉甚美"之后，为弥缝缺失，自圆其说，竟将三礼行取入京、授福建道御史的年份误植为康熙八年。如此修史，岂能取信后人！

据孙夏峰《日谱》记载，康熙十二年，许三礼赴海宁任前，曾于是年十月二十四日拜谒夏峰，多所请益。《理学宗传》《岁寒集》及贺黄氏母寿诗等，当系此时交三礼携往浙东。三礼抵海宁任，建书院以振兴学术，作育人才。自康熙十五年起，聘黄宗羲主持书院讲席，迄于二十年离任，历时达 5 年之久。正是在此期间，黄梨洲呼应孙夏峰，结撰《明儒学案》以作同调之鸣。

学如积薪，后来居上，取《明儒学案》与《理学宗传》并观，无论是史料的翔实，体例的严整，还是对不同学派渊源传承的梳理，《学案》皆胜过《宗传》。然而，始为者难，继之者易，这亦是情理中事。惟其如此，尽管黄梨洲《明儒学案》卷首《发凡》中，对《理学宗传》颇有微词，评为："钟元杂收，不复甄别，其批注所及，未必得其要领，而其闻见亦犹之海门也。"但是，他亦在书中辟出专节，表彰孙夏峰学行，赞许《理学宗传》"别出手眼"。以往，论者每每取梨洲《发凡》语，而弃其夏峰一按语，故而忽略了从《理学宗传》到《明儒学案》间先后相承的关系。

其实《明儒学案》之与《理学宗传》，不惟因同属学案体史籍而体例略同，而且由于著者学术宗尚的相近而立意亦类似，皆旨在为阳明学争正统。所以，孙夏峰视周敦颐、朱熹到王阳明为宋明理学的必然发展过程，断言："接周子之统者，非姚江其谁与归？"[1] 黄梨洲亦以阳明学为明代理学大宗，宣称："无姚江则古来之学脉绝矣。"[2] 所不同者，只是二书所记时间范围各异。《理学宗传》通古为史，《明儒学案》则断代成书，通古为史而仅 26 卷，断代成书竟达 62 卷，详略悬殊，不言而喻。

康熙二十年（1681）七月，孙夏峰高足汤斌以翰林院侍讲出任浙江乡试主考官。黄宗羲闻讯，遣子百家专程赶往杭州，以所辑《蕺山学案》和《蕺山先生文录》邀请撰序。乡试结束，汤潜庵于返京途中，致书黄梨洲。信中写道："承命作《蕺山学案》序，自顾疏陋，何能为役？然私淑之久，不敢固辞。目下匆匆起行，不敢率尔命笔。舟中无事，勉拟一稿请教，得附名简末，遂数十年景仰之私，为幸多矣。"[3] 翌年，潜庵再由京中致书梨洲，据云："去岁承乏贵乡，未得一瞻光霁。幸与长公晤对，沉思静气，具见家学有本，为之一慰。《蕺山先生文录》承命作序，某学识疏陋，何能仰测高深？……某生也晚，私淑之诚，积有岁年，但识既污下，笔复庸俗，不能称述万一。惟望芟其芜秽，正其讹谬，不至大有乖误，受赐多矣。……《文录》《学案》何时可公海

---

① 孙奇逢：《理学宗传》卷首《自叙》。
② 黄宗羲：《明儒学案》卷一〇《姚江学案》。
③ 汤斌：《汤子遗书》卷五《答黄太冲》。

内？早惠后学，幸甚幸甚。"① 康熙二十四年（1685），黄梨洲北游苏州，汤潜庵时在江苏巡抚任上，神交有年，终得握手。据梨洲事后追记，潜庵曾同他议及《明儒学案》，认为："《学案》宗旨杂越，苟善读之，未始非一贯也。"②

至此，清初南北学派间的两世交流，终以汤斌为《蕺山学案》和《蕺山先生文录》撰序，以及汤斌、黄宗羲二人在苏州的会晤，写下了令人击节叹赏的一页。

---

① 汤斌：《汤子遗书》卷五《与黄太冲书》。
② 黄宗羲：《南雷文定四集》卷一《明儒学案序》。

第四章 《明儒学案》的里程碑价值

在中国学术史上，黄宗羲的《明儒学案》，是一部影响久远的名著，它在历史学、哲学和文献学等方面，都具有重要的研究价值。该书寓求新于继承之中，既汇集先前《伊洛渊源录》《诸儒学案》《圣学宗传》和《理学宗传》诸书之所长，又匠心独运，别辟蹊径，使学案体史籍臻于完善和定型。我们完全可以这么说，倘若没有《明儒学案》，在中国的传统历史编纂学中，也就无从形成学案体史籍的新军了。

一、从党争健将到学术巨擘

明清之际，由于诸多社会矛盾的交织，沧桑巨变，天翻地覆，使之成为中国古史中又一个急剧动荡的时代。绵亘半个多世纪的社会大动荡，孕育了众多杰出的历史人物。黄宗羲便是其间的佼佼者之一，他生当明清鼎革，其坎坷生涯与社会动荡相终始，不啻一面时代的镜子。

（一）东浙三黄

黄宗羲，字太冲，号南雷，一号梨洲，学者尊为梨洲先生，浙江余姚人。生于明万历三十八年（1610），卒于清康熙三十四年（1695），享年86岁。

宗羲生在仕宦之家，父尊素为明末东林党名士，天启间官至监察御史，以疏劾阉党获咎，削职回乡，后复逮至京，冤死囹圄。宗羲8岁起，即随父宦居宣城、京师等处。天启六年（1626），父死狱中，家道中落。思宗即位，惩治阉党。崇祯元年（1628）春，黄宗羲千里跋涉，赴京鸣冤，时年 19 岁。抵京后，得知阉党首领魏忠贤已死，便吁请严惩魏氏余孽曹钦程、李实。五月，刑部会审魏忠贤党羽许显纯、崔应元。在公堂上，宗羲持铁锥直刺许显纯，并拔崔应元胡须以祭奠父灵。会审结束，他又同周延祚、夏承击杀狱卒叶咨、颜文仲。六月，李实以重金贿赂宗羲，他拒不受贿，当即揭露其劣迹，并在刑部会审堂上，以铁锥刺杀李实。冤狱昭雪，正气得伸，他遂于当年秋护送其父灵柩南归。

崇祯二年（1629），黄宗羲遵父遗命，从学于浙江著名学者刘宗周。绍兴素为文物之邦，人文渊薮，明中叶以后，王阳明之学在这里盛极一时。及至明末，王学末流援儒入释，禅风大盛。周汝登首倡于前，陶奭龄继起，与刘宗周各立讲坛，分庭抗礼。黄宗羲年少气盛，邀集远近文士 60 余人，力辟陶氏之说，以壮大刘宗周讲坛声势。意气之争，依然党派角逐遗风。

当时，江南文士结社之风甚盛，黄宗羲为一时风气习染，未能潜心力学。在以后的几年间，他离开了刘宗周的讲堂，频繁往来于南京、苏州、常熟、安庆、杭州、绍兴等地。在上述各地，他与几社、复社、读书社的成员多有往还，结识了若干著名文士，如张溥、周镳、杨廷枢、陈子龙、万寿祺、钱谦益、吴伟业、林古度、汪沨等。在这一期间，经沈寿民鼓动，宗羲于崇祯三年开始参加科举考试。从四年起，又秉承其父遗训，历览明十三朝实录和二十一史。崇祯十一年，阉党企图死灰复燃，复社成员 140 人，在南京联名公布《南都防乱公揭》，攻击阉党余孽阮大铖。黄宗羲与顾宪成从孙顾杲同列揭首。翌年，赴南京应试。时值南都有国门广业社之结集，四方文士，如约而至。宗羲与梅朗中、顾杲、陈贞慧、冒襄、侯方域、方以智等南北俊彦，诗文唱和，形影不离。

崇祯十五年，黄宗羲与周延祚同往北京，应礼部会试，败绩而归。大学士周延儒有意荐宗羲为中书舍人。他见时势艰危，朝局混乱，力辞不就。南归之后，无意举业，与其弟宗炎、宗会同游四明山。黄氏三兄弟在明清之际都以能文善学著名，一时儒林有"东浙三黄"之称。

（二）抗清生涯

明亡，崇祯十七年（1644）四月，黄宗羲随刘宗周至杭州，与故明官员章正宸、朱大典、熊汝霖商议招募义旅事。五月，弘光政权在南京建立，诏起刘、章、熊诸人，此议作罢。黄宗羲随至南京，拟为其父请求追谥。弘光政权为马士英把持，阮大铖借以东山再起，马、阮重修旧怨，于当年八月逮捕昔日《南都防乱公揭》主事者周镳。翌年四月，周镳被害，黄宗羲、顾杲皆被指名抓捕。幸而刑部掌院邹虎臣蓄意拖延，让黄、顾二人得以脱逃。顺治二年（1645）四月，宗羲由南京仓皇而出，取道嘉兴，潜往四明山。

弘光政权灭亡后，清廷于当年六月再颁剃发令，明令"京城内外，限旬日，直隶各省地方，自部文到日，亦限旬日，尽令剃发"①。自剃发令下，大江南北，义师纷起，挺而抗争。闰六月，熊汝霖、孙嘉绩以钱塘为屏障，划江而守。黄宗羲、昆仲在余姚黄竹浦招募义勇，声援孙、熊部，时人称为"世忠营"。鲁王政权继起绍兴，颁行宗羲所撰《监国鲁元年大统历》。顺治三年二月，鲁王政权任命宗羲为兵部职方司主事，继任监察御史。这时，在东南沿海号召一方的南明鲁、唐二王政权，为争正统而成水火。鲁王所部，株守钱塘，不思北进。宗羲深为忧虑，力主北渡钱塘，抗御清军。五月，他率孙嘉绩部与王正中部合师渡江，进驻潭山，作攻取海宁态势。同时，暗中遣员前往崇德，约请当地义士为内应，以北联太湖义师。六月，清军冲破钱塘屏障，挺进浙东，鲁王君臣败溃入海。宗羲收拾所部 500 余人，逃入四明山，结寨固守。直至顺治六年，为躲避清军通缉，宗羲皆变姓易名，在四明山内外转徙。

顺治六年六月，渡海追随鲁王政权，官至左副都御史。此时，鲁王政权武将跋扈，文官受屈，已是摇摇欲坠。宗羲故友熊汝霖、钱肃乐，即先后死于悍将郑彩之手。他志不得伸，便于当年八月，潜归故里。返

---

① 《清世祖实录》卷一八"顺治二年六月丙寅"条。

乡以后，黄宗羲与四明山及海上抗清武装时有往来。这件事被告发。清地方当局将宗羲与四明山首领王翊、冯京第画像张贴通衢，悬赏抓捕。顺治七年（1650）九月，冯京第兵败被害，黄宗炎被捕。宗羲闻讯，秘密赶往鄞县，与高斗魁等合谋，于行刑当日将宗炎救出。八年七月，清军扫荡四明山，俘获王翊，然后出兵舟山。事前，宗羲侦知敌情，曾派人潜往舟山告警，还一度奉使东渡，乞师日本。顺治十一年，鲁王所属定西侯张名振派人登陆，与宗羲联络。来人在天台被捕，宗羲再被官府通缉。

以后数年，为逃避官府缉拿，黄宗羲隐姓埋名，东徙西迁，在绍兴、杭州间辗转躲藏。顺治十六年夏，郑成功、张煌言率水师攻入长江，直逼南京城下。此时，黄宗羲正在杭州。郑、张兵败，黄宗羲举家避居化安山龙虎山堂。他在这里"残年留得事耕耘，不遣声光使外闻"，过着"数间茅屋尽从容，一半书斋一半农"[①]的避世生活。直到南明永历政权覆灭，郑成功东渡台湾以后，眼见复明大势已去，他才于顺治十八年冬奉母返回故居。

（三）著述经世

经历近 20 年的颠沛流离，不觉老冉冉其已至。以顺治十八年至康熙二年（1663）间所陆续撰成的《易学象数论》《明夷待访录》为标志，年过半百的黄宗羲满怀家国之痛，开始了晚年的著述和讲学生涯。

康熙二年四月，宗羲北渡钱塘，抵达崇德，应友人吕留良的邀请，执教于吕氏梅花阁。吕留良早年曾在浙西参加过抗清斗争，是崇德的著名学者。他们于顺治十七年在杭州相识，即一见如故。此后，直到康熙五年初，黄宗羲于每年春夏间都在梅花阁课徒授业。讲学之余，他与吕留良、吴之振、吴尔尧等人赋诗吟咏，共同编选《宋诗抄》，相处很融

---

① 黄宗羲：《南雷诗历》卷一《山居杂咏》。

洽。康熙三年（1664），他们曾结伴到常熟，拜访著名学者钱谦益。当时，钱氏已经辗转病榻，不久人世，便把丧葬事托付给宗羲，并请代撰《庄子注序》等3篇文章。康熙五年以后，黄、吕二人因学术主张及立身旨趣都存在无法弥合的鸿沟，便逐渐分道扬镳，以致终身不再往来。

康熙六年，黄宗羲辞去吕氏家馆，前往绍兴讲学。在绍兴，他与同门友人姜希辙商议，恢复了刘宗周创办的证人书院讲会。第二年，又在宁波兴立证人讲会。从此，黄宗羲致力于刘宗周遗书的整理，大张旗鼓地宣讲刘宗周的学术主张。在他的倡导和影响之下，陈赤衷等人闻风而起，在宁波创建讲经会。浙东各地，一时才人辈出，经史之学蔚为大盛。

康熙七年起，黄宗羲开始编选《明文案》。为了编选这部书，他四出访求遗籍，日以继夜，辛勤奔忙，历时8年之久，直到康熙十四年始告完成。后来，宗羲将该书增订为482卷，于逝世前夕脱稿，正式定名为《明文海》。康熙十二年，宗羲母八十寿辰，移居河南辉县的著名学者孙奇逢，寄来所著《理学宗传》一部，以作庆贺。黄宗羲颇受鼓舞，只是当时正纂辑卷帙浩繁的《明文案》，还没有时间与孙奇逢南北呼应。

三藩之乱起，福建告急，波及浙江，四明山内外，一片混乱，于是黄宗羲便奉母避居浙东海滨。康熙十四年夏，四明山恢复平静，始返故居。《明文案》于当年脱稿后，从康熙十五年起，黄宗羲开始撰写《明儒学案》，以与孙奇逢作同调之鸣。同年二月，他再渡钱塘，北抵海宁，应知县许三礼之请，公开讲学。此后，宗羲一直往返于余姚、海宁间，主持海宁讲席达5年之久。

（四）大节无亏

黄宗羲的晚年，弟子林立，声名远播。康熙十六年一月，其弟子董允珣由北京南返。临行，侍讲学士叶方蔼赋五古一首，交董允珣转赠宗羲。该诗结句云："勿著羊裘去，苍茫烟水滨。"试图规劝宗羲结束隐逸生涯，出来为清廷效力。黄宗羲接诗，当即次其韵奉答，以表明不仕清廷的志向。诗的结句，一反叶氏原意，明确写道："勿令吾乡校，窃议东海滨。"① 康熙十七年（1678），清廷议修《明史》，特开博学鸿儒科，以延揽天下名儒。叶方蔼又利用身为经筵讲官之便，举荐黄宗羲。宗羲在京弟子陈锡嘏代为推辞，此事才算了结。叶氏见宗羲执意不出，便在康熙十八年与徐元文一道，以《明史》馆总裁的身份，聘宗羲弟子万斯同、万言入京修书。黄宗羲在送万斯同等北上时，特地赋诗相赠，告诫道："太平有策莫轻题。"② 康熙十九年，徐元文继叶方蔼之后，给黄宗羲发出预修《明史》之请。结果，他依然以老病坚辞。万般无奈，最后则被迫同意徐氏请求，让其子百家北上修史。宗羲就此致书徐元文，不无牢骚地写道："今吾遣子从公，可以置我矣。"

从叶方蔼、徐元文的连年纠缠中摆脱出来之后，黄宗羲在康熙十九年将旧有文稿加以整理，选取其中一部分付刻，名为《南雷文案》。以后几年中，他虽已年逾古稀，但仍然往来于苏州、昆山、杭州、绍兴、宁波之间，探望故旧，访求古籍。宗羲一生，最喜收藏书籍。早年，他曾遍游江南，凡藏书名家，如钮氏世学楼、祁氏淡生堂、黄氏千顷斋、钱氏绛云楼，无不登临。康熙四年，又在故里自建续抄堂，以藏弆古今书籍。晚年，他更频繁出入于范氏天一阁、郑氏丛桂堂、曹氏倦圃以及徐氏传是楼，校订书目，辛勤抄撮。宗羲告诫一时学人："当以书明心，不可玩物丧志。"③

康熙二十四年，黄宗羲为已故明遗民谢泰阶撰写墓志铭。文中，宗羲称许谢氏不仕清廷的节操，他写道："遗民者，天地之元气也。然士

① 黄宗羲：《南雷诗历》卷二《次叶讱庵太史韵》。
② 黄宗羲：《南雷诗历》卷二《送万季野贞一北上》。
③ 全祖望：《鲒埼亭集外编》卷一七《二老阁藏书记》。

各有分，朝不坐，宴不与，士之分亦止于不仕而已。"① 正是秉持这样的立身旨趣，黄宗羲终其一生，实践了"止于不仕"的诺言。就其入清以后的全部学行而论，主流可取，大节无亏，无疑应是盖棺论定。

（五）成就斐然

康熙二十七年（1688），黄宗羲将旧刻文稿再加删削改订，以《南雷文定》为名重行刊刻。当时，他已是 79 岁高龄，自知来日无多。于是就在这一年预筑生圹，内设石床，不用棺椁。翌年元旦，黄宗羲兴致勃勃，再登姚江书院讲坛。三十年，他又以 82 岁高龄，登临黄山，毕竟年事已高，哪堪长途劳顿。后重病卧床，几乎不起。病中，从京中传来《明儒学案》将在北方刊行的喜讯，宗羲抱病口授，由其子百家记为《明儒学案序》。

入清以后，黄宗羲勤于著述，讲学不辍。他辛勤的劳作，不仅给当时知识界培养了像万斯大、万斯同这样的一些著名经史学家，而且为后世写下了 50 余种、近千卷的著述。《明夷待访录》和《明儒学案》，是他一生的代表作品。黄宗羲在《明夷待访录》中，猛烈地鞭挞了明代的君主专制政治及其所产生的一系列社会弊端，提出了积极大胆的变革主张。这部书在当时不胫而走，曾引起有识之士的共鸣。与黄宗羲齐名的学者顾炎武，曾于康熙十五年有书致宗羲，称道有了此书，"百王之敝可以复起，而三代之盛可以徐还"②。后来，该书虽在乾隆间遭到禁毁，但是到清末，仍然对维新思潮的兴起产生过积极的推动作用。《明儒学案》依学派为类，对明代 270 多年中儒学各流派的传衍，尤其是阳明学的演变源流，做了提纲挈领的叙述。自南宋朱熹著《伊洛渊源录》以来，学案体史籍至此臻于完善、定型。《明儒学案》书成，黄宗羲又着

---

① 黄宗羲：《南雷文定后集》卷二《谢时符先生墓志铭》。
② 张穆：《顾亭林先生年谱》"六十四岁"条。

手编纂《宋元学案》，可惜未及完成，他就离开了人世。

　　黄宗羲之学，近承刘宗周，远宗王守仁。随着时代的变迁，他将王、刘之学廓而大之，逾越心性之学的樊篱，而立足于天崩地解的社会现实。宗羲对明末"天崩地解，落然无与吾事"①的空疏学风深恶痛绝，认为："儒者之学，经天纬地。"②主张合学问与事功为一，以期"救国家之急难"③。黄宗羲虽为阳明学后劲，但是他并没有为一时朱、王学术纷争所拘囿。他认为，王守仁的"致良知"说，与朱熹的"格物致知"说，足以"并存天壤"④。康熙二十七年（1688），他应邀到昆山徐乾学家中，谈话间议及道学异同，宗羲说："为盗贼，有对证人不敢为。若道学，任人可讲，谁为的证。"⑤当时，《明史》馆中一度有立《道学传》之议，试图借以贬抑王守仁及其后学。宗羲闻讯，致书驳诘，力主不可沿《宋史》之陋，此议遂告废止。

　　黄宗羲为学领域博大，凡史学、经学、天文历法、数学、律吕、舆地、诗文以及版本目录诸学，他皆究心其间，尤以史学造诣最称湛深。他谙熟明史，深晓历代史事，认为："二十一史所载，凡经世之业，亦无不备矣。"⑥宗羲倡导读史，身历明清易代，抱定"国可灭，史不可灭"⑦的宗旨，极意搜求明代，尤其是南明历朝史事。所著《行朝录》《思旧录》《海外恸哭记》等书，得之亲历，言而有据，可谓南明实录。他所撰写的碑志传状，大都关涉一时史事。宗羲虽不入《明史》馆，但史局大案，多所商榷，举足轻重。宗羲一生，以其历史编纂学和史料学上的成就，努力转变明末的空疏学风，为清代史学，尤其是浙东史学的

①　黄宗羲：《南雷文案》卷二《留别海昌同学序》。
②　黄宗羲：《南雷文定后集》卷三《弁玉吴君墓志铭》。
③　黄宗羲：《南雷文定五集》卷三《姜定庵小传》。
④　黄宗羲：《南雷文定后集》卷一《先师蕺山先生文集序》。
⑤　黄炳垕：《遗献梨洲公年谱》"七十九岁"条。
⑥　黄宗羲：《南雷文定四集》卷一《补历代史表序》。
⑦　黄宗羲：《南雷文定》卷六《次公董公墓志铭》。

发展，开启了健实的发展道路。

二、《明儒学案》成书时间商榷

关于《明儒学案》成书时间的考订，从文献学的角度来说，是一个不可忽视的问题。然而自清末黄炳垕辑《遗献梨洲公年谱》被明确判定成书于康熙十五年（1676）以来，世代相承，俨若定论。其实细致地检核《明儒学案》以及相关故实，即可发现康熙十五年成书说的若干可酌之处。以下，谨就此谈一些不成熟的商榷意见。

（一）如何理解黄宗羲说的"书成于丙辰之后"

黄炳垕之所以判定《明儒学案》成于康熙十五年，其立说依据虽未提出来，但从他当时所能见到的材料而言，由于黄宗羲的自编年谱早已毁于水火，因而无非就是《明儒学案》历次刻本卷首的序言，以及录入黄宗羲文集的《明儒学案序》。在《明儒学案序》中，黄宗羲的确说过："书成于丙辰之后。"[1] 丙辰，即康熙十五年。问题在于如何理解这句话。我们认为，"书成于丙辰之后"，并不能等同于"书成于丙辰"。按照我国的语言文字习惯，作为一个时间概念，"某某之后"这样一种表达方式，既包括某某本身，也包括其后的一段邻近时间。关于这一点，日常用语中事例甚多，不难理解。譬如我们今天常常说的"开工之后""开学之后""开业之后"等，人们当然不会把它仅仅理解为开工、开学、开业的那一个时刻，或者是那一天。同样的道理，"书成于丙辰之后"，既有可能是指丙辰这一年，也有可能是指其后的一段时间，而且后一种可能性也许还要更大一些。否则，黄宗羲当年为什么不直接说"书成于丙辰"呢？因此，黄炳垕提出的康熙十五年成书说，没有把

---

[1] 黄宗羲：《南雷文定四集》卷一《明儒学案序》。

"丙辰之后"作为一个语言整体来考虑，就是欠妥当的。

（二）关于《明儒学案》的几篇序

以黄宗羲署名的《明儒学案序》，今天所能看到的，一共是文字略有异同的四篇，即《南雷文定四集》卷一的《明儒学案序》、《南雷文定五集》卷一的改本《明儒学案序》，以及康熙间贾润父子刻本和雍正间贾氏后人刻本的《明儒学案序》和《黄梨洲先生原序》。两次贾刻本于宗羲序皆以己意做了文字上的增删，雍正本的妄加改窜，尤为大乖原意。黄宗羲原序云："书成于丙辰之后，中州许酉山及万贞一各刻数卷，而未竣其事。然抄本流传，陈介眉以谨守之学，读之而转手。汤潜庵谓余曰，《学案》宗旨杂越，苟善读之，未始非一贯也。"而雍正贾氏刻本则改作："书成于丙辰之后，中州许酉山及万贞一各刻数卷，而未竣其事。然抄本流传，颇为好学者所识。往时汤公潜庵有云，《学案》宗旨杂越，苟善读之，未始非一贯。此陈介眉所传述语也。"在"抄本流传"之前的改动，属于文字上的归纳，尚无大谬。可是之后的改动，则把基本故实也弄乱了。"陈介眉以谨守之学，读之而转手"被全文删去，汤斌关于《学案》的评语，分明是对黄宗羲亲口所述，也变成了为陈锡嘏"所传述"。这一删一增，把判定《明儒学案》成书时间的重要节目弄得面目全非。每当读至此处，不禁令人生发出"尽信书不如无书"之叹。

（三）黄宗羲与汤斌

黄宗羲与汤斌，这是一个大题目，非三言两语所能谈清楚。在这里，仅就他们之间同《明儒学案》成书有关的往还作一些梳理。一如前述，根据黄宗羲写的《明儒学案序》，汤斌关于《学案》的评价，乃亲口对他所说，而并非由他人转告。据考，黄、汤之间会晤，平生只有一次，地点在江苏苏州。黄炳垕辑《遗献梨洲公年谱》，记此次会晤于康熙二十七年（1688）五月。实际上，之前的康熙二十六年十月，汤斌即已故世，因此二十七年会晤之说自属误记。据晚清学者萧穆考订，此次晤面应为康熙二十四年。从汤斌的仕历看，康熙二十三年九月至二十五年三月间，他正在江苏巡抚任上，之前和尔后则均在北京。因而萧穆的考订当是可信的。汤斌对黄宗羲评论《学案》，显然就只可能在这一次会晤中。这也就是说，《明儒学案》至迟在康熙二十四年已经完稿，不然汤斌就无从对全书进行评价了。换言之，黄宗羲所说的"书成于丙辰之后"，这个"之后"的下限，至迟可以断在康熙二十四年。

《明儒学案》的成书时间是否还可以再往上推？从康熙二十四年以前黄宗羲与汤斌的书札往复中，这个问题是很难得到解答的。现存黄、汤二人间的书札一共仅三篇，而且全是汤斌写给黄宗羲的，两通载于《汤子遗书》，一通则附录于《南雷文定》。康熙二十年，汤斌奉命主持浙江乡试，黄宗羲遣子百家专程到杭州拜望，并带去书札一通，请汤斌为其所辑《蕺山学案》撰写序言。公务结束，行期迫促，汤斌未及把这篇序写好，便匆匆起程。后来，还是在返京途中，于船上把文稿拟就，寄给黄宗羲的。汤斌在寄送序稿的信中写道："承命作《蕺山学案》序，自顾疏陋，何能为役？然私淑之久，不敢固辞。目下匆匆起行，不敢率尔命笔。舟中无事，勉拟一稿请教，得附名简末，遂数十年景仰之私，为幸多矣。"①这一封信说明，迄于康熙二十年，在黄宗羲与汤斌的交往中，并无《明儒学案》这个议题，当时他们之间所讨论的，只是《蕺山学案》。第二年，汤斌又从京中致书黄宗羲，据云："去岁承乏贵乡，未得一瞻光霁，幸与长公晤对，沉思静气，具见家学有本，为之一慰。《蕺山先生文录》承命作序，某学识疏陋，何能仰测高深？……某生也晚，私淑之诚，积有岁年，但识既污下，笔复庸俗，不能称述万一。惟望芟其芜秽，正其讹谬，不至大有乖误，受赐多矣。……《文录》《学

① 汤斌：《汤子遗书》卷五《答黄太冲》。

案》何时可公海内？早惠后学，幸甚幸甚。"① 这就是说，汤斌不仅给
《蕺山学案》写了序，而且还给《蕺山先生文录》写了序。由这封信又
可以说明，直到康熙二十一年（1682），汤斌只知道有《蕺山学案》，
却并不知道有《明儒学案》。

那么，在康熙二十一年至二十四年间，汤斌又是否有可能从陈锡
嘏那里见到《明儒学案》抄本，并通过陈氏把对该书的意见转告黄宗羲
呢？这是我们接下去要弄清楚的又一个关键问题。

（四）"陈介眉传述"说纯属臆断

陈介眉，即黄宗羲弟子陈锡嘏，字介眉，号怡庭，浙江宁波人，康
熙十五年进士，生于明崇祯七年（1634），卒于清康熙二十六年，终年
54 岁。锡嘏故世后，黄宗羲曾为他撰写了一篇墓志铭，文中说得很明
白，陈氏于康熙十八年即已告假送亲返乡，从此"里居五年，遂瘖末
疾，不能出户，又三年而卒"②。可见，在康熙二十一年至二十四年间，
陈锡嘏既没有，也不可能离甬北上，去同汤斌晤面。而且据黄宗羲所撰
《怡庭陈君墓志铭》记，《明儒学案》的抄本，陈锡嘏是在病逝前不久
才见到的。因此，贾氏改窜《明儒学案序》，所谓汤斌对《学案》的评
论，是由"陈介眉所传述"云云，就纯属臆断。

为什么会出现这样的错误？平心而论，或许并不是贾氏祖孙有意杜
撰，很有可能是误会了黄宗羲在《明儒学案序》中的如下一句话："抄
本流传，陈介眉以谨守之学，读之而转手。汤潜庵谓余曰……"此处
所谓"转手"，指的是陈锡嘏所"谨守"的为学路径的转变，而丝毫没
有将《明儒学案》抄本转交他人的意思。这可以黄宗羲为陈锡嘏所撰
墓志铭为证。黄宗羲说："君从事于格物致知之学，于人情事势、物理

---

① 汤斌：《汤子遗书》卷五《与黄太冲书》。
② 黄宗羲：《南雷文定后集》卷三《怡庭陈君墓志铭》。

上功夫，不敢放过，而气禀羸弱。……凡君之所以病，病之所以不起者，虽其天性，亦其为学有以致之也。……故阳明学之而致病，君学之而致死，皆为格物之说所误也。"这就是说，陈锡嘏早年虽从学于黄宗羲，但他的为学路径却与师门宗尚不一致，既没有师法王阳明的"致良知"，也没有继承刘蕺山的"慎独"说，走的是程朱所提倡的由"格物"而"致知"一路。所以，黄宗羲才说他是为"格物"说所误而"致死"。就在这篇墓志铭中，黄宗羲接着又指出："《明儒学案》成，君读之，以为镛笙磬管，合并发奏，五声十二律，截然不乱者，考之中声也。君从此殆将转手，天不假之以年，惜哉！"这段话清楚地表明，陈锡嘏生前的最后岁月，确曾读到《明儒学案》抄本，而且决意转变早先的为学趋向，可惜天不遂人愿，赍志而殁。足见，把《明儒学案序》同《怡庭陈君墓志铭》校读，"转手"之所指，昭然若揭。

《怡庭陈君墓志铭》，是判断《明儒学案》成书时间的一篇关键文字，文成于康熙二十六年（1687）三月，时当陈锡嘏病逝不久。翌年十月《南雷文定后集》刊行，即著录于该集卷三之中。在黄宗羲的现存著述中，除《明儒学案序》之外，直接谈到《明儒学案》成书的文字，就是这一篇。而且这篇文章还先成于《明儒学案序》一年左右的时间。从行文次第看，"天不假之以年，惜哉"之后，紧接着就是"乙丑岁暮，余过甬问病，君以千秋相托"。乙丑，即康熙二十四年，为陈锡嘏逝世前两年。看来，很可能就是此次甬上之行，黄宗羲带去了《明儒学案》抄本，陈氏读后，虽决意转变为学趋向，但无奈病势已深，不得不"以千秋相托"于黄宗羲。翌年，锡嘏病情略有起色，曾经致书宗羲。大概就是在此一信中，表达了转变为学趋向的愿望，所以黄宗羲才会"为之狂喜"，锡嘏病逝，他也才会发出"天不假之以年，惜哉"的喟叹。如果这一揣测能够成立，那么又印证了我们在前面所作的完稿时间至迟在康熙二十四年的判断。

（五）《明儒学案》不可能在康熙十五年成书

以上，通过对同《明儒学案》成书相关故实的考订，我们认为，它的完稿不应该早于康熙二十三、二十四年间。接下去，准备讨论一下该书能否在康熙十五年（1676）成书的问题。

首先，康熙十四年七月，黄宗羲才把《明文案》编成，这部长达207卷的书，耗去了他8年的时间。既无三头六臂，要在此后短短一年的时间里，又接着去完成一部62卷的《明儒学案》，恐怕是不大可能的。何况当时又正值三藩为祸，烽烟四起，动乱的时局，也没有允许他有安宁的境遇去潜心著述。事实上，从康熙十五年至十九年间，黄宗羲为生计所迫，就一直在浙西同海宁知县许三礼周旋。寄人篱下，岂能随心所欲？

其次，《明儒学案》卷六一《东林学案四·吴钟峦》条有云："某别先生，行三十里，先生复棹三板追送，其语痛绝。……今抄先生学案，去之三十年，严毅之气，尚浮动目中也。"据考，吴钟峦为黄宗羲早年在南明鲁王政权中的同僚，二人在舟山作别，时当顺治六年（1649）秋，"去之三十年"，则已是康熙十八年。由此至少可以说明，迄于康熙十八年，《明儒学案》中的《东林学案》并未完稿。

再次，《明儒学案》卷六二《蕺山学案》卷首，黄宗羲解释了他早先之所以不为同门友人恽日初所辑《刘子节要》撰序的道理，末了他说："惜当时不及细论，负此良友。"黄宗羲在这里所用的"负此良友"四字，一如他在《思旧录》中所惯用的那样，是对已故友人负疚心理的一种抒发。这就说明，黄宗羲纂辑《蕺山学案》时，恽日初已经故世。据考，恽日初，字仲升，号逊庵，江苏常州人，康熙十七年病逝，终年78岁。噩耗传至浙东，时间当更在其后。可见，《明儒学案》中的《蕺山学案》，也并非康熙十五年竣稿，至少此后两年，它还在编纂之中。

最后，《明儒学案》不可能成书于康熙十五年（1676），还可以黄宗羲同时学者陆陇其的《三鱼堂日记》为证。据称，康熙二十年"五月初一，仇沧柱（名兆鳌，黄宗羲弟子——引者）以黄太冲《学案》首六卷见赠。其书序述有明一代之儒者，可谓有功，而议论不无偏僻。盖执蕺山一家之言而断诸儒之同异，自然如此"①。参以前引汤斌书札，此处所称《学案》，当即《蕺山学案》无疑。可见，迄于康熙二十年五月，《蕺山学案》并未完稿，只是以前六卷在学者中流传。至于陆陇其故世后，其弟子吴光酉辑《陆稼书先生年谱定本》所记，康熙十七年十月，谱主曾在京中听翰林院学士叶方蔼"言黄太冲《学案》，嫌其论吴康斋附石亨事，不辨其诬，而以为妙用，不可训"②。当亦系就此六卷未完本加以评论。

综上所述，《明儒学案》成于康熙十五年一说，显然是不能作为定论的。我们罗列诸多依据，所提出的完稿于康熙二十三、二十四年间的看法，严格地说来，也还包含若干推测成分。不过，有一点则可以明确，《明儒学案》初名《蕺山学案》，直到康熙二十年亦未竣稿，仅以前六卷流传。至于改题今名，已经是康熙二十四年至二十六年间的事情了。关于《蕺山学案》的编纂，由于代远年湮，当年汤斌所撰序今天已无从觅得。所幸刘宗周弟子董玚继汤斌之后，亦撰有序言一篇，且完整地保存于《刘子全书》卷首《刘子全书抄述》之中。谨将董序全文过录如后，或许于此一问题的深入考察会有所裨益。

董玚所撰《刘子全书抄述》云：

> 梨洲黄氏有《刘子学案》之刻，属瑞生（董玚原名——引者）序。序曰：先师刘子，自崇祯丙子在京日，始订诚意之旨以示人，谓意者心之所存。戊寅，瑞生侍师，亲承音旨。时闻者谓与朱子、王子不符，起而争之。其问答之语，往复之书，备载《全书》。瑞生心识是说，未敢有所可否，一时门人后学，亦未有会之者。先师没后，梨洲黄子特阐其义，见于序牍，

① 陆陇其：《三鱼堂日记》卷七"康熙二十年五月初一"条。
② 吴光酉：《陆稼书先生年谱定本》卷上"四十九岁"条。

余亦不敢出一词以应。逮先师辞世三十八年，得一庵王氏栋遗集，内有
《会语》及《诚意问答》，云自身之主宰言谓之心，自心之主宰言谓之意。
谓自心虚灵之中确然有主者，若以为心之发动，便属流行。与先师之旨吻
合。盖先师以心为所存，意为所发，是所发先于所存，岂《大学》知本之
旨？又格致者，诚意之功，功夫结在主意中，方为真功夫。（原注：海忠介
公瑞尝曰，功在格致，道在诚正）一庵属泰州门人，凤禀良知之教者，而
特揭意旨以示。惜闻者之徒守旧说，而不能深求其在我，博考于诸儒，漫
然疑先师之说，而不知前此已有不谋而同焉。而先师为特悉是即周子主静
立人极、程子体用一原、显微无间之旨，标尼山秘旨于二千一百余年之后。
自先儒以来，未有盛于刘子也。

按：刘宗周卒于顺治二年（1645），董序称"先师辞世三十八年"，
则此文撰写，时在康熙二十一年（1682）。可见，迄于是年，黄宗羲所
辑，乃《刘子学案》，亦即汤斌所云之《蕺山学案》。

董序又云：

先师之学，备在《全书》，而其规程形于《人谱》，采辑备于《道统
录》，纲宗见于《宗要》。诸若《学言》、论学诸书、《原旨》、《证学杂解》、
《论语学案》、《读易图说》、《大学参疑》、《古易抄》、《仪礼经传》种种，莫
非此旨。而学者顾无真诣，援而他附。黄子于生平所得，合之《全书》，精
讨而约收之，总以标挈斯旨。此真先师不绝之微言也。先师序《宗要》语
曰，读其言，如草蛇灰线，一脉相引，不可得而乱。敢谓千古宗传在是，
即数子之书不尽于是，而数子之学已尽于是。黄子纂先师学案成，谓瑞生
曰，读其言，如金声玉振，八音迭奏，未尝少有间。敢谓先师亲传在是，
即先师之书不尽于是，而先师之学已尽于是。盖学无二致，故言无二致也。

再云：

勉斋状朱子有言，由孔子而后，曾子、子思继其微，至孟子而始著。由孟子而后，周、程、张子继其绝，至先生而始著。所谓得统之正，能使斯道章章者，止一二人。而周、程、张子起孔孟后千有余年，朱子起周、程、张子后未及百年，先师起朱子后四百余年。盖自唐虞执中之统，驯至成周以来，圣贤相传之道，一旦豁然昭晰呈露，已属先师。黄子既尝取其世系爵里、出处言论，与夫学问道德、行业道统之著者述之，而又撮其遗编，会于一旨。以此守先，以此待后。黄子之有功于师门也，盖不在勉斋下矣。世有愿学先师者，其于此考衷焉。

三、主要内容及编纂体例

在中国学案体史籍的形成过程中，黄宗羲著《明儒学案》，是一部具有里程碑意义的重要著述。梳理这部学案的主要内容，剖析其编纂体例，对于明了学案体史籍的基本特征，无疑具有典型意义。

（一）《明儒学案》举要

《明儒学案》凡六二卷，上起明初方孝孺、曹端，下迄明亡刘宗周、孙奇逢，有明一代理学中人，大体网罗其中，实为一部明代理学史。全书由五个部分组成，即：一、师说；二、学有授受传承的各学派；三、自成一家的诸多学者；四、东林学派；五、蕺山学派。兹分述如后。

第一部分师说，系辑录著者业师刘宗周论一代诸儒学术语而成，以明全书师承所自。刘宗周论一代儒学，首推方孝孺、曹端。他推许方孝孺之节义，深为其学不彰而鸣不平，认为："考先生在当时已称程、朱复出，后之人反以一死抹过先生一生苦心，谓节义与理学是两事，出此者入彼，至不得与扬雄、吴草庐论次并称。于是成仁取义之训为世大禁，而乱臣贼子将接踵于天下矣。悲夫！"对曹端，刘宗周评价亦甚高，既比之于北宋大儒周敦颐，推作"今之濂溪"，又指出："方正学而后，斯道之绝而复续者，实赖有先生一人。薛文清亦闻先生之风而起者。"方、曹二家之后，继以薛瑄，不过，刘宗周于薛瑄评价并不高。一方面他既指出薛氏闻曹端之风而起，所著《读书录》确有"学贵践履"之意。另一方面，对其身为朝廷重臣而不能伸张正义，又颇有贬词。吴与弼与薛瑄同时，生前，因替权臣石亨族谱作跋而称门下士，石亨瘐死，遂招致非毁。刘宗周力为辨诬，盛称其学"刻苦奋励，多从五更枕上、汗流泪下得来"，为同时诸家所不可及。一如评薛瑄出处，刘宗周之论陈献章学，亦多微词。陈献章学宗自然，力倡"静中养出端倪"之说。刘宗周于此颇不以为然，他说："静中养出端倪，不知果是何物？端倪云者，心可得而拟，口不可得而言，毕竟不离精魂者近是。今考先生证学诸语，大都说一段自然工夫，高妙处不容凑泊，终是精魂作弄处。盖先生识趣近濂溪而穷理不逮，学术类康节而受用太早，质之圣门，难免欲速见小之病者也。似禅非禅，不必论矣。"

刘宗周之学，远宗王守仁，却又能不为师门成说拘囿，而独阐诚意，以"慎独"标宗。所以《师说》中论王守仁学，既最能明其精要，亦深识其弊短之所在。刘氏所评之深刻影响于黄宗羲及诸蕺山后学者，主要有如下几点。

其一，阳明学之与朱子学，抵牾集中于释《大学》一书。朱熹主张先格致而后诚意，王守仁则释以即格致为诚意。两家之教虽殊途同归，而《大学》八条目，实无先后之可言，因而又隐然推阳明说为正解。其二，王守仁倡"致良知"说而承亡继绝，其来源虽似在陆九渊本心说，但陆、王之学实有毫厘之分，不可不辨。刘宗周指出，"致良知"说"求本心于良知，指点更为亲切。合致知于格物，工夫确有循持。较之象山混人道一心，即本心而求悟者，不犹有毫厘之辨乎"！其三，王守仁之学，实远接北宋大儒程颢，程颢之后，无人可以与之相比。所以刘宗周评阳明学为："震霆启寐，烈耀破迷，自孔孟以来，未有若此之深切著明者也。"其四，王守仁过早病逝，未能得享高年，因而他的高明卓绝之见并未尽落实地。其学之弊病在于："急于明道，往往将向上一几轻于指点，启后学躐等之弊。"因此，刘宗周认为，"范围朱、陆而进退之"，应是王门诸后学的共同职志。

王守仁生前，门人遍天下，而刘宗周认为，王门之众多传人中，以邹守益最称得师门真传。所以他评王门诸弟子，独先之以邹守益，指出："东廓以独知为良知，以戒惧慎独为致良知之功。此是师门本旨，而学焉者失之，浸流入猖狂一路。惟东廓斤斤以身体之，便将此意做实落工夫，卓然守圣矩，无少畔援。诸所论著，皆不落他人训诂良知窠臼。先生之教，率赖以不敝，可谓有功师门矣。"王门弟子中，刘宗周于王畿最为不满，不惟评作"孤负一生，无处根基"，而且径斥"操戈入室"。他说："至龙溪，直把良知作佛性看，悬空期介悟，终成玩弄光景，虽谓之操戈入室可也。"究其根源，则在于对王畿所津津乐道的王门四句教的怀疑。刘宗周认为："四句教法，考之阳明集中，并不经见。"在他看来，所谓"四句教法"，乃"阳明未定之见，平日间尝有是言，而未敢笔之于书，以滋学者之惑"。因此他断言："其说乃出于龙溪。"

在王守仁讲学的过程中，罗钦顺多有书札商榷，对"致良知"说提出了直言不讳的批评。孰是孰非，成为明代中叶学术史上的一桩公案。刘宗周于此详加评说：一方面，他肯定罗钦顺以本天、本心来区分儒释，评为"大有功于圣门"；另一方面，指出罗氏将心性截然剖断，宁舍置其心以言性，实是因噎废食。在刘宗周看来，王守仁固然高明卓绝有余而质实不足，但罗钦顺为格物一段工夫所困，终身不能自拔，则更其可悲。由此正可窥见，迄于明代中叶，程、朱之学确已衰微。刘宗周就此指出："以先生之质，早寻向上而进之，宜其优入圣域，而惜也仅止于是。……盖至是而程、朱之学亦弊矣。由其说，将使学者终其身无入道之日。困之以二三十年工夫而后得，而得已无几，视圣学几为绝德。此阳明氏所以作也。"①

继罗钦顺之后,《师说》于吕柟、孟化鲤、孟秋、张元忭、罗洪先、赵贞吉、王时槐、邓以赞、罗汝芳、李材诸家之学,皆有评述。最终则结以许孚远,以明其师门笃实之学。

《明儒学案》的第二部分,是学有传承的各学派,上起吴与弼《崇仁学案》,下迄湛若水《甘泉学案》,凡四二卷,占至全书大半篇幅。卷一至卷四为《崇仁学案》,所录为吴与弼、胡居仁等 10 人。黄宗羲以阳明学为明代理学大宗,而溯其渊源,吴与弼倡道江西,传学娄谅,而王守仁早年即曾问学于娄谅,吴氏自是开风气大师。因此,在《崇仁学案》卷首总论中,黄宗羲断言,无吴与弼,则无尔后阳明学的大盛。他说:"康斋倡道小陂,一禀宋人成说。言心则以知觉,而与理为二,言工夫则静时存养,动时省察。故必敬义夹持,明诚两进,而后为学问之全功。其相传一派,虽一斋、庄渠稍为转手,终不敢离此矩矱也。白沙出其门,然自叙所得,不关聘君,当为别派。于戏!椎轮为大辂之始,增冰为积水所成,微康斋,焉得有后时之盛哉!"卷五、卷六为陈献章《白沙学案》,所录为陈献章、李承箕、林光等 12 人。黄宗羲认为,陈献章早年师从吴与弼,融师说为己有而创为别派,于阳明学兴起多所启发,所以述《崇仁学案》之后,即继以《白沙学案》。他指出:"有明之学,至白沙始入精微,其吃紧工夫,全在涵养。喜怒未发而非空,万感交集而不动,至阳明而后大。两先生之学,最为相近,不知阳明后来从不说起,其何故也。薛中离,阳明之高第弟子也,于正德十四年(1519)上疏,请白沙从祀孔庙,是必有以知师门之学同矣。"明代理学,当阳明学崛起之前,朱子学在北方得薛瑄恪守,流播秦晋,濡染一方,而有河东之学与关学之谓。黄宗羲认为,其开派宗师当推薛瑄,所以《明儒学案》卷七、卷八,以《河东学案》述薛瑄及周蕙、吕柟等

---

①　黄宗羲:《明儒学案》卷首《师说·罗整庵钦顺》。

15人学说之传承。随后则于卷九辟为《三原学案》，以述王恕、韩邦奇、杨爵等6位关学大师之学。

阳明学为明代理学中坚，故《明儒学案》第二部分中，述阳明学派最详。从卷一〇《姚江学案》，至卷三六《泰州学案》，篇幅达26卷之多，所录阳明学派中人则亦至98位。黄宗羲认为，有明一代学术，在阳明学兴起之前，大体上是一个"此亦一述朱，彼亦一述朱"的格局。自王阳明指点出"良知"以立教，始开出一条崭新路径。所以他说："无姚江则古来之学脉绝矣。"一如其师刘宗周，在《姚江学案》卷首总论中，黄宗羲亦议及王门四句教。只是他并未拘泥师门之说，而是认为四句教本无病痛。在黄宗羲看来，问题在于学者误会，一味依己意发挥，以致乖违师门本旨，引向荒谬。他就此评论道："其实，无善无恶者，无善念恶念耳，非谓性无善无恶也。下句意之有善有恶，亦是有善念、有恶念耳。两句只完得动静二字。他日语薛侃曰，无善无恶者理之静，有善有恶者气之动。即此两句也。所谓知善知恶者，非意动于善恶，从而分别之为知。知亦只是诚意中之好恶，好必于善，恶必于恶，孰是孰非而不容已者，虚灵不昧之性体也。为善去恶，只是率性而行，自然无善恶之夹杂，先生所谓致吾心之良知于事事物物也。"① 以此，黄宗羲认为，王畿倡心、意、知、物俱是无善无恶的四无说，篡改了王门四句教法，有违儒者矩矱，确嫌近于释老之学。但他同时又予王畿之学以公允评价，指出："先生亲承阳明末命，其微言往往而在。象山之后不能无慈湖，文成之后不能无龙溪，以为学术之盛衰。……先生疏河导源，于文成之学固多所发明也。"②

王守仁故世之后，越中诸王门弟子，因对四句教法解说有分歧，流弊丛生。黄宗羲认为，独有江西诸阳明门人，最能得师门真传，从而使

---

① 黄宗羲：《明儒学案》卷一〇《姚江学案》。
② 黄宗羲：《明儒学案》卷一二《浙中王门学案二》。

阳明学赖以传衍。因之《明儒学案》第二部分中的《江右王门学案》，竟多至九卷。黄宗羲于此解释说："姚江之学，惟江右为得其传，东廓、念庵、两峰、双江其选也。再传而为塘南、思默，皆能推原阳明未尽之旨。是时越中流弊错出，挟师说以杜学者之口，而江右独能破之，阳明之道赖以不坠。盖阳明一生精神，俱在江右，亦其感应之理宜也。"[1] 阳明及门弟子中，汝中、汝止，二王齐名。汝中谓浙东王畿，汝止谓泰州王艮。王艮倡学泰州，以"淮南格物"和"百姓日用即道"之说而立异师门，数传之后，遂掀翻天地，非名教之所能羁络了。黄宗羲于此痛心疾首，为揭露其弊害，列为《泰州学案》四卷，他说："阳明先生之学，有泰州、龙溪而风行天下，亦因泰州、龙溪而渐失其传。泰州、龙溪，时时不满其师说，益启瞿昙之秘而归之师，盖跻阳明而为禅矣。然龙溪之后，力量无过于龙溪者，又得江右为之救正，故不至十分决裂。泰州之后，其人多能以赤手搏龙蛇，传至颜山农、何心隐一派，遂复非名教之所能羁络矣。"[2] 至此，阳明学遂告盛极而衰，处于非变不可的关头了。

《泰州学案》之后，为《甘泉学案》六卷，所录为湛若水、许孚远、冯从吾等 11 人。《明儒学案》何以要立《甘泉学案》？黄宗羲有如下解释："王、湛两家，各立宗旨。湛氏门人虽不及王氏之盛，然当时学于湛者或卒业于王，学于王者或卒业于湛，亦犹朱、陆之门下，递相出入也。"[3] 也就是说，王、湛两家虽宗旨各异，但为师者既多往还，其弟子又递相出入，殊途而同归。说到底，记甘泉学，无异于表彰阳明学。尔后道光年间，莫晋重刊《明儒学案》，正是由此出发，谓黄宗羲实以大宗归阳明，可谓信然不诬。

《明儒学案》卷四三至卷五七，为《诸儒学案》上、中、下，以此

---

①　黄宗羲：《明儒学案》卷一六《江右王门学案一》。
②　黄宗羲：《明儒学案》卷三一《泰州学案一》。
③　黄宗羲：《明儒学案》卷三七《甘泉学案一》。

构成全书第三部分。自卷上方孝孺、曹端诸儒，经卷中罗钦顺、王廷相等，迄于卷下霍韬、吕坤、黄道周、孙奇逢辈，入案学者贯穿有明一代，凡 42 人。对于《诸儒学案》的设置，黄宗羲解释得很清楚，他说："诸儒学案者，或无所师承，得之于遗经者；或朋友夹持之力，不令放倒，而又不可系之朋友之下者；或当时有所兴起，而后之学者无传者，俱列于此。"至于各卷的划分，他亦有解释："上卷则国初为多，宋人规范犹在。中卷则皆骤闻阳明之学而骇之，有此辨难，愈足以发明阳明之学，所谓他山之石，可以攻玉也。下卷多同时之人，半归忠义，所以证明此学也，否则为伪而已。"①

《明儒学案》的第四部分为《东林学案》四卷，所录为顾宪成、高攀龙等 17 人。当明末季，宦官祸国，党派角逐，国运文运皆江河日下。率先起而振颓救弊者，为东林诸君子。黄宗羲于东林诸公的忠烈节义，赞为"一堂师友，冷风热血，洗涤乾坤"，可谓推崇备至。顾、高诸公，鉴于王学末流的汪洋恣肆，以王门四句教为把柄，矛头所向，不惟以王畿为的，而且直指其师王守仁的"致良知"说。黄宗羲于此深不以为然，故在《东林学案》中多所驳诘。他始而再辩四句教，重申："其所谓无善无恶者，无善念恶念耳，非谓性无善无恶也。"至于王畿的四无说，则"与阳明绝无干涉"，他就此喟叹："呜呼！天泉证道，龙溪之累阳明多矣。"②继之针对高攀龙对"致良知"说的批评，黄宗羲指出，不惟高氏格物说与朱子异趣，且因欲自别于王阳明而进退失据。他的结论是："先生之格物，本无可议，特欲自别于阳明，反觉多所扞格耳。"③最后则借其师刘宗周之言，对高氏学说做了"半杂禅门"，"大醇而小疵"④的总评。

①　黄宗羲：《明儒学案》卷四三《诸儒学案一上》。
②　黄宗羲：《明儒学案》卷五八《东林学案一·顾宪成传》。
③　黄宗羲：《明儒学案》卷五八《东林学案一·高攀龙传》。
④　黄宗羲：《明儒学案》卷六二《蕺山学案·总论》。

在黄宗羲看来，晚明学术界，以修正王学而足称阳明学干城者，则是其师刘宗周。于是《明儒学案》便以《蕺山学案》一卷殿后，既以之总结全书，亦以之对一代理学，乃至整个宋明理学做出总结。黄宗羲认为："今日知学者，大概以高、刘二先生，并称为大儒，可以无疑矣。"然而若论为学之纯粹、正大，则独推其师。所以他说："若吾先师，则醇乎其醇矣。"一卷《蕺山学案》，既于案主传略中极意推尊，以刘宗周而直接濂、洛、关、闽和王阳明，又精心选取案主学术精粹，辑录成篇。所录依次为《语录》《会语》《易箦语》《来学问答》《原》《证学杂解》《说》《读易图说》《圣学吃紧三关》《大学杂绎》《论语学案》等凡 11 类。宗周学术，精要实在"慎独"，所以黄宗羲总评其师学术云："先生之学，以慎独为宗，儒者人人言慎独，惟先生始得其真。"① 全案以"慎独"说为中心，既有对理学诸基本范畴的阐释，又有对诸学术大师学说的评论。其所涉内容之广泛，辑录资料之翔实，不惟为全书其他学案所不可比拟，而且即使是《姚江学案》，亦难免相形而逊色。所以我们说，《蕺山学案》既是对《明儒学案》全书的总结，也是对明代理学和整个宋明理学的总结。

（二）编纂体例及其评价

以上，摘述《明儒学案》的主要内容，实际上已就全书布局反映了著者的编纂原则。接下去拟进一步对这方面的问题再做一些讨论，并从局部具体地来看一看全书的编纂体例。

关于《明儒学案》的编纂原则，卷首所列《发凡》八条，大致皆在其中。第一条评周汝登《圣学宗传》、孙奇逢《理学宗传》，既肯定二书之述理学史，"诸儒之说颇备"，又以"疏略"二字说明两家著述之不能尽如人意。黄宗羲指出，周书"主张禅学，扰金银铜铁为一器，

---

① 黄宗羲：《明儒学案》卷六二《蕺山学案·刘宗周传》。

是海门一人之宗旨，非各家之宗旨"。而孙书"杂收，不复甄别，其批注所及，未必得其要领，而其闻见亦犹之海门也"。因此，在黄宗羲看来，二书皆非总结理学史的佳构，于是《明儒学案》不可不作。第二、第三条，皆论明代理学的基本特征，即一是宗旨鲜明，二是剖析入微，超迈前代。同样是讲理学，宋明风格，各有千秋。宋儒重渊源，明儒则重宗旨。黄宗羲身为理学营垒中人，却能入乎其里而出乎其外，故深得个中三昧。他说："大凡学有宗旨，是其人之得力处，亦是学者之入门处。天下之义理无穷，苟非定以一二字，如何约之使其在我？故讲学而无宗旨，即有嘉言，是无头绪之乱丝也。学者而不能得其人之宗旨，即读其书，亦犹张骞初至大夏，不能得月氏要领也。"由此出发，《明儒学案》着意于各家宗旨的归纳绍介，确有"如灯取影"之效。第四条谈全书所辑诸家学术资料的来源。对之前流行的理学诸儒语录，黄宗羲皆不满意，他认为共同的弊病在于"荟撮数条，不知去取之意谓何"，因而不足以反映各家风貌精神。所以《明儒学案》一反其道，"皆从全集纂要勾玄，未尝袭前人之旧本"。第五条谈全书卷帙分合。黄宗羲指出，《明儒学案》之述学术源流，断不如禅家之牵强附会，所遵循的原则是："以有所授受者，分为各案。其特起者，后之学者，不甚著者，总列诸儒之案。"第六条介绍全书的一条重要编纂原则，即"一偏之见""相反之论"，皆兼容并蓄，以明儒者之学的同源异流，殊途同归。黄宗羲说得很好："以水济水，岂是学问！"第七、第八条则是一些必要的解释，希望得到读者的谅解。前者说明学贵自得，不轻传授，这是中国古代教学的传统。而《明儒学案》把各家学术宗旨讲得过于明白，担心读者"徒增见解，不作切实工夫"。后者则因囿于闻见，难免缺略，希望得到读者的指教。

遵循上述原则，《明儒学案》在具体的编纂体例上，虽各卷编次未尽全然一致，但大体说来，除个别学案之外，各学案皆是一个三段式的结构。即卷首冠以总论，继之则是案主传略，随后再接以案主学术资料选编。三段分行，浑然一体，各家学术风貌洞若观火。

卷首总论，文字或短或长，短者数十、百余字，长者不过数百、近千字，或述学术承传，或谈论学宗旨，意在说明案主学术在一代理学史上的地位。譬如卷一《崇仁学案》，总论不过百余字，吴与弼及其学派的基本面貌，朗然描绘出来。先之以"康斋倡道小陂，一禀宋人成说。言心则以知觉，而与理为二，言工夫则静时存养，动时省察。故必敬义夹持，明诚两进，而后为学问之全功"。这段话讲的是吴氏的宋学特征。继之述"其相传一派，虽一斋、庄渠稍为转手，终不敢离此矩矱也"，则说明吴氏之学传至娄谅、魏校，它虽略有变化，但终未出其宋学范围。接着再论"白沙出其门，然自叙所得，不关聘君，当为别派"，是在说陈献章虽学出吴门，但融师说为我有而再加发挥，已然别辟蹊径，另创学派。最终结以"于戏！椎轮为大辂之始，增冰为积水所成，微康斋，焉得有后时之盛哉"，则道出了吴氏学术的历史地位。吴与弼为娄谅师，娄谅又为王守仁师，这就是说，倘若没有吴与弼，又岂能有日后阳明学的大盛局面呢！又如卷九《三原学案》，总论最短，仅寥寥数十字："关学大概宗薛氏，三原又其别派也。其门下多以气节著，风土之厚，而又加之学问者也。"然而明代关学之渊源河东薛瑄，由王恕而创为别派，一方学者又受传统地域文化影响，合学问与气节为一诸基本特征，则皆在其中。再如卷一〇之《姚江学案》、卷六二之《蕺山学案》，其总论皆全书之最长，几近千字。尺短寸长，异曲同工，也无非是要说明："无姚江，则古来之学脉绝矣"；"若吾先师，则醇乎其醇矣"。

案主传略，文字亦多寡不一，短者数百言，长者则上千言。就传文内容言，先述传主生平行履，后论学术风貌，行履之与论学，一般各占一半篇幅。如果说案主行履的结撰，有历朝实录及碑志传状一类文字可据，尚属并不十分困难的话，那么讨论学术的篇幅，则多无现成文字参考，因之最费斟酌，而亦最能显示著者功力。譬如卷五《白沙学案》之陈献章传，文凡 1400 余字，而讨论传主学术占至全篇二分之一。700 余字间，既论陈白沙学术宗旨，又评其在一代学术史中的地位，且兼辩其学近禅的指责。其中，尤以辩陈献章学术之非禅学，文字最多。黄宗羲首先考察了这一指责的由来，将其归结为两个方面，一是人云亦云的庸俗之辈；二是罗钦顺的误会。对于前者，他说："圣学久湮，共趋事为之末，有动察而无静存，一及人生而静以上，便邻于外氏。此庸人之论，不足辨也。"而对于后者，黄宗羲先是引述罗钦顺的訾议，随后对罗氏议论批评道："缘文庄终身认心性为二，遂谓先生明心而不见性。此文庄之失，不关先生也。"传末，再引白沙弟子张诩论其师学术语为据，断言："先生之学，自博而约，由粗入细，其于禅学不同如此。"

又如卷一〇《姚江学案》之王守仁传，讨论传主学术的内容近千言。其中，对于王氏为学的演变过程，传文归纳为："先生之学，始泛滥于词章，继而遍读考亭之书，循序格物，顾物理吾心终判为二，无所得入。于是出入于佛、老者久之。及至居夷处困，动心忍性，因念圣人处此，更有何道？忽悟格物致知之旨，圣人之道，吾性自足，不假外求。其学凡三变而始得其门。自此以后，尽去枝叶，一意本原，以默坐澄心为学的。……江右以后，专提'致良知'三字，默不假坐，心不待澄，不习不虑，出之自有天则。……居越以后，所操益熟，所得益化，时时知是知非，时时无是无非，开口即得本心，更无假借凑泊，如赤日当空而万象毕照。是学成之后，又有此三变也。"关于王守仁学说演化过程的这一叙述，虽然并非黄宗羲的发明，但是经他如此归纳而载入《明儒学案》，遂成为尔后讨论阳明学说形成问题的不刊之论。

学术资料选编，在各学案中，所占比重皆最大，一部《明儒学案》，此类资料已占至全书三分之二以上篇幅。所辑资料，以反映案主学术风貌为准绳，依类编次，大体以语录为主，兼及论说、书札与其他杂著。凡所辑录，皆注明书名、篇名，以示征信。其间，亦略加按语，以作评论或提示。就全书而论，卷一〇《姚江学案》、卷五八至卷六一

《东林学案》以及卷六二《蕺山学案》，所辑资料最为系统、翔实，亦最具典型意义。关于《蕺山学案》所录资料，前面已经谈过，恕不赘述。在此，仅就《姚江》《东林》二学案，来做一些讨论。

《姚江学案》所辑录资料，源出刘宗周崇祯十二年（1639）所辑《阳明传信录》。原录凡作《语录》《文录》《传习录》三个部分，卷首且有宗周跋语一篇。黄宗羲撰《明儒学案》，取以入《姚江学案》，合《语录》《文录》为一，统以《语录》标题。所录凡作《语录》《传习录》两部分，案主"致良知"说精要，囊括无遗。治阳明学而以此为依据，即可得其梗概。尤有可述者，辑录资料中多载刘宗周按语，或提示，或评论，于了解和把握阳明学实质，多所裨益。譬如《语录》部分，首条所录《与辰中诸生》语，刘宗周按云："刊落声华，是学人第一义。"《与王纯甫》条，亦有如下按语："先生恢复心体，一齐俱了，真是大有功于圣门，与孟子性善之说同。""答顾东桥"条，以按语归纳云："良知之说，只说得个即心即理，即知即行，更无别法。"类似的评论，还见于《答聂文蔚》条按语，即："致良知，只是存天理之本然。"关于阳明学的渊源，刘宗周于《与马子莘》条中，重申了远宗程颢的见解，他说："此是先生的派明道处。"凡此，皆属对阳明学的阐释表彰。而在若干按语中，亦有对阳明学的具体商榷。譬如《语录》所辑"答周道通"条，刘宗周按语即称："先生之见，已到八九分。但云性即是气，气即是性，则合更有商量在。"又如《传习录》部分，于"格物无间动静"条后，即载有刘宗周大段商榷语。按语云："此是先生定论。先生它日每言，意在于事亲，即事亲为一物云云。余窃转一语曰，不在于事亲时是恁物？先生又曰，工夫难处全在格物致知上，此即诚意之事。意既诚，大段心亦自正，身亦自修。但正心、修身工夫亦各有用力处，修身是已发边，正心是未发边，心正则中，身修则和云云。先生既以良知二字冒天下之道，安得又另有正修工夫？只因将意字看作已发，故工夫不尽，又要正心，又要修身。意是已发，心是未发，身又是已发。先生每讥宋学支离而躬自蹈之，千载而下，每欲起先生于九原质之而无从也。"

由于刘宗周不赞成王门四句教，认为它是王畿的杜撰，因而不惟通篇不录"天泉证道"语，而且还于资料选辑终篇时，详加按语云："先生每言，至善是心之本体。又曰，至善只是尽乎天理之极，而无一毫人欲之私。又曰，良知即天理。录中言天理二字，不一而足。有时说无善无恶者理之静，亦未尝径说无善无恶是心之体。若心体果是无善无恶，则有善有恶之意又从何处来？知善知恶之知又从何处来？为善去恶之功又从何处起？无乃语语断流绝港乎！"因此，刘宗周反其道而行之，指出："蒙因为龙溪易一字，曰：心是有善无恶之心，则意亦是有善无恶之意，知亦是有善无恶之知，物亦是有善无恶之物。"足见，《明儒学案》中的学术资料选编，并非漫无别择、不慎去取，著者的学术倾向，即在资料编选之中。

《东林学案》是黄宗羲用力最勤的学案之一，其父尊素亦在该学案中。案内所辑资料甚富，皆经宗羲精心排比。即以卷五八之高攀龙学术资料为例，所选已达八类之多，依次为《语》《札记》《说》《辨》《论学书》《杂著》《讲义》《会语》。这些资料辑自案主卷帙浩繁的《高子遗书》中，有一个十分鲜明的特点，即并不避讳案主对阳明学的尖锐批评。譬如《论学书》一类，所载《答方本庵》有云："阳明先生于朱子格物，若未尝涉其藩者。其致良知，乃明明德也，然而不本于格物，遂认明德为无善无恶。故明德一也，由格物而入者其学实，其明也即心即性。不由格物而入者其学虚，其明也是心非性。心性岂有二哉？则所从入者有毫厘之辨也。"《杂著》一类，类似指斥阳明学弊病者更多。所载《崇文会语序》云："姚江之弊，始也扫闻见以明心耳，究而任心而废学，于是乎《诗》《书》《礼》《乐》轻而士鲜实悟。始也扫善恶以空念耳，究且任空而废行，于是乎名、节、忠、义轻而士鲜实修。"《尊闻录序》同样斥阳明学流弊云："《论语》二十篇，不言心。第两言之，曰其心三月不违仁，曰从心所欲不逾矩。是则因有违仁、逾矩之心矣。自致良知之宗揭，学者遂认知为性，一切随知流转，张皇恍惚。其以恣情任欲，亦附于作用变化之妙，而迷复久矣。"关于阳明学说的形成和演化过程，高攀龙的描述，与王门中人多有异同。学案辑其《三时记》语云："余观文成之学，盖有所从得。其初从铁柱宫道士得养生之说，又闻地藏洞异人言周濂溪、程明道是儒家两个好秀才。及娄一斋与言格物之学，求之不得其说，乃因一草一木之说，格及官舍之竹而致病，旋即弃去。则其格致之旨，未尝求之，而于先儒之言，亦未尝得其言之意也。后归阳明洞习静导引，自谓有前知之异，其心已静而明。后谪龙场，万里孤游，深山夷境，静专澄默，功倍寻常，故胸中益洒洒，而一旦恍然有悟。是其旧学之益精，非于致知之有悟也。特以文成不甘自处于二氏，必欲纂位于儒宗，故据其所得，拍合致知，又装上格物，极费工力。所以左笼右罩，颠倒重复，定眼一觑，破绽百出也。"

诋王守仁"欲纂位于儒宗"，这样的批评不可谓不严厉。而学案中《会语》一类，则同样将阳明学排斥于"圣学"正统之外。始而谓："圣学正脉，只以穷理为先，不穷理便有破绽。"继之则明言："一向不知象山、阳明学问来历，前在舟中，似窥见其一斑。二先生学问，俱是从致知入。圣学须从格物入，致知不在格物，虚灵知觉虽妙，不察于天理之精微矣。岂知有二哉？有不致之知也。毫厘之差在此。"所有这些资料的辑录，皆说明《明儒学案》的结撰，确实贯彻了黄宗羲于卷首《发凡》所云："此编所列，有一偏之见，有相反之论。学者于其不同处，正宜着眼理会，所谓一本而万殊也。"这样的编纂原则，无疑是很可贵的。

四、《明儒学案》与《皇明道统录》

黄宗羲之以总论、传略、学术资料选编三位一体，去编纂《明儒学案》，并非文思骤起，奇想突发。就历史编纂学的角度而言，《明儒学案》的出现，正是当时历史学自身的发展状况所使然。明清之际，理学既已进入批判和总结阶段，于是历史学自然要做出反应，这就是《陆杨学案》《诸儒学案》《圣学宗传》《理学宗传》一类著述的接踵而出。而这些著述，黄宗羲皆经寓目，从而给他发愿结撰《明儒学案》提供了有益的启示。关于这方面的情况，就《明儒学案》本身论，确有辙迹可寻。譬如卷首《发凡》的评《圣学宗传》《理学宗传》语，卷二一《江右王门学案》之取刘元卿以入案，卷三五《泰州学案》之列耿定向，卷五七《诸儒学案》之录孙奇逢，卷六二《蕺山学案》之辑《论语学案》语等，皆是依据。耿定向及刘元卿、刘宗周之以"学案"题名著述，周汝登、孙奇逢二家两部《宗传》日趋明朗的三段式编纂结构，都成为黄宗羲《明儒学案》的先导。尤其应当特别说明者，作为《明儒学案》的取法对象，不仅有上述诸家著述以及更早的朱熹著《伊洛渊源录》，而且于黄宗羲影响最大的，恐怕应是其师刘宗周的《皇明道统录》。

关于《皇明道统录》的情况，由于该书在刘宗周生前未及刊行，后来亦未辑入《刘子全书》之中，因此其具体内容今天已无从得其详。所幸刘宗周高足董瑒辑《蕺山先生年谱》中，于其梗概有所叙述。据云："天启七年丁卯，五十岁。《皇明道统录》成。先生辑《道统录》七卷，仿朱子《名臣言行录》，首纪平生行履，次语录，末附断论。大儒特书，余各以类见。去取一准孔孟，有假途异端以逞邪说，托宿乡愿以取世资者，摈弗录。即所录者，褒贬俱出独见。如薛敬轩、陈白沙、罗整庵、王龙溪，世推为大儒，而先生皆有贬词。方逊志以节义著，吴康斋人竞非毁之，而先生推许不置（原注略——引者）。通录中无间辞者，自逊志、康斋外，又有曹月川、胡敬斋、陈克庵、蔡虚斋、王阳明、吕泾野六先生。"[1]

这就是说，《皇明道统录》完稿于明天启七年（1627），稿凡七卷。其编纂体例仿照朱熹《名臣言行录》，作三段式结构，即第一段平生行

---

[1] 刘汋辑、董瑒修订：《蕺山先生年谱》卷上"五十岁"条。

履，第二段语录，第三段断论。录中所载一代儒学中人，凡大儒皆自成一家，其余诸儒则以类相从。而编纂原则亦甚明确，取舍标准为孔孟学说，凡异端邪说，乡愿媚世者，皆摒而不录。诸如薛瑄、陈献章、罗钦顺、王畿等，录中皆有贬责。而于世人竞相非毁的方孝孺、吴与弼，录中则极意推尊。其他如曹端、胡居仁、陈选、蔡清、王守仁、吕枏等，录中亦加以肯定。

倘若取《明儒学案》与董玚所述之《皇明道统录》相比照，即可发现其间的若干重要相通之处。首先，《道统录》的三段式编纂结构，亦为《明儒学案》所沿袭，无非将断论移置各案卷首，成为该案之总论罢了。其次，学有承传之诸大家，《明儒学案》亦独自成案，如崇仁、白沙、河东、三原、姚江、甘泉、蕺山等。而其他儒林中人，一如《道统录》之以类相从，编为《诸儒学案》《浙中王门》《江右王门》，等等。至于以倡"异端邪说"获咎的李贽，以及著《学蔀通辨》、诋王守仁《朱子晚年定论》为杜撰的陈建等人，《明儒学案》亦摒弃不录。再次，《明儒学案》评一代儒林中人，多以其师刘宗周之说为据，各案皆然，不胜枚举。譬如卷首之冠以《师说》，推方孝孺为一代儒宗；卷一《崇仁学案》，以吴与弼领袖群儒；卷一〇《姚江学案》，全文引录《阳明传信录》；卷五八《东林学案》，辑顾宪成《小心斋札记》，所加按语云："秦、仪一段，系记者之误，故刘先生将此删去"；同卷辑高攀龙《论学书》，亦加按语云："蕺山先师曰，辛复元，儒而伪者也；马君谟，禅而伪者也。"凡此等等，无不透露出《明儒学案》承袭《皇明道统录》的重要消息。所以，倘若我们说《明儒学案》系脱胎于《皇明道统录》，进而加以充实、完善，恐怕不会是无稽之谈。

在中国学术史上，自南宋间朱熹著《伊洛渊源录》，而学案体史籍雏形始具。中经数百年蹒跚演进，迄于明末，理学步入批判和总结阶段，于是耿定向以《陆杨学案》为题撰文而开启先路，刘元卿《诸儒学案》、周汝登《圣学宗传》、刘宗周《皇明道统录》诸书接踵而出，学案体史籍有了一个长足发展。入清以后，孙奇逢《理学宗传》于康熙初叶问世，承前启后，沿波而进，学案体史籍的别创一军，已是指日可待。至黄宗羲《明儒学案》出而集其大成，以其鲜明的编纂原则、严整的编纂体例和丰富翔实的史料辑录，最终统摄以著者的卓然睿识，从而使学案体史籍臻于完善和定型。至此，在中国传统历史编纂学中，便挺生出学案体史籍的新军。

五、《明儒学案》发微

黄宗羲著《明儒学案》自康熙三十二年（1693）刊行以来，300 余年过去，一直是相关研究者关注和研究的一部重要历史文献。近 30 年来，随着学术史研究的复兴和推进，这方面的研究日渐深入，尤为喜人。就所涉及论题而言，诸如《明儒学案》的编纂缘起、成书经过、思想史和文献学渊源以及学术价值评判等，皆吸引了越来越多研究者的兴趣。以下，谨将近期重读《明儒学案序》之所得连缀成篇，就该书的编纂缘起再做一些讨论，敬请方家大雅指教。

（一）问题的提出

黄宗羲晚年，曾经就《明儒学案》的结撰留下两篇重要文字，一篇是《明儒学案序》，另一篇是《改本明儒学案序》。前文于宗羲生前录入所辑《南雷文定四集》，后文则在宗羲故世之后，由其子百家辑入《南雷文定五集》。康熙三十二年孟春，《明儒学案》在河北故城刊刻葳事，两文皆冠诸卷首，撰文时间均署为康熙三十二年。唯宗羲原文已为贾氏父子增删、改动，难以信据。倘若论究《明儒学案》结撰故实，自然当以录入宗羲文集者为准。

《明儒学案》的这两篇序文，有同有异。大致相同者，是都谈到了如下三层意思。第一，学问之道乃一致百虑，殊途同归，不可强求一律。然而时风众势，必欲出于一道，稍有异同，即诋之为离经叛道，以致酿成"杏坛块土，为一哄之市"①。第二，全书梳理有明一代儒学源流，旨在分源别派，使其宗旨历然。因而，《明儒学案》乃"明室数百岁之书也，可听之埋没乎"②？第三，《明儒学案》的问世，多历年所，非三年五载之功。具体而言，"书成于丙辰（康熙十五年——引者）之后，许酉山（名三礼——引者）刻数卷而止，万贞一（名言——引者）又刻之而未毕"，直至壬申（康熙三十一年——引者）七月，始闻河北贾若水、醇庵父子慨然刻书之举。③

两篇文字之不同处，主要在于改本将原序的如下大段文字尽行删除。原序有云："某幼遭家难，先师蕺山先生视某犹子，扶危定倾，日闻绪言，小子跻跻，梦奠之后，始从遗书得其宗旨，而同门之友，多归忠节。岁己酉，毗陵恽仲昇来越，著《刘子节要》。仲昇，先师之高第弟子也。书成，某送之江干，仲昇执手丁宁曰：'今日知先师之学者，惟吾与子两人，议论不容不归一，惟于先师言意所在，宜稍为通融。'某曰：'先师所以异于诸儒者，正在于意，宁可不为发明？'仲昇欲某叙其《节要》，某终不敢。是则仲昇于殊途百虑之学，尚有成局之未化也，况于他人乎？某为《明儒学案》，上下诸先生，浅深各得，醇疵互见，要皆功力所至，竭其心之万殊者而后成家，未尝以懵懂精神，冒人糟粕。于是为之分源别派，使其宗旨历然，由是而之焉，固圣人之耳目也。间有发明，一本之先师，非敢有所增损其间。"④

两篇《明儒学案序》为什么会存在上述异同？从中反映了该书结撰缘起的哪些故实？这是我们接下去要展开讨论的问题。

---

① 黄宗羲：《南雷文定四集》卷一《明儒学案序》。
② 黄宗羲：《南雷文定五集》卷一《改本明儒学案序》。
③ 黄宗羲：《南雷文定五集》卷一《改本明儒学案序》。
④ 黄宗羲：《南雷文定四集》卷一《明儒学案序》。

（二）为师门传学术

黄宗羲为什么要结撰《明儒学案》？要弄清楚这个问题，不妨就从《改本明儒学案序》对原序上述大段文字的删除入手。

前引《明儒学案序》中的大段文字，黄宗羲忆及 20 余年前未能为同门友人恽日初著《刘子节要》撰序一事。至于事情的起因，乃在于二人对其师刘宗周学术宗旨的把握意见不一。一个认为"于先师言意所在，宜稍为通融"，一个则力主"先师所以异于诸儒者，正在于意，宁可不为发明"。结果分歧无法弥合，用黄宗羲事后 20 余年的话来讲，就叫作"仲昇欲某叙其《节要》，某终不敢"。黄宗羲、恽日初二人间的此次往还，并非寻常同门昆弟之论学谈艺，实则直接关系《明儒学案》前身《蕺山学案》之发愿结撰。

据考，恽日初字仲昇，号逊庵，江苏武进（今常州）人，生于明万历二十九年（1601），卒于清康熙十七年（1678），终年 78 岁。[①]康熙七年，日初由常州南游绍兴，凭吊刘宗周子刘汋。此时宗羲亦在绍兴，与同门友人姜希辙、张应鳌等复兴师门证人书院讲会，故而恽、黄二人得以阔别聚首，朝夕论学达半年之久。[②]恽日初长黄宗羲 9 岁，在刘宗周门下，当属长者。此次南来，不惟带来了为其师所撰《行状》一篇，而且携有《恽仲昇文集》一部，学已成家，俨然刘门高第弟子。是年，黄宗羲欣然为《恽仲昇文集》撰序，赞许日初为"固知蕺山之学者未之或先也"。正是在这篇序中，宗羲对自己早先问学师门的用力不专痛自反省，他就此写道："余学于子刘子，其时志在举业，不能有得，聊备蕺山门人之一数耳。天移地转，僵饿深山，尽发藏书而读之。近二十年，胸中窒碍解剥，始知曩日之辜负为不可赎也。"[③]

恽日初在越半年，将刘宗周遗著区分类聚，粗成《刘子节要》书

---

① 恽珠：《恽逊庵先生家传》，见《恽逊庵先生文集》卷首。
② 黄宗羲：《明儒学案》卷六二《蕺山学案》。
③ 黄宗羲：《南雷文案》卷一《恽仲昇文集序》。

稿。临别，黄宗羲河浒相送，日初以增删《刘子节要》相托。恽氏返乡，《刘子节要》刻成，康熙十一年（1672），日初复致书宗羲，并寄《节要》一部，嘱为撰序或书后。宗羲接信，对于《刘子节要》一书的曲解师门学术宗旨极为不满，几至忍无可忍。于是一改先前对恽日初为学的倾心赞许，撰为《答恽仲昇论刘子节要书》一通，详加辩驳。

黄宗羲所撰《答恽仲昇论刘子节要书》，开宗明义，即昌言："夫先师宗旨，在于慎独，其慎独之功，全在'意为心之主宰'一语。此先师一生辛苦体验而得之者。"宗羲指出，恰恰正是在关乎师门学术宗旨的这样一个根本问题上，《刘子节要》出现了不可原谅的重大失误。"于先师之言意者，一概节去"，结果是"去其根柢而留其枝叶，使学者观之，茫然不得其归著之处"。此其一。其二，《刘子节要》既立"改过"一门，但于刘宗周专论改过的代表作《人谱》却置若罔闻，"无一语及之"。故恽氏书虽名《节要》，实则"亦未见所节之要"。其三，则是以己言而代师语，张冠李戴，体裁乖误。宗羲于此指斥道："节要之为言，与文粹、语粹同一体式，其所节者，但当以先师著撰为首，所记语次之，碑铭、行状皆归附录。今老兄以所作之状，分门节入，以刘子之节要，而节恽子之文，宁有是体乎？"

有鉴于上述各种原因，信末，黄宗羲提出了否定性的尖锐质疑："先师梦奠以来，未及三十年，知其学者不过一二人，则所借以为存亡者，惟此遗书耳。使此书而复失其宗旨，则老兄所谓明季大儒惟有高、刘二先生者，将何所是寄乎！"[①]

不知是何种缘故，黄宗羲此一答书当时并未发出，而是存诸书箧，直到康熙三十四年（1695）故世之后，始由其子百家辑入《南雷文定五集》之中[②]。尽管如此，《刘子节要》一书对黄宗羲的刺激毕竟太大，从

---

① 黄宗羲：《南雷文定五集》卷一《答恽仲昇论刘子节要书》。

② 黄宗羲著，陈乃乾编：《黄梨洲文集》卷末《黄梨洲文集旧本考》，中华书局，1959年，第534页。

而激起宗羲整理刘宗周遗书，结撰《蕺山学案》，表彰其师为学宗旨，为师门传学术的强烈责任。至迟到康熙二十年秋，《蕺山学案》（一称《刘子学案》）的结撰业已完成。是年秋，汤斌主持浙江乡试行将结束，黄宗羲遣子百家携手书并《蕺山学案》稿赶往杭州拜谒，敦请汤氏为《学案》撰序。返京途中，汤斌有答书一通奉复，据称："承命作《蕺山学案》序，自顾疏漏，何能为役？然私淑之久，不敢固辞。目下匆匆起行，不敢率尔命笔。舟中无事，勉拟一稿请教，得附名简末，遂数十年景仰之私，为幸多矣。"① 翌年，汤斌又从京中来书，有云："去岁承乏贵乡，未得一瞻光霁，幸与长公晤对，沉思静气，具见家学有本，为之一慰。《蕺山先生文录》承命作序，某学识疏漏，何能仰测高深……《文录》《学案》何时可公海内，早惠后学，幸甚幸甚。"② 同年，黄宗羲同门友人董玚亦应请为《刘子学案》撰序，据云："梨洲黄氏有《刘子学案》之刻，属瑞生序……黄子既尝取其世系、爵里、出处、言论，与夫学问、道德、行业、道统之著者述之，而又撮其遗编，会于一旨。以此守先，以此待后，黄子之有功于师门也，盖不在勉斋下矣。世有愿学先师者，其于此考衷焉。"③

就今天尚能读到的历史文献而论，黄宗羲当年所辑《蕺山学案》，虽然已经完成，且请汤斌、董玚二人分别撰序，但是该书并未刊行，宗羲即把精力转到《明儒学案》的结撰中去。从《蕺山学案》到《明儒学案》，其间的历史故实，若明若暗，有待梳理。

（三）为故国存信史

诚如上节所言，黄宗羲著《蕺山学案》，其实是要解决刘宗周学术宗旨的准确把握和蕺山学派的传衍问题。至迟到康熙二十年（1681）

---

① 汤斌：《汤子遗书》卷五《答黄太冲》。
② 汤斌：《汤子遗书》卷五《与黄太冲书》。
③ 董玚：《刘子全书抄述》，见刘宗周《刘子全书》卷首。

秋，这一愿望应当说大致已经实现。然而，就在《蕺山学案》临近完成之际，一个较之更为突出，且关乎有明一代历史和学术评价的问题，被历史进程尖锐地推到了黄宗羲面前。这就是官修《明史》的再度开馆和王阳明、刘蕺山学术的历史地位问题。

入清之初，清廷沿历代为前朝修史成例，于顺治二年（1645）三月始议编纂《明史》。五月，设置总裁、副总裁及纂修诸官数十员，是为《明史》馆初开①。之后，迄于康熙十七年，资料短缺，人员不齐，馆臣顾忌重重，无从着手，史馆形同虚设。康熙十七年正月，诏开"博学鸿儒"特科。翌年三月，经体仁阁集中考试，所录取之一等20人，二等30人，俱入翰林院供职，预修《明史》。五月，任命徐元文为《明史》监修，叶方蔼、张玉书为总裁，是为《明史》馆再开②。十九年二月，徐元文疏请征召黄宗羲入馆修史，"如果老疾不能就道，令该有司就家录所著书送馆"③。疏上，获清圣祖认可，责成浙江地方当局办理。之后，黄宗羲虽然并未应诏入京，但是他晚年的著述生涯，却从此同《明史》纂修紧紧地联系起来。

康熙二十、二十一年冬春间，由史馆传来关于拟议中的《明史》纂修凡例，馆臣专就其间争议最大的理学四款，征询黄宗羲的意见。第一款以程朱理学派为明代学术正统，主张《明史》纂修"宜如《宋史》例，以程朱一派另立《理学传》"，入传者依次为薛瑄、曹端、吴与弼、陈真晟、胡居仁、周蕙、章懋、吕柟、罗钦顺、魏校、顾宪成、高攀龙、冯从吾等10余人。第二款以"未合于程朱"为由，将陈献章、王守仁、湛若水、刘宗周等统统排除于《理学传》，于王、刘二家，则假"功名既盛，宜入《名卿列传》"之名，行黜为异端之实。第三款矛头直指王守仁及浙东学派，目为"最多流弊"，因之"不必立传，附见于江

<hr>

① 《清世祖实录》卷一六"顺治二年五月癸未"条。
② 《清圣祖实录》卷八一"康熙十八年五月己未"条。
③ 《清圣祖实录》卷八八"康熙十九年二月乙亥"条。

西诸儒之后可也"。第四款重申程朱理学派的正统地位，昌言"学术源流宜归一是"，唯有程朱之学"切实平正，不至流弊"①。

出自史馆重臣徐乾学、元文兄弟的这四款主张，不惟否定了王守仁、刘宗周在明代学术发展中举足轻重的地位，而且以门户之见而强求一是，党同伐异，曲解了一代学术的演进历史。如此一来，有明一代之国史，势必失去信史地位。有鉴于此，康熙二十一年（1682）二月，黄宗羲致书史馆中人，辨章学术，考镜源流，对上述四款条例逐一驳诘，使徐氏兄弟的似是而非之议顿然体无完肤。针对徐氏修史条例对王阳明、刘蕺山二家学术重要历史地位的否定，黄宗羲在信中纵论一代学术云："有明学术，白沙开其端，至姚江而始大明。盖从前习熟先儒之成说，未尝返身理会，推见至隐，此亦一述朱，彼亦一述朱。高景逸云，薛文清、吕泾野语录中皆无甚透悟，亦为是也。逮及先师蕺山，学术流弊，救正殆尽。"他的结论是："向无姚江，则学脉中绝，向无蕺山，则流弊充塞。凡海内之知学者，要皆东浙之所衣被也。"黄宗羲认为，《宋史》立《道学传》，乃"元人之陋"，纂修《明史》，断不可师法。他的主张是："道学一门所当去也，一切总归儒林，则学术之异同皆可无论，以待后之学者择而取之。"②

"国可灭，史不可灭"③，此乃黄宗羲素来秉持之治史宗旨。康熙初，以《明夷待访录》的结撰肇始，他"闭门著述，从事国史"④，《行朝录》《海外恸哭记》《思旧录》《明文案》《蕺山学案》以及诸多碑志传状，皆是其史家职责之展示。面临史馆修史条例如此尖锐的挑战，迫使黄宗羲不仅要起而驳诘，而且要在治史实践中做出强烈反应。于是他未待《蕺山学案》刊行，更将其扩而大之，由梳理刘宗周一家一派之学术史，充

① 刘承干：《明史例案》卷二《徐健庵修史条议》。
② 黄宗羲：《南雷文定》卷四《移史馆论不宜立理学传书》。
③ 黄宗羲：《南雷文定》卷四《次公董公墓志铭》。
④ 李逊之：《致黄梨洲书》，见黄宗羲著，陈乃乾编《黄梨洲文集》附录11，第517页。

实为论究一代学术源流，为故国存信史的大著作《明儒学案》。

《明儒学案》的结撰，既有之前一年完稿的《蕺山学案》为基础，又有康熙十四年（1675）成书的《明文案》为文献依据，还有刘宗周生前梳理一代学术所成之诸多著述为蓝本，所以该书能在其后的三四年间得以脱稿，也就是顺理成章的事情。据黄宗羲撰《子刘子行状》记，其师生前董理一代学术，先后留下三部书稿，一是记方孝孺学术的《逊志正学录》，一是记王阳明学术的《阳明传信录》，一是记有明一代学术的《皇明道统录》①。三书之中，于《明儒学案》影响最大者，当推《皇明道统录》。

关于《皇明道统录》的情况，已见前述，兹不赘言。我们所罗列的诸多证据足以说明，黄宗羲的《明儒学案》同刘宗周遗著《皇明道统录》之间，存在后先相承的紧密联系。惟其如此，黄宗羲晚年为《明儒学案》撰序，才会假他人之口，称《学案》为"明室数百岁之书"，也才会特别强调："间有发明，一本之先师，非敢有所增损其间。"②也惟其如此，无论是《明儒学案序》，还是《改本明儒学案序》，开宗明义都要昭示"一致百虑、殊途同归"的为学之道，断不苟同于"好同恶异"，"必欲出于一途"的学术时弊。③

（四）为天地保元气

一部《明儒学案》，上起《师说》，下迄《蕺山学案》。何谓师说？顾名思义，乃黄宗羲业师刘宗周对一代儒林中人的评说。《师说》所论一代学人，冠以明初方孝孺，而《蕺山学案》案主则是刘宗周。方孝孺于明初死节，刘宗周则于明亡殉国，同是儒林中人，一在明初，一在晚明，后先辉映，光照千秋。黄宗羲著《明儒学案》，选择这样一个布

---

① 黄宗羲：《子刘子行状》，见黄宗羲著，陈乃乾编《黄梨洲文集》传状类，第42页。
② 黄宗羲：《南雷文定四集》卷一《明儒学案序》。
③ 黄宗羲：《南雷文定五集》卷一《改本明儒学案序》。

局，恐非寻常之属辞比事，如果联系到《明儒学案》所云"同门之友，多归忠节"，那么，宗羲在其间的寄托，抑或有其深意在。

　　黄宗羲之于方孝孺，评价极高，不惟取与南宋朱子并称，目为"有明之学祖"，而且径称"千载一人"。据云："先生直以圣贤自任……持守之严，刚大之气，与紫阳相伯仲，固为有明之学祖也。"在黄宗羲看来，方孝孺的历史地位远非朱明一代兴亡所能范围，因此，他引述明儒蔡清的话说："如逊志者，盖千载一人也。"① 黄宗羲之所以要用"千载一人"来作方孝孺的历史定论，实为其师说之发扬光大，源头乃在刘宗周。一如蔡清，刘宗周评价方孝孺，亦用了四个字，那就是"千秋正学"。宗周说："先生禀绝世之资，慨焉以斯文自任……既而时命不偶，遂以九死成就一个是，完天下万世之责。其扶持世教，信乎不愧千秋正学者也。考先生在当时已称程、朱复出，后之人反以一死抹过先生一生苦心，谓节义与理学是两事，出此者入彼，至不得与扬雄、吴草庐论次并称。于是成仁取义之训为世大禁，而乱臣贼子将接踵于天下矣，悲夫！"② 这就是说，评价方孝孺必须将节义与理学合为一体，切不可忘掉"成仁取义"的古训。

　　其实，岂止是对方孝孺，探讨黄宗羲的《明儒学案》，如果我们从节义与理学相结合的角度，用"成仁取义"四个字去观察著录诸儒，那么贯穿全书的红线，便会跃然纸上。

　　先看卷六二之《蕺山学案》，书中记案主刘宗周死节事甚详，从"南渡，起原官"，一直记到清兵入浙，"绝食二十日而卒"，从容坦荡，视死如归。据该案记："浙省降，先生恸哭曰：'此余正命之时也。'门人以文山、叠山、袁阆故事言，先生曰：'北都之变，可以死，可以无死，以身在削籍也。南都之变，主上自弃其社稷，仆在悬车，尚曰可

---

① 黄宗羲：《明儒学案》卷四三《诸儒学案上一·文正方正学先生孝孺》。
② 黄宗羲：《明儒学案》卷首《师说·方正学孝孺》。

以死，可以无死。今吾越又降，区区老臣，尚何之乎？若曰身不在位，不当与城为存亡，独不当与土为存亡乎？故相江万里所以死也。世无逃死之宰相，亦岂有逃死之御史大夫乎？君臣之义，本以情决，舍情而言义，非义也。父子之亲，固不可解于心，君臣之义，亦不可解于心。今谓可以不死而死，可以有待而死，死为近名，则随地出脱，终成一贪生畏死之徒而已矣。'绝食二十日而卒，闰六月八日戊子也，年六十八。"① 刘宗周绝食殉国，正气耿然，确乎将节义与理学合为一体，成就了实践"成仁取义"古训的千秋楷模。

再以《东林学案》为例，该案卷首总论，黄宗羲写下了一段痛彻肺腑的感言。他说："熹宗之时，龟鼎将移，其以血肉撑拒，没虞渊而取坠日者，东林也。毅宗之变，攀龙髯而蓐蝼蚁者，属之东林乎？属之攻东林者乎？数十年来，勇者燔妻子，弱者埋土室，忠义之盛，度越前代，犹是东林之流风余韵也。一堂师友，冷风热血，洗涤乾坤，无智之徒，窃窃然从而议之，可悲也夫！"② 天启间，案主之一高攀龙为抗议权奸魏忠贤倒行逆施，舍生取义，"夜半书遗疏，自沉止水"，且留下正命之语云："心如太虚，本无生死。"③ 有其师必有其弟子，攀龙弟子华允诚，案中记其死节云："改革后，杜门读《易》。越四年，有告其不剃发者，执至金陵，不屈而死。先生师事高忠宪，忠宪殉节，示先生以末后语云：'心如太虚，本无生死。'故其师弟子之死，止见一义，不见有生死。"④

无独有偶，《东林学案》另一案主顾宪成，有弟子吴钟峦，黄宗羲亦将其死节事记入案中。据宗羲记，钟峦为明崇祯七年（1634）进士，官至桂林推官。明亡，遁迹海滨，投笔从戎，抗击南下清军。舟山

---

① 黄宗羲：《明儒学案》卷六二《蕺山学案》。
② 黄宗羲：《明儒学案》卷五八《东林学案》卷首总论。
③ 黄宗羲：《明儒学案》卷五八《东林学案一·忠宪高景逸先生攀龙》。
④ 黄宗羲：《明儒学案》卷六一《东林学案四·郎中华凤超先生允诚》。

兵败，顺治八年（1651）"八月末，于圣庙右庑设高座，积薪其下。城破，捧夫子神位，登座危坐，举火而卒，年七十五"。钟峦就义前，曾与黄宗羲"同处围城，执手恸哭"。后宗羲返四明山，幸免于难。正如黄宗羲在吴氏小传末所记："某别先生，行三十里，先生复棹三板追送，其语痛绝。薛谐孟传先生所谓'呜咽而赴四明山中之招者'，此也。呜呼！先生之知某如此。今抄先生学案，去之三十年，严毅之气，尚浮动目中也。"①

他如金铉、黄道周、金声，或明亡投水自尽，或抗清兵败不屈赴死，其学行皆一一载入《明儒学案》。尤可注意者，则是《明儒学案》著录晚明儒林中人，其下限已至入清 30 余年后方才辞世的孙奇逢。明清更迭，由明而入清的儒林中人，遍及南北，比比皆是，《明儒学案》何以独取孙奇逢入案，与前引以身殉国的刘宗周、华允诚、吴钟峦诸家共入一编？确乎发人深省。梳理孙奇逢学行，尤其是入清以后的经历，抑或可以找到问题的答案。

孙奇逢，字启泰，号钟元，河北省容城人，生于明万历十二年（1584）。二十八年举乡试，迄于明亡，迭经会试而不第。天启间，宦官祸国，朝政大坏。魏忠贤兴起大狱，逮廷臣杨涟、左光斗、魏大中等，酷刑摧残。左光斗、魏大中皆奇逢友，光斗弟光明、大中子学洢先后来容城求救。奇逢挺身而出，与鹿正、张果中竭力保护二家子弟，一面倡议酿金营救，一面促大学士孙承宗兵谏施压。义声震动朝野，时有"范阳三烈士"②之目。崇祯间，奇逢为国分忧，多次在乡组织义勇，抗御清军袭扰。入清，顺治元年（1644）九月，经巡按御史柳寅东举荐，奉旨送内院，吏部启请擢用，令有司敦促就道。奇逢矢志不仕清廷，推病坚辞。二年三月，再经举荐，奉旨送内院考试，依然称病不出。国子

---

① 黄宗羲：《明儒学案》卷六一《东林学案四·宗伯吴霞舟先生钟峦》。
② 汤斌、耿极：《孙夏峰先生年谱》卷上"天启六年、四十三岁"条。

祭酒薛所蕴谦然让贤，荐举奇逢代主讲席，亦为奇逢婉拒。三年，家园被占，含恨南徙。九年，定居河南辉县苏门山之夏峰。

定居夏峰，孙奇逢已届古稀之年。此后20余年间，奇逢在夏峰聚族而居，迄于康熙十四年（1675），课徒授业，著述终老，享年92岁。同刘宗周、华允诚、吴钟峦诸家相比，入清以后，孙奇逢虽未"成仁取义"，一死报国，然而他却能将节义与理学合为一体，终身固守遗民矩矱，矢志不仕清廷。这与黄宗羲入清以后的立身大节，南北呼应，若合符契。黄宗羲认为："亡国之戚，何代无之？使过宗周而不悯《黍离》，陟北山而不忧父母，感阴雨而不念故夫，闻山阳笛而不怀旧友，是无人心矣。故遗民者，天地之元气也。然士各有分，朝不坐，宴不与，士之分亦止于不仕而已。"[1]宗羲肯定"遗民"是天地的元气，在他看来，当明清易代之后，儒林中人只要不到清廷做官，就可以无愧于"遗民"之称了。显然，黄宗羲晚年著《明儒学案》，之所以倡导将节义与理学合为一体，恪守"成仁取义"古训，以孙奇逢为著录下限，其深义乃在于要为天地保存这样一份可以传之久远的元气。

（五）结语

《明儒学案》是黄宗羲晚年精心结撰之作，匠心独运，洵称不朽。康熙初叶以后，黄宗羲何以要发愿结撰《明儒学案》？通过重读《明儒学案序》，将该书置于著者所生活的具体历史环境中去考察，我们似可得到如下几点认识：

首先，《明儒学案》初题《蕺山学案》，大约始撰于康熙十五年（1676）以后，起因当在恽日初著《刘子节要》之曲解刘宗周学术宗旨。因而为正本清源以传承师门学术，遂有《蕺山学案》的结撰。

其次，至迟到康熙二十年秋，《蕺山学案》已经脱稿，然而由于清

---

[1]　黄宗羲：《南雷文定后集》卷二《谢时符先生墓志铭》。

廷重开《明史》馆，沿《宋史》旧辙立《道学传》，尊朱子学为正统，斥阳明学为异说，俨然主流意见，能否为故国存信史，成为史家必须正视的尖锐问题。于是秉持"国可灭，史不可灭"的责任意识，未待《蕺山学案》付梓，黄宗羲便将该书扩而大之，充实为梳理一代儒学源流，关乎"明室数百岁之书"。

再次，《明儒学案》自始至终，有一个首尾相连的宗旨贯穿其间，那就是恪守"成仁取义"古训，倡导将节义与理学合为一体。惟其如此，从明初死节的方孝孺，到晚明沉水殉国的高攀龙，迄于明亡从容赴死的刘宗周、黄道周、金铉、金声、吴钟峦、华允诚等，皆在《明儒学案》中永垂史册。也惟其如此，该书著录下限独取入清30余年后辞世的孙奇逢，意在表彰奇逢之固守遗民矩矱，矢志不仕清廷，以为天地保存这一份可以传之久远的元气。

总之，黄宗羲之结撰《明儒学案》，超然门户，寓意深远，乃在为师门传学术，为故国存信史，为天地保元气。这或许是该书传世300余年后的今天，我们可以得出的历史结论。

第五章 从《日知录》到《日知录集释》

顾炎武一生广泛涉足于经学、史学、方志地理、音韵文字、金石考古以及诗文等学，在众多的学术领域，取得了宏富的学术成就，留下了近 50 种宝贵著述。其中尤以《日知录》影响最大，堪称不朽。

一、《日知录》纂修考

（一）关于始撰时间的判定

顾炎武何时开始结撰《日知录》？这是一个迄今尚无定论的问题。最近甘肃人民出版社出版的《日知录》认为："是书约始撰于明崇祯十二年（1639）。"[1] 对于做出这样一个判断的依据，他们虽然没有说明，但大概当是今本《日知录》前的一篇题记。这篇题记说："愚自少读书，有所得辄记之。其有不合，时复改定。或古人先我而有者，则遂削之。积三十余年，乃成一编，取子夏之言，名曰《日知录》，以正后之君子。"[2] 笔者以为，仅仅根据这篇题记来判定《日知录》的始撰时间，还缺乏足够的说服力。理由如下。

首先，这里有一个认识问题需要解决，即能否把顾炎武早年读书做札记，同结撰《日知录》看成一回事情。笔者以为，应当把二者区别开来。的确，顾炎武从少年时代开始，就接受了读书要做札记的良好教育。用他自己的话来说，就叫作"抄书"。关于这一点，顾炎武晚年

---

① 周苏平、陈国庆：《点注说明》，见顾炎武：《日知录》，甘肃人民出版社 1997 年版。
② 顾炎武：《日知录》卷首《题记》。

写过一篇《抄书自序》，文中说："先祖曰：'著书不如抄书。凡今人之学，必不及古人也，今人所见之书之博，必不及古人也。小子勉之，惟读书而已。'"① 至于顾炎武什么时候做读书札记，这篇《抄书自序》也有回顾："自少为帖括之学者二十年，已而学为诗古文，以其间纂记故事。年至四十，斐然欲有所作。又十余年，读书日以益多，而后悔其向者立言之非也。"② 这就是说，顾炎武虽然早就受到"抄书"的教育，但是付诸实践去"纂记故事"已经 20 余岁，直到 40 岁才开始著书。50 余岁以后，又因先前著述的不成熟而懊悔。顾炎武生于明万历四十一年（1613），20 余岁正当崇祯中，而 40 岁则已经入清，为顺治九年（1652），50 余岁，就是康熙初叶了。

其次，顾炎武自崇祯十二年（1639）开始纂辑的书并非《日知录》，而是《天下郡国利病书》和《肇域志》。据顾炎武晚年所撰《天下郡国利病书序》说："崇祯己卯，秋闱被摈，退而读书。感四国之多虞，耻经生之寡术，于是历览二十一史以及天下郡县志书、一代名公文集及章奏文册之类，有得即录，共成四十余帙。一为舆地之记，一为利病之书。"③ 崇祯己卯即十二年，顾炎武时年27 岁。关于这方面的情况，《肇域志序》也说得很清楚："此书自崇祯己卯起，先取《一统志》，后取各省府州县志，后取二十一史参互书之。"④ 可见，顾炎武《抄书自序》中所说的"纂记故事"，即指崇祯十二年，27 岁起开始辑录的《天下郡国利病书》和《肇域志》。

再次，《天下郡国利病书》《肇域志》卷帙浩繁，顾炎武在完成这两部书稿之前，不可能再分心去结撰《日知录》。据考，《天下郡国利病书》初稿完成，当在顺治九年。当时，由于豪绅煎迫，家难打击，顾

---

① 顾炎武：《亭林文集》卷二《抄书自序》。
② 顾炎武：《亭林文集》卷二《抄书自序》。
③ 顾炎武：《亭林文集》卷六《天下郡国利病书序》。
④ 顾炎武：《亭林文集》卷六《肇域志序》。

炎武决意弃家北游。为此，江南友人杨彝、万寿祺等联名写了一篇《为顾宁人征天下书籍启》，文中说："宁人年十四为诸生，屡试不遇。由贡士两荐授枢曹，不就。自叹士人穷年株守一经，不复知国典朝章、官方民隐，以致试之行事而败绩失据。于是尽弃所习帖括，读书山中八九年，取天下府州县志书及一代奏疏文集遍阅之，凡 12000 余卷。复取二十一史并《实录》，一一考证，择其宜于今者，手录数十帙，名曰《天下郡国利病书》。遂游览天下山川风土，以质诸当世之大人先生。"①至于《肇域志》的脱稿，则是此后 10 年，即康熙元年（1662）的事情。这有顾炎武撰《书杨彝万寿祺等为顾宁人征天下书籍启后》为证："右十年前友人所赠。自此绝江逾淮，东蹑劳山、不其，上岱岳，瞻孔林，停车淄右。入京师，自渔阳、辽西出山海关，还至昌平，谒天寿十三陵，出居庸、至土木，凡五阅岁而南归于吴。浮钱塘，登会稽，又出而北，度沂绝济，入京师，游盘山，历白檀至古北口。折而南谒恒岳，逾井陉，抵太原。往来曲折二三万里，所览书又得万余卷。爰成《肇域记》，而著述亦稍稍成帙。然尚多纰漏，无以副友人之望。又如麟士、年少、菡生、于一诸君相继即世而不得见，念之尤为慨然！玄默摄提格之阳月顾炎武识。"②而"玄默摄提格"则是干支纪年"壬寅"年的别称，即康熙元年。

最后，顾炎武自己及友人谈及《日知录》，都在康熙初年以后。今本《日知录》卷首所录顾氏各条文字，如《初刻日知录自序》《与人书十》《与人书二十五》《与潘次耕书》《与杨雪臣书》《与友人论门人书》等，众所周知，恕不赘举。谨依年次先后，再举五例为证。

第一，康熙九年，山东德州程先贞撰《赠顾征君亭林序》云："今年结夏于此，与二三同人讲《易》。复得发其《日知录》一书观之，多

---

① 沈岱瞻：《同志赠言·为顾宁人征天下书籍启》，见《亭林先生遗书汇辑》附录。

② 顾炎武：《亭林佚文辑补·书杨彝万寿祺等为顾宁人征天下书籍启后》。

考古论世之学，而其大旨在于明经术，扶王道，为之三叹服膺，劝其出以惠学者。"①

第二，康熙十一年（1672），顾炎武《与李良年（武曾）书》云："弟夏五出都，仲秋复入，年来踪迹大抵在此。将读退谷先生之藏书，如好音见惠，亦复易达。顷者《日知录》已刻成样本，特寄上一部，天末万山中冀览此如观面也。"②

第三，康熙十二年，顾炎武《又答李武曾书》云："黔中数千里，所刻之书并十行之牍乃不久而达，又得手报至方山所，而寄我于楼烦、雁门之间。若频阳至近，天生至密，而远客三楚，此时犹未见弟之成书也，人事之不齐，有如此者，可为喟然一叹！此书中有二条，未得高明驳正，辄乃自行简举，容改后再呈。且续录又得六卷，未必来者之不胜于今日也。"③

第四，康熙十二年，顾炎武《又与颜修来书》云："弟今寓迹半在历下，半在章丘。而修志之局，郡邑之书颇备，弟得借以自成其《山东肇域记》。……近日又成《日知录》八卷，韦布之士，仅能立言，惟达而在上者为之推广其教，于人心世道，不无小补也。"④

第五，康熙十五年，顾炎武《与黄太冲书》云："炎武以管见为《日知录》一书，窃自幸其中所论，同于先生者十之六七，但鄙著恒自改窜，未刻，其已刻八卷及《钱粮论》二篇，乃数年前笔也，先附呈大教。"⑤

根据以上所考，足见把《日知录》的始撰时间定在明崇祯十二年（1639）是欠妥当的。笔者以为，应以顾炎武逝世前夕，于康熙二十年所写《与人书》为据。顾在这封信中说："某自五十以后，笃志经史，

①　程先贞：《同志赠言·赠顾征君亭林序》，见《亭林先生遗书汇辑》附录。
②　顾炎武：《亭林佚文辑补·与李良年（武曾）书》。
③　顾炎武：《亭林佚文辑补·又答李武曾书》。
④　顾炎武：《亭林佚文辑补·又与颜修来书》。
⑤　顾炎武：《亭林佚文辑补·与黄太冲书》。

其于音学深有所得。今为《五书》以续三百篇以来久绝之传，而别著《日知录》，上篇经术，中篇治道，下篇博闻，共三十余卷。有王者起，将以见诸行事，以跻斯世于治古之隆，而未敢为今人道也。"① 据此，《日知录》的始撰时间，假如定在康熙元年（1662）他50岁以后，或许会更合理一些。

（二）《日知录》的撰述动机

顾炎武为什么要著《日知录》？他逝世后，康熙三十四年，该书在福建建阳付梓，潘耒曾就此写了如下一段话："先生非一世之人，此书非一世之书也。魏司马朗复井田之议，至易代而后行，元虞集京东水利之策，至异世而见用。立言不为一时，录中固已言之矣。异日有整顿民物之责者，读是书而憬然觉悟，采用其说，见诸施行，于世道人心实非小补。如第以考据之精详，文辞之博辨，叹服而称述焉，则非先生所以著此书之意也。"② 这就是说，《日知录》是一部经世致用的书，顾炎武的理想虽然生前没有实现，但是往后一定会有人使之实现的。假如仅仅以考据精详、文辞博辨来评价这部书，那就违背顾炎武著书的本意了。

潘耒的这一担心，不幸被言中了。乾隆年间修《四库全书》，一时儒臣为《日知录》撰写提要，就提出了同潘耒完全不同的评价。据他们称："炎武生于明末，喜谈经世之务，激于时事，慨然以复古为志。其说或迂而难行，或愎而过锐。观所作《音学五书后序》，至谓圣人复起，必举今日之音而还之淳古。是岂可行之事乎？潘耒作是书序，乃盛称其经济，而以考据精详为末务，殆非笃论矣。"③

同样一部书，两个时代的评价竟然如此不同。究竟谁是谁非？笔者

---

① 顾炎武：《亭林文集》卷四《与人书二十五》。
② 潘耒：《遂初堂集》卷六《日知录序》。
③ 《四库全书总目》卷一一九《日知录》。

以为，还是以顾炎武本人的论述为依据，最令人信服。

关于《日知录》的撰述动机，顾炎武生前曾经多次谈及。譬如他为《日知录》初刻本撰序，就很清楚地指出，该书的结撰是为了"明学术，正人心，拨乱世以兴太平之事"[①]。在给友人杨瑀的信中，说得就更为明白："向者《日知录》之刻，谬承许可，比来学业稍进，亦多刊改。意在拨乱涤污，法古用夏，启多闻于来学，待一治于后王。"[②]至于前引顾氏逝世前夕给江南友人的信，信中所述："《日知录》上篇经术，中篇治道，下篇博闻，共三十余卷。有王者起，将以见诸行事，以跻斯世于治古之隆。"[③]无疑就该是这个问题的"晚年定论"了。

正因为如此，顾炎武把著《思辨录》的陆世仪和著《明夷待访录》的黄宗羲引为同志。在给陆世仪的信中，他说："廿年以来，东西南北，率彼旷野，未获一觐清光。而昨岁于蓟门得读《思辨录》，乃知当世而有真儒如先生者，孟子所谓'穷则独善其身，达则兼善天下'，具内圣外王之事者也。弟少年时，不过从诸文士之后，为雕虫篆刻之技。及乎年齿渐大，闻见益增，始知后海先河，为山覆篑，而炳烛之光，桑榆之效，亦已晚矣。近刻《日知录》八卷，特付东堂邮呈，专祈指示。其有不合者，望一一为之批驳，寄至都门，以便改正。《思辨录》刻全，仍乞见惠一部。"[④]而给黄宗羲的信也同样说："顷过蓟门，见贵门人陈、万两君，具念起居无恙。因出大著《待访录》读之再三，于是知天下之未尝无人，百王之敝可以复起，而三代之盛可以徐还也。天下之事，有其识者未必遭其时，而当其时者或无其识。古之君子所以著书待后，有王者起，得而师之。然而《易》'穷则变，变则通，通则久'。圣人复起，不易吾言，可预信于今日也。炎武以管见为《日知录》一书，窃自

———————————

① 顾炎武：《亭林文集》卷二《初刻日知录自序》。
② 顾炎武：《亭林文集》卷六《与杨雪臣》。
③ 顾炎武：《亭林文集》卷四《与人书二十五》。
④ 顾炎武：《亭林余集·与陆桴亭札》。

幸其中所论，同于先生者十之六七。"①

根据以上材料，足以说明《日知录》确如潘耒所见，是一部讲求经世致用学问的书。顾炎武是要以之去"拨乱世以兴太平之事"。按理这些材料四库馆臣都能看到，他们又都是全国的一流学者，据以做出准确的判断应无问题。然而他们却没有这样做，而是否定了顾炎武的经世主张，讥之为"迂而难行"，"愎而过锐"。为什么会形成这样一种局面？其原因大概可以从如下两方面去考察。第一，顾炎武明确主张"法古用夏"，"待一治于后王"，"拨乱世以兴太平之事"，这不仅反映了他对清王朝的不合作态度，而且简直是近乎否定现政权的存在。这样一种经世学说，在文化专制十分严酷的乾隆时代，当然是没有人敢于去正视和肯定它的。第二，《日知录》的结撰和刊行，是康熙中叶以前的事情，到乾隆朝修《四库全书》，时间已经相去七八十年。时代变了，学风也变了，经世致用思潮已经成为过去，代之而起的则是风靡朝野的考据学。在这样的政治和学术环境之下，四库馆臣曲解《日知录》也就不足为奇了。

然而历史的本来面目终究是掩盖不住的。嘉庆、道光间，清王朝盛极而衰，内忧外患交织，经世致用思潮再度兴起。道光初，嘉定青年学者黄汝成辑《日知录集释》，将先前众多学者关于《日知录》的研究成果会聚一堂。他虽然没有对四库馆臣的提要进行批评，但是却十分明确地表彰了顾炎武及其《日知录》的经世学说。黄汝成认为《日知录》"于经术文史、渊微治忽，以及兵刑、赋税、田亩、职官、选举、钱币、盐铁、权量、河渠、漕运，与他事物繁赜者，皆具体要"②，是一部讲求经世之学的"资治之书"③。晚清，文网松弛，《四库提要》已成批评的对象。朱一新著《无邪堂答问》，对四库馆臣的曲解《日知录》进行尖

---

① 顾炎武：《亭林佚文辑补·与黄太冲书》。
② 黄汝成：《袖海楼文录》卷三《答李先生申耆书》。
③ 黄汝成：《袖海楼文录》卷二《日知录集释序》。

锐批评，讥之为"叶公之好龙""郑人之买椟"①。

（三）从初刻八卷到临终绝笔

在《日知录》的结撰过程中，初刻八卷本的问世，是一个重要环节。以往，由于这个本子流传未广，不易得读，所以有的研究者遂误认为已经亡佚。20世纪80年代初，上海古籍出版社将这个本子影印，附录于《日知录集释》出版，这样不仅澄清了误会，而且大大方便了研究者。

《日知录》的刊刻时间，可以大致确定为康熙九年（1670）八月。根据主要是两条，第一条为顾炎武康熙十五年所撰《初刻日知录自序》。序中说："炎武所著《日知录》，因友人多欲抄写，患不能给，遂于上章阉茂之岁刻此八卷。"②上章阉茂为干支纪年庚戌的别称，庚戌即康熙九年。第二条即前引程先贞撰《赠顾征君亭林序》。这篇序说："亭林先生……今年结夏于此，与二三同人讲《易》。复得发其《日知录》一书观之，多考古论世之学，而其大指在于明经术、扶王道，为之三叹服膺，劝其出以惠惠者。"③程序题下所署年月即为康熙九年八月。

有关《日知录》初刻时间的资料，还见于《蒋山佣残稿》。其中，顾炎武的《与友人书》说："《日知录》初本乃辛亥年刻。"④辛亥年即康熙十年。

顾炎武谈《日知录》初刻，为什么在时间上会出现庚戌、辛亥二说？笔者以为，是否可以做这样的理解，即八卷本《日知录》系康熙九年始刻，而至康熙十年完成。

至于初刻地点，据周可贞同志新著《顾炎武年谱》考证，当在德

---

① 朱一新：《无邪堂答问》卷五。
② 顾炎武：《亭林文集》卷二《初刻日知录自序》。
③ 程先贞：《赠顾征君亭林序》，载沈岱瞻《同志赠言》，见《亭林先生遗书汇辑》。
④ 顾炎武：《蒋山佣残稿》卷一《与友人书》。

州。他说:"《日知录》初本,实乃先生讲《易》时,在程先贞等友人劝说下才决定刊刻的,刻书地点可能就在德州。"①

将初刻《日知录》的有关故实考出,这无疑是周著新谱的一个贡献。而把初刻地点大致定在山东德州,虽属揣测,尚需进一步寻觅佐证,但就顾炎武在此数年间频繁往返德州的经历来看,又不无道理。只是这样一来,却碰到一个不易得到圆满回答的问题,即现存八卷本《日知录》,刻书者自署"符山堂",而符山堂为张弨书屋,张氏系江苏淮安人,而非山东德州人。当时,张弨正为顾炎武刻《音学五书》,地点就在淮安。这有顾炎武康熙十九年(1680)撰《音学五书后序》为证,他说:"余纂辑此书三十余年,所过山川亭鄣,无日不以自随,凡五易稿而手书者三矣。然久客荒壤,于古人书多所未见,日西方莫,遂以付之梓人,故已登版而刊改者犹至数四。又得张君弨为之考《说文》,采《玉篇》,仿《字样》,酌时宜而手书之;二子叶增、叶箕分书小字;鸠工淮上,不远千里累书往复,必归于是。而其工费则又取诸鬻产之直,而秋毫不借于人。其著书之难而成之不易如此。"②因此《日知录》八卷本的初刻,又存在淮安付梓的可能。事情真相如何,史料无征,只好存疑。

《日知录》初刻八卷本共收读书札记140条。其中卷一收15条,卷二收25条,卷三收7条,卷四收25条,卷五收16条,卷六收17条,卷七收18条,卷八收17条。从内容上看,卷一的《朱子周易本义》《巳日》《鸿渐于陆》《姤》《序卦杂卦》《七八九六》《卜筮》讲《周易》;《帝王名号》《武王伐纣》《丰熙伪尚书》言《尚书》;《诗有人乐不入乐之分》《孔子删诗》《国风》《公姓》《何彼襛矣》言《诗经》。卷二、卷三讲《春秋》《礼》《四书》。卷四、卷五、卷六讲治道。卷七、卷八为

---

① 周可贞:《顾炎武年谱》"康熙十八年",苏州大学出版社1998年版,第401页。
② 顾炎武:《亭林文集》卷二《音学五书后序》。

杂考证。同后来 32 卷本的《日知录》相比，上篇经术、中篇治道、下篇博闻的编纂雏形，此时已经大体形成。

初刻八卷本问世之后，《日知录》的结撰，不间寒暑，精益求精，耗尽了顾炎武毕生的心力。对于其间的甘苦，他曾经说："尝谓今人纂辑之书，正如今人之铸钱。古人采铜于山，今人则买旧钱，名之曰废铜，以充铸而已。所铸之钱既已粗恶，而又将古人传世之宝，舂剉碎散，不存于后，岂不两失之乎？承问《日知录》又成几卷，盖期之以废铜。而某自别来一载，早夜诵读，反复寻究，仅得十余条，然庶几采山之铜也。"① 顾炎武将此书的结撰喻为采铜于山，可见其劳作的艰辛和学风的严谨。

顾炎武严谨笃实，学随日进。在他生命历程的最后数年里，致力于对初刻本精雕细琢，纠正讹误。康熙十五年（1676），顾炎武为初刻本《日知录》补撰自序，就此书反省道："历今六七年，老而益进，始悔向日学之不博，见之不卓，其中疏漏往往而有，而其书已行于世，不可掩。渐次增改，得二十余卷，欲更刻之，而犹未敢自以为定，故先以旧本质之同志。"② 同年，他给黄宗羲的信中也说："炎武以管见为《日知录》一书……但鄙著恒自改窜，未刻。"③

晚年的顾炎武，恪遵"良工不示人以璞"的古训，精心雕琢《日知录》。在致其学生潘耒的信中，他说："著述之家，最不利乎以未定之书传之于人。昔伊川先生不出《易传》，谓是身后之书。……今世之人速于成书，躁于求名，斯道也将亡矣。前介眉札来索此（指《音学五书》——引者），原一亦索此书，并欲抄《日知录》。我报以《诗》《易》二书今夏可印，其全书再待一年，《日知录》再待十年。如不及年，则

———————————

①　顾炎武：《亭林文集》卷四《与人书十》。
②　顾炎武：《亭林文集》卷二《初刻日知录自序》。
③　顾炎武：《亭林佚文辑补·与黄太冲书》。

以临终绝笔为定。"①

顾炎武没有违背自己的诺言，迄于康熙二十一年（1682）正月逝世，他始终未曾把已经完成的 30 余卷《日知录》再度付刻。直到 13 年之后，遗稿由潘耒整理删削，才在福建建阳刻印。

二、社会政治思想

社会政治思想，这是顾炎武思想的核心。如何对其评价，正是把握顾氏思想实质的一个关键，也是全面评价这一历史人物的一个重要方面。

顾炎武所生活的明清之际，是中国封建社会晚期危机重重、剧烈动荡的时代。他的社会政治思想也随着历史的步伐而深化，打上了鲜明的时代印记。

明末封建社会的极度腐朽，是顾炎武迈入社会门槛时所面临的严峻现实。对此，他予以广泛深刻的注视。其集中的反映，便是他自 27 岁开始纂辑的《天下郡国利病书》。书中，顾炎武以大量社会历史资料的排比，对土地兼并、赋役不均的社会积弊进行了猛烈的鞭挞。根据他所辑录的史料，我们可以看到，有明一代作为土地兼并直接后果的军屯瓦解是何等严重，"举数十屯而兼并于豪右，比比皆是"②。而与之若形影相随的赋役不均、豪绅欺隐，更是有过之而无不及。素以重赋著称的江南浙江嘉兴县，"一人而隐田千亩"，"其隐去田粮，不在此县，亦不在彼县，而置于无何之乡"③。江苏武进县，一豪绅"隐田六百余亩，洒派各户，己则阴食其糈，而令一县穷民代之总计"④。在东南沿海的福建，竟出现了"有田连阡陌，而户米不满斗石者；有贫无立锥，而户米至数

---

①　顾炎武：《亭林文集》卷四《与潘次耕书》。

②　顾炎武：《天下郡国利病书》卷九一《福建一》。

③　顾炎武：《天下郡国利病书》卷八四《浙江二》。

④　顾炎武：《天下郡国利病书》卷二三《江南十一》。

十石者"①的景况。

顾炎武着意地去收集这些资料，从广阔的断面反映明末农村的真实面貌，揭露黑暗的现状，正是他早年经世致用思想的体现。及至明清更迭，顾炎武的这一思想业已成熟。他在顺治二年（1645）及稍后一段时间所写的《军制论》《形势论》《田功论》《钱法论》和《郡县论》等，都是探讨他要求改革社会积弊思想的极好材料。

在上述文论中，顾炎武不惟对土地兼并、赋役不均的社会问题痛下针砭，而且更试图对造成这些社会现象的历史根源进行探索。尽管他对于问题的真谛没有能够予以准确的揭示，但是其锋芒所向，已经触及封建社会的上层建筑本身。在著名的《郡县论》中，他写道："封建之废，固自周衰之日，而不自于秦也。封建之废，非一日之故也，虽圣人起亦将变而为郡县。方今郡县之弊已极，而无圣人出焉，尚一一仍其故事。此民生之所以日贫，中国之所以日弱而益趋于乱也。"②在顾炎武看来，"郡县之弊已极"局面的形成，症结就在于"其专在上"。他说："封建之失，其专在下；郡县之失，其专在上。"皇权的高度集中，酿成各级地方官员"凛凛焉救过之不及，以得代为幸，而无肯为其民兴一日之利"。既然如此，顾炎武断言："民乌得而不穷，国乌得而不弱！"于是他直截地提出了变革郡县制度的要求，大声疾呼："率此不变，虽千百年而吾知其与乱同事，日甚一日矣。"③顾炎武亟求变革的思想，是明清更迭的大动荡在意识形态领域的必然反映，其进步意义是显而易见的。我们不能因为历史的局限使他无法找到解决问题的途径，以致提出"寓封建之意于郡县之中"的主张，便贸然否定《郡县论》以及他要求进行社会变革的思想的历史价值。

在《日知录》中，我们可以看到，迄于暮年，顾炎武经世致用思

---

① 顾炎武：《天下郡国利病书》卷九二《福建二》。
② 顾炎武：《亭林文集》卷一《郡县论一》。
③ 顾炎武：《亭林文集》卷一《郡县论一》。

想日趋深化的明晰轨迹。他在这一时期，一如既往，留心时务，关注民生，不仅写出了《苏松二府田赋之重》一类优秀的学术札记，将早年对社会历史的研究引向深入，而且萌发了若干有价值的民主思想幼芽。这首先是对君权的怀疑。顾炎武将神圣不可侵犯的君权，大胆地列入了自己的论究对象。在《日知录》卷二四"君"条中，他广泛征引载籍，以论证"君"并非封建帝王的专称。他指出，在古代君为"上下之通称"，不惟天子可称君，就是人臣、诸侯、卿大夫，乃至府主、家主、父、舅姑等皆可称君。这样的论证，简直近乎在嘲弄封建帝王了。而且顾炎武并没有就此却步，他进而提出了反对"独治"，实行"众治"的主张。他认为："人君之于天下。不能以独治也。独治之而刑繁矣，众治之而刑措矣。"① 由此出发，顾炎武发出了"以天下之权寄之天下之人"的呼吁。他说："所谓天子者，执天下之大权者也。其执大权奈何？以天下之权寄之天下之人，而权乃归之于天子。自公卿大夫，至于百里之宰，一命之官，莫不分天子之权以各治其事，而天子之权乃益尊。后世有不善治者出焉，尽天下一切之权而收之在上。而万几之广，固非一人之所能操也。"② 虽然时代的局限障蔽了顾炎武的视野，他没有，也不可能逾越封建的藩篱去否定君主专制，但是他对君权的大胆怀疑，进而提出"众治""以天下之权寄之天下之人"等主张，则是很可宝贵的思想。

《日知录》中民主思想萌芽的另一个集中反映，就是富有探讨价值的社会风俗论。顾炎武在此处所说的"风俗"，并不是狭义的风土人情，而是要广泛得多的社会风气。他在书中用了几乎整整一卷的篇幅，详细地考察了历代社会风气的演变情况。面对明末以来社会风气的恶化，作为一个杰出的学者和思想家，顾炎武依据大量的历史事实论证：

---

① 顾炎武：《日知录》卷六《爱百姓故刑罚中》。
② 顾炎武：《日知录》卷九《守令》。

"观哀、平之可以变而为东京，五代之可以变而为宋，则知天下无不可变之风俗。"① 他憧憬着社会风气的淳厚和国治民安。为了实现这一理想，他主张进行"教化"，指出："目击世趋，方知治乱之关必在人心风俗，而所以转移人心，整顿风俗，则教化纪纲为不可阙矣。百年必世养之而不足，一朝一夕败之而有余。"② 在《日知录》卷一三"廉耻"条中，顾炎武引述宋人罗从彦（字仲素）的话说："教化者，朝廷之先务；廉耻者，士人之美节；风俗者，天下之大事。朝廷有教化，则士人有廉耻；士人有廉耻，则天下有风俗。"这就是说，为了确立良好的社会风气，知识界有着不可推卸的历史责任，它的廉耻与否正是一个关键，而解决问题的根本，则在于封建国家必须把文化教育作为治国之先务。与之同时，顾炎武呼吁重视社会公正舆论的作用，他把这种舆论称为"清议"。他说："古之哲王所以正百辟者，既已制官刑儆于有位矣，而又为之立间师，设乡校，存清议于州里，以佐刑罚之穷。移之郊遂，载在《礼经》；殊厥井疆，称于《毕命》。两汉以来，犹循此制。乡举里选，必先考其生平，一玷清议，终身不齿。……降及魏晋，而九品中正之设，虽多失实，遗意未亡。凡被纠弹付清议者，即废弃终身，同之禁锢。"③ 通过对历史的深刻反思，顾炎武得出了这样的结论："天下风俗最坏之地，清议尚存，犹足以维持一二。至于清议亡，而干戈至矣。"④

固然，国家的兴衰、社会的治乱，并不如同顾炎武所说，只是一个人心、风俗问题，但是在明清之际，当社会风气极度败坏的时候，致力于转移人心、救正风俗、倡导"清议"，无疑又是切合社会需要的。顾炎武看到了这一点，并以之作为追求目标，正是其作为一个进步思想家的卓越之处。

---

① 顾炎武：《日知录》卷一三《宋世风俗》。
② 顾炎武：《亭林文集》卷四《与人书九》。
③ 顾炎武：《日知录》卷一三《清议》。
④ 顾炎武：《日知录》卷一三《清议》。

　　同早年相比，入清以后，尤其是到了晚年，顾炎武的经世致用思想还有一个突出的内容，即强烈的民族意识。这就是他在《日知录》中所反复阐述的"夷夏之防"。他说："君臣之分，所关者在一身，夷夏之防，所系者在天下。故夫子之于管仲，略其不死子纠之罪，而取其一匡九合之功。盖权衡于大小之间，而以天下为心也。夫以君臣之分，而犹不敌夷夏之防，而《春秋》之志可知矣。"① "严夷夏之防"，这是儒家思想中的糟粕，我们没有理由去肯定它。但是应当看到，在清初民族压迫异常酷烈的情况下，顾炎武以之去反抗清廷的统治，自有其立论的依据，而且在反抗清廷民族高压的斗争中，这一类主张也确实产生过积极的影响。强烈的民族意识，这并非顾炎武一人所特有，在清初其他进步思想家的思想中，也都程度不等地得到反映。这正是清初的特定历史环境给那个时代的理论思维留下的烙印。

　　顾炎武暮年经世致用思想的深化，还可从他这一时期所写的大量文论书札中看得很清楚。这些文论书札的一个共同特点在于，不仅如同先前一样，有对社会历史的深刻考察，而且更有对社会现实的强烈关注。

　　康熙初年，顾炎武把游踪扩至山陕之后，曾有《钱粮论》之作，论及赋税强征银两，"火耗"殊求的为虐病民。他痛斥"火耗"为虐是"穷民之根，匮财之源，启盗之门"，认为"生民之困，未有甚于此时者"。文中写道："今来关中，自鄠以西至于岐下，则岁甚登，谷甚多，而民且相率卖其妻子。至征粮之日，则村民毕出，谓之人市。问其长吏，则曰，一县之鬻于军营而请印者，岁近千人，其逃亡或自尽者，又不知凡几也。何以故？则有谷无银也。"② 针对这样的现实，顾炎武主张进行更革："度土地之宜，权岁入之数，酌转般之法，而通融乎其间。凡州县之不通商者，令尽纳本色，不得已，以其什之三征钱。"他认为

---

　　① 顾炎武：《日知录》卷七《管仲不死子纠》，文中"夷夏之防"原作"华裔之防"，据黄侃《日知录校记》改。

　　② 顾炎武：《亭林文集》卷一《钱粮论上》。

只有这样做，才能取得"活民之实"①。当他客居山西汾州时，曾经对当地米价做过调查，在致友人李因笃的书札中，他写道："汾州米价，每石二两八钱，大同至五两外，人多相食。"②与之前后，他还致书其外甥徐元文，陈述了经历三藩之乱的"一方之隐忧"。他说："关辅荒凉，非复十年以前风景。而鸡肋蚕丛，尚烦戎略，飞刍挽粟，岂顾民生。至有六旬老妇，七岁孤儿，挈米八升，赴营千里。于是强者鹿铤，弱者雉经，阖门而聚哭投河，并村而张旗抗令。此一方之隐忧，而庙堂之上或未之深悉也。"③就在逝世前夕的康熙二十年（1681）八月，他在病中仍念念不忘民生疾苦。十月，病势稍减，即致书朝中友人，提出"请举秦民之夏麦秋米及豆草，一切征其本色，贮之官仓，至来年青黄不接之时而卖之"的建议。他认为："救民水火，莫先于此。"④

顾炎武一生，始终以"国家治乱之源，生民根本之计"⑤为怀，早年奔走国事，中年图谋匡复，暮年独居北国，依旧念念不忘"东土饥荒""江南水旱"。直到逝世前夕，病魔缠身，仍然以"救民水火"为己任。他主张："天生豪杰，必有所任。……今日者，拯斯人于涂炭，为万世开太平，此吾辈之任也。仁以为己任，死而后已。"⑥这样的忧国忧民襟怀，固然有其特定的阶级内容，但是对一个地主阶级思想家和学者来说，实在是难能可贵的。面对明清更迭的现实，顾炎武从历史反思中得出结论："有亡国，有亡天下，亡国与亡天下奚辨？曰易姓改号谓之亡国；仁义充塞而至于率兽食人，人将相食，谓之亡天下。……是故知保天下，然后知保其国。保国者，其君其臣肉食者谋之；保天下者，匹夫之贱与有责焉耳矣。"⑦这样的亡国与亡天下之辨，尽管有其时

①　顾炎武：《亭林文集》卷一《钱粮论上》。
②　顾炎武：《蒋山佣残稿》卷一《与李子德》。
③　顾炎武：《亭林文集》卷六《答徐甥公肃书》。
④　顾炎武：《亭林文集》卷三《病起与蓟门当事书》。
⑤　顾炎武：《亭林佚文辑补·与黄太冲书》。
⑥　顾炎武：《亭林文集》卷三《病起与蓟门当事书》。
⑦　顾炎武：《日知录》卷一三《正始》。

代和阶级的局限，其中的封建正统意识和大民族主义观念，无疑应予以批判。但是，一个旧时代的学者和思想家，能如此地关注国家和民族的前途、命运，为之奔走呼号，则是应当历史地予以实事求是评价的。后世学者将他的这一思想归纳为"天下兴亡，匹夫有责"，而成为我们中华民族爱国主义传统的一个组成部分，是颇有道理的。

三、经学思想

明末以来，王阳明心学乃至整个宋明理学的没落，客观地提出了建立新的学术形态的课题。所以在明清之际日趋高涨的实学思潮中，不仅出现了出于王学而非难王学，或由王学返归朱学的现象，而且也出现了对整个宋明理学进行批判的趋势。顾炎武顺应这一历史趋势，在对宋明理学的批判中，建立起他的以经学济理学之穷的思想。

顾炎武对宋明理学的批判，是以总结明亡的历史教训为出发点的，因而其锋芒所向，首先便是王阳明心学。在他看来，明末的"神州荡覆，宗社丘墟"，正是王学空谈误国的结果。他说："刘石乱华，本于清谈之流祸，人人知之，孰知今日之清谈有甚于前代者。昔之清谈谈老庄，今之清谈谈孔孟，未得其精而已遗其粗，未究其本而先辞其末。不习六艺之文，不考百王之典，不综当代之务，举夫子论学、论政之大端一切不问，而曰一贯，曰无言。以明心见性之空言，代修己治人之实学，股肱惰而万事荒，爪牙亡而四国乱，神州荡覆，宗社丘墟。"[1] 固然把明朝的灭亡归咎于王学，与历史实际相去甚远，但是顾炎武在这里对王学末流的鞭挞，以及他所阐述的"空谈误国"的道理，却又无疑是正确的。由于顾炎武对晚明心学的泛滥深恶痛绝，因此为了从根本上否定心学，他不仅从学术史角度对这一学说追根寻源，而且把心学同魏晋清

---

① 顾炎武：《日知录》卷七《夫子之言性与天道》。

谈并提，认为其罪"深于桀纣"①。

既然心学之罪深于桀纣，"不学则借一贯之言以文其陋，无行则逃之性命之乡以使人不可诘"②。所以顾炎武进而着力地去剥下它的神圣外衣，将其与禅学间的联系无情地揭剔出来。他指出，心学是内释外儒之学，而"孔门未有专用心于内之说"。认为："古之圣人所以教人之说，其行在孝弟忠信，其职在洒扫、应对、进退，其文在《诗》《书》《礼》《易》《春秋》，其用之身在出处、去就、交际，其施之天下在政令、教化、刑罚。虽其和顺积中而英华发外，亦有体用之分，然并无用心于内之说。"③ 在他看来："今之所谓内学，则又不在图谶之书，而移之释氏矣。"④ 因此顾炎武引明人唐伯元（字仁卿）的《答人书》所述为同调，重申："古有好学，不闻好心，心学二字，《六经》、孔孟所不道。"⑤ 他尤其赞成宋末学者黄震对心学的指斥："近世喜言心学，舍全章本旨而独论人心、道心，甚者摭道心二字，而直谓即心是道。盖陷于禅学而不自知，其去尧、舜、禹授受天下之本旨远矣。"⑥ 这就说明，心学并非儒学正统，它不符合孔孟之论，实际上就是老庄之学，是禅学。既然如此，心学当然就应予摒弃。

顾炎武否定了心学，那么以什么去取而代之呢？以程朱之学吗？不是的。在顾炎武看来，不惟心学是内向的禅学，而且以"性与天道"为论究对象的整个宋明理学，也不免流于禅释。他指出："窃叹夫百余年以来之为学者，往往言心言性，而茫乎不得其解也。命与仁，夫子之所罕言也；性与天道，子贡之所未得闻也。……今之君子则不然，聚宾客门人之学者数十百人，譬诸草木，区以别矣，而一皆与之言心言

---

① 顾炎武：《日知录》卷一八《朱子晚年定论》。
② 顾炎武：《日知录》卷一八《朱子晚年定论》。
③ 顾炎武：《日知录》卷一八《内典》。
④ 顾炎武：《日知录》卷一八《内典》。
⑤ 顾炎武：《日知录》卷一八《心学》。
⑥ 顾炎武：《日知录》卷一八《心学》。

性。舍多学而识，以求一贯之方，置四海之困穷不言，而终日讲危微精
一之说。是必其道之高于夫子，而其门弟子之贤于子贡，桃东鲁而直
接二帝之心传者也，我弗敢知也。"① 这就是说，不顾国家安危，不讲出
处、去就、辞受、取与之辨，而津津乐道于"性与天道"，同样不是儒
学正统。顾炎武认为，这样的学说实际上已经堕入禅学泥淖。所以他
说："樊迟问仁，子曰：'居处恭，执事敬，与人忠。'司马牛问仁，子
曰：'仁者，其言也切。'由是而充之，一日克己复礼有异道乎？今之君
子，学未及乎樊迟、司马牛，而欲其说之高于颜曾二子，是以终日言性
与天道，而不自知其堕于禅学也。"② 这当然不仅是对陆王心学的否定，
同样也是对程朱理学的批评。在这种批评中，尽管没有明显地指责朱
学的倾向，而且往往还是推扬程朱以排击陆王，但透过表面之词，则
可以看出，顾炎武所追求的学术，并不是以"性与天道"为论究对象
的理学。

宇宙的本体是什么？程朱学派认为是理，陆王心学归结为心。程
颐说："道则自然生万物。"③ 朱熹说得更直截："未有天地之先，毕竟是
先有此理。"④ 陆九渊主张："宇宙便是吾心，吾心即是宇宙。"⑤ 王守仁承
袭陆九渊的观点，认为："心外无物，心外无事，心外无理，心外无义，
心外无善。"⑥ 在这个问题上，顾炎武与程朱陆王皆异其旨趣，他站在张
载一边，服膺气本论的主张。他说："张子《正蒙》有云，太虚不能无
气，气不能不聚而为万物，万物不能不散而为太虚。循是出入，是皆不
得已而然也。"⑦ 而且顾炎武还引述明人邵宝《简端录》之说，以彰明自

---

① 顾炎武：《亭林文集》卷三《与友人论学书》。
② 顾炎武：《日知录》卷七《夫子之言性与天道》。
③ 程颐：《河南二程遗书》卷一五。
④ 朱熹：《朱子语类》卷一。
⑤ 陆九渊：《陆九渊集》卷二二《杂著·杂说》。
⑥ 王守仁：《阳明全书》卷四《与王纯甫书二》。
⑦ 顾炎武：《日知录》卷一《游魂为变》。

己对宇宙本原的见解。他写道："邵氏《简端录》曰，聚而有体谓之物，散而无形谓之变。唯物也，故散必于其所聚；唯变也，故聚不必于其所散。是故气以气聚，散以气散。昧于散者，其说也佛；荒于聚者，其说也仙。"从而得出了他的"盈天地之间者气也"① 的结论。

宋明数百年间，理学家把封建的仁义礼智、纲常伦理本体化为"天理"，并据以提出"存天理，灭人欲"的教条，成为束缚人们思想的桎梏。顾炎武于此，虽未进行正面驳议，但他认为："自天下为家，各亲其亲，各子其子，而人之有私，固情之所不能免矣。故先王弗为之禁，非为弗禁，且从而恤之，建国亲侯，胙土命氏，画井分田。合天下之私以成天下之公，此所以为王政也。"② 类似的主张，还见于他的《郡县论》。顾炎武认为："天下之人，各怀其家，各私其子，其常情也。"他说："天下之私，天子之公也。""用天下之私以成一人之公，而天下治。"③ 这里，顾炎武虽然是在为封建统治者说法，但是他能论证人的私情存在的合理性，甚至把它作为"天子之公"的前提，这显然是与理学传统背道而驰的。

格物穷理，这是程朱派理学家的不二法门。顾炎武也讲"格物致知"，然而他却在旧的躯壳之中，充实进新的时代内容。他说："以格物为多识于鸟兽草木之名，则末矣。知者无不知也，当务之为急。"④ 何谓"当务之急"？根据他的一贯主张，既不是"鸟兽草木"，也不是"性与天道"，而是"国家治乱之源，生民根本之计"，是"保天下者，匹夫之贱与有责焉"。这样的格物观表明，它既不同于王守仁的"致良知"，也不同于朱熹的"穷理"，顾炎武实已冲破理学藩篱，将视野扩展到广阔的社会现实中去了。

---

① 顾炎武：《日知录》卷一《游魂为变》。
② 顾炎武：《日知录》卷三《言私其豵》。文末"天下之公"，"下"字疑误，合《郡县论》考之，似当作"子"字。
③ 顾炎武：《亭林文集》卷一《郡县论》五。
④ 顾炎武：《日知录》卷六《致知》。

　　面临以什么学术形态去取代心学的抉择，顾炎武虽然没有走向朱学复归的老路，但是，历史的局限，却又使他无法找到比理学更为高级的思维形式。于是他只好回到传统的儒家学说中去，选择了复兴经学的途径。

　　作为心性空谈的对立物，在晚明的学术界，已经出现了"通经学古"的经学倡导。此风由嘉靖、隆庆间学者归有光开其端，中经焦竑、陈第诸人畅其流，至崇祯间钱谦益、张溥、张采辈张大其说，"兴复古学"遂成日趋强劲的学术潮流，从而为顾炎武的复兴经学开启了先路。

　　顾炎武正是沿着明季先行者的足迹，去为复兴经学而努力的。在致友人施闰章的书札中，他鲜明地提出了"理学，经学也"的主张，指出："理学之名，自宋人始有之。古之所谓理学，经学也，非数十年不能通也。故曰，君子之于《春秋》，没身而已矣。今之所谓理学，禅学也。不取之《五经》，而但资之语录，较诸帖括之文而尤易也。又曰，《论语》，圣人之语录也。舍圣人之语录，而从事于后儒，此之谓不知本矣。"[①] 顾炎武把经学视为儒学正统，在他看来，不去钻研儒家经典，而沉溺于理学家的语录，就叫作学不知本。因此他呼吁"鄙俗学而求《六经》"，号召人们去"务本原之学"[②]。如同钱谦益一样，顾炎武也主张"治经复汉"。他说："经学自有源流，自汉而六朝，而唐而宋，必一一考究，而后及于近儒之所著，然后可以知其异同离合之指。如论字者必本于《说文》，未有据隶楷而论古文者也。"[③]

　　顾炎武的这些主张，其立意甚为清楚，无非是要说明，古代理学的本来面目，其实就是朴实的经学，也就是尔后雍乾间学者全祖望所归纳的"经学即理学"[④]，只是后来让释道诸学渗入而禅学化了。所以，顾炎

---

① 顾炎武：《亭林文集》卷三《与施愚山书》。
② 顾炎武：《亭林文集》卷四《与周籀书书》。
③ 顾炎武：《亭林文集》卷四《与人书四》。
④ 全祖望：《鲒埼亭集》卷一二《亭林先生神道表》。

武认为应当张扬经学，在经学中去谈义理，这才叫"务本原之学"。于是乎心学也罢，理学也罢，统统作为"不知本"的"后儒"之学而被摒弃了。

在具体的经学研究中，顾炎武提出了"信古而阙疑"的治经原则。他说："《五经》得于秦火之余，其中故不能无错误，学者不幸而生乎二千余载之后，信古而阙疑，乃其分也。"① 根据这一原则，他的经学实践不盲从、不依傍，信其所当信，疑其所当疑，体现了为学的务实风格。譬如他的《周易》研究，既肯定程颐《易传》和朱熹《周易本义》，主张"复程朱之书以存《易》"，又强调"当各自为本"，不可"专用《本义》"，而于《程传》"弃去不读"。② 同时对宋明《易》说的比附穿凿，顾炎武则多所驳斥。他直斥陈抟、邵雍的《易》说为"方术之书""道家之易"③，是"强孔子之书以就己之说"④。对于聚讼纷纭的《尚书》，顾炎武判定"《泰誓》之文出于魏晋间人之伪撰"，他指出："今之《尚书》，其今文、古文皆有之三十三篇，固杂取伏生、安国之文，而二十五篇之出于梅赜，《舜典》二十八字之出于姚方兴，又合而一之。孟子曰，尽信书不如无书，于今日而益验之矣。"⑤ 诸经之中，顾炎武于《春秋》研究最深。他博稽载籍，除将其研究成果收入《日知录》之外，还专门写了一部《左传杜解补正》。按照经今古文学的分野，《左传》是古文家的路数，而《公羊传》则属今文，《穀梁传》虽其说不一，然亦多归之于今文经学之类。顾炎武治《春秋》，却破除今古文壁垒，博采三家之长，兼取后儒所得。他说："若经文大义，左氏不能尽得，而公、谷得之，公、谷不能尽得，而啖、赵及宋儒得之，则

① 顾炎武：《日知录》卷二《丰熙伪尚书》。
② 顾炎武：《日知录》卷一《朱子周易本义》。
③ 顾炎武：《日知录》卷一《孔子论易》。
④ 顾炎武：《日知录》卷一《易逆数也》。
⑤ 顾炎武：《日知录》卷二《古文尚书》。

别记之于书。"① 对于宋明以来多所讥刺的唐人啖助的《春秋》研究，顾炎武独加称许。他不同意所谓啖助"不本所承，自用名学"，"谓后生诡辩为助所阶"之说，认为："啖助之于《春秋》，卓越三家，多有独得。"② 所以，他的《春秋》研究深为后人重视，被评为"扫除门户，能持是非之平"③。

宋明以来，理学家轻视训诂声音之学，古音学不绝如缕，若断若续。由于古音学的不讲，故而后世往往有率臆改经之病。顾炎武认为，治经学而不通音韵文字，则无以入门，于是他提出了"读九经自考文始，考文自知音始"④ 的经学方法论。由此出发，潜心于古音学研究，经过 30 余年的努力，终于写成《音学五书》这样一部中国音韵学史上继往开来的著作。顾炎武的古音学研究，尽管师承有自，从宋人吴棫、郑庠，尤其是明人陈第等的著述中，均获致不少有益启示，但是由于他能实事求是地进行独立研究，因而在音学演变源流的审订、古韵部类的离析诸方面，皆能光大陈第之所得，是正吴棫之谬误，从而取得创获性的成果。南宋以来，于《诗经》随意叶读的积习，至此一一廓清。顾炎武亦以此书赢得一代音韵学开派宗师的地位。

顾炎武复兴经学的努力，"读九经自考文始，考文自知音始"的为学方法论的倡导，以及"治经复汉"的主张，登高一呼，回声四起，迅速激起共鸣。康熙中叶以后，治经"信古"而"求是"，遂成一时学术界共识。江苏吴江经学家朱鹤龄指出："经学之荒也，荒于执一先生之言而不求其是，苟求其是，必自信古始。"⑤ 常熟学者冯班也说："经学盛于汉，至宋而疾汉如仇。玄学盛于晋，至宋而诋为异端。注疏仅存，

①　顾炎武：《左传杜解补正》卷首《自序》。
②　顾炎武：《日知录》卷二《丰熙伪尚书》。
③　《四库全书总目》经部《春秋》类四《左传杜解补正》。
④　顾炎武：《亭林文集》卷四《答李子德书》。
⑤　朱鹤龄：《愚庵小集·毛诗稽古篇序》。

讹缺淆乱，今之学者，至不能举其首题。"① 流寓扬州的四川新繁学者费密，则以表彰"古经定旨"为帜志，主张"学者必根源圣门，专守古经，从实志道"②。经过顾炎武与其他学者的共同倡导，清初学术在为学方法上，逐渐向博稽经史一路走去，形成有别于宋明理学的朴实考经证史的历史特征。

四、史学思想

顾炎武治史，贯通古今，具有引古筹今的鲜明特色。他在《答徐甥公肃书》中说："夫史书之作，鉴往所以训今。"③ 作史者对历史事件和历史人物的评论，要"于序事中寓论断"④，而非凭空而发。因此，他称赞《史记》叙事论断相得益彰，成为中国古代史书的楷模。

对于史书的体例，顾炎武极其强调表、志的作用。在《日知录》中，他引述友人朱鹤龄的主张道："《史记》帝纪之后，即有十表、八书。表以纪治乱兴亡之大略，书以纪制度沿革之大端。班固改书为志，而年表视《史记》加详焉。"⑤ 顾炎武认为，陈寿《三国志》、范晔《后汉书》，不立表、志是一大缺憾。"不知作史无表，则立传不得不多，传愈多，文愈繁，而事迹或反遗漏而不举"⑥。顾炎武自己读史籍时，也常用列表的方法来理顺纷繁的历史事件。他说："比日偶阅四史，因自混一之年，以迄厓山之岁，编成年表，较渔仲尤为简略。"⑦

顾炎武认为，史籍的编纂，要能堪称信史而取信于后世，一个根

---

① 冯班：《钝吟文稿·经典释文跋》。
② 费密：《弘道书》卷上《古经旨论》。
③ 顾炎武：《亭林文集》卷六《答徐甥公肃书》。
④ 顾炎武：《日知录》卷二六《史记·于序事中寓论断》。
⑤ 顾炎武：《日知录》卷二六《作史不立表志》。
⑥ 顾炎武：《日知录》卷二六《作史不立表志》。
⑦ 顾炎武：《菰中随笔》。

本点就在于征实去伪。他把"据事直书"视为"万世作史之准绳"。在《日知录》中论及明末《三朝要典》,于此有过集中阐述。他说:"门户之人,其立言之指,各有所借,章奏之文,互有是非。作史者两收而并存之,则后之君子,如执镜以照物,无所逃其形矣。偏心之辈,谬加笔削,于此之党,则存其是者,去其非者;于彼之党,则存其非者,去其是者。于是言者之情隐,而单辞得以胜之。且如《要典》一书,其名未必尽非,而其意则有所为。继此之书者犹是也。此国论之所以未平,而百世之下难乎其信史也。崇祯帝批讲官李明睿之疏曰:'纂修《实录》之法,惟在据事直书,则是非互见。'大哉王言,其万世作史之准绳乎!"①因此,顾炎武在治史过程中,极为重视史料的可靠性。即以他对于明史的研究而论,他就十分注意《实录》和《邸报》的史料价值。《日知录》曾大量地征引明历朝实录,与友朋论究史事曲直,也多以实录为据。作为明廷档案文献的《邸报》,顾炎武就更加重视了。他长期究心明代史事,早年曾对万历四十八年(1620)至崇祯元年(1628)间的《邸报》做过认真研究。因为《崇祯实录》的未及修纂,加以明清更迭所带来的若干避忌,顾炎武主张,撰写明末史事,尤其是崇祯朝的历史,"止可以《邸报》为本"②。对于《日知录》中所涉及明季史事,他也表示:"所谭兴革之故,须俟阅完《实录》,并崇祯《邸报》一看,然后古今之事,始大备而无憾也。"③同强调史料的真实可靠性相一致,顾炎武高度评价了孔子治史的"多闻阙疑"精神。他说:"孔子曰:'吾犹及史之阙文也。'史之阙文,圣人不敢益也。……子不云乎:'多闻阙疑,慎言其余。'岂特告子张乎?修《春秋》之法,亦不过此。"④由此出发,对明清之际改窜历史的恶劣行径,他严词予以斥责,指出:

---

① 顾炎武:《日知录》卷一八《三朝要典》。
② 顾炎武:《亭林文集》卷三《与公肃甥书》。
③ 顾炎武:《蒋山佣残稿》卷一《答公肃甥》。
④ 顾炎武:《日知录》卷四《春秋阙疑之书》。

"予尝亲见大臣之子，追改其父疏草，而刻之以欺其人者。欲使盖棺之后，重为奋笔之文，遣遗议于后人，俾先见于前事。其为诬罔，甚于唐时。故志之于书，俾作史之君子，详察而严斥之也。"① 因而他一再主张，撰修《明史》，应当"惟是章奏是非、同异之论，两造并存，而自外所闻，别用传疑之例"②。"一切存之，无轻删抹，而微其论断之辞，以待后人之自定"③。

顾炎武在治史过程中，十分注意证据与调查研究。他的弟子潘耒总结其治史业绩时说："足迹半天下，所至交其贤豪长者，考其山川风俗疾苦利病，如指诸掌。"④ 又说："有一独见，援古证今。"⑤ 顾氏善于采用类比的归纳法，通过排比同类史料，从而得出结论。例如《日知录》的"名以同事而晦"条云："《吕氏春秋》言：'秦穆公兴师以袭郑，过周而东。郑贾人弦高、奚施将西市于周，遽使奚施归告，及矫郑伯之命，以十二牛劳师，是奚施为弦高之友。'而《左氏传》不载。《淮南子》言：'荆轲西刺秦王，高渐离、宋意为击筑而歌于易水之上。'宋玉《笛赋》，亦以荆卿、宋意并称。是宋意为高渐离之侣，而《战国策》《史记》不载。"⑥ 这种归纳研究的方法，为尔后学者普遍采用，如崔述的《考信录》、俞樾的《古书疑义举例》等皆是。

五、文学思想

顾炎武是一个治学领域博大的学者，他虽耻为"文人"，一生也不轻易作诗，但是在文学上却很有造诣。尤其是他立足现实的文学思想，

---

① 顾炎武：《日知录》卷一八《密疏》。
② 顾炎武：《亭林文集》卷三《与公肃甥书》。
③ 顾炎武：《亭林文集》卷四《与次耕书》。
④ 潘耒：《遂初堂集》卷六《日知录序》。
⑤ 潘耒：《遂初堂集》卷六《日知录序》。
⑥ 顾炎武：《日知录》卷二五《名以同事而晦》。

更多具探讨价值。只是这方面的心得，为他在经学、史学、音韵学等方面的成就所掩，以至于往往为论者所忽略。

顾炎武是从科举制度桎梏中挣脱出来的人。他在青少年时代，角逐科场，也曾经置身于文士之列，"注虫鱼，吟风月"[①]，"为雕虫篆刻之计"[②]。然而，身历明清更迭的社会大动荡，当他弃绝科举帖括之学后，便断然一改旧习，以"能文不为文人，能讲不为讲师"[③]自誓，力倡："君子之为学，以明道也，以救世也。徒以诗文而已，所谓雕虫篆刻，亦何益哉"[④]，树立了文以经世的文学观。

顾炎武的文学观，体现在他的文章写作上，便是"文须有益于天下"主张的提出。他说："文之不可绝于天地间者，曰明道也，纪政事也，察民隐也，乐道人之善也。若此者，有益于天下，有益于将来，多一篇，多一篇之益矣。若夫怪力乱神之事，无稽之言，剿袭之说，谀佞之文，若此者，有损于己，无益于人，多一篇，多一篇之损矣。"[⑤]这一主张，正是顾炎武经世致用思想在文学领域的集中反映，也是他中年以后从事文学活动的立足点。由此出发，顾炎武服膺唐代著名文学家白居易关于"文章合为时而著，歌诗合为事而作"的主张，把文章的写作视为一种救世的手段。他指出："救民以事，此达而在上位者之责也；救民以言，此亦穷而在下位者之责也。"[⑥]因而顾炎武对自己的文章要求极高，"凡文之不关于《六经》之指、当世之务者，一切不为"[⑦]。

顾炎武力倡"文不贵多而在精"的观点，反对追逐浮名虚誉、急功近利的做法，主张为文严谨，精益求精。他说："二汉文人所著绝少，

①　顾炎武：《亭林佚文辑补·与黄太冲书》。
②　顾炎武：《亭林余集·与陆桴亭札》。
③　顾炎武：《亭林文集》卷四《与人书二十三》。
④　顾炎武：《亭林文集》卷四《与人书二十五》。
⑤　顾炎武：《日知录》卷一九《文须有益于天下》。
⑥　顾炎武：《日知录》卷一九《直言》。
⑦　顾炎武：《亭林文集》卷四《与人书三》。

史于其传末每云，所著凡若干篇。惟董仲舒至百三十篇，而其余不过五六十篇，或十数篇，或三四篇。史之录其数，盖称之，非少之也。乃今人著作，则以多为富。夫多则必不能工，即工亦必不皆有用于世，其不传宜矣。"①

顾炎武认为，"速于成书，躁于求名"，是学者的大忌。他就此总结说："宋人书，如司马温公《资治通鉴》、马贵与《文献通考》，皆以一生精力成之，遂为后世不可无之书。而其中小有舛漏，尚亦不免。若后人之书，愈多而愈舛漏，愈速而愈不传。所以然者，其视成书太易，而急于求名故也。"②

难能可贵的是，顾炎武既是如此说，也是如此去做的。在他留存的文集中，不惟"乙酉四论"以及《郡县论》《生员论》《钱粮论》等，都是切中时弊，早有定评的优秀篇章。而且诸如《吴同初行状》《书吴潘二子事》等叙事文章，乃至《病起与蓟门当事书》等短篇书札，也都从不同的角度，反映了历史的真实。他的这些文章，文字淳朴，不事雕琢，于知人论世大有裨益，完全可以作为史料来运用。读顾炎武的文集，我们还可以发现一个很有个性的特点。同当时的许多学者不一样，他极少去写那些为死者称颂功德的应酬文字。他曾经说过："《宋史》言，刘忠肃每戒子弟曰：'士当以器识为先，一命为文人，无足观矣。'仆自一读此言，便绝应酬文字。所以养器识而不堕于文人也。"③陕西周至学者李颙，是顾炎武北游以后结识的友人，他们一见如故，砥砺气节，同样以操志高洁名著于世。可是，就连李颙请顾炎武为其母写一篇祠记，也为他所婉言谢绝。后来，顾炎武在谈及此事时解释道："中孚为其先妣求传再三，终已辞之。盖止为一人一家之事，而无关经

---

① 顾炎武：《日知录》卷一九《文不贵多》。
② 顾炎武：《日知录》卷一九《著书之难》。
③ 顾炎武：《亭林文集》卷四《与人书十八》。

术政理之大，则不作也。"① 在中国文学史上，韩愈是所谓"文起八代之衰"的卓然大家，但是顾炎武也因为韩愈作了"无关于经术政理"的应酬文章，而对之持保留态度。他说："韩文公起八代之衰，若但作《原道》《原毁》《争臣论》《平淮西碑》《张中丞传后序》诸篇，而一切铭状概为谢绝，则诚近代之泰山北斗矣。今犹未敢许也。"②

顾炎武不仅拒绝作应酬文章，而且针对长期以来文学中存在的拟古弊病，进行了有力的抨击。他指出："近代文章之病，全在摹仿，即使逼肖古人，已非极诣，况遗其神理而得其皮毛者乎。"③ 因此他断言："效《楚辞》者必不如《楚辞》，效《七发》者必不如《七发》。盖其意中先有一人在前，既恐失之，而其笔力复不能自遂。此寿陵余子学步邯郸之说也。"④ 为了挽救毫无生气的拟古之风，顾炎武还从文学史的角度，通过梳理文学形式变迁的源流，论证拟古是没有出路的。他说："《三百篇》之不能不降而《楚辞》，《楚辞》之不能不降而汉魏，汉魏之不能不降而六朝，六朝之不能不降而唐也，势也。用一代之体，则必似一代之文，而后为合格。"⑤ 这就是说，每一个时代的文学，都有各自的风格，文学形式必然随着时代的演进而变迁。这样的文学主张，无疑是符合文学史发展实际的。有鉴于此，顾炎武把"文人求古"视为文学中的病态。他指出："今之不能为二汉，犹二汉不能为《尚书》《左氏》。乃剿取《史》《汉》中文法以为古，甚者猎其一二字句用之于文，殊为不称。"⑥ 在与友人讨论诗文的一篇书札中，顾炎武对收信人的一味模仿古人做了尖锐的批评。他说："君诗之病在于有杜，君文之病在于有韩、欧。有此蹊径于胸中，便终身不脱依傍二字，断不能

---

① 顾炎武：《亭林文集》卷四《与人书十八》。
② 顾炎武：《亭林文集》卷四《与人书十八》。
③ 顾炎武：《日知录》卷一九《文人摹仿之病》。
④ 顾炎武：《日知录》卷一九《文人摹仿之病》。
⑤ 顾炎武：《日知录》卷二一《诗体代降》。
⑥ 顾炎武：《日知录》卷一九《文人求古之病》。

登峰造极。"①

顾炎武立足现实的文学观,反映在他的诗歌创作上,则是"诗主性情,不贵奇巧"②。同拒绝作应酬文章一样,顾炎武也不愿意去写那些无病呻吟的赋闲诗。他十分赞成葛洪在《抱朴子》中对诗的看法,即"古诗刺过失,故有益而贵;今诗纯虚誉,故有损而贱"③。因而对当时文化人以诗歌标榜的习气,顾炎武至为鄙夷。他说:"若每一作诗,辄相推重,是昔人标榜之习,而大雅君子所弗为也。"④对诗歌创作中的拟古之风,他也做了坚决的否定,指出:"诗文之所以代变,有不得不变者,一代之文沿袭已久,不容人人皆道此语。今且千数百年矣,而犹取古人之陈言,一一而摹仿之,以是为诗可乎?故不似则失其所以为诗,似则失其所以为我。李、杜之诗,所以独高于唐人者,以其未尝不似而未尝似也。知此者,可与言诗已已矣。"⑤

由于顾炎武在诗歌创作上的现实主义精神,因而他在不同时期所写的诗,尽管激发诗人感情的客观环境各异,然而感时抚事,直抒胸臆,无一不是他真实性情的抒发。惟其真实,所以当明清易代之际,他所写的《感事》《京口即事》《千里》《秋山》等诗,既有对明末腐败政治的揭露,又有对抗清将帅的讴歌,还有对清军铁蹄蹂躏的控诉。沉雄悲壮,朴实感人。北游之后,迄于逝世,他"生无一锥土,常有四海心"⑥。在这一时期,他的诗歌创作,则多是眷恋故国、关怀民生心境的真实写照,苍劲沉郁,颇得杜甫遗风。在顾炎武的笔下,寄寓着对人民的深切同情。他的《夏日》诗写道:"未省答天心,且望除民患。

---

① 顾炎武:《亭林文集》卷四《与人书十七》。

② 顾炎武:《日知录》卷二一《古人用韵不过十字》。

③ 顾炎武:《日知录》卷二一《作诗之旨》。

④ 顾炎武:《亭林文集》卷四《答李子德书》。

⑤ 顾炎武:《日知录》卷二一《诗体代降》。

⑥ 顾炎武:《亭林诗集》卷三《秋雨》。

《黍苗》不作歌，《硕鼠》徒兴叹。"[①] 他憧憬着"四海皆农桑，弦歌遍井间"[②] 的太平盛世，表示："愿作劝农官，巡行比陈靖。畎浍遍中原，粒食诒百姓。"[③]

顾炎武的诗歌创作，始终牢牢地立足于社会现实。同他的文章一样，他的诗既可证史，同时也是其经世致用实学思想的反映。晚清，徐嘉为顾炎武诗作笺注，指出："其诗沉郁淡雅，副贰史乘"，"实为一代诗史，踵美少陵"。[④] 这样的评价，还是比较中肯的。

六、务实学风

17世纪以来，在日趋高涨的经世思潮中，扭转空疏学风，是当时学术界所面临的一个迫切课题。在明亡前的三四十年间，经过学术界有识之士的共同努力，一时学风已开始向健实方向转化。顾炎武继起，以"博学于文""行己有耻"的为学主张和锲而不舍的学术实践，为转变明季空疏学风，开启清初实学先路，做出了积极贡献，使他成为清初务实学风的倡导者。

顾炎武学风的形成，经历了一个不断学习、努力实践、锲而不舍的长期探索过程。其学风概言之，就是崇实致用。所谓崇实，就是摒弃"明心见性之空言"，代之以"修己治人之实学"，"鄙俗学而求《六经》"，"以务本原之学"。所谓致用，就是不惟学以修身，而且更要以之经世济民，探索"国家治乱之源，生民根本之计"。顾炎武以一生的学术实践表明，崇实不以致用为依归，难免流于迂阔；致用不以崇实为根据，更会堕入空疏。用他的话来讲，这就叫作"博学于文""行己有

---

① 顾炎武：《亭林诗集》卷四《夏日》。
② 顾炎武：《亭林诗集》卷五《岁暮》。
③ 顾炎武：《亭林诗集》卷一《常熟县耿橘水利书》。
④ 徐嘉：《顾亭林诗笺注》卷首《序》《凡例》。

耻”的“圣人之道”。

“博学于文”“行己有耻”都是传统的儒家观点，是孔子在不同的场合答复门人问难时，所提出的为学为人主张，分别见于《论语·颜渊篇》和《子路篇》。然而，把这两个主张合而为一，则是顾炎武的创造，它从一个侧面反映了明清更迭的时代内容。针对王学末流“言心言性，舍多学而识，以求一贯之方，置四海之困穷不言，而终日讲危微精一之说”的空疏学风，顾炎武重申了“博学于文”的为学主张。他说：“君子博学于文，自身而至于家国天下，制之为度数，发之为音容，莫非文也。”①这里所说的文，绝不仅仅限于文字、文章之文，而是人文，是包含着广泛内容的社会知识。鉴于晚明士大夫寡廉鲜耻，趋炎附势，当明清易代之时，“反颜事仇”②，顾炎武又把“博学于文”与“行己有耻”并提，以之为“圣人之道”来大力提倡。他说：“愚所谓圣人之道如之何？曰‘博学于文’，曰‘行己有耻’。自一身以至于天下国家，皆学之事也；自子臣弟友以至出入、往来、辞受、取与之间，皆有耻之事也。耻之于人大矣！不耻恶衣恶食，而耻匹夫匹妇之不被其泽。故曰‘万物皆备于我，反身而诚’。呜呼！士而不先言耻，则为无本之人；非好古而多闻，则为空虚之学。以无本之人而讲空虚之学，吾见其日从事于圣人而去之弥远也。”③强调做讲求廉耻的有本之人，治好古多闻的务实之学，这正是顾炎武学风的出发点。

顾炎武一生为学，反对内向的主观学问，主张外向的务实学问。他说：“自宋以下，一二贤智之徒，病汉人训诂之学，得其粗迹，务矫之以归于内，而‘达道’‘达德’‘九经’‘三重’之事，置之不论。此真所谓‘告子未尝知义’者也。”④又说：“仁与礼，未有不学问而能明者

---

① 顾炎武：《日知录》卷七《博学于文》。
② 顾炎武：《日知录》卷一三《降臣》。
③ 顾炎武：《亭林文集》卷三《与友人论学书》。
④ 顾炎武：《日知录》卷七《行吾敬故谓之内也》。

也。"① 顾炎武不惟主张读书，而且还提倡走出门户，到实践中去。他说："人之为学，不日进则日退。独学无友，则孤陋而难成；久处一方，则习染而不自觉。不幸而在穷僻之域，无车马之资，犹当博学审问，古人与稽，以求是非之所在，庶几可得十之五六。若既不出户，又不读书，则是面墙之士，虽子羔、原宪之贤，终无济于天下。"② 崇尚实际、提倡外向的务实学问，成为顾炎武为学的一个突出特色。道光间，唐鉴著《清学案小识》，将顾炎武归入程朱理学的"翼道学案"，说："先生之为通儒，人人能言之，而不知先生之所以通，不在外而在内，不在制度典礼，而在学问思辨也。"③ 这样的论断，与顾炎武的为学风尚南辕北辙，实在是强人就我的门户之见。事实上，顾炎武的崇实致用之学，断非汉学、宋学所可拘囿。同强他入汉学藩篱一样，把他强入宋学门墙也是不妥当的。

与崇尚实际、提倡外向的务实学问相一致，顾炎武的学术实践充满了求实的精神。这种求实的独立风格，在顾炎武的经学研究中，得到了集中的反映。

"信古而阙疑"，这是顾炎武经学研究的根本态度。他说："五经得于秦火之余，其中固不能无错误，学者不幸而生乎二千余载之后，信古而阙疑，乃其分也。"④ 由此出发，顾炎武对宋明以来轻疑经文，甚至妄意删改的风气做了批评。他说："近代之人，其于诸经卤莽灭裂，不及昔人远甚。又无先儒为据依，而师心妄作，刊传记未已也，进而议圣经矣；更章句未已也，进而改文字矣。此陆游所致慨于宋人，而今且弥甚。徐枋有言：'今不依章句，妄生穿凿，以遵师为非义，意说为得理，轻侮道术，寝以成俗。'呜呼，此学者所宜深戒。"⑤ 但是信古并不是泥

---

① 顾炎武：《日知录》卷七《求其放心》。
② 顾炎武：《亭林文集》卷四《与人书一》。
③ 唐鉴：《国朝学案小识》卷三《翼道学案》。
④ 顾炎武：《日知录》卷二《丰熙伪尚书》。
⑤ 顾炎武：《日知录》卷二《丰熙伪尚书》。

古。在顾炎武看来，经学是很平实的学问，六经实在就是古代的史籍。他说："《诗》之次序犹《春秋》之年月，夫子因其旧文，述而不作也。颂者，美盛德之形容，以告宗庙。鲁之颂，颂其君而已，而列之周颂之后者，鲁人谓之颂也。世儒谓夫子尊鲁而进之为颂，是不然。鲁人谓之颂，夫子安得不谓之颂乎，为下不倍也。《春秋》书公、书郊禘亦同此义。孟子曰：'其文则史'，不独《春秋》也，虽六经皆然。今人以为圣人作书，必有惊世绝俗之见，此是以私心待圣人。"① 能拨去罩在六经之上的"惊世绝俗"外衣，还其以平实史籍的本来面目，顾炎武这样的见解确实是卓越的。后世乾嘉学者章学诚的"六经皆史"说，显然是从顾炎武的主张中获取了有益的启示。

顾炎武把"古人之所未及就，后世之所不可无而后为之"作为治学座右铭。他说："子书自孟、荀之外，如老、庄、管、商、申、韩，皆自成一家言。至《吕氏春秋》《淮南子》，则不能自成，故取诸子之言汇而为书，此子书之一变也。今人书集一一尽出其手，必不能多，大抵如《吕览》《淮南》之类耳。其必古人之所未及就，后世之所不可无而后为之，庶乎其传也与。"② 因此，他极端鄙弃剽窃他人成果的龌龊行径，他说："汉人好以自作之书而托为古人，张霸《百二尚书》、卫宏《诗序》之类是也。晋以下之人，则有以他人之书而窃为己作，郭象《庄子注》、何法盛《晋中兴书》之类是也。若有明一代之人，其所著书无非窃盗而已。"③ 顾炎武萃一生心力所结撰的《日知录》，便是这一严谨学风的极好说明。关于这一点，他自己写道："愚自少读书，有所得辄记之，其有不合，时复改定，或古人先我而有者，则遂削之。"④ 所以，一部32卷的《日知录》，尽管征引他人论述占至全书十之七八，

---

① 顾炎武：《日知录》卷三《鲁颂商颂》。
② 顾炎武：《日知录》卷一九《著书之难》。
③ 顾炎武：《日知录》卷一八《窃书》。
④ 顾炎武：《（日知录）自记》，见黄汝诚《日知录集释》卷首。

自我见解不过十之二三，然而，却不但绝无丝毫掠美之嫌，而且处处显出作者求实创新的学风来。无怪乎《四库提要》要赞许《日知录》"网罗四部，熔铸群言"①，"炎武学有本原，博赡而能通贯，每一事必详其始末，参以佐证，而后笔之于书，故引据浩繁而抵牾者少"②。

顾炎武的务实学风，其落脚之点就是要经世致用。他一生广泛地涉足于经学、史学、音韵小学、金石考古和舆地诗文之学，其目的甚为明显，就是为了对自己的国家和民族、对自己所生活的社会能有所作为。这就是他在致其门人潘耒的书札中所说的"志"。他说："凡今之所以为学者，为利而已，科举是也。其进于此，而为文辞著书一切可传之事者，为名而已，有明三百年之文人是也。君子之为学也，非利己而已也，有明道淑人之心，有拨乱反正之事，知天下之势之何以流极而至于此，则思起而有以救之。……故先告之志以立其本。"③ 正是有这种经世致用之志于胸中，所以顾炎武一生为学能与日俱进，对当代及后世产生了深远的影响。

顾炎武一生拳拳于《日知录》的写作，只是为了"明学术、正人心，拨乱世以兴太平之事"④。他之所以历时30余年，潜心研治古音学，是因为他认为，"目击世趋，方知治乱之关必在人心风俗"⑤，而音韵之学又正是"一道德而同风俗者又不敢略"⑥ 的大事。他的究心经史，是因为在他看来，"孔子之删述六经，即伊尹、太公救民于水火之心"，而儒家经典乃是平实的史籍，无非"天下后世用以治人之书"⑦。

清朝260余年间，学风曾几经变化。其间尽管有汉宋学术的纷争，

---

① 《四库全书总目提要》卷一二九《子部》三九《杂家类存目》六《杂说下·蒿庵闲话》。
② 《四库全书总目提要》卷一二九《子部》二九《杂家类》三《日知录》。
③ 顾炎武：《亭林余集·与潘次耕札》。
④ 顾炎武：《亭林文集》卷二《初刻日知录自序》。
⑤ 顾炎武：《亭林文集》卷四《与人书九》。
⑥ 顾炎武：《亭林文集》卷二《音学五书序》。
⑦ 顾炎武：《亭林文集》卷四《与人书三》。

有经今古文学的颉颃，然而顾炎武务实学风的影响，却是始终有辙迹可寻的。清朝初年，是以顾炎武、黄宗羲、王夫之诸大师为代表的经世致用的健实学风。清初诸儒之学，以博大为其特色，一代学术门径，皆于此时奠定根基。然而就为学风尚的影响而言，还是当推顾炎武为最。王夫之的晚年僻居穷乡，潜心编纂，其著述在他去世百余年后才得大行于世，这就极大地限制了他对清初学术界的影响。黄宗羲虽名重朝野，但其晚年也是局处故土，不敢渡江，这同样限制了他予当时学术界以更深刻的影响。顾炎武则不同，他自 45 岁即弃家北游，迄于 70 岁逝世，一直辗转于中原大地。同现实生活的密切结合，使他的著述体现出强烈的时代感，《日知录》尚在结撰过程中，即"因友人多欲抄写，患不能给"[1]。其影响可见一斑。北游 20 余年间，与其交往者，除昔日南方学术界好友归庄、张弨、王锡阐等人外，还有名儒孙奇逢、傅山、李颙、朱彝尊、屈大均，以及阎若璩、张尔岐、吴任臣、李因笃、王弘撰、马骕，等等。与南北学者的广泛交游，不但加速了顾炎武学问的成熟过程，而且对他学风的传播，也是不无益处的。阎若璩虽号称"博极群书，睥睨一代"，而对顾炎武则依然有"读书种子"之称。在悼念黄宗羲的《南雷黄氏哀辞》中，阎若璩说："当发未髫时，即爱从海内读书者游。博而能精，上下五百年，纵横一万里，仅仅得三人焉：曰钱牧斋宗伯也，曰顾亭林处士也，及先生而三之。先生之亡，上距牧斋薨已三十有二年，即亭林殁亦且十四五年。盖至是而海内读书种子尽矣。"[2]如此肯定顾、黄二人在清初学术界的地位，无疑是实事求是的。

顾炎武暮年的经历，使他的学术风尚得以较黄、王二人要深刻地影响于当世。他严谨健实的学风，经世致用的治学宗旨，朴实归纳的为学方法，诸多学术门径的开拓，以及对明季空疏学风斩钉截铁般的抨击，

① 顾炎武：《亭林文集》卷二《初刻日知录自序》。
② 阎若璩：《潜丘札记》卷四《南雷黄氏哀辞》。

与其傲岸的人格相辉映，同样使他对后世学风的影响要较黄、王二人深刻、广泛。而且清初政治局势的演变，也为此提供了客观的依据。康熙中叶以后，明末的空疏不学之风，经过清初诸儒的荡涤，已为历史的陈迹。健实的学风形成了，治学的门径辟启了，为学的方法开创了。与顾、黄、王同时而稍后的阎若璩、胡渭、毛奇龄等人，其为学汲汲于名物的考究、文字的训诂、典章制度的钩稽，依然走的是朴实的路子。可是，随着清廷封建文化专制的日益加剧，他们却也渐渐地把经世致用的思想撇开了。此时的学风，随着社会环境的变迁，已经在酝酿一个实质性的转变。雍乾两朝，封建文化专制尤为酷烈，文字狱遍于国中，社会的现实问题，成为知识界不得问津的禁地。清廷给他们提供的，就是埋头故纸、远离世事的唯一选择。乾嘉汉学家，无论是以汉《易》为家学的惠氏祖孙，还是继之以起的戴震、段玉裁、王念孙、王引之，他们皆继承了顾炎武"读九经自考文始，考文自知音始"的治经方法论，沿着他所开启的学术路径，做出了超迈前代的成就。然而，顾炎武为学的崇实致用之风，却被他们割裂为二，取其小而舍其大，把一时学风导向了纯考据的狭路。顾炎武经世致用的实学思想，至此烟消云散，继响无人，徒然留下了朴实考据的躯壳。是为清代学风之一变。

嘉道之世，汉学偏枯。为学问而学问，为考据而考据，烦琐饾饤，咕哦吟咏，实已濒临末路。在日益加剧的社会危机之中，文网无形松弛，今文经学若异军突起，代考据学而兴。庄存与、孔广森首倡于前，刘逢禄出为之一振，及至龚自珍、魏源而大盛。清代学风至此再变。同光两朝，《春秋》公羊学日渐深入朝野，康有为、梁启超大张其帜，倡变法以图强，将其推向了高峰。在自清中叶崛起，直到戊戌变法失败而渐趋沉寂的清代今文经学盛衰史中，今文经学诸大师的为学风尚，虽然与顾炎武不尽相同，然而为学以经世这一精神却后先相承。正如身历其境的梁启超先生所论："最近数十年以经术而影响于政体，亦远绍炎武之精神也。"① 清末，汉学于山穷水尽之中，得俞樾、孙诒让两大师坚守壁垒，居然又做出了值得称道的成就。尤其是章炳麟，重倡顾炎武经世致用之学，用以服务于反抗清廷的政治斗争，使炎武学风在晚清放出异样光彩。当然，如同顾炎武的思想和学风一样，章太炎先生的思想和学风也远非汉学所能拘囿。正当晚清学风再变之际，清廷的统治也在辛亥革命的硝烟之中寿终正寝了。

顾炎武的学风及其所体现的实学思想，同他的社会政治思想及经学、史学、文学等思想，皆有着明显的"法古"倾向。所以，他津津乐道其先祖遗训："著书不如抄书。凡今人之学，必不及古人，今人所见之书之博，必不及古人。"② 事实上，这与其说是顾炎武的家训，倒不如说就是自己的主张。因为他一生的为学，从某种意义上说，也就是这种主张的实践。尽管这种主张是针对明末的空疏不学，有所为而发，自有其立论的依据，也有其补偏救弊的积极一面。然而唯古唯是的倾向，却是不值得肯定的。后世乾嘉汉学的偏枯，也无论如何不能排除这一主张的消极影响。譬如，顾炎武著《音学五书》，试图"举今日之音而还之淳古"③，显然就是一种不切实际的泥古之见。乾隆初，古学复兴，惠栋著《易汉学》《九经古义》，唯汉是尊，唯古是信，无疑正是这种泥古倾向的膨胀。再如顾炎武晚年的"笃志经史"，固然是为了"引古筹今"，"鉴往所以训今"，与乾嘉学派的自考古始迄考古终大异其趣，然而也无可掩饰地含有保持晚节、全身远祸之意。乾嘉汉学家的远离世事，唯以经史为务，从顾炎武晚年的为学中，还是接受了消极影响的。

顾炎武的务实学风，尽管存在若干消极因素，有其明显的时代和阶级的局限性，但是其基本方面是值得肯定的，在整个清代是起了积极作用的。后世学者或是继承了他的为学方法，或是发扬了他的治学精神，

---

① 梁启超：《清代学术概论》，中华书局，1954 年，第 10 页。
② 顾炎武：《亭林文集》卷二《抄书自序》。
③ 顾炎武：《音学五书》卷首《自序》。

沿着他所开辟的路径走去，不仅演成乾嘉学术的鼎盛局面，而且也取得了清代学术文化多方面的成果。作为一个开风气者，如同黄宗羲、王夫之诸大师一样，顾炎武的创辟之功是确然不拔的。

七、《日知录集释》的纂辑

清代道光间问世的《日知录集释》，是研究清初学者顾炎武所著《日知录》的一部集大成的著作。然而，关于该书的纂辑者，则执说不一，迄无定论。以下拟就此作一些考察。

（一）问题的提出

《日知录集释》原署嘉定黄汝成辑。自该书行世，历咸、同两朝，并无异议。光绪间，吴县藏书家朱记荣率先提出异说，断言《集释》并非黄汝成所辑，纂辑者应当是李兆洛。[1] 宣统初，学者李详与之唱和，认为《集释》系李兆洛与吴育、毛岳生等人共撰，"借刻于黄氏"[2]。对于朱、李二先生之说，尔后的《日知录》研究者虽多不以为然，但它毕竟以一家之言而存在于学术界，且未予以否定。尤其是迄今评价清代文献的一些有影响的论著，诸如已故张舜徽先生著《清人文集别录》、来新夏先生著《近三百年人物年谱知见录》等，都还给他留存一个席位。因此，把历史真相考察清楚，不仅有助于给《日知录集释》纂辑者所付出的艰辛劳作以公正的评价，而且也可以澄清历史文献研究中的一些错误认识。

实事求是地说，朱、李二先生之于历史文献学，都是曾经做出过贡献的人。对《日知录集释》的纂辑者，他们所提出的上述判断，也并非凭空杜撰。问题在于他们所据以做出判断的资料是否可靠，判断方法是

---

① 朱记荣：《国朝未刊遗书志略跋》。
② 李详：《媿生丛录》卷二《李申耆先生年谱》。

否科学。关于资料来源问题，朱先生未予展开，而李先生所著《媿生丛录》中，则陈述得很清楚。好在文字不算太长，为便于讨论，谨全文引述如后：

> 《李申耆先生年谱》三卷，附《小德录》一卷，排印本，阳湖弟子蒋彤编。中有二事，录以备考，是昔所未闻者。
>
> 一云："道光癸巳（十三年——引者）夏五月，始校刊顾氏《日知录》。先是嘉定钱大昕评释《日知录》百数十则，生甫（谱主友人毛岳生，字生甫——引者）录以示先生，乃谋推其义例，通为笺注，有资实学。嘉定黄潜夫汝成（原作诚，误——引者），肯任剞劂之费。既又得杨南屏（误，当作武屏——引者）诸家，皆尝用功于是书者，有可采录悉收之。山子（谱主友人兼姻亲吴育，字山子——引者）、生甫分司之，彤亦与校雠焉。"案今传《日知录集释》，题嘉定黄汝成名。
>
> 谱又云："十四年四月，刊《日知录》成。生甫又为刊误。"今黄氏《集释》亦附有《刊误》。是先生此书，与吴、毛诸君共撰，借刻于黄氏，此不可不知也。[①]

乍一看去，李详之说持之有据，言之成理，似乎《日知录集释》应为李兆洛主持纂辑，参与其事者为吴育、毛岳生、蒋彤，而黄汝成只不过提供了刻书经费而已。事实果真如此吗？不然。只要我们稍事搜寻，比照相关史料，即可看到，无论是蒋彤之所记，还是李详据以做出的判断，要用来否定黄汝成的纂辑地位，都是经受不住历史真实检验的。

（二）李兆洛与《日知录集释》

朱记荣、李详诸先生既然认定《日知录集释》的纂辑者为李兆洛，

---

① 李详：《媿生丛录》卷二《李申耆先生年谱》。

那么我们就先来考察一下李兆洛与《集释》的关系。

　　李兆洛，字绅琦，后更申耆，号养一，江苏阳湖（今常州市）人。生于乾隆三十四年（1769），卒于道光二十一年（1841），终年73岁。早年从卢文弨问学于龙城书院，颇识考据门径。后受常州今文经学影响，超然汉宋门户，留意经世实学。他一生虽不以著述表见于世，但却以表彰先贤遗著、致力纂辑而著称。但是李兆洛之于《日知录》，似未做过专题研究。按其文集所载，凡由兆洛纂辑，或经他表彰的前哲著述，诸如《皇朝文典》《骈体文抄》及《邹道乡集》《瞿忠宣集》《绎志》《易论》等，他皆撰有序跋、题记一类文字，唯独就不见表彰《日知录》的记载。尤其不应忽视者，在其身后由他的弟子所辑26卷的《养一斋文集》及《续编》中，竟然没有一篇专门探讨顾炎武学行或《日知录》的文字。仅在《文集》卷四，《顾君（广圻——引者）墓志铭》中，偶一提及"亭林先生罗列改书之弊"寥寥数字而已。这恐怕同《日知录集释》纂辑者的地位是不相称的。据查，李兆洛纂辑诸书，也并无《日知录集释》。相反，当他谈及《集释》时，则明确无误地将自己排除在外，称其纂辑者为黄汝成。据云："潜夫（黄汝成之号——引者）……所著书，惟成《日知录集释》三十二卷、《刊误》二卷、《袖海楼文稿》若干首。"①

　　还应当指出的是，在李、黄二人的生平友好中，凡论及《日知录集释》的纂辑，并无一人归诸李兆洛名下，众口一词，皆肯定为黄汝成之作。毛岳生为李、黄知交，据李兆洛称，他之所以了解黄汝成学行，便是由岳生首先介绍的。毛岳生所撰《黄潜夫墓志铭》，于死者著述情况有如下记录："潜夫著书，成者《日知录集释》《刊误》《古今岁朔实考校补》《文录》，凡四十四卷。未成者，《春秋外传正义》若干卷。"②

---

　　① 李兆洛：《养一斋文集续编》卷五《黄潜夫家传》。
　　② 毛岳生：《休复居文集》卷五《黄潜夫墓志铭》。

宋景昌是李兆洛的高足，以精于天文历算名世，黄汝成去世后，《古今
岁朔实考校补》遗稿，便是经他审定刊行的。景昌在该书跋语中也说：
"潜夫笃志好古，博学明识如此。始潜夫既成《日知录集释》与此书，
复欲撰《春秋外传正义》，未卒业遂殁。"① 在诸多例证中，最有说服力
者，大概莫过于《李申耆先生年谱》的编者蒋彤之所记。蒋彤于黄汝成
生前，曾经与之三次会晤。汝成去世后，他又为其文集撰序。序中述及
《日知录集释》，谈得十分清楚："宝山毛先生数数为予言黄君潜夫之为
人，……迨后，得观其所著顾氏《日知录集释》，叹其志古人之学而能
先其大者。继得其《日知录刊误》及《续刊误》，尤服其大而能精，非
徒闳博炫富而漫无黑白者。"②

　　事实上，蒋彤《李申耆先生年谱》所记校刊《日知录》一事，并
不是指谱主主持纂辑《日知录集释》，而是应黄汝成之请，对汝成辑
《集释》稿进行审订。关于这一点，黄汝成的《显考损之府君行状》谈
得很明白，他说："汝成素喜穷究顾氏《日知录》一书，后得钱少詹辛
楣、沈鸿博果堂、杨大令简在三先生校本及顾氏原写本，条加注补，
命就正于武进李申耆先生、毛君生甫。寻又得陈都宪宋斋先生校本，
成《刊误》二卷。府君览之色喜。孰意校勘甫毕，而府君已弃养矣。"③
这是黄汝成于道光十五年（1835）四月十七日，其嗣父故世不久撰写
的文字。同样的记载，还见于他当年二月所成《日知录刊误序》。序中
写道："曩为定本纂成《集释》，曾就正于武进李申耆、吴江吴山子、
宝山毛生甫三先生。"④

　　至此，足见《日知录集释》的纂辑者并不是李兆洛，显然非黄汝成
莫属了。

---

① 宋景昌：《古今岁朔实考校补跋》，见《袖海楼杂著》。
② 蒋彤：《丹棱文抄》卷二《袖海楼文集序》。
③ 黄汝成：《袖海楼文录》卷五《显考损之府君行状》。
④ 黄汝成：《袖海楼文录》卷二《日知录刊误序》。

（三）黄汝成与《日知录集释》

较之于李兆洛的声望，黄汝成简直可以说是无法比拟的。因为一个是名噪四方的文坛巨擘，一个则是黯然无闻的晚生后学。但是，《日知录集释》恰恰就出自这位勤奋的年轻人之手。

黄汝成，字庸玉，号潜夫，江苏嘉定（今属上海市）人。生于嘉庆四年（1799），卒于道光十七年（1837），得年不及 40 岁。他生在乾嘉著名朴学大师钱大昕故里，其嗣父黄钟，即为大昕弟子。生父黄铉，亦以善诗文而著称一方。汝成少承家学，又兄事大昕再传弟子毛岳生，颇得乡里前辈为学端绪。自十三四岁起，即已"熟习文史"，"博涉能文"。20 岁以后，成为县学廪膳生。后因久困场屋，不得入仕，遂肆力经史，博及天文历法、田赋河漕、职官选举、盐务钱法等，"综贯浩博，达于精邃"①。其所最为服膺者，则是顾炎武的《日知录》。正如他在给李兆洛的信中所述："自少至今，尤好顾氏《日知录》一书。"②

《日知录》之所以令黄汝成倾倒，并不在于文辞的博辨、考据的精详，乃是因为"其书于经术文史、渊微治忽，以及兵刑、赋税、田亩、职官、选举、钱币、盐铁、权量、河渠、漕运，与他事物繁赜者，皆具体要"③，是一部寄寓经世之志的"资治之书"④。因此，在毛岳生的辅导下，他长期致力于《日知录》研究。以阎若璩、沈彤、钱大昕、杨宁四家校本为主要依据，博采诸家疏说，对康熙三十四年（1695）潘耒刻本逐卷校释，终成《日知录集释》32 卷，于道光十四年五月刊行。书成之后，他又觅得《日知录》原写本，经与潘刻本详加比勘，辨其异同，正其疑似，共得 700 余条，成《日知录刊误》二卷，于道光十五年二月刊行。之后，汝成再得嘉兴陆筠精校本，取与先前所纂《集释》校雠，

---

① 李兆洛：《养一斋文集续编》卷五《黄潜夫家传》。
② 黄汝成：《袖海楼文录》卷三《答李先生申耆书》。
③ 黄汝成：《袖海楼文录》卷三《答李先生申耆书》。
④ 黄汝成：《袖海楼文录》卷二《日知录集释序》。

成《日知录续刊误》二卷，于道光十六年（1836）九月刊行。

黄汝成家素富厚，不惟刻书经费率由己出，而且还捐赀选授安徽泗州训导。只因其生母、嗣父相继去世，因而居丧在家，未能赴任。他秉性旷达，乐于周济友朋困乏，远近学者欣然结交。无奈身体过于肥胖，久为哮喘所苦，后竟因此而遽然去世，卒年仅 39 岁。他的生前友好至为悲恸，毛岳生、李兆洛、蒋彤、葛其仁等，纷纷撰文纪念。其生父哀其赍志而殁，遂委托毛岳生主持，对其遗文杂著加以收集整理，题为《袖海楼杂著》，于道光十八年九月结集刊行。其中《袖海楼文录》六卷、《古今岁实考校补》一卷、《古今朔实考校补》一卷、《日知录刊误合刻》四卷。汝成生前，在完成《日知录集释》并《刊误》之后，原拟续纂《春秋外传正义》，终因猝然病殁而成未竟之业，仅于《文录》中留下数篇札记而已。

作为《日知录集释》的纂辑者，黄汝成于《袖海楼文录》中不仅再三重申对该书的纂辑地位，而且多载与友朋讨论《日知录》及顾炎武学行的文字，诸如《与吴淳伯书》《答李先生申耆书》《与毛生翁书》等。正是在与李兆洛的书札往复中，保存了兆洛对《集释》的倾心推许："评骘考核，删削繁颣，使此书得成巨观，有益世道人心，真学者之幸也。"[1] 黄汝成学风笃实，凡四方友朋在《集释》成书过程中所给予的帮助，诸如亲朋故旧的提供庋藏资料，李兆洛、吴育、毛岳生对书稿的审订，毛岳生对《刊误》《续刊误》的校核，同邑友好王浩自始至终的"勤佐探索"[2] 等，感铭不忘，屡见表彰。所有这些记载，确然有据，诚笃可信，显然非剽窃作伪者之所能为。当初，倘若朱记荣、李详诸先生能不失之交臂，将《袖海楼文录》检阅一过，恐怕就不会仅据《李申耆先生年谱》中的含糊孤证而致误。

---

①　黄汝成：《袖海楼文录》卷三《答李先生申耆书》。

②　黄汝成：《袖海楼文录》卷二《日知录刊误序》。

　　综上所考，我们可以得到如下认识：

　　第一，《日知录集释》的纂辑者本来就是黄汝成，并不是李兆洛。李兆洛于《集释》，仅有"校雠之劳"[1]，而无纂辑之功。

　　第二，《李申耆先生年谱》所述校刊《日知录》一事，只是《日知录集释》纂辑过程中的一个局部阶段，远非全过程的实录。因此，李详诸先生据此不完整的孤证而否定黄汝成的纂辑地位，显然是不能成立的。

　　第三，对历史文献的研究，应当详尽地占有材料，进行实事求是的科学论证，信其所当信，疑其所当疑。

---

　　[1]　蒋彤：《丹稜文抄》卷三《养一子述》。

第六章　李二曲思想研究

清初，经历明清更迭的社会动荡，王阳明心学已成强弩之末而分崩离析。一时理学营垒中人，或出于王而非王，或由王而返朱，重起的朱陆学术之争愈演愈烈。然而，在顺治及康熙初叶的三四十年间，主持学术坛坫风会者，却依旧是王学大师。这便是以孙夏峰为代表的北学，以黄梨洲为代表的南学和以李二曲为代表的关学，故而当时有并世三大儒之称。[①] 近世考论清代学术史者，去夏峰、二曲而取亭林、船山，以顾、黄、王三大师并称三大儒。这样的看法固然自有道理，无可非议，但是由此以往，对夏峰、二曲之学的研究，相形之下则未为深入，所得也就不及其他三家。即以二曲论，譬如对他的为学渊源及演变趋向的研究，对二曲思想基本特征的把握，以及二曲学说历史地位的评价等，就都还需要做进一步的探讨。此外，关于李二曲的生平行事，也还存在若干有待澄清的问题。本文拟就上述诸点谈一些不成熟的想法，敬请各位指教。

一、《清史稿》李颙本传辩证

李二曲，名颙，字中孚，号二曲，一号惭夫，又自署二曲土室病夫，学者尊为二曲先生，陕西盩厔（今周至）人。生于明天启七年（1627），卒于清康熙四十四年（1705），终年 79 岁。李二曲本传，载于《清史稿》卷四八〇，《儒林》一，系据光绪间清国史馆所增辑之

---

① 全祖望：《鲒埼亭集》卷一二《二曲先生窆石文》。

《国史儒林传》铺衍而成。原稿虽出近代著名学者缪荃孙先生之手，但未待《史稿》完书，筱珊先生已然作古。后遗稿辗转他人，于《史稿》付梓之前，又经金梁以己意加以删削。以致不惟旧传失实处未能加以是正，且因一意求简，又略其所不当略。结果乖违体例，对传主学术渊源及为学宗旨的介绍竟付阙如，更有旧传不误而改误者。兹举其大要，辩证如后。

（一）颙父"抉齿离家"说不可信

传载，明崇祯十五年（1642），李颙父可从随陕西巡抚汪乔年军至河南讨贼"，临行，抉一齿与颙母曰："如不捷，吾当委骨沙场，子善教吾儿矣。"遂行。兵败，死之。颙母葬其齿，曰"齿塚"。[①] 据考，此段文字源出旧传，而《国史儒林传》所据，既非李颙自述，亦非其弟子惠霝嗣所辑《二曲先生历年纪略》，而只是他人的渲染附会之词。

李可从"抉齿离家"说，始见于《螯屋李氏家传》。据云："明季闯贼犯河南，朝议以汪公乔年督师剿贼，中军监纪同知孙公兆禄招壮士与俱。将行，壮士抉一齿留于家曰：'我此行，誓不歼贼不生还。家无忆我，有齿在也'。"[②] 此传出龚百药手，龚氏为江苏常州人，是李颙于康熙九年（1670）末、十年（1671）初讲学江南时所结识的友人。古人应死者后人之请，为死者撰写碑志传状，每多隐恶扬善，以致溢美失实。龚百药的《螯屋李氏家传》，即属此类文字。同样的文字，还见于李因笃所撰《襄城县义林述》。李因笃虽与李颙为挚友，且同为陕西人，但关于颙父抉齿事，则同样得于传闻。正如他在文中所述："予尝闻螯屋有齿塚，盖壮士君既应募东征，将行，抉一齿与隐君之母彭。及隐君成母窆窆，奉齿合葬，而曰'齿塚'。"[③] 传闻之词，未经验证，本来就未可轻

---

① 《清史稿》卷四八○《李颙传》。
② 龚百药：《螯屋李氏家传》，见李颙《二曲集》卷二五《家乘一》。
③ 李因笃：《受祺堂文集》卷四《襄城县义林述》。

信，然而自龚、李二文出，抉齿说则不胫而走，广为引述。李颙故世，刘宗泗即据以记入《李二曲先生墓表》。后来又经雍乾间史家全祖望以《二曲先生窆石文》加以铺衍，遂成："信吾（李可从字——引者）临发，抉一齿与其妇彭孺人曰：'战危，事如不捷，吾当委骨沙场，子其善教儿矣'。"①

其实，钩稽二曲家世，当以其自述及弟子所记为准。而在上述问题中，就李颙及其弟子之所记，读者却丝毫觉察不到李可从"抉齿离家"的影子。关于"齿塚"事，惠霦嗣《二曲先生历年纪略》记为："崇祯壬午二月，太翁随汪总制征闯贼于河南之襄城，师覆殉难。是时先生尚幼，母子不得凶问，犹日夜望其生还。及闯贼入关，乃始绝望。居恒披痛，思及襄城，流涕愿一往。以母在也难之，惟奉太翁遗齿，晨夕严事。母殁，奉以合葬，名曰'齿塚'。"②这一段文字写得很平实，它至少可以说明两点，第一，李可从确有遗齿在家，但并不能据以判定就是离家前夕所抉；第二，埋葬可从遗齿者乃李颙，而非颙母。惠霦嗣与其师朝夕相处，亲承謦欬，其所记"齿塚"事应属最为可信。

至于李颙追忆其父的有关文字，诸如《祭父文》《忌日祭文》以及《祷襄城县城隍文》和《与襄城令东峰张公书》等，不惟同样无"抉齿离家"的记载，而且与所谓抉齿壮别相反，倒更多的是慈父真情的实录。在《跋父手泽》中，他写道："吾父崇祯十四年腊月二十四日离家，随邑侯孙公征贼河南。至省数日，虑颙为仇人所陷，托人寄书吾伯、吾舅，以致叮咛。"翌年（1642）二月十一日，抵达河南襄城之后，汪乔年部深陷重围。眼看城陷在即，时可从"与同侪泣语，深以颙幼弱无倚为痛。十七日城陷，竟及于难"③。颙父本一寻常百姓，应募从军，亦不过低级材官，揆诸情理，李颙之所记，恐怕比抉齿壮别的渲染就要可信

① 全祖望：《鲒埼亭集》卷一二《二曲先生窆石文》。
② 惠霦嗣：《二曲先生历年纪略》"康熙九年庚戌"条。
③ 李颙：《二曲集》卷一九《跋父手泽》。

得多。

在李可从离家投军的问题上，摆在史家面前的，就是这样两类很不相同的记载，如何别择去取，正从一个侧面反映了史家治史的基本态度。清人修本朝史，不用惠霦嗣和李颙的记载，却选取了龚百药等人的渲染附会，显然不足取。《清史稿》以讹传讹，当然就更在其下了。

（二）"闭关谢客"说正误

传载："康熙十八年，荐举博学鸿儒，称疾笃，舁床至省，水浆不入口，乃得予假。自是闭关，晏息土室，惟昆山顾炎武至则款之。"① 此段记载，亦出旧传，稍有增删而已。考诸史实，疏失有二。清廷诏举博学鸿儒，事在康熙十七年（1678）正月，明载史册，班班可考。清《国史儒林传》之李颙本传所记，本属不误，而《清史稿》李颙本传则改作康熙十八年，显然是误改。同样，李颙"称疾笃，舁床至省"云云，《二曲历年纪略》亦系于康熙十七年，至于由西安返回避居地富平，则是同年八月十三日的事情。因此，《清史稿》所记之康熙十八年，应属误记。此其一。其二，李颙的"晏息土室"，虽确在康熙十八年以后，但所谓"惟昆山顾炎武至则款之"却与史实不符。据考，顾炎武与李颙相识，在康熙二年。是年秋，顾炎武西游秦晋，十月，抵达陕西盩厔，遂与李颙初次会晤。分手之后，人各东西，直到康熙十六年秋，顾氏二度入陕，又才得与避地富平的李颙再晤。翌年春，顾、李二人三晤于富平。此后，迄于康熙二十一年正月顾炎武在山西曲沃逝世，二人间并未再得谋面，唯有书札往复而已。因此，当李颙于康熙十八年秋返回盩厔故里，"晏息土室"之后，就根本不存在"惟昆山顾炎武至则款之"的事。

---

① 《清史稿》卷四八〇《李颙传》。

（三）避地富平非晚年

传载，李颙"晚年寓富平"。据此，则传主晚年似在富平安度。其实，此说甚不确。李颙避地富平，事当康熙十四年（1675）秋。此时三藩乱起，汉中已入叛军之手。一则因蝥屋与之毗邻，再则又风闻"敌营咸颂先生风烈"[1]，为避兵祸，李颙遂应富平知县郭传芳之请，寄居于孟氏拟山堂。康熙十八年秋，三藩之乱已经指日可平，陕西全省复为清廷控制，他便自富平迁返故里。从此韬影家园，杜门不出，迄于康熙四十四年逝世，并未再至富平。可见李颙的晚年是在蝥屋度过的。而且避地富平的四年间，他不过 50 岁上下，对一个得年 79 岁的人来说，50岁前后，自然不该称为晚年。

（四）因欲求简而致漏

李颙是清初学术界的卓然大家。《清史稿》本传既云："是时，容城孙奇逢之学盛于北，余姚黄宗羲之学盛于南，与颙鼎足称三大儒。"那么理所当然，对于传主的学术渊源、基本主张和为学所得等，皆宜做些必要交代。惟有如此，也才符合作者在《儒林传序》中所说的"今为《儒林传》，未敢区分门径，惟期记述学术"[2]这一撰述宗旨。可是，李颙本传则未将这一宗旨贯彻始终。一如前述，该传系取舍旧传而成，旧传于上述诸点本有介绍，明确指出："颙学亦出姚江"，"其学以尊德性为本体，以道问学为工夫，以悔过自新为始基，以静坐观心为入手。关学自冯从吾后渐替，颙日与其徒讲论不辍。"[3]这就是说，李颙之学既源出王阳明心学，又以王学为根基，走上了合会朱陆学术的道路，并试图以之去重振业已衰微的关学。所以，旧传又特别引述了李颙的如下主

① 惠霮嗣：《二曲先生历年纪略》"康熙十四年乙卯"条。
② 《清史稿》卷四八○《儒林传序》。
③ （光绪）《国史儒林传》之《李颙本传》，转引自吴怀清《李二曲先生年谱》附录。此传与阮元《儒林传稿》及缪荃孙《国史儒林传叙录》文字略有异同。

张："学者当先观陆九渊、杨简、王守仁、陈献章之书，阐明心性，然后取二程、朱子以及吴与弼、薛瑄、吕柟、罗钦顺之书，以尽践履之功。"在论及李颙思想的演变次第时，旧传还指出："初有志济世，著《帝学宏纲》《经筵僭拟》《经世蠡测》《时务急著》等书，既而尽焚其稿。又著《十三经注疏纠缪》《廿一史纠缪》《易说》《象数蠡测》，亦谓无当身心，不以示人。"[1] 这些记载，提纲挈领，堪称允当。然而，《清史稿》李颙本传则概行删除，以致使传主的学术渊源、基本主张和为学次第等，皆付阙如。这不能不说是该传的一个重要疏漏。

二、"悔过自新"说剖析

李二曲生当明清鼎革，面对社会的急剧动荡，他无意举业，志存经世，"甫弱冠，即以康济为心"[2]。这以后，二曲发奋自学，无师而成，先后撰就《经世蠡测》《时务急著》等，"凡政体所关，靡不规画"[3]。顺治十三年（1656）他30岁时，又因陕西兵事迭起而究心兵法，希望在乱世当中有一番实际作为。然而，随着清廷对陕西统治的确立，就在李颙究心兵法的同时，他的为学趋向已经在酝酿一个重大的变化。这一年春夏之交，他提出了具有个性的"悔过自新"学说。以此为标志，李颙中断了先前对经世时务的讲求，转而致力于"切己自反"的明性之学的探讨。

在李颙的思想发展中，为什么会出现这样一个转折？"悔过自新"说究竟包含哪些基本内容？对于它在李颙思想体系中的地位应当如何评价？这些都是需要深入讨论的问题。

"悔过自新"说，是以人性"至善无恶"为前提的立身学说。李颙

---

① （光绪）《国史儒林传》之《李颙本传》。
② 骆钟麟：《匡时要务序》，见李颙《二曲集》卷一二《匡时要务》卷首。
③ 骆钟麟：《匡时要务序》，见李颙《二曲集》卷一二《匡时要务》卷首。

在所著《悔过自新说》中，开宗明义即指出："天地之性人为贵。人也者，禀天地之气以成身，即得天地之理以为性。此性之量，本与天地同其大；此性之灵，本与日月合其明，本至善无恶，至粹无瑕。"① 由此出发，他认为，虽然由于"气质所蔽，情欲所牵，习俗所囿，时势所移"，以致人多"沦于小人禽兽之域"，但是"其本性之与天地合德、日月合明者，固未始不廓然朗然而常在也"。这样的性论，正是自孟子以来，儒家传统的性善说，祖述而已，无足称道。然而，二曲学说之可取处则在于，他赋予性善论以积极的社会意义，试图通过恢复人性本来面貌的途径去"倡道救世"。所以他说："古今名儒倡道救世者非一，或以'主敬穷理'标宗，或以'先立乎大'标宗，……或以'至良知'标宗……虽各家宗旨不同，要之总不出'悔过自新'四字。"他主张："不若直提'悔过自新'四字为说，庶当下便有依据。"② 根据这一学说，李颙不惟要求人们检身心过失于既起之后，而且更要以"礼义廉耻"的堤防来防患于未然。于是他又说："义命廉耻，此四字乃吾人立身之基，一有缺焉则基倾矣。在今日，不必谈玄说妙，只要于此著脚，便是孔孟门下人。"③

"悔过自新"说的提出，不是一个偶然的学术现象，它是清初动荡的社会现实的必然产物。明清更迭，沧海桑田。世代相守的朱明王朝，倏尔之间为农民起义军所埋葬，旋即又是地处东北的少数民族政权君临天下。这样的接踵而至的现实，在三百多年前，对为封建正统意识和狭隘的民族偏见所桎梏的知识界，毕竟是来得太突然、太猛烈，因此自然也是一时所难以接受的。黄宗羲呼之为"天崩地解"，顾炎武把它说成是"天崩地坼"，就是这个道理。面对社会的大动荡，清初知识界中人忧国忧民，与之风雨同舟，正气耿然，史不绝书。可是，随着科举取士

---

① 李颙：《二曲集》卷一《悔过自新说》。
② 李颙：《二曲集》卷一《悔过自新说》。
③ 王心敬：《南行述》，见李颙《二曲集》卷一〇。

制度的恢复，清廷统治政策的逐步调整，知识界也在不断分化。寡廉鲜耻者有之，沉溺辞章者有之，追名逐利者有之。目睹严酷的现实，固守遗民矩矱的李颙，当然为之痛心疾首，要视之为礼义廉耻的沦丧了。对社会的责任感，激使他去探寻维系"礼义廉耻之大闲"的途径。于是李颙大声疾呼：

> 若夫今日，吾人通病在于昧义命，鲜羞恶，而礼义廉耻之大闲多荡而不可问。苟有真正大君子，深心世道，志切拯救者，所宜力扶义命，力振廉耻，使义命明而廉耻兴，则大闲借以不逾，纲常赖以不毁，乃所以救世而济时也。当务之急，莫切于此。①

可见，李二曲的"悔过自新"说，虽未逾越理学藩篱，但它断非性与天道的空谈，而是救世济时的实学。

思想史的发展过程，是一个推陈出新的过程。在这一过程中，任何一种具有个性学说的提出，都离不开对先前思想材料的批判继承。"悔过自新"说的形成，同样也不例外。一如前述，它立论的理论依据，首先就是对儒家传统性善论的继承。不过，这种继承却又打上了鲜明的时代印记，它直接的源头，便来自王阳明的"致良知"说。

在提出"悔过自新"说时，李颙列举了若干宋明儒者为学的"悔过自新"过程。而在这些事例中，被他评价为"得学问致力肯綮处"的，既不是张载的"尽弃异学"，也不是朱熹对"泛滥释老"的"悔悟力改"，而是王阳明的"致良知"说。他说："阳明先生之学凡三变，其为教也亦三变。少之时驰骋于词章，已而出入二氏，继乃居夷处困，豁然有得于圣贤之旨，是三变而至道也。居贵阳时首与学者为'知行合一'之说，自滁阳后多教学者静坐，江右以来始单提'致良知'三字，

---

① 王心敬：《南行述》，见李颙《二曲集》卷一〇。

直指本体，令学者言言有悟，是教亦三变也。"① 三变而得"圣贤之旨"，臻于"至道"境界，这当然是对"致良知"说无以复加的肯定。紧接着，李颙又以王阳明弟子南大吉的求学为例，进一步说明南大吉正是接受王阳明"致良知"之教，领悟"入圣之机"，"由是得学问致力肯綮处"。把南大吉的接受"致良知"说称为"得学问致力肯綮处"，这不仅表明李颙对"致良知"说的服膺，而且也无异于在"悔过自新"说与"致良知"说之间，打上了一个醒目的等号。正是这样的有选择的继承，使我们看到了"悔过自新"说的理论渊源。

"悔过自新"说提出后，在李颙尔后的为学过程中，随着社会环境和学术环境的变迁，这一学说经历了一个不断深化的演变过程。这个过程在"志存经世"的同一方向上，沿着两条不同的路径，时分时合，交错而去。

其中第一条道路，便是专意讲求"反己自认"的"自新之功"，最终走向"存心复性"。李颙说："学非辞章记诵之谓也，所以存心复性，以尽乎人道之当然也。"② 由"悔过自新"到"存心复性"，其间演变的逻辑程序，始终是遵循陆九渊、王阳明的"先立乎其大"和"致良知"的认识路线进行的。对此，当他42岁讲学江南以后，已经一改先前闪烁其词的态度，再三做出了直言不讳的说明。他公开表彰王阳明的"致良知"说为"千载绝学"，认为："阳明出而横发直指，一洗相沿之陋，士始知鞭辟近里。日用之间，炯然焕然，如静中雷霆，冥外朗日，无不爽然以自为得。向也求之于千万里之远，至是反之己而裕如矣。"③ 据此出发，他提出了"学贵敦本"的主张。"本"之所指，李颙讲得很清楚："即各人心中知是知非，一念之灵明是也。"④ 与之相一致，他反对

---

① 李颙：《二曲集》卷一《悔过自新说》。
② 李颙：《二曲集》卷一一《东林书院会语》。
③ 李颙：《二曲集》卷一六《答张敦庵》。
④ 李颙：《二曲集》卷四《靖江语要》。

"舍本趋末"，认为："能先立乎其大，学问方有血脉，方是大本领。若舍本趋末，靠耳目外索，支离葛藤，惟训诂是耽，学无所本，便是无本领。即自谓学尚实践，非托空言，然实践而不先立乎其大者，则其践为践迹，为义袭，譬诸土木被文秀，血脉安在？"①惟其如此，所以后来他与顾炎武论学，当炎武对其所津津乐道的"鞭辟近里"一语提出异议时，他当即致书驳诘，指出："鞭辟近里一言，实吾人顶门针，对症药。此则必不可讳，不惟不可讳，且宜揭之座右，出入观省，书之于绅，触目警心。"②

从"悔过自新"到"存心复性"，这样一条演进道路，就其实质而言，无非是对陆九渊、王阳明心学认识论的还原。无论是从理论上，还是从实践上看，这样的还原都不能说是一种前进，而应当说是李颙早年经世思想的消极蜕变。"存心复性"说的提出，标志着李颙的"悔过自新"说已经走到了尽头。在"存心复性"中去寻觅救世的途径，其结果只能是缘木求鱼，丝毫无助于康济时艰。事实上，"鞭辟近里"之功越深，离开现实世界只会越远，充其量无非是独善其身而已。然而，一个有作为的思想家，当然不会就此止步。李颙的卓越处就在于，当他完成"悔过自新"学说的理论论证的同时，却在另一条道路上开始了谋求其思想发展的努力。这就是把"悔过自新"同经世时务的讲求合而为一，提出了"明体适用"的学术主张，从而赋予他的思想以新的生命力。这样，"悔过自新"说作为李二曲思想体系中的一部分，便显示了它不可或缺的中间环节的重要地位。

三、李二曲思想的基本特征

如何去把握李二曲思想的基本特征？换句话说，也就是最能体现

---

① 李颙：《四书反身录》卷七《孟子》。
② 李颙：《二曲集》卷一六《答顾宁人第二书》。

李二曲思想的学术主张是什么？究竟是"悔过自新"说，还是"明体适用"说？这是接下去我们要讨论的又一个问题。在这个问题上，前哲时贤多归之于"悔过自新"说，笔者则以为，在李二曲的思想体系中，由"悔过自新"演变而成的"明体适用"说，才是其最为成熟的形态，也是其最有价值的部分。因而弄清楚"明体适用"说的形成过程，剖析它的主要构成部分，进而对其历史价值做出实事求是的评定，这不仅对于探讨这一学说本身，而且对于全面评价李二曲思想都是有意义的。

研究李颙的"明体适用"说，有一个首先需要解决的问题，就是这一学说的提出始于何时。从《二曲集》中所保留的材料来看，在《体用全学》《读书次第》《盩厔答问》《富平答问》《授受纪要》《四书反身录》和有关书札中，都曾经涉及这一学说。就这些著述的撰成次第而论，如果以现存有关序跋为依据，那么似乎应以《盩厔答问》为最早。因为张密为该答问写的《小引》，所署时间即先于他书，为顺治丙申，即顺治十三年（1656）。也就是说，在提出"悔过自新"说的同时，李颙还提出了"明体适用"说。近人吴怀清先生辑《李二曲先生年谱》，遂据以编订李颙这一年的学行。[1] 前些时候刊行的《李颙评传》，也为旧说所误，把"悔过自新"与"明体适用"二说的提出视为同时。[2] 可见这个问题不容忽视，是该澄清的时候了。

考明《盩厔答问》卷首《小引》系年的舛误，是澄清问题的关键所在。《小引》称："先生尝谓，天下之治乱由人才之盛衰，人才之盛衰由学术之明晦，故是录一主于明学术。"[3] 据考，"明学术，正人心"的思想，在李颙的思想发展中，是中年以后才逐渐形成的，以"明学术"为己任，也是他中年以后方始立定的志向。而顺治十三年，当他 30 岁时，

① 吴怀清：《李二曲先生年谱》卷一"三十岁"条。
② 吴开流：《李颙评传》，见《中国古代著名哲学家评传》续编四，齐鲁书社，1984 年，第 543 页。
③ 张密：《盩厔答问小引》，见李颙《二曲集》卷一四。

其为学趋向转变伊始，这样的思想尚未萌发，"明学术"的志向更无从确立。而且，就是在这10余年后，他于康熙七年（1668）至八年间讲学同州时，"天下之治乱由人才之盛衰，人才之盛衰由学术之明晦"这样的命题，也并未提出来。事实上，这个命题的首次提出，则是在李颙讲学江南的康熙九年末、十年初。这方面的材料，屡见于《两庠会语》《靖江语要》《锡山语要》和《匡时要务》等，检索甚易，毋庸赘述。《小引》又说："先生平日启迪后学不倦，士之承謦欬者与述录之以自益，随问辄答，随答辄录，总计不下数千纸。"在李颙一生的学术活动中，"启迪后学"，"随问辄答"，所录"不下数千纸"云云，显然不是在他30岁时，而全是40余岁以后的事情。

由上述二点可以判定，张密所写《鳌峰答问小引》不会早于康熙十年，更不会是顺治十三年（1656）。

再以《鳌峰答问》卷末所附《鳌峰答问跋》为证，跋中写道："天下之患，莫大于学术不明，近世士风所以多谬者，未必皆士之罪，亦学术不明有以蹈之也。先生深悼乎此，故其与士友讲切，直就共迷共惑者为之发明。士人咋闻其说，始而哗，既而疑，久之疑者释，哗者服，戚戚然有动于中，自叹如大寐之得醒，而且恨其知学之晚。自关中、河南以及江右、两浙，其间兴起者渐众。学之大明，端有待于今矣。"[①]这段文字清楚地表明，李颙的这次答问，是在他结束江南讲学，返归鳌峰以后进行的。跋文的作者，正是记录《鳌峰答问》的李颙门人王所锡、刘钘，作为当事人，他们的所记，自然是足以信据的。据惠霍嗣《二曲历年纪略》载，李颙自江南返乡，在康熙十年四月。那么，他在鳌峰答复门人的问题，就应当是这以后的事情。

又从《二曲集》的编排次第来看，李颙门人王心敬是将《鳌峰答问》置于《关中书院会约》和《富平答问》之间。这样的编排意味着王

---

① 李颙：《二曲集》卷一四《鳌峰答问跋》。

所锡、刘鑛的这次问学，发生在李颙主持关中书院讲席和避地富平之间。据考，前者乃康熙十二年（1673）五月至八月事，后者则在康熙十四年八月至十八年八月。因此，刘鑛、王所锡自河南前来盩厔问学，只可能是康熙十二年八月到十四年八月间的事情。刘、王问学结束，返回河南，再整理记录，筹资刊刻，当然就更在其后了。

综上所考，《盩厔答问》卷首《小引》的系年疑为手民之误，丙申当为丙辰之误写，也就是说，《盩厔答问》的刊行不是顺治十三年丙申（1656），而应当是其后二十年的康熙十五年丙辰。

我们既已判明《盩厔答问》的刊行并非顺治十三年，也不可能早于康熙十二年，而应当是康熙十五年，那么"明体适用"学说的提出时间，实际已经迎刃而解。就涉及这一学说的有关著述而论，显然是李颙讲学同州，揭橥《体用全学》《读书次第》的康熙八年。这时，距"悔过自新"说的提出，已经相去 10 余年。随着时间的推移，在丰富的学术实践中，李颙的"悔过自新"学说业已成熟而趋于演变。一如前述演变之大端，其一是走向"存心复性"的死胡同；其二便是针对当时的学风之弊，尤其是愈演愈烈的朱陆学术之争，形成了"明体适用"的学说。清初，王学盛极而衰，程朱之学乘间复起。在"空谈误国"的反省中，王学已成众矢之的，"朱、陆、薛、王之辨，纷纷盈庭"。[1] 李颙认为这是一时学风的大弊，于是他在这样的学术背景之下，从针砭时弊的需要出发，立足王学，会通朱陆，提出了"明体适用"学说。

"明体适用"说是积极的经世学说。李颙认为，它是儒学的正统所在，他说："儒者之学，明体适用之学也。"[2] 又说："《六经》《四书》，儒者明体适用之书也。"[3] 而在他看来，秦汉以还，这样的传统已经遭到破坏，沿及清初，文人学士"所习惟在于词章，所志惟在于名利，其

---

① 王心敬：《二曲集序》，见李颙《二曲集》卷首。
② 李颙：《二曲集》卷一四《盩厔答问》。
③ 李颙：《二曲集》卷一五《富平答问》。

源已非，流弊又何所底止"①。他对这样的局面深感忧虑，不禁喟叹：
"噫！圣贤立言觉世之苦心，支离于繁说，埋没于训诂，其来非一日矣。
是《六经》《四书》不厄于嬴秦之烈火，实厄于俗学之口耳。"②因此他
指出："抱隐忧者，宜清源端本，潜体密诣，务期以身发明。正不必徒
解徒训，愈增固葛藤，以资唇吻已也。"③他的"明体适用"说，就是这
样的试图"清源端本"的经世学说。

何谓"明体适用"？李颙就此解释道："穷理致知，反之于内，则
识心悟性，实修实证；达之于外，则开物成务，康济群生。夫是之谓明
体适用。"④这就是说，"明体适用"说由两个方面构成，一方面是"识
心悟性，实修实证"以明体；另一方面是"开物成务，康济群生"以适
用。李颙认为，这两个方面浑然一体，不可分割，他说："明体而不适
于用，便是腐儒；适用而不本于明体，便是霸儒；既不明体，又不适
用，徒汩没于辞章记诵之末，便是俗儒。"⑤既然明体与适用二者乃一统
一整体，偏执一端，便背离了儒学正轨，弃置不讲，更沦为无所作为的
俗学。因此，李颙号召知识界中人："勇猛振奋，自拔习俗，勇为体用
之学。潜心返观，深造默成以立体，通达治理，酌古准今以致用。"⑥这
样，儒家传统的"内圣外王"之道，便同李颙的"明体适用"之说合而
为一了。

如何去讲求"明体适用"之学呢？李颙认为应当从读"明体适用"
之书始。他说："体非书无以明，用非书无以适，欲为明体适用之学，
须读明体适用之书。否则纵诚笃虚明，终不济事。"⑦为此，他规定了由

---

① 李颙：《二曲集》卷一三《匡时要务》。
② 李颙：《二曲集》卷一五《富平答问》。
③ 李颙：《二曲集》卷一四《盩屋答问跋》。
④ 李颙：《二曲集》卷一四《盩屋答问跋》。
⑤ 李颙：《四书反身录》卷一《大学》。
⑥ 李颙：《四书反身录》卷一《大学》。
⑦ 李颙：《二曲集》卷一六《答王天如》。

学礼入手，继以经、史、文章的读书次第。他说："经、史、文，乃学人之急务。一有余力，则老、庄、管、韩、檀子、鸿烈等集，或间一披览，以广其识可也。"①同时，他还郑重其事地开列了一份"明体适用"的书目。书目以明体和适用为类，在明体类书目中，第一部便是陆九渊的《象山集》。他说："先生在宋儒中，横发直指，一洗诸儒之陋，议论剀爽，令人当下心豁目明，简易直捷，孟氏之后仅见。"②对陆九渊可谓推崇备至。《象山集》之后，即为王守仁的《阳明集》。李颙奉之为圭臬，他指出："其书如《年谱》《传习录》《尊经阁记》《博约说》，诸序及答人论学尺牍，句句痛快，字字感发，当视如食饮裘葛，规矩准绳可也。"③王守仁的"致良知"说，更被他推为"千载不传之秘"，他说："象山虽云单传直指，然于本体犹引而不发，至先生始拈'致良知'三字以泄千载不传之秘。一言之下，令人洞彻本面，愚夫愚妇咸可循之以入道，此万世功也。"④

李颙对陆王学说，尤其于"致良知"说的倾心赞美，是他的学说植根王学所使然，不足为怪。正是出自同样的原因，所以继陆王著述之后，他所依次罗列的明体类著述，便是王畿的《龙谿集》、罗汝芳的《近溪集》、杨简的《慈湖集》和陈献章的《白沙集》。而且，他还特别注明，上述著述为"明体中之明体"书。随后，又才从二程、朱熹、薛瑄、吴与弼，一直到吕柟、冯从吾等程朱派学者的著述，这些著述则为他归入"明体中之功夫"类。这样的划分，显然旨在推尊陆王，其立意是很清楚的。不过，李颙也并无贬抑程朱之意，所以在评《二程全书》时，他同样写道："二程中兴吾道，其功不在禹下。其书订于朱子之手，最为精密，此孔孟正派也。"⑤在《朱子语类大全》的题语中，他

---

① 李颙：《二曲集》卷八《读书次第》。
② 李颙：《二曲集》卷七《体用全学》。
③ 李颙：《二曲集》卷七《体用全学》。
④ 李颙：《二曲集》卷七《体用全学》。
⑤ 李颙：《二曲集》卷七《体用全学》。

也指出："订偏觯弊，折衷百氏，巨细精粗无一或遗，集诸儒之大成，为万世之宗师。"这表明李颙在步入中年以后，已经与先前提出"悔过自新"的学术主张时，仅仅把王阳明的"致良知"说视为"得圣贤之旨"，达到"至道"境界不同，他所走的是以陆王之学为本体，程朱之学为功夫，会通朱陆而自成一家的为学蹊径。这正如他在对整个明体类书目的按语中所说："自象山以至慈湖之书，阐明心性，和盘倾出，熟读之则可以洞斯道之大源。夫然后日阅程朱诸录及康斋、敬轩等集，以尽下学之功。收摄保任，由功夫以合本体，由现在以全源头，下学上达，内外本末一以贯之，始成实际。"①

"明体适用"说，在李颙的思想发展中，是从"悔过自新"说演变而来的。"悔过自新"说，是李颙早期思想的集中反映，作为一种立身学说，它讲的主要是道德修持和立身旨趣。这一学说虽然在实质上正是明清之际动荡的社会现实的折射，其归宿也在于"倡道救世"，但是从形式上看，它却是游离于社会现实的。而"明体适用"学说，则是李颙在中年以后，思想趋于成熟的标志。它一反宋明以来传统儒学重体轻用的积弊，立足于动荡的社会现实，对数千年来儒家所主张的"内圣外王"之道进行了新的阐释，具有鲜明的经世色彩。李颙把"悔过自新"同"康济时艰"相沟通，赋予他的"明体适用"学说以积极的社会意义，从而将自己的思想推向了新的、更深刻的层次。所以我们说，"明体适用"说是李二曲思想最为成熟的形态，也是他全部学说中最有价值的部分。因而最足以反映李二曲思想基本特征的，并不是"悔过自新"学说，而应当是"明体适用"学说。

从"悔过自新"到"明体适用"，李二曲完成了他全部思想体系的构筑。在这一过程中，他孜孜不倦地致力于酿成社会动荡根源的探究。然而，由于我国 17 世纪中叶经济发展水平，及为其所决定的自然科学

---

① 李颙：《二曲集》卷七《体用全学》。

和理论思维水平的限制，使他不可能准确地去把握这样一个重大的历史课题。虽然经过长期的痛苦摸索，但是他也只能够把问题归结于"人心"和"学术"。康熙十年（1671），当李颙45岁时，他第一次表明了自己对这个问题的见解。他说："天下之治乱，由人心之邪正，人心之邪正，由学术之明晦。"又说："大丈夫无心于斯世则已，苟有心斯世，须从大根本、大肯綮处下手，则事半而功倍，不劳而易举。夫天下之大根本，莫过于人心，天下之大肯綮，莫过于提醒天下之人心。然欲醒人心，惟在明学术，此在今日为匡时第一要务。"① 从此，李颙便以"明学术，正人心"作为其"明体适用"学说的具体实践，在他的后半生，进行了执着的追求。

四、李二曲与清初关学

关中素称"理学之邦"②，自北宋间著名学者张载开启先路，在宋明理学史上，遂与周敦颐、程颢、程颐及尔后的朱熹之学齐名，而有"濂、洛、关、闽"之称。但是历时数百年，关学却一直为程、朱、陆、王之学所掩，始终未能大行于世。张载之后，关学迭经变迁，不绝如缕。至明中叶，吕柟崛起，其学复盛，"于斯时也，关学甲海内"③。迄于明末，冯从吾集其大成，关中学术再度振起。然而从吾之后，经历明清更迭的社会动荡，关学亦如同整个宋明理学一样，奄奄待毙，继响乏人。面对这样的现状，重振关学坠绪，成为以"明学术，正人心"为己任的李二曲孜孜以求的目标。

李二曲复兴关学的努力，集中反映在他主持关中书院讲席的教学活动中。关中书院，始建于明万历三十七年（1609）。当时，正值名儒兼

---

① 李颙：《二曲集》卷一二《匡时要务》。
② 冯从吾：《关学编》卷首《序》。
③ 李因笃：《受祺堂文集》卷三《重修宋张诚公横渠夫子祠记》。

名臣冯从吾直谏招忌，削籍家居，讲学于西安城东南古刹宝庆寺。是年十月，陕西地方当局遂以寺东园圃建关中书院，聘从吾主持讲席。天启初，从吾复出，讲会中断，旋即又遭魏忠贤矫诏禁毁天下书院。关中书院罹此大厄，一蹶不振。明末的陕西，官府敲剥，豪绅肆虐，加以天灾迭起，人民生计荡然，终于酿成埋葬朱明王朝的农民大起义。尔后，关中战火连年不熄。清初，农民军移师入陕，清军尾随追剿，干戈扰攘，玉石俱焚。顺治间，清廷确立对陕西的统治之后，剿灭农民军余部，恢复残破不堪的经济，成为当务之急，兴学教化，未遑顾及。直到关中及全国局势趋于稳定，始有康熙二年（1663）和十二年的两度重修关中书院之举。李二曲就是在这样的背景之下，应聘主持关中书院讲席的。

此时的李二曲，以讲明学术为匡时救世的第一要务。为"明学术，正人心"，他四处奔走，大声疾呼："立人达人，全在讲学；移风易俗，全在讲学；拨乱返治，全在讲学；旋乾转坤，全在讲学。为上为德，为下为民，莫不由此。此生人之命脉，宇宙之元气，不可一日息焉。"① 正是本着这样的宗旨，他应陕西总督鄂善之请，于康熙十二年五月，登上了关中书院的讲席。开讲之日，鄂善并陕西巡抚阿席熙等各级官员，以及"德绅名贤、进士举贡、文学子衿之众，环阶席而侍，听者几千人"②。继冯从吾之后，绝响多年的关中书院讲会，再度兴起。

在主持关中书院讲席的三个月间，李二曲为恢复关学讲理学的传统进行了努力。登坛伊始，他便昭示了十条会约和八条学程。其中，对书院讲学的时间、礼仪、内容、方法、目的，以及就学士子每日的学习课程等，都做了明确规定。李二曲就讲学的内容指出："先辈讲学大儒，品是圣贤，学是理学，故不妨对人讲理学，劝人学圣贤。颙本昏谬庸人，千破万绽，擢发难数，既非卓品，又无实学，冒昧处此，覥颜实

---

① 李颙：《二曲集》卷一〇《匡时要务》。
② 惠霔嗣：《二曲先生历年纪略》"康熙十二年癸丑"条。

甚。终不敢向同人妄谈理学，轻言圣贤，惟愿十二时中，念念切己自反，以改过为入门，自新为实际。"① 在这里，李二曲所说的不敢"妄谈理学"，实际上不过是一种谦词而已。为他所倡导的"切己自反""改过自新"，恰恰正是理学家，尤其是陆王学派心学家奉为不二法门的东西。正因为李二曲志在恢复关学讲理学的传统，所以在《关中书院会约》中，他又对当时关中学术界的辞章记诵之风进行了抨击。李二曲说："迩来有志之士，亦有不泥章句，不堕训诂，毅然以好学自命者，则又舍目前进步之实，往往辨名物，徇象数，穷幽索大，妄意高深。昔人所谓'自笑从前颠倒见，枝枝叶叶外头寻'，此类是也。"②

李二曲在关中书院的努力，曾被当时的学者赞为："力破天荒，默维纲常。"③ 然而，他所旨在重振的关学，仅是一种讲理学的传统而已，既非张载的理气一元的气本论，也非吕柟、冯从吾等人所强调的"笃志好礼"④ 的关学传统。为他所彰明的，实质上就是他立足王学，会通朱陆的学术主张。因此，李二曲在关中书院的讲学，既恪守陆王"学固不废闻见，亦不专靠闻见""静能空洞无物，情惊浑忘"⑤ 等主张，同时又宣传了朱熹力倡的"穷理致知"。他一方面要求就读士子玩味"濂、洛、关、闽及河、会、姚、泾语录"；另一方面又敦促他们攻读《资治通鉴纲目》和《大学衍义》及《衍义补》，以期精熟"道德经济"，达到"动静协一，体用兼尽"。⑥ 当久经战乱之后，李二曲的重举关中书院讲会，确实是关中学术界的一桩盛事。但是，在王学业已盛极而衰，朱学又渐入庙堂的学术环境中，李二曲既不讲张载之学，更不讲朱熹之学，而是主张在程朱陆王间进行折中，力图引导知识界走上"明体适

---

① 李颙：《二曲集》卷一三《关中书院会约》第四条。
② 李颙：《二曲集》卷一三《关中书院会约》第九条。
③ 惠龗嗣：《二曲先生历年纪略》"康熙十二癸丑"条。
④ 冯从吾：《关学编》卷一《横渠张先生》。
⑤ 李颙：《二曲集》卷一三《关中书院会约》第一〇、一一条。
⑥ 李颙：《二曲集》卷一三《关中书院会约》第四、一〇条。

用"的学术新路，自然要招来异议。正如当时陕西华阴的著名学者王弘撰所说："中孚据坐高谈，诸生问难，遂有不平之言。"① 这就从根本上决定了李二曲在关中书院的努力势必夭折。

的确，李二曲在关中书院的主持讲席，犹如昙花一现。仅仅三个月过去，鄂善等人掀起的荐举风波，便迫使他拂袖而去，从此与书院绝缘。李二曲的重振关学尽管遭此挫折，但是他依然矢志以往，一意讲求"明体适用"之学。在离开关中书院 10 余年后的康熙二十四年（1685），李二曲于写给当时的陕西学政许孙荃的信中，再三敦请"一以理学为多士倡"。他建议许孙荃："凡至会所，下学之日，勿拘掣签讲书故事，一以理学为多士倡。诸生中有器宇不凡，识度明爽，议论精简、发挥入理者，假以颜色，优以礼貌，仍令教官及地方各举所知，明注某生理学有名，某生材堪经济，详列所长，众论俞同。俟试士毕，问以学术，策以时务，观其所答优劣，拔录而面察之。如果表里允符，卓然不群，则格外优异。奖一励百，风声所届，自然士知向往。"② 在议及地方向朝廷进呈书籍一事时，李二曲更明确地提出了"理学、经济相表里"的主张。他说："理学、经济原相表里。进呈理学书，而不进呈经济之书，则有体无用，是有里而无表，非所以明体适用，内圣而外王也。"③

李二曲虽汲汲于重振关学，然而，作为一种学术形态，关学的兴衰，自有其深刻的社会根源和理论依据，断非个人意志所能转移。同李二曲的愿望相反，关学到他这个时代，已经势在终结，不可逆转。因此，与李二曲同时，富平李因笃、华阴王弘撰、郿县李柏、华州白焕彩、同州党湛、蒲城王化泰等，虽同调共鸣，倡学四方，但其结果于关学的复兴同样无济于事，无非一曲挽歌而已。而且，在李颙看来，上述诸人，或是志节耿然的隐士，或是笃于友朋的贤达，或是工于辞章的文

---

① 王弘撰：《山志》初集卷三《李中孚》。
② 李颙：《二曲集》卷一七《答许学宪》。
③ 李颙：《二曲集》卷一七《又答许学宪》。

人，他们的为学都非关学的本来面貌。所以，目睹关学的日趋沉寂，他不禁喟叹："关学不振久矣。目前人物，介洁自律，则朝邑有人；孝廉全操，则渭南有人；风雅独步，气谊过人，则富平有人；工于临池，词翰清畅，则华阴有人。其次，诗学专门，则鄠坞、郃阳、上郡、北地、天水、臬兰亦各有人。若夫留意理学，稍知敛华就实，志存经济，务为有用之学者，犹龟毛兔角，不但目未之见，耳亦绝不之闻。"①事实上，又何止李因笃等人于关学回天无力呢！就是李颙本人，虽以昌明关学为己任，但也正是他以自己的学术实践，把关学导向"明体适用"的新路，从而终结了关学。在清初，对张载的学说进行理论总结而做出贡献的，并不是李颙，而是远离关中千里之外的湖南大儒王夫之。尔后，又经幕游陕西的河北学者李塨对理学遗风的荡涤，关中学术逐渐与南北学术融为一体，共趋于通经学古一途。这又更是为李二曲所始料不及的。

五、李二曲思想的历史价值

明清之际的社会大动荡，以及随之而至的理学营垒的分化，孕育了李二曲的思想体系。这一体系从他早年对经世时务的讲求，转而趋向"反己自认"，一味"悔过自新"，继之再将二者合而为一，形成"明体适用"学说，尔后又把这一学说具体化，表现为对"明学术，正人心"目标的执着追求。它随着清初社会环境和李二曲个人遭际的变迁，经历了一个不断深化和完善的发展过程。在形成李二曲思想体系的全过程中，始终贯穿着一个鲜明的宗旨，这便是"救世济时"。作为一种面对现实的经世学说，以"明体适用"说为核心的李二曲思想体系，虽然瑕瑜互见，得失杂陈，但是它旨在挽救社会危机的努力，则顺应了清初历史发展的客观要求。因此，它无疑有着积极的社会价值。

---

① 李颙：《二曲集》卷一七《又答许学宪》。

　　李二曲思想的历史价值，首先在于它力图恢复儒学的经世传统。李颙指出："吾儒之教，原以经世为宗。自宗传晦而邪说横，于是一变而为功利之习，再变而为训诂之习。浸假至今，则又以善笔札，工讲诵为儒当然。愈趋愈下，而儒之所以为儒，名存而实亡矣。"[①]他之所以提出"明体适用"学说，以"明学术，正人心"为己任，正是为了恢复儒学的经世传统。因此，李颙对"儒"的内涵做了明确规定，他说："德合三才之谓儒。天之德主于发育万物，地之德主于资生万物，士顶天履地而为人，贵有以经纶万物。果能明体适用而经纶万物，则与天地生育之德合矣，命之曰儒不亦宜乎。"[②]明清之际，社会的急剧动荡所提出的诸多问题，亟待知识界去做出解答。历史的进程表明，作为一种理论体系，宋明理学已经走到了尽头，知识界面临一个何去何从的严峻抉择。李二曲正是顺应这种历史的要求，以负责任的态度去积极进行思索的。他从总结学术史的角度出发，揭橥"明体适用"学说，以之作为儒学的本来面目，去引导知识界面对现实，从门户纷争中摆脱出来。他指出："周、程、张、朱、薛、胡、罗、吕、顾、高、冯、辛，乃孔门曾卜流派，其为学也则古称先，笃信圣人。陆、吴、陈、王，心斋、龙谿、近溪、海门，乃邹孟流派，其为学也反己自认，不靠见闻，亦不离见闻。吾儒学术之有此两派，犹异端禅家之有南能北秀，各有所见，各有所得，合并归一，学斯无偏。若分门别户，牢不可破，其识力学问尽可知矣。中无实得，门面上争闲气，噫，弊也久矣！"[③]李二曲在这方面的努力，当然是具有历史进步意义的。

　　其次，李二曲的学说以其"体用兼该"的完整主张，对宋明以来理学家重体轻用，乃至空谈性与天道，无视国计民生的积习，进行了有力的鞭挞。在还原儒学经世传统的努力中，李颙进而提出"道学即儒学"

---

① 李颙：《二曲集》卷一四《鳌屋答问》。
② 李颙：《二曲集》卷一四《鳌屋答问》。
③ 李颙：《二曲集》卷一五《授受纪要》。

的见解，他说："道学即儒学也，非于儒学之外，别有所谓道学也。"①这就是说，道学并非性理空谈，其本来面目应当是平实的儒学，是"明体适用"之学。这一见解同顾炎武"理学，经学也"的主张相呼应，对清初学术趋向的转变，产生了深远的影响。这样，李二曲便通过对理学的积极修正，使他的学说同清初批判理学的思潮合流，从而跻身历史潮流的前列。

最后，以"明体适用"为基本特征的李二曲学说，自读"明体适用"之书始，"识心悟性，实修实证"，讲求"经济实学"，最终达到"明学术，正人心"，"开物成务，康济群生"。这样一个虚实相济的为学系列，始终贯穿着他"道不虚谈，学贵实效"②的务实学风。它对明末以来"束书不观，游谈无根"的空疏学风，是一个有力的否定，对清初健实学风的形成，也起了积极的推动作用。李二曲的务实学风，与其傲岸的人格相辉映，使他无可争议地成为清初学术舞台上的卓然大家。与之同时的著名学者顾炎武，不仅表示："坚苦力学，无师而成，吾不如李中孚"③，而且指出："先生龙德而隐，确乎不拔，真吾道所倚为长城，同人祈望为山斗者也。"④雍乾间学者全祖望，把李颙与孙奇逢、黄宗羲并提，推许他"起自孤根，上接关学六百年之统，寒饿清苦之中，守道愈严，而耿光四出，无所凭借，拔地倚天，尤为莫及。"⑤

李二曲的学术主张，以讲求变通，"酌古准今"为特色，较之门户勃谿者的"道统"之争，殊如霄壤，同若干学者对三代之治的憧憬相比，也较少泥古之见，要通达得多。然而由于历史的局限，这种"酌古准今"则是以折中旧说的形式来进行的，带着浓厚的调和色彩。李颙虽然看到了清初理学的深刻危机，但是他却没有勇气去否定这一业已陈旧

①　李颙：《二曲集》卷一五《授受纪要》。
②　李颙：《二曲集》卷七《体用全学》。
③　顾炎武：《亭林文集》卷六《广师》。
④　惠霛嗣：《二曲先生历年纪略》"康熙十四年乙卯"条。
⑤　全祖望：《鲒埼亭集》卷一二《二曲先生窆石文》。

的学说，尤其是作为他的学说直接渊源的陆王心学。这样，在学术主张上变通的结果，无非就是植根王学、合会朱陆的折中。因此，从这个意义上说，近代学者梁启超就学术分野而论，将李颙归入清初"王学后劲"①，并没有错。有必要补充说明的只是李颙并没有如同梁启超先生所评，"为旧学坚守残垒"，他的为学风尚也非"由明而渐返于宋"②。李二曲一生的学术实践表明，他是试图通过对儒学经世传统的还原，以寻找一条发展学术的新途径。这样的努力，不能说是守旧，而应当说是在折中中求新。

同学术上的折中相仿，李二曲在政治主张上的"酌古准今"，也是一种调和旧说以求新的努力。他汲汲以明亡为殷鉴，清醒地看到："自昔国家之弊，多由饥荒时当事者不留心安插，民不聊生，以致酿成乱阶，为国家患害。前代无论，明之季年，昭昭其可鉴也。"③李二曲虽然未能触及问题的本质，但是他能指出民不聊生是造成明末动乱的原因，也还是有可取之处的。因而，他重申儒家传统的民本思想，主张"为民制恒产"。他说："民有恒产，然后可望其有恒心，故明君将欲兴学校以教民，必先有以制民之产。所以然者，衣食足然后可望其知礼义也。后世言治者，动曰兴学校，却全不讲为民制恒产。不知恒产不制，而责民以恒心，是犹役馁夫负重，驱羸马致远，纵勉强一时，究之半途而废耳。"④如何去为民制恒产？李二曲并提不出具体的方案来，他无法逾越儒家传统的"仁政"和"王道"，唯有在旧说圈子中"斟酌损益，期适时务"。其结果，便成为对所谓"不乖于时，不悖于古"的"大经大法"⑤的空想而已。事实上既要"不乖于时"，又要"不悖于古"，这样

---

① 《梁启超论清学史二种·中国近三百年学术史》，朱维铮校注，复旦大学出版社，1985年，第142页。
② 梁启超：《清代学术概论》，中华书局，1954年，第4页。
③ 李颙：《二曲集》卷一八《与布抚台》。
④ 李颙：《四书反身录》卷七《孟子》。
⑤ 李颙：《四书反身录》卷七《孟子》。

的救世蓝图，犹如海市蜃楼，是可望而不可即的。

六、结语

李二曲的学说，归结到一点，讲的就是"明道存心以为体，经世宰物以为用"[1]。可是对他自己说来，"经世宰物"的抱负，由于恪守遗民矩矱，拒绝与清廷合作，在当时的政治条件下，是无法实现的。严酷的现实提供给李颙的，只是"明道存心"的选择。这就无怪乎在其晚年，他要把"尽性至命"也称作"实学"，主张去追求那种"令胸中空空洞洞，无声无臭"[2]的虚无境界了。沿着这条路线走下去，荆扉反锁，独善其身，便是势所难免。垂暮之年的李二曲，学术主张不能推行于世，眼看程朱之学高居庙堂，为他所抨击的"杂学"方兴未艾，固守初志而不随俗浮沉，也只能以此为归宿。这样的结局，不是李颙个人的悲剧，而是时代的变迁所使然。于此，我们自然不该苛求古人。

---

[1]　李颙：《二曲集》卷一六《答顾宁人先生》。
[2]　李颙：《二曲集》卷一五《授受纪要》。

第七章　颜李学派的历史命运

康熙中叶以后的学术界，当明清之际诸学术大师相继谢世之后，河北大儒颜元及其弟子李塨、王源，发展北学宗师孙奇逢"躬行实践"的学术主张，以讲求实习、实行、实用的"习行经济"之学，对北学进行根本改造，从而演变为异军突起的颜李学派。这一学派特立独行，睥睨古今，迄于雍正初，在学术舞台上活跃了近半个世纪的时间，最终被淹没在不可逆转的经史考证之风中。

一、颜元学说的形成

颜元，初因其父养于朱氏，遂姓朱，名邦良，字易直，号思古人。后归宗复姓，改今名，字浑然，号习斋，河北博野人。生于明崇祯八年三月十一日（1635 年 4 月 27 日），卒于清康熙四十三年九月初三（1704 年 9 月 30 日），终年 70 岁。他早年为诸生，后绝意仕进，以教学终老乡里。其学始自陆、王入，继而改从程、朱，终则悉为摒弃，一意讲求经世致用，专以实习、实行、实用为倡，成为清代学术史上著名的颜李学派的创始人。他的主要著述为《存治》《存性》《存学》《存人》四编，史称"四存编"。其他尚有《四书正误》《朱子语类评》等。其传状书札及短篇杂著，门人辑为《习斋记余》刊行。

关于颜元学说的渊源，前哲时贤每多争议，言人人殊。究其根源，则始于其弟子李塨所撰《颜习斋先生年谱》。据年谱记，颜元 31 岁时，曾"与王法乾言，六艺惟乐无传，御非急用，礼、乐、书、数宜学。但穷经明理，恐成无用学究"。著者于此段文字后，特地加了如下按语：

"此时正学已露端倪矣，盖天启之也。"① 颜元的倡导六艺实学，究竟是得之"天启"，还是渊源有自？答案是后者，而不是前者。清初学术界，以讲明六艺之学为倡，其首创者并非颜元，而是江南学者陆世仪。颜元之学，即得益于陆氏学术主张的启发。关于这一点，颜元的《上太仓陆桴亭先生书》说得很明白，他写道："一日游祁，在故友刁文孝座，闻先生有佳录（当指《思辨录》——引者），复明孔子六艺之学，门人姜姓在州守幕实笥之。欢然如久旱之闻雷，甚渴之闻溪，恨不即沐甘霖而饮甘泉也。曲致三四，曾不得出，然亦幸三千里外有主张此学者矣。"② 信中，颜元对陆世仪推崇备至，他说："先生不惟得孔孟学宗，兼悟孔孟性旨，已先得我心矣。当今之时，承儒道嫡派者，非先生其谁乎"！③ 可见，无论是颜元的讲求六艺实学，还是在人性学说上反对宋儒天地之性与气质之性的区分，其间都接受了陆世仪学术主张的重要影响。

其实，颜元学说的形成，绝非一朝顿悟的"天启"，而是一个博取众长、不断消化、融为我有的演进过程。在他学说形成的早期，对其产生了决定性影响的，正是孙奇逢的北学。

颜元与孙奇逢籍属同郡，二人间年岁相去50余，他自是奇逢的晚生后学。他们之间虽终身未得谋面，但颜元尊礼奇逢，则始终如一。至于对待孙奇逢学术主张的态度，颜元则走过了一条从服膺到分道扬镳的路程。颜元之学，初从陆王入。而在他24岁时，将其导入陆王之学门槛的，就是学承孙奇逢的彭通。随后，他又相继问学于孙奇逢的高足王之征、王馀佑。颜元的讲求兵法和经世实学，就得益于王馀佑，所以他一直事馀佑以父执之礼。后来，给颜元的人性学说以重要影响的张罗喆，也是学近奇逢的理学家。因此，尽管颜元由于受祁州学者刁包的影

① 李塨：《颜习斋先生年谱》卷上"三十一岁"条。
② 颜元：《存学编》卷一《上太仓陆桴亭先生书》。
③ 颜元：《存学编》卷一《上太仓陆桴亭先生书》。

响而一度出入于程朱陆王间，但是就为学大体而论，质朴无华，豪气横
溢，早年的颜元之学，无疑应属孙奇逢的北学系统。

　　然而，颜元是一个饶有创新精神的学者，当他接受陆世仪倡导的
六艺实学影响之后，便用以对北学进行根本改造，否定了孙奇逢合会朱
王学术的努力。以35岁时所撰成的《存性》《存学》二编为标志，他毅
然与北学分道扬镳，形成了既非程朱陆王之学，亦非孙奇逢北学的"习
行经济"之学。所以，在翌年致孙奇逢的信中，颜元明确指出："某殊
切杞人之忧，以为虽使朱学胜陆而独行于天下，或陆学胜朱而独行于天
下，或和解成功，朱陆合一，同行于天下，则终此乾坤，亦只为当时两
宋之世，终此儒运，亦只说话著书之道学而已。岂不堪为圣道生民长叹
息乎！"①这不惟是对程朱陆王之学的否定，而且也无异于在同会通朱
陆的孙奇逢北学唱反调。这以后，颜元以恢复"周孔正学"为己任，
一意讲求"习行经济"的六艺实学，他说："学习、躬行、经济，吾
儒本业也。舍此而书云书云，讲云讲云，宋明之儒也，非唐虞三代之
儒也。"②

　　康熙三十年（1691），颜元以57岁之年南游中州。此时，虽距孙
奇逢去世不过16年，然而在曾经深受北学濡染的中州，王阳明心学早
已悄然衰颓，孙奇逢合会朱王学术的努力亦淹没在程朱学说的复兴之
中。面对"人人禅子，家家虚文"③的现状，颜元大声疾呼："程朱之道
不熄，周孔之道不著。"④于是"别出一派，与之抗衡"⑤，断然表示："必
破一分程朱，始入一分孔孟。乃定以为孔孟、程朱判然两途，不愿作道
统中乡愿矣。"⑥从此，他成为朱熹学说的不妥协的批判者。

---

① 颜元：《存学编》卷一《上征君孙钟元先生书》。
② 颜元：《习斋记余》卷六《论开书院讲学》。
③ 李塨：《颜习斋先生年谱》卷下"五十八岁"条。
④ 颜元：《习斋记余》卷一《未坠集序》。
⑤ 颜元：《习斋记余》卷三《寄桐乡钱生晓城》。
⑥ 李塨：《颜习斋先生年谱》卷下"五十八岁"条。

二、颜元与漳南书院

颜元晚年，应聘南下，主持漳南书院讲席。这是继南游中州之后，他毕生的一次重大学术活动，也是清代学术史和书院史上一件影响久远的事情。考察这次学术活动，不仅可以深入了解颜元学说的特质，而且也可据以窥知清初书院教育的演变趋势。

漳南书院设在河北广平府肥乡县，是以清初的一所义学为基础扩建而成的。康熙十九年（1680），于成龙任保定巡抚（后改直隶巡抚），肥乡士绅郝文灿等，即遵于氏令建义学一所于肥乡屯子堡，置学田百亩，文灿自任学师。随后郝文灿等又着手将学舍扩建，并请后来官至兵部督捕侍郎的许三礼题名为漳南书院。这以后，郝文灿"谦不任事，别寻师者十有五年"①，于康熙三十三年北上博野，延请颜元主持讲席。颜元一再婉拒。三十五年，经文灿三度敦请，他始于同年四月携门人钟锓、从孙重光起程南下。五月，颜元一行抵达肥乡屯子堡。当时，漳南书院草创未就，仅有左斋一处，他即为书院厘定规制，一边动工营建，一边率诸弟子习行六艺实学。四月过去，"颇咀学习乐味"②。然而天不从人愿，颜元在书院四个月的苦心经营，竟因漳河泛滥而被洪水无情吞噬。最后只好面对一片汪洋，仰天长叹，告辞返里。尔后，一则水患益甚，再则年事渐去，虽经郝文灿屡次致书邀请，终不得再度成行。康熙三十八年，郝文灿随信寄来契券一张，写明："颜习斋先生生为漳南书院师，没为书院先师。文灿所赠庄一所，田五十亩，生为习斋产，没为习斋遗产。"③颜元见信，深为感动，遂于病中撰成《漳南书院记》一篇，聊以记录自己在书院的教学活动。文末，仍以一遂初衷为念。但无奈老病相寻，竟赍志而殁。

---

① 颜元：《习斋记余》卷二《漳南书院记》。
② 颜元：《习斋记余》卷二《漳南书院记》。
③ 李塨：《颜习斋先生年谱》卷下"六十五岁"条。

在清初为数不多的书院中，漳南书院个性鲜明，独树一帜，颇具研究价值。在此，我们拟选取与之风格迥异的关中书院试作一些比较。

关中书院，始建于明万历三十七年（1609）。天启初，魏忠贤矫诏禁毁天下书院，关中书院罹此大厄，一蹶不振。尔后明清更迭，战乱频仍，直到康熙初年，陕西地方当局始有重修关中书院之举。康熙五年（1666）十月，西安知府叶承桃以重修关中书院，礼聘周至学者李颙主持讲席，为李所拒绝。十二年四月，陕西总督鄂善复修关中书院，虔诚致聘，李颙再三推辞始就聘。五月，他登坛执讲，鄂善并陕西巡抚阿席熙等各级官员，以及"德绅名贤、进士举贡、文学子衿之众，环阶席而侍，听者几千人"①。继万历间名儒兼名臣冯从吾讲学之后，绝响多年的关中书院讲会，为之一振。

在关中书院，李颙登坛伊始，便昭示了十条会约、八条学程。对书院讲学的时间、礼仪、次第、方法、内容、目的诸项，以及就学士子每日的学习课程等，都做了明确规定，而贯彻始终的，就是"讲学"二字。他说："立人达人，全在讲学；移风易俗，全在讲学；拨乱返治，全在讲学；旋乾转坤，全在讲学。为上为德，为下为民，莫不由此。此生人之命脉，宇宙之元气，不可一日息焉。"②关于讲学的内容，李颙说得也很清楚，他说："先辈讲学大儒，品是圣贤，学是理学，故不妨对人讲理学，劝人学圣贤。颙本昏谬庸人，千破万绽，擢发难数。既非卓品，又无实学，冒昧处此，覥颜实甚，终不敢向同人妄谈理学，轻言圣贤。惟愿十二时中，念念切己自反，以改过为入门，自新为实际。"③这就是说，他是要借书院讲坛来彰明自己的"悔过自新"学说。

同样是主张为学以经世的实学学者，也同样是弟子满门的教育大师，在对待书院讲学这一问题上，颜元与李颙的看法却是很不一致的。

---

① 惠霑嗣：《二曲先生历年纪略》。
② 李颙：《二曲集》卷一〇《匡时要务》。
③ 李颙：《二曲集》卷一三《关中书院会约》。

颜元痛感于明末理学家的空谈误国，所以对徒事讲说之风深为鄙夷。他说："名为道学，而实餍时文以射名利，吾不敢为也。身承道统，而徒事讲说以广徒类，吾不欲为也。躬行之而风俗式范，德至焉而天下云从，吾养之爱之而不能为也。"① 早在康熙八年，颜元 35 岁时所写的《存学编》中，便明确地提出了应当把习行置于读讲之上的主张。他指出："性命之理不可讲也，虽讲人亦不能听也，虽听人亦不能醒也，虽醒人亦不能行也。所可得而共讲之、共醒之、共行之者，性命之作用，如《诗》、《书》、六艺而已。即《诗》、《书》、六艺，亦非徒列坐听讲，要惟一讲即教习，习至难处来问，方再与讲。讲之功有限，习之功无已。"② 因此他说："垂意于习之一字，使为学为教，用力于讲读者一二，加功于习行者八九，则生民幸甚，吾道幸甚。"③

对于李颙的书院讲学，颜元毫不掩饰自己所持的批判态度，他指出："乃膺抚台尊礼，集多士景从，亦只讲书说话而已。何不举古人三事、三物之经世者，与人习行哉？后儒之口笔，见之非无用，见之是亦无用，此所以吾心益伤也。"④ 翌年，他又专门写了一篇题为《论开书院讲学》的短论，对书院讲学之风进行抨击。文中写道："观王文成公传，正德十三年四月，至赣开书院讲学。喟然曰，此一失，程朱、陆王两派所同也。但一人得志，守司地方，或一人儒名显著，地方官尊礼，则必建立书院，额其中庭曰讲堂。嗟乎，何不曰道院，何不曰学堂，而直以书讲名乎！盖其实不可掩也，亦两派诸先生迷而不之觉也。"末了，他告诫一时知识界："今不学，何讲哉？学习、躬行、经济，吾儒本业也。舍此而书云书云，讲云讲云，宋明之儒也，非唐虞三代之儒也。然则今日者，讲之不学，是吾忧矣。"⑤ 三年之后，就是在这样的思想指导之

① 钟錂：《习斋先生言行录》卷上《学人第五》。
② 颜元：《存学编》卷一《总论诸儒讲学》。
③ 颜元：《存学编》卷一《总论诸儒讲学》。
④ 李塨：《颜习斋先生年谱》卷下"五十八岁"条。
⑤ 颜元：《习斋记余》卷六《论开书院讲学》。

下，为以自己的"习行经济"之学去振颓救弊，颜元以 62 岁之年应聘南下，前往漳南书院主持院事。

在漳南书院，颜元抱定"宁粗而实，勿妄而虚"①的教育宗旨，将其一贯的学术主张付诸实践，对整个书院的布局和教学内容，都做了具体规划。他拟议中的书院正厅，取名为习讲堂，东西两侧各设二斋，东为文事、武备，西为经史、艺能。四斋所学，依次为礼乐书数、天文地理；诸子兵法、射御技击；十三经、历代史、诰制、章奏、诗文；水学、火学、工学、象数等。与习讲堂及上述四斋南北相向，方是理学、帖括二斋，前者"课静坐、编著、程朱陆王之学"，后者"课八股举业"。对此二斋的如此设置，颜元解释道："置理学、帖括北向者，见为吾道之敌对，非周孔本学，暂收之以示吾道之广，且以应时制。俟积习正，取士之法复古，然后空二斋，左处傧价，右宿来学。"②随后，他又为习讲堂亲笔书写楹联："聊存孔绪励习行，脱去乡愿、禅宗、训诂、帖括之套；恭体天心学经济，斡旋人才、政事、道统、气数之机。"③

根据上述规制，在漳南书院着手进行土木营建的同时，颜元则率领就学士子于间架粗具的习讲堂内，"习礼歌诗，学书计"，"讨论兵农，辨商今古"，而且还不时到户外"举石、超距、拳击"④。四个月间，书院文武并习，上下一派生机。这同李颙执教的关中书院，简直不可同日而语。

李颙、颜元在关中和漳南二书院的教学活动表明，李颙的书院教育，走的是继承明季讲学遗风的路。不过，这种继承又并非一味模仿，对空谈理学之风亦进行了积极的修正。颜元较之李颙更具胆识，他摆脱旧规，别辟蹊径，试图以自己的"习行经济"之学去改造书院教育，使之成为讲求六艺实学的场所。这种立足现实的开创精神是十分可贵的。

---

① 颜元：《习斋记余》卷二《漳南书院记》。
② 颜元：《习斋记余》卷二《漳南书院记》。
③ 李塨：《颜习斋先生年谱》卷下"六十二岁"条。
④ 颜元：《习斋记余》卷二《漳南书院记》。

因此，把颜元评价为一个书院教育改革家，恐怕也并不过分。

在书院史上，清初顺治、康熙二朝，迄于雍正初的八九十年间，是书院教育由衰而复盛的一个转变时期。康熙十二年（1673），李颙的重举关中书院讲会，三十五年，颜元的主持漳南书院讲席，都从不同的侧面反映了这一时期书院教育的历史特征，朦胧地呈现出清初书院教育的演变趋势。

宋明书院，以讲心性之学为特色。但是到了明末，由于社会危机的日益加剧，伴随着王阳明心学乃至整个宋明理学的瓦解，沉溺心性之学，无视国家安危的风尚，已经越来越为知识界所摒弃。入清以后，一方面因空疏学风之受到猛烈抨击；另一方面文士结社，聚众结党又为清廷明令禁止，所以清初的书院教育，就势必不能一仍宋明旧辙走下去。颜元的执教漳南书院，置理学于"习行经济"之学的对立面，其原因就在于此。李颙的重举关中书院讲会，之所以昙花一现，荐举风波固然是其原因之一，然而讲会之不能持久，根源显然要较之深刻得多。

颜元称得上是一个书院教育改革家。面对着书院教育何去何从的抉择，他断然撇开讲心性之学的书院旧辙，选择了一条同李颙迥然异趣的办学新路。他在漳南书院专意提倡"习行经济"之学，试图以此造就一批切于世用的人才。这样的办学道路，从现实需要出发，继承了作育人才的书院传统，立意无疑是积极的。但是不能不看到，由于清初科举取士制度的迅速恢复，在举业功名的诱惑和桎梏之下，读书人要为社会所用，走漳南书院的路又实在有很多难处。因为这样走下去，无法得到官府的承认，到头来势必就会有丧失生计之虞。而且漳南书院所倡导的"讨论兵农，辨商今古"，尤为清廷所忌讳，谁又愿意以卵击石？因此，倒不如关中书院的"不得语及官员贤否，及他人得失，不得语及朝廷公事，及边报声闻"①，更合时宜。这样一来，清初的书院教育既不能走讲

---

① 李颙：《二曲集》卷一三《关中书院会约》。

心性之学的旧辙，又不能走"习行经济"的新路，它就只好同化于讲求举业的各级学校。李颙离开关中书院后，讲会烟消云散，书院变做官署，"讲堂茂草，弦诵阒如，词章俭陋之夫，挟科举速化之术，俨然坐皋比，称大师"①，就实在是一个有力的证明。

宋代书院初起，为一时学者自由讲学之所在，乃是与官办学校并存的私学。元代以后，书院虽仍多属民办私学，但已经愈益受到官府节制。这种书院官学化的趋势，在明代大为发展。嘉隆以还，南北蜂起的书院，即多属官办性质。清初书院，亦复如此。李颙所主讲的关中书院就是一个典型，正如他所说，这所书院是"上台加意兴复"②的。所以，不惟书院开讲，地方官绅要走走过场，环坐而听，而且在书院会约中，就明确规定了士子"向各宪三恭"③的礼仪。漳南书院则是一个例外，它属民办私学。惟其如此，所以它旋起旋落，无力抗御天灾的打击，营建伊始，便为洪水淹没。尔后，它再也无法复兴，以致成为历史的陈迹。颜元故世后，他的弟子李塨等人所创辟的习斋学舍，以及其后李塨弟子再建的道传祠，都属此类私学。然而也都同样自生自灭，不能存之久远。惟独像关中书院一类的官学化书院，尽管盛衰不一，但是它们毕竟仰仗官府站住了脚跟，而且在乾隆间居然一度大盛。总之，一个举业化，一个官学化，这就是关中、漳南二书院所显示的清初书院教育的演变趋势。

三、李塨对颜学的继承及背离

颜元去世后，他的学术事业为其弟子李塨所继承。李塨，字刚主，号恕谷，河北蠡县人。生于顺治十六年（1659），卒于雍正十一年

① 陈康祺：《郎潜纪闻》初笔卷八《北学南学关学》。
② 李颙：《二曲集》卷一三《关中书院会约》。
③ 李颙：《二曲集》卷一三《关中书院会约》。

（1733），终年 75 岁。自康熙十八年（1679）起，从学于颜元，时年 21
岁。康熙二十九年举乡试，后迭经会试皆未中式。晚年选授通州学政，
未及三月，辞官返乡，著述终老。他一生以张大颜学为己任，为此，北
上京城，作幕中州，南游钱塘，西历秦晋，广泛接引学子，遍交当代硕
儒，高高地举起了颜李学派的旗帜。颜元无意著述，李塨则著述甚富，
博及礼乐兵农、经史考证，其最著名者为《大学辨业》《圣经学规纂》
等，短篇杂著以《恕谷后集》结集行世。

　　早年的李塨，是颜元学说的笃信者。还在青年时代师从颜元之初，
他即表示："咫尺习斋，天成我也，不传其学，是自弃弃天矣。"① 从此，
他恪守颜元之教，亦步亦趋，"不轻与贵交，不轻与富交，不轻乞假"，
认为："纸上之阅历多，则世事之阅历少；笔墨之精神多，则经济之精
神少。宋明之亡，此物此志也。"② 他所经历的，是一个对颜学原原本本
地吸收和消化的过程。在这个过程中，他向颜元学礼，向张而素学琴，
向赵思光、郭金城学骑射，向刘见田学数，向彭通学书，向王馀佑学兵
法，一派经世实学气象。颜元南游，决意以六艺实学的倡导与朱熹学说
相抗衡，李塨则作同调之鸣，指出："古之学一，今之学梦。古之学实，
今之学虚。古之学有用，今之学无用。……程朱陆王，非支离于诵读，
即混索于禅宗，学之亡也转甚。"③ 他一如师门之所倡，拳拳于六艺实学
的讲求，断言："今之虚学可谓盛矣，盛极将衰，则转而返之实。"④ 康
熙四十三年九月，颜元逝世。在举行葬礼前夕，李塨告慰死者道："使
塨克济，幸则得时而驾，举正学于中天，挽斯世于虞夏。即不得志，亦
拟周流吸引，鼓吹大道，使人才蔚起，圣道不磨。"⑤ 后来，他虽然未能
获得"举正学于中天"的条件，但是却做到了不遗余力地为传播颜学而

---

① 冯辰等：《李恕谷先生年谱》卷一"二十三岁"条。
② 冯辰等：《李恕谷先生年谱》卷二"二十九岁"条。
③ 冯辰等：《李恕谷先生年谱》卷二"三十一岁"条。
④ 李塨：《恕谷后集》卷一《送黄宗夏南归序》。
⑤ 冯辰等：《李恕谷先生年谱》卷四"四十六岁"条。

"周流吸引，鼓吹大道"。在他的周围，会集起一批颜李学说的崇拜者，诸如王源、恽鹤生等学有所长的南北学者，都成了颜李学说的门徒。他逝世前，北方的众多弟子还在蠡县建起道传祠，试图让颜李学派世代传衍下去。

然而一个耐人寻味的现象是，李塨逝世后，颜李学说竟戛然不传。一度兴盛的学派，若伏流沉潜于地底，直到晚清，经戴望诸人表彰，始得重放异彩。之所以会形成这样的局面，其原因是多方面的，既有颜李学派自身的历史局限，也有客观条件的不可抗拒的制约。归纳起来，主要是两个方面，一则有清廷独尊朱学这样一个不可逆转的重要背景，再则也是与清初学术发展内在逻辑的制约分不开的。这一逻辑力量所显示的巨大作用，在李塨生前已经体现出来，这就是他对颜元学说的背离。

康熙三十四年（1695），李塨应浙江桐乡知县郭金汤聘，南游作幕，时年37岁。这次南游，成为他一生为学的重要转折点。当时的江南，经学方兴未艾，朴实的考据学风正在酝酿。毛奇龄、阎若璩、姚际恒、王复礼、邵廷采等，究心经籍，专意著述，宛若群葩争妍。抵达浙江之后，给李塨以经学考据影响的第一人是王复礼。王氏旁征博引，力斥宋学之非，告诉他："《太极图》本道家说，今本《大学》《孝经》系朱子改窜，晦圣经本旨。程朱陆王皆染于禅。"[1] 同年九月，李塨北返。翌年，毛奇龄论《易》诸书寄至，于宋儒《图》《书》之说多所攻驳。三十六年，他再度入浙。在当年所写《上颜先生书》中，即接受王、毛等人的学术主张，历举宋儒变乱儒学旧章的八条依据，走上了考据学路径。李塨指出："宋儒学术之误，实始周子。周子尝与僧寿涯、道士陈抟往来，其教二程以寻孔、颜乐处，虽依附儒说，而虚中玩弄，实为二氏潜移而不之觉。"[2] 他的结论是："宋儒于训诂之外，加一体认性天，

---

① 冯辰等：《李恕谷先生年谱》卷二"三十七岁"条。
② 冯辰等：《李恕谷先生年谱》卷三"四十岁"条。

遂直居传道，而于圣道乃南辕而北辙矣。"① 年末，他专程前往杭州，问乐学于毛奇龄。此后，他师从毛氏，学乐，学《易》，学音韵，辨《周礼》《古文尚书》真伪，受奇龄经说影响极深。当他41岁返乡时，已经深染江南学者考古穷经之习。这就难怪毛奇龄要引之为同志，赞作"千秋一人"，高呼："吾学从此兴矣！"②

在连年的南北学术交流中，李塨既使颜学第一次远播江南，又兼收并蓄，使之扩充而同经学考据相沟通。在毛奇龄与江南学风的潜移默化之下，他接受了经学考据的绵密方法。把颜学与经学考据沟通的结果，使他不自觉地步入了考据学的门槛，从而改变了颜学的本来面貌。南游中及稍后一些时间里，他所陆续撰成的《田赋考辨》《禘祫考辨》等，就都带有明显的考据色彩。在结束南游前，他还用考据方法，"遍考诸经，以为准的"③，完成了自己的成名之作《大学辨业》。此后，李塨讲学京城，声名大起，公卿交口赞之为"学山文海，原原本本，不世之人"④。他与旅居北京的江南学者万斯同、胡渭等频繁往还，引经据典，讲《礼》辨《易》。万斯同大为赞赏，竟置李塨于考据大师阎若璩和经学家洪嘉植之上，喟叹："天下惟先生与下走耳，阎百诗、洪去芜未为多也。"⑤

晚年的李塨，"自知德之将耄，功之不建"⑥，于是"流连三古"，遍注群经。虽然旨在对颜元学说进行理论论证，但实则已经背离颜学而与考据学合流。按照颜元的主张，儒者应以讲求"习行经济"之学为职志，"处也惟习行"，"出也惟经济"。他说："古来《诗》《书》，不过习行经济之谱，但得其路径，真伪可无问也，即伪亦无妨也。今与之辨书

---

① 冯辰等：《李恕谷先生年谱》卷二"三十九岁"条。
② 冯辰等：《李恕谷先生年谱》卷三"四十岁"条。
③ 李塨：《大学辨业》卷首《自序》。
④ 冯辰等：《李恕谷先生年谱》卷三"四十三岁"条。
⑤ 冯辰等：《李恕谷先生年谱》卷三"四十三岁"条。
⑥ 李塨：《恕谷后集》卷一一《诗经传注题辞》。

册之真伪，著述之当否，即使皆真而当，是彼为有弊之程朱，而我为无弊之程朱耳。不几揭衣而笑裸，抱薪而救火乎？"①李塨晚年之所为，显然远离了师门之教。关于这一点，正如已故著名史家钱穆教授所论："习斋之学，得恕谷而大，亦至恕谷而变。"②

颜李学风的始同终异，并非李塨蓄意立异师门，乃是风气所趋，大势使然。李塨晚年，曾经无可奈何地表示："颜先生以身任天下万世之重，卒而寄之我。我未见可寄者，不得已而著之书，以俟后世。"③这样一个严酷的事实表明，迄于康熙末叶，清初的经世学风业已终结，经史考据之风的勃兴，已非任何个人的意志所能转移。至于李塨逝世后，方苞为其撰《李刚主墓志铭》，竟宣称："以刚主之笃信师学，以余一言而翻然改"④，则杜撰故事，诬及死友，实在不值一驳！

四、王源学行述略

王源，字昆绳，号或庵，直隶顺天府大兴县（今北京市）人，生于顺治五年（1648），卒于康熙四十九年（1710）秋。⑤他早年以擅古文、通兵法著称，虽立意经世，但作幕南北，"羁穷落拓"⑥，以致垂老而志不得伸。晚年投师颜元，潜心儒学，成为颜李学派的重要传人。

王源的先祖王玉，在明初的靖难之役中阵亡，后明成祖封赏从征将士，恩准子孙世袭锦衣卫指挥佥事。王源父世德，明崇祯间世袭祖职，明亡，避地燕北，后弃家南下，只身流寓江淮。顺治十二年，王源随母亲及兄洁南下寻父。阖家刚在江苏宝应团聚，源母即于一年后病

---

① 颜元：《习斋记余》卷三《寄桐乡钱生晓城》。
② 钱穆：《清儒学案序》。
③ 恽鹤生：《李恕谷先生传》，见《李恕谷先生年谱》卷首。
④ 方苞：《方苞集》卷一〇《李刚主墓志铭》。
⑤ 关于王源的生卒月日，迄未见有记载，仅《李恕谷先生年谱》作"昆绳庚寅秋弃世"。
⑥ 戴名世：《戴名世集》卷五《送刘继庄还洞庭序》，中华书局，1986年，第137页。

逝。从此，"父子兄弟，茕茕三人"[1]，就地侨居下来。当时，流寓宝应的原明河南太康知县梁以樟，与王世德籍属同郡，共同的遭遇和志趣使他们在异乡结为患难之交。燕赵自古多慷慨悲歌之士，梁王二人"喜酒尚义"[2]，每当酒酣，论列古今，仰天呜咽，多见幽燕烈士遗风。迄于康熙四年（1665）梁以樟逝世，王源兄弟二人一直师从求学。源兄洁，字汲公，长他11岁，"潜心理学，穷经史"[3]，尤为梁以樟所喜。而王源年少，无意理学，"独嗜兵法"[4]。老师去世后，他除随父"任侠言兵"[5]之外，一如童年，"事兄为严师"[6]，讲习古文。

青年时代的王源，"岸异多英气"[7]，发为文章，纵横驰骋，无所拘囿。宝应地处大运河畔，水陆交通都很便利，一时南来北往的名士，凡志趣相投，多与源父世德交游。清初文坛，自钱谦益辞世，魏禧卓然巨擘。王源侍父待客，年未及二十，所写文章已为魏禧器重。康熙十年，魏禧北游扬州，王源专程携文送请审阅。尽管其中的《项籍论》当地文士交口称誉，但是魏禧却不予赞许。王源败兴而归，返家不久，接魏禧来信，告诫他："处四达之地，易于交友阅事，而风气杂糅，虚美相熏，以之滑性长傲亦不为少。长才人当坚定以学问，学问在求实地，日见己所不足，则不止进于古人不止。"[8]康熙十六年，魏禧旧地重游，王源再度拜谒。同样是一篇《项籍论》，几经琢磨，锤炼得章法不紊，行文老成，远非六年前气象。魏禧欣然命笔作序，奖掖王源文以经世的风尚。序中以东汉初的开国功臣耿弇和三国名帅周瑜相期许，指出：

---

① 王源：《居业堂文集》卷一八《先府君行实》。
② 王源：《居业堂文集》卷一八《梁鹤林先生墓表》。
③ 王源：《居业堂文集》卷一八《先兄汲公处士行略》。
④ 李塨：《恕谷后集》卷六《王子传》。
⑤ 方苞：《方苞集》卷八《四君子传》，上海古籍出版社，1983年，第217页。
⑥ 王源：《居业堂文集》卷一八《先兄汲公处士行略》。
⑦ 魏禧：《魏叔子文集》卷八《信芳斋文叙》。
⑧ 魏禧：《魏叔子文集》卷七《与王汲公昆绳》。

"吾老矣，而昆绳今不可为少，彼耿伯昭、周公瑾何人哉！"①

当时，三藩之乱，战火正炽。吴三桂陈兵湖南，妄图以军事实力相要挟，迫使年轻的康熙帝屈从于他割据一方的野心。王源对吴三桂的军事举措嗤之以鼻，他发挥了我国古代兵家"兵贵神速"的传统主张，认为："兵至大捷之后，所恃者势也，非力也。乘势贵速，稍缓则势衰，势衰则敌之人心定而守固。吾之气竭，以战则不利，情见势屈，反受其败矣。"②因此在他看来，吴三桂一鼓作气，长驱中原，才是用兵的上策；顺长江东下，控制南京，据有富庶的江南，尚属中策。然而吴三桂却弃上、中二策不用，"徘徊荆襄，延日引月"，恰恰犯了兵家大忌。于是王源断言："驽马恋栈，安知远图，必无事矣。"③康熙二十年（1681），三藩乱平。

康熙二十四年，王源离开江南，返回阔别30年的故乡。随着岁月的流逝，昔日世袭锦衣卫指挥佥事的宅第，早已物换星移。为了寻觅一个栖身的去处，王源抵京后，即把他父亲据亲身见闻所撰《崇祯遗录》一卷送呈明史馆。这时，天下名士荟萃京城，共修《明史》，朝廷大吏附庸风雅，竞相延揽文士于各自幕署。江南名士如万斯同、阎若璩、胡渭、顾祖禹、刘献廷等，都以幕客受聘于主持编纂《明史》的徐乾学、徐元文兄弟。王源也以自己的文学才能，跻身于徐元文幕，从此开始了他后半生的幕客生涯。

作幕京中，倏尔四易寒暑。四年来，王源与幕友刘献廷结为莫逆之交。他们时常在一起讨论"兵法、文章、典制，古今兴亡之故"，二人之间"意见之同，犹声赴响"。④二十八年，徐乾学招权纳贿，为副都御史许三礼弹劾，疏请还乡。翌年春，徐乾学离京，幕客纷纷偕同南下。随后，徐元文因乾学事牵连，相继去官回乡。当初，刘献廷曾利用

---

① 魏禧：《魏叔子文集》卷八《信芳斋文叙》。
② 王源：《居业堂文集》卷九《贾诩论》。
③ 李塨：《恕谷后集》卷六《王子传》。
④ 李塨：《恕谷后集》卷六《王子传》、卷一八《刘处士墓表》。

在幕署供职的便利，购求遗书，抄录史料，打算约请万斯同、王源和另一幕友戴名世结伴南归，"为一代之业"[①]。后因财力不济，刘献廷孤身南归，王源等人依然留京作幕觅食。[②]

王源虽身为幕客，被迫周旋于高官显贵之间，但他却不甘寄人篱下，更不愿阿谀权贵，仰人鼻息。他服膺庄周和司马迁恢奇不拘的文章风格，景仰诸葛亮、郭子仪、李纲、李晟、于谦、王守仁等名垂史册的功业。在与幕友方苞、姜宸英论及立身旨趣时，他表示："经纬如诸葛武侯、李伯纪、王伯安，功业如郭汾阳、李西平、于忠肃，文章如蒙庄、司马子长，庶几似之。"[③]然而，在严酷的现实中，王源的志向屡屡碰壁。由于志不得伸，惆怅满怀，他只好借酒排忧。每当大醉之后，一腔怨愤喷然涌出，或讥讽揶揄，或痛斥怒骂，富家贵人无不为他所粪土。这样一来，虽痛快一时，但却更加"与世参商"[④]，幕主表面上礼重他，暗地里却摈斥不用。

为了摆脱困境，王源试图从科举入仕中去寻求出路。康熙三十二年（1693）秋，他在顺天乡试中一举成功，考中第四名。这时，他已经46岁了。但是，事情很不顺利，继他的兄嫂故世之后，这年冬天，移居天津不久的父亲又溘然长逝。清承明制，居父母丧的举人不能参加会试。这样，他便失去了在来年会试中进行角逐的机会。[⑤]迫于生计，在天津

---

① 刘坊：《万季野先生行状》，见万斯同《石园文集》卷首。

② 关于王源在康熙二十九年前后的经历，《清史稿》卷四八〇王源本传称："昆山徐乾学开书局于洞庭山，招致天下名士，源与焉。"此说有误。据《居业堂文集》卷一三《南游日记序》、卷一八《先兄汲公处士行略》及方苞《四君子传》等文载，康熙二十九、三十年间，王源一直在北京，未随徐乾学南归。《清史稿》当是将参加洞庭山修书的王原误作王源。

③ 王兆符：《望溪先生文集序》，见《方苞集》卷末《附录》。

④ 方苞：《方苞集》卷八《四君子传》，上海古籍出版社，1983年，第217页。

⑤ 对于王源有否参加会试一事，《清史稿》王源本传持否定态度，记作："或劝更应礼部试，谢曰：'吾寄焉为谋生计，使无诟厉已耳。'"此说系据方苞《四君子传》随意引申，与事实不符。据《居业堂文集》卷七《与戴田有书》、卷八《与方灵皋》载，康熙三十九年、四十二年，他都参加了会试，四十二年落第后，始有绝意会试的打算。又据李塨《王子传》载，直到康熙四十八年，即王源逝世前一年，他才谢绝会试。

料理完丧事后，他又告别妻子儿女，南下江西，西入关中，北上京城，风尘仆仆，幕游四方。对这样的际遇，他百思而不得其解，只好归结为命运的摆布。他在此时致友人阎若璩的信中喟叹："弟之不幸，不过欲数椽容膝，百亩供餐，足以闭户而无求，便可成其稽诵著述之志，乃谋之三十余年，终如河清难俟，岂非命邪！"①

　　康熙三十九年（1700）春，王源再次做了进入仕途的搏击，结果又因会试落第而被拒于门外。正当歧路彷徨、"生计茫然"②之际，他认识了河北蠡县来京会试的学者李塨。李塨是河北著名学者颜元的弟子，以所著《大学辨业》阐述和发挥师说，从而形成独树一帜的学派。这一学派反对理学家的性理空谈，讲求"实习""实行""实用"的六艺实学，主张"程朱之道不熄，周孔之道不著"③。颜李学说反正统的批判色彩，激起王源的共鸣，使他同李塨一见如故。经过几个月的频繁接触，在仔细阅读《大学辨业》之后，他确认颜李学说"直接周、孔"④，决意师从颜元。这年冬天的一个夜晚，王源与李塨在京同榻就寝，已经夜阑人静，他却久久不能入睡。拂晓前，他忽然把熟睡的李塨唤醒，激动地倾诉："吾知所归矣。吾自负有用古文必传世，然躬际太平，毁钤安事？文辞终属枝叶，非所以安身立命也。倩君价予执贽习斋。"⑤当时，正好顺天府尹钱晋兴办大兴、宛平义学各一所，聘请王源主持大兴义学讲席，拜师的事暂时搁置下来。翌年春，宛平义学停办，就读士子尽行转往大兴义学。由于学生增多，书舍难以容纳，经与义学所在地洪庄的主人商定，同意借地营建顺天书院。王源亲为操持，当年七月动工，5 个月后，书院落成。康熙帝还亲笔题写了"广育群才"四个大字。按照王源的构想，书院将作为实践颜元学说的场所，试图引导学生由"学古

---

①　王源：《居业堂文集》卷七《与阎百诗书》。
②　王源：《居业堂文集》卷七《与戴田有书》。
③　颜元：《习斋记余》卷一《未坠集序》。
④　冯辰：《李恕谷先生年谱》卷三"四十二岁"条。
⑤　李塨：《恕谷后集》卷六《王子传》。

圣经"入手，进而讲求经世实学，使它成为"造就人才之权舆，而推其意于天下"。① 书院建成伊始，严酷的现实对王源的努力做了无情否定。由于在书院用地上出现争议，内大臣明珠出面干预，借口要聘用王源到幕署供职，强行对书院进行釜底抽薪。王源愤然离去，顺天书院仅昙花一现。

顺天书院的倒闭，并未动摇王源追求颜元学说的决心。康熙四十二年（1703）六月，他专程来到河北博野，经李塨介绍，向颜元正式拜师求学。颜元见他已56岁，无意再收为弟子，后经再三恳请，颜元便发问："闻子知兵，其要云何？"王源答道："源何足知兵要，但以为不过奇正而已。"颜元再问："假以乌合数千使子治之，何法为先？"王源又答："莫先束伍。"颜元欣喜异常，随即受了拜师礼，并告诫王源："自今一洗诗文之习，实力圣学，斯道斯民之幸也。"② 从这以后，王源以传播颜学为己任，弃绝会试，潜心儒学，揭开了他人生途程中的最后一页。

对于当时理学界有关朱熹、王守仁学说的是非之争，王源评价道："近日考亭、阳明两派，分持门户，相争如水火。窃疑君子亦仁而已矣，何必同然！程朱之笃学操修虽可法，而迂阔实不足以有为；阳明之经济虽无惭于道德，而学入于禅，未免天下诟病。"他指出，李塨的《大学辨业》，"尽辟两家，直追孔孟"；而颜元的《存学编》，更是"说透后儒之弊，直传尧、舜、周、孔之真"。因此王源认为，只有颜李学说才是应当大力提倡的"圣学"。③ 为此，他还给幕友方苞写了一封长信，详尽地阐述了颜李学说的基本主张，希望方苞并劝说戴名世作"同声相应"。针对方、戴二人倾向朱学的态度，王源在信中指出："程、朱之学，源亦有所未尽服。其德行醇矣，学正矣，然高谈性命而不能有经纬天地之才。……静坐观道，非禅而何哉！又何怪其门人之入于禅，又

---

① 王源：《居业堂文集》卷一九《顺天书院记》。
② 李塨：《颜习斋先生年谱》卷下"六十九岁"条。
③ 王源：《居业堂文集》卷八《与婿梁仙来书》。

何以独訾阳明之为禅哉！"他的结论是："颜先生所以不可不归，而刚主之书不可不虚心读之，专力求之，反复观之，精详体之。而不得以世儒之成说自画，俗人之门户相持也。"①后来，王源又亲赴南京，在方苞寓所中，两人展开了激烈的舌战。临别，他叹息道："子终守迷．吾从此逝矣。使百世以下聪明杰魁之士，沉溺于无用之学而不返，是即程、朱之罪也。"②

以康熙四十六年（1707）《平书》的竣稿为标志，王源完成了晚年由豪杰、文士向儒者的转变。这年春天，他携带《平书》手稿由北京抵达河北蠡县，送请挚友李塨审定。《平书》分为三卷十篇，就与国计民生攸关的众多问题，诸如建官、取士、制田、武备、财用等，进行了集中探讨。王源认为："法至明而弊已极，尚可涂饰朽敝以为安哉？非尽毁其故而别为构，不可以为居；非尽弃其旧而别为规，不可以为治。"由此出发，他试图确立新的法度，"使民生遂，人才出，官方理，国日富，兵日强"。因此他直截了当地指出："《平书》者，平天下之书也。"③两年后，王源应淮安知府姚陶的聘请，携家南下。在淮安幕署，他写下了自己的辞世作品《读易通言》。全书五卷，旨在驳斥朱熹《周易本义》引为依据的八卦"先天说"。王源指出，从陈抟到朱熹的"先天说"，"乱经蔑圣，误后学以至于今，数百年群然不知其为伪佛之贼吾道也"。④书成后，他于同年冬写信给李塨，重申颜元"程朱之道不熄，周孔之道不著"的主张，表示了对朱熹《易》说不妥协的批判态度。他说："朱紫阳为陈、邵所惑，满腹先天学问，公然尊异端而倍孔子，阐邪说而乱圣经。……就《易》以论，伊川纵有不合，犹依傍孔子而为言，未尝敢将孔子之言辟倒，而别立一说以驾乎其上如朱氏也。"⑤

---

① 王源：《居业堂文集》卷八《与方灵皋》。
② 方苞：《方苞集》卷一〇《李刚主墓志铭》。
③ 王源：《居业堂文集》卷一二《平书序》。
④ 王源：《居业堂文集》卷一二《读易通言序》。
⑤ 王源：《与李恕谷书》，见冯辰《李恕谷先生年谱》卷四"五十二岁"条。

王源一生，豪迈不拘，"磊落英杰"[1]，数十年的作幕四方，历尽风霜，心力交瘁。到他晚年客居淮安时，虽然老骥伏枥，雄心犹在，但是无奈积劳成疾，友人李塨就《读易通言》的复信尚滞邮筒，他却已在默默地期待中赍志而殁。康熙五十年（1711），戴名世因撰《南山集》《孑遗录》触犯清廷忌讳下狱。王源生前，由于曾经为《孑遗录》作序，案情审理中受到牵连。后刑部结案时，以"已经物故，毋庸议"[2]而幸免于祸。雍正七年（1729），李塨在河北蠡县建成道传祠，为表彰王源对颜李学说的传播，特于颜元神位前傍，"设王昆绳先生神位配享"[3]。王源一生所著，除《平书》《读易通言》外，尚有《兵法要略》《舆图指掌》《前筹一得录》《郘阳县志》等。由于他故世后无人整理收集，大多散佚。其中，《平书》幸为李塨以《平书订》刊行而得以保存。至于今天还能见到的《居业堂文集》，则是道光间王源孙女的曾孙管绳莱所辑，一则代远年湮，再则囿于闻见，王源生前的若干诗文、书札等，因散见于他人文集、年谱而未予辑录。此外，由于王源子兆符在康熙六十年中进士后，旋即病故绝嗣，迄今也未见有人纂辑王源年谱。

---

① 万斯同：《石园文集》卷七《王中斋先生八旬寿序》。
② 佚名：《记桐城方戴两家书案》，见《戴名世集》卷末《附录》。
③ 刘调赞：《道传祠记》，见《李恕谷先生年谱》卷五"七十一岁"条。

第八章　范鄗鼎与《理学备考》

20 世纪 30 年代，徐世昌主持编纂《清儒学案》，以山西理学名儒范鄗鼎列于该书卷二八，题名《娄山学案》。徐氏谓："三晋理学，最称敬轩，复元辛氏，实衍其绪。娄山祖父，皆游辛门，渊源既有所自，复能颛精一意，讲学不倦，巍然为清代山右儒宗。《理学备考》一书，亦夏峰《宗传》之亚也。述《娄山学案》。"① 徐氏以范鄗鼎彪西为清代山右儒学开派宗师，名副其实，洵称公论。以下，谨将范先生学行及三种《理学备考》大要稍事梳理，敬请方家大雅赐教。

一、范鄗鼎学行述略

范鄗鼎，字汉铭，号彪西，学者称娄山先生，山西洪洞人。生于明天启六年（1626），卒于清康熙四十四年（1705），享年 80 岁。

山右为理学之邦。明初，薛瑄倡朱子学于河东，影响有明一代理学甚钜。明末，辛全崛起晋中，近承薛瑄，远绍朱子，以所著《养心录》作育一方人才。鄗鼎祖弘嗣，字竹溪，父芸茂，字丹虹，俱及辛氏之门受学，理学传家，祖孙接武。芸茂孝友诚笃，尤能力行辛氏所教执敬之学，明亡不出，卒于家。鄗鼎自幼秉承庭训，服膺辛氏学说，步趋父祖，读《毛诗》，好《左传》，兼擅五经。顺治二年（1645），以五经应试，翌年即名列副榜。八年，举乡试。十八年春，在京应礼部试，本

---

① 徐世昌：《清儒学案》卷二八《娄山学案》。

已中式，未待放榜，"抱病先归"①。康熙六年（1667），成进士。十三年，以母老奏请终养，奉旨允行，从此养母不仕。

鄗鼎蛰居乡里，闭户不入城市，唯承父祖遗志，留意乡邦文献，辑刻嘉言懿行。早在顺治十二年（1655），鄗鼎读其祖所辑《三晋正学编》，即已渐悟："人不为理学，将为何如人？文不为理学，将为何如文？"于是由辛氏学入门，进而究心濂、洛、关、闽诸先生学，"知淡八股而嗜理学"，"知主河津而辅余姚"。②终养之后，先以五经书院，继建希贤书院，设讲堂，置学田，聚徒讲学，课徒授业，"合举业、理学而一之"③，以转移一方风气。

自康熙十四年起，鄗鼎振兴一方儒学的努力引起山西地方当局重视。十七年，清廷诏举博学鸿儒，鄗鼎因之列名荐牍。他以终养为由，坚不就征，三上呈词重申"既列终养，不宜出仕"，断不可"破终养之例，行欺罔之私"，以"鼎一人而玷国典"。④一时儒林，取鄗鼎与陕西李颙、江西魏禧、浙江应㧑谦并称，有"商山四皓"之比。

康熙十七年以后，为表示对清廷崇儒重道国策的拥戴，顺应开馆纂修《明史》的需要，鄗鼎开始编撰《明儒理学备考》，以表彰明代理学诸儒学行。迄于康熙四十年，主要精力多用于《明儒理学备考》《广明儒理学备考》的纂辑之中。二书告成，自康熙四十一年起，又致力清初理学诸儒学行的表彰。其间，辑刻乡邦贤哲著述，董理大儒嘉言懿行，始终如一。据康熙三十八年夏《五经堂既刻书目》记，截至是年，鄗鼎辑刻图书计有《御制劝善要言》《三晋语录》《重订晋国垂棘》《三晋诗选》《薛文清读书全录》《辛复元四书说》等，凡 30 余种，数以百卷之多。

---

① 范鄗鼎：《五经堂文集》卷二《四书反身录序》。
② 范鄗鼎：《五经堂文集》卷二《李礼山达天禄序》。
③ 范鄗鼎：《五经堂文集》卷二《寿平阳石太守序》。
④ 范鄗鼎：《五经堂文集》卷一《辞荐举呈词》。

康熙四十二年（1703），圣祖西巡，在洪洞召见鄗鼎。鄗鼎进呈《明儒理学备考》《广明儒理学备考》，并奏正结撰《国朝理学备考》，行将刻竣。圣祖为之欣然，赐手书"山林云鹤"四个大字。年届耄耋，抱病著述，最终将鄗鼎晚年心血耗尽。康熙四十三年岁杪，补辑《国朝理学备考》费密学行资料搁笔，即于翌年溘然长逝。

鄗鼎一生，以振兴三晋儒学为职志，不别宗派，为光大理学，鞠躬尽瘁。故世之后，门人私谥文介先生，从祀乡贤。所著序记、书札、传状等，辑为《五经堂文集》刊行。《明儒理学备考》《广明儒理学备考》及《国朝理学备考》，流传有清一代，至今犹为董理理学史者所重。

二、两部《明儒理学备考》

鄗鼎著《明儒理学备考》，肇始于康熙十七年正月。关于是书之撰述缘起，卷端《凡例》首条言之甚明："闻喜朱小晋（讳裴）先生，序小刻《纪略》曰：'予向在台中上封事，有请修《明史》一疏，奉有谕旨。同官顾西巘先生，有请增从祀一疏，部覆可其议。'鼎观近日，又有命礼臣刊《性理大全》之典，有纂修《孝经》之典，私喜昭代崇儒重道，留心理学，非一日矣。"[1]综观此条所言，鄗鼎修书之举，缘由主要有三：一是廷臣开馆纂修《明史》的呼声；二是朝中新增从祀大儒之议；三是清廷崇儒重道、留心理学决策日趋明朗。

缘起既明，如何将撰述宗旨付诸实施，便成一关键问题。在这个问题上，鄗鼎有一始终恪守的信念，即"学问只怕差，不怕异"[2]。也就是说，学问只怕背离正道，出现偏差，而不怕存在认识的不同。具体到有明一代从祀孔庙的四大儒而言，鄗鼎认为，薛瑄、胡居仁之学为一

---

① 范鄗鼎：《明儒理学备考》卷首《凡例》第一条。

② 范鄗鼎：《明儒理学备考》卷首《序》。

类，王守仁、陈献章之学为另一类。若再加细分，则四家之学皆可各为一类。然而尽管路数不同，却未可轩轾，四家实是相辅相成。鄗鼎的结论是："薛、胡之学，参以王、陈而薛、胡明；而王、陈之学，亦因薛、胡而益明也。"① 秉持此一宗旨，鄗鼎于明清之际诸多理学史著述的偏颇提出批评，指出："近人汇辑理学，必曰孰为甲，孰为乙，孰为宗派，孰为支流，孰为正统，孰为闰位。平心自揣，果能去取皆当乎？多见其不知量也。"② 因此，《明儒理学备考》一反其道，"书名《备考》，待人以恕"，"不敢云宗，聊以备考焉耳"。③

由康熙十七年（1678）正月始撰，至十九年十月第二篇序文脱稿，《明儒理学备考》初步编成。二十年，是书首次付梓。书凡十六卷，卷一至卷六系辑录辛全《理学名臣录》而成，卷七至卷一〇则为孙奇逢《理学宗传》之传记摘编，卷一一至卷一六乃鄗鼎本辛、孙二家意，博采诸家传记所做续补。据著者自述，所征引诸书依次为《圣朝名世考》《明名臣言行录》《仕国人文》《道学正统》《道学羽翼》《圣学宗传》《京省人物志》及诸家文集等。

康熙二十八年春，鄗鼎得熊赐履著《学统》、张夏著《雒闽源流录》，复取二家所录理学诸儒传记，将《明儒理学备考》增补为二十卷。二十九年冬，黄宗羲弟子仇兆鳌，将黄著《明儒学案》总目寄鄗鼎。三十三年二月，兆鳌复遣专人送新刻《明儒学案》至洪洞。于是鄗鼎再取张、黄二书，续辑《明儒理学备考》为三十四卷。至此，该书终成定本。

《广明儒理学备考》为《明儒理学备考》之姊妹篇。《备考》系明代理学诸儒传记汇编，以人存学，《广备考》则专辑诸家语录、诗文，以言见人，先行后言，相得益彰。两书的关系，《备考》卷首《凡例》有

---

① 范鄗鼎：《明儒理学备考》卷首《序》。
② 范鄗鼎：《明儒理学备考》卷首《又序》。
③ 范鄗鼎：《明儒理学备考·凡例》第五、六条。

专条说明，郁鼎谓："辛集止载本传，不载语录。孙集于本传之后，有语录者，或载十余节，或数十余节，言行俱存，诚为完书。余于语录尽删，窃取吾夫子躬行心得之意。或曰，六经皆圣贤之言，此说何居？余曰，续有《广理学备考》一书，皆圣贤之言也。在后世视圣贤，非言莫传，而圣贤在当日，先行为急。余所以分本传与语录而二之也，善读者自能一贯。"① 可见《明儒理学备考》结撰之初，著者即有纂修《广明儒理学备考》的计划。

康熙十九年（1680）十月，《明儒理学备考》初成，郁鼎便着手《广明儒理学备考》的结撰。至二十三年九月，《广明儒理学备考》初编告竣，著者于《凡例》首条重申："前刻《理学备考》，有传者止录一传，无传者节取序志，其于嘉言善行，尚多挂漏。余下愚终未得门而入也，此广之不容已也。且前刻纲也，兹刻目也，前刻经也，兹刻纬也，合而读之，理学之事备矣。"②

一如《备考》，《广备考》亦以薛、胡、王、陈四家冠于书首，领袖群儒。凡于著录诸家，不分门户，无意轩轾，旨在一致百虑，殊途同归。郁鼎于此有云："易有太极，是生两仪。一阴一阳，一柔一刚，一动一静，一语一默，处处皆有，物物皆然，何独至于理学而疑之？他不具论，宋有考亭，即有象山，明有薛、胡，即有王、陈。鹿伯顺解由尧舜至汤一章，有曰：'见知都得两人，政为怕拘一人之见，或见不全也。……人知朱、陆之不同也，而不知朱、陆未尝不同。'鹿公之言如此。生安勉强，殊途同归，德行文章，百虑一致，我思鹿公，实获我心。"③

《广明儒理学备考》的结撰，"见一集乃广一人"④，续得续刻，多历年所。康熙二十七年（1688）正月，重订再刻。三十一年九月，三订三

---

① 范郁鼎：《明儒理学备考·凡例》第一一条。
② 范郁鼎：《广明儒理学备考》卷首《凡例》第一条。
③ 范郁鼎：《广明儒理学备考》卷首《凡例》第五条。
④ 范郁鼎：《广明儒理学备考》卷首《凡例》第七条。

刻。尔后再经增补，于三十三年夏，终成 48 卷完书，著录一代理学诸
儒凡八十家。

三、关于《国朝理学备考》

　　鄗鼎一生精力，几乎皆在两部《明儒理学备考》的纂辑之中，用
力勤苦，用心深远。然而于当朝理学，其态度若何？康熙二十九年二
月，同年廷臣许三礼有书自京中来，称道鄗鼎董理有明一代理学之功。
鄗鼎欣然复书云："芜刻两《备考》，原不欲使一代正学湮没。今史馆
纂修《明史》，其中自有文章钜公，弟固不敢望其项背。然论三十余年
搜求之苦，刊刻之费，性情在此，痼癖在此者，弟亦不敢多让也。"书
末且告三礼，拟于日后将许氏《政学合一》诸书录入"本朝理学"①。其
实早在之前四年，前辈重臣魏象枢来信，即已询及"本朝之讲理学有著
作者"，准备如何处理的问题。鄗鼎就此答云："本朝理学，有志未逮，
俟明儒草草就绪，然后可渐举也。"②可见，在致力表彰明代理学诸儒学
行的过程中，鄗鼎已对当朝理学的梳理有过考虑。

　　康熙三十三年，两部《明儒理学备考》最终完成。适逢是年清圣祖
以《理学真伪论》为题，在瀛台考试翰林院众臣。试毕，命大学士张英
传旨："你们做《理学论》，哪知江南总督于成龙是个真理学。"又明示
诸臣："理学原是躬行实践。"③鄗鼎得悉此一重要消息，至为鼓舞。因
为一则康熙二十五年秋，他曾就于成龙入祀太原三立祠一事，数度呈
书山西地方当局，且于翌年喜获如愿。再则两部《明儒理学备考》的
刊行，根本宗旨与三立祠立德、立功、立言之意，名异而实同。第三

---

①　范鄗鼎：《与范彪西书四》附答书，见《国朝理学备考·许三礼卷》。
②　范鄗鼎：《与范彪西书四》附答书，见《国朝理学备考·许三礼卷》；《又与范彪西书》附答书，见《国朝理学备考·魏象枢卷》。
③　范鄗鼎：《与范彪西书四》附答书，见《国朝理学备考·许三礼卷》之《自序》卷首。

是在康熙二十五年（1686）七月，于答魏象枢书中，阐述过如下理学观："小刻《广理学》，仍以理学为主。窃谓理学二字，必得文章、事功、节义，而学始实，而理始著，始可见之行事，而非托之空言矣。"① 因此，郜鼎"私喜腐儒迂见，不悖于圣训如此"②。

于是经过数年的搜集资料，遂于康熙四十一年秋，开始《国朝理学备考》的纂修。

《国朝理学备考》为郜鼎晚年的重大编纂劳作。一如前刻两部《明儒理学备考》，著者开宗明义，即揭出本书之撰述宗旨：一是"愚论理学，但以躬行为主，非此族也，不列集中"；二是"论学归宗，论学归善也，虽谓前后三《备考》，同一迂见可也"；三是"但有一言一行，一念一事，合天理、顺人情者，即登于册"；四是"予之为《备考》也，内而自考，外而考人，既望之入《备考》者，并望之读《备考》者"；五是"随得随录，意无轩轾"。③

全书所录凡 26 家，依次为许三礼、熊赐履、陆陇其、党成、汤斌、魏象枢、于成龙、李颙、李生光、刘芳喆、王士祯、李铠、曹续祖、王端、赵侣台、费密、施闰章、陶世征、缪彤、严珏、赵士麟、彭珑、施璜、吴肃公、汪佑、窦克勤。书不分卷，一人一编，若人自为卷，则可视作 26 卷。各编文字多寡不一，最多者为熊赐履，凡两册，可视作上下两卷，最少则赵侣台，仅语录数条，寥寥两页。

是书编纂体例，与前二《备考》略异，系合著录理学诸儒言行为一。所录各家，有已定、未定之别。何谓已定、未定？郜鼎于卷首《凡例》释云："昔刻两种《明儒备考》，愚意既见《凡例》中。兹刻愚意同前，而小异者，有已定、未定之别。于已定者，或行状，或志传，或

---

① 范鄗鼎：《与范彪西书四》附答书，见《国朝理学备考·许三礼卷》；《又与范彪西书》附答书，见《国朝理学备考·魏象枢卷》。
② 范鄗鼎：《与范彪西书四》附答书，见《国朝理学备考·许三礼卷》之《自序》卷首。
③ 范鄗鼎：《与范彪西书四》附答书，见《国朝理学备考·许三礼卷》之《凡例》卷首。

节取名篇，或妄自杜撰，谨成一篇，而并录其著作。此其同也。于未定者，或台阁奏疏，或山林撰述，或诗歌语录，或论序书柬，或长篇，或短札，总录其著作，而状传姑俟之他日。此其异也。"① 若于成龙、魏象枢、陆陇其、汤斌、许三礼诸家，即属作古论定者。其他各家，或人尚健在，或所录资料不全，则多属未定。

凡所著录诸儒，大体先为生平简历，并附鄗鼎按语，随后则是学术资料汇编。所录资料凡分四类，一为语录，二为文集，三为诗词，四为诸儒评论。

鄗鼎将《国朝理学备考》付梓，已届七十七高龄。虽抱病山中，潜心编纂，无奈风烛残年，不堪重荷，未待全书编成，即告赍志而殁。因此，《国朝理学备考》实为鄗鼎未完之书，故而字里行间，每每可见其子翀所作续补。也惟其如此，全书所录各家，未及以年辈先后为序，颇多参差不齐。与前刻两《备考》不同，前二书流播有年，已成定本，朝野名儒序跋，比肩接踵，同调共鸣。此书则匆匆问世，璞玉待琢，除卷首《自序》《凡例》之外，别无其他序跋。尽管如此，因为书中所录均系得自各家近刻，或手自抄录，多具文献价值。尤其是诸儒与著者往还之若干书札，多涉一时学术消息，于知人论世弥足珍贵。他如诸家传状之辑录，见闻真切，亦可补官修史书之阙略。因此，考论清初理学，鄗鼎所著依然不失其学术价值。

---

① 范鄗鼎：《与范彪西书四》附答书，见《国朝理学备考·许三礼卷》之《凡例》第一条。

中编　乾嘉学派与乾嘉学术

第九章　思想史与社会史相结合的典范

侯外庐先生是我国思想史、社会史学科的杰出奠基人，创辟路径，作育人才，为我国 20 世纪历史学的发展做出了巨大的贡献。2003 年，欣逢先生百年冥诞，谨以平日读《中国思想通史》之所得，就先生论究乾嘉汉学的若干意见，试作一个梳理。借以缅怀先生之卓著业绩，并求教于各位同好。

一、对 18 世纪中国社会基本状况的认识

在中国思想史研究中，将思想史与社会史相结合，是《中国思想通史》一以贯之的基本为学方法论。外庐先生于此指出："如大家所周知的，思想史系以社会史为基础而递变其形态。因此，思想史上的疑难，就不能由思想的本身运动里求得解决，而只有从社会的历史发展里来抉别其秘密。"[1] 惟其如此，外庐先生论究乾嘉汉学，首先提出并加以解决的问题，就是对 18 世纪中国社会基本状况的认识。

外庐先生从经济状况和阶级关系的剖析入手，认为从 16 世纪中叶以后，中国封建社会开始了它的解体过程。这是一个蹒跚而痛苦的过程。先生以一个杰出史家的卓然睿识，准确地把握住了这一过程的基本历史特征，他说："从十六世纪以来，中国的历史没有如欧洲那样走向资本主义社会，这并不等于说中国封建社会没有解体过程，没有资本主义的形成过程。关键在于，既在封建社会的母胎内产生了资本主义的萌

---

① 侯外庐：《中国思想通史》第 1 卷，人民出版社，1957 年，第 28 页。

芽形态，又在发展过程中未能走进近代的资本主义世界。这即是如马克思说的，既为旧的所苦，又为新的发展不足所苦，死的抓住活的（原注：参看《资本论》序言）。资本主义要排斥身份性的人格依附，然而封建主义的顽固传统又要维持这样的人格依附。这就是问题，这就是矛盾。"①"死的抓住活的"，这样一个明白晓畅的归纳，在我们观察16世纪中叶以降的中国社会时，是不可忘记的经典意见。

当历史演进到17世纪中叶，明清更迭所酿成的社会动荡，使中国社会一度出现民族矛盾激化的局面。然而封建王朝的更迭，并没有也不可能改变中国古代社会的蹒跚步履。外庐先生认为："自然，如恩格斯在《反杜林论·暴力论》中所指出的，落后民族的统治，经过一定时期，也不得不按照被征服的民族的先进经济状况，寻求适应的步骤，甚至改变了自己民族的语言，以求适应客观的历史条件。康熙以后的中国经济情况，就呈现出复苏以至某些发展的迹象。"②正是以对明清之际我国国情的准确把握为出发点，外庐先生展开了关于18世纪中国社会状况的研究。

在《中国思想通史》第5卷中，外庐先生辟出专节，对18世纪的中国社会进行论证，提出了如下三个方面的基本认识。

第一，要正确认识文明较低民族对文明较高民族统治的历史。外庐先生指出：清王朝统治中国的历史是文明较低级的民族对文明较高级的民族统治的历史。马克思说："——野蛮的征服者，按照一条永恒的历史规律，本身被他们所征服的臣民的较高文明所征服。"③恩格斯在《反杜林论·暴力论》一章中，更详细地说："由比较野蛮的民族进行的每一次征服，不言而喻，都阻碍了经济的发展，摧毁了大批的生产力。但是在长时期的征服中，比较野蛮的征服者，在绝大多数情况下，都不得

---

①　侯外庐：《中国思想通史》第5卷，人民出版社，1957年，第16页。

②　侯外庐：《中国思想通史》第5卷，人民出版社，1957年，第26页。

③　原注："《不列颠在印度统治的未来结果》，载《马克思论印度》，人民出版社，1951年，19页。"此段引文据新版本做了调整，参见《马克思恩格斯选集》第1卷，人民出版社，1995年，第768页。

不适应由于征服而面临的比较高的'经济状况'；他们为被征服者所同化，而且多半甚至不得不采用被征服者的语言。"[①]这一分析，是适合于18世纪的中国历史的。[②]

第二，明清更迭不是历史的倒退，中国社会依旧在缓慢地前进。关于这一点，外庐先生说："明清之际，中国封建社会在它解体过程中所表现的生产力和生产关系的矛盾，在阶级关系上表现为农民求解放的利益，以及代表市民反对派的利益，和封建地主阶级的利益之矛盾。当时的启蒙思想，通过政治、法律、道德等方面的折射，正反映出这个时代的社会图景及其矛盾。清王朝的统治使这样基本矛盾之上更添加了民族的矛盾，因而历史的发展沿着更缓慢的途径前进。在清初的大破坏时期和康熙后期若干年的相对安定时期，民族的压迫都使中国历史蹒跚不前。但这并不是说，清王朝一系列的镇压政策和统治阶级的主观愿望，就能长久阻止客观历史的前进。十八世纪的中国社会经济就呈现了复苏的景象，它有了恢复，甚至也有了发展。"[③]

第三，学术思想的演进，必然地要受到社会发展水准的制约。外庐先生认为："十八世纪的中国社会，是阶级矛盾和民族矛盾相交错的。从整个形势来看，这时清朝封建统治势力占有相对稳定的统治地位。从发展上看，这时资本主义的幼芽、市民的力量、农民的反抗活动，则是在不可阻遏地生长着。这种历史形势反映在当时的思想界，就是一方面有专门汉学之统治地位的形成；另一方面则有戴震、汪中、章学诚、焦循等人的哲学思想的出现。"[④]

通过对16世纪中叶以降，尤其是18世纪迄于19世纪初叶国情的研究，外庐先生得出了他观察18世纪中国社会的结论，这就是："十八

---

① 原注："人民出版社版，229 页。"此段引文据新版本做了调整，参见《马克思恩格斯选集》第 3 卷，人民出版社，1995 年，第 526—527 页。

② 侯外庐：《中国思想通史》第 5 卷，人民出版社，1957 年，第 393 页。

③ 侯外庐：《中国思想通史》第 5 卷，人民出版社，1957 年，第 393—394 页。

④ 侯外庐：《中国思想通史》第 5 卷，人民出版社，1957 年，第 403 页。

世纪的中国社会并不是所谓太平盛世。"① 外庐先生将中国历史置于世界历史的大背景之下，深化他的论证，进而指出："尽管十六世纪中叶以来，中国社会虽具有若干资本主义的萌芽因素，但农业和手工业相结合的封建自然经济，依然是支配的倾向。在十八世纪的世界市场形成的时候，中国社会缓慢的变化还是远远落在世界风暴之后面。"② 惟其如此，稍后的鸦片战争及一系列不平等条约，就不是突如其来的。关于这方面的意见，外庐先生谈得十分清楚，他说："如单从中国内部来看，自十八世纪末起，社会危机已经尖锐地暴露出来。"③ 又说："鸦片战争及其所产生的不平等条约的束缚，不是突然而来的。相反地，在鸦片战争以前几十年间，中国已经在外国资本主义的侵略之下，进入破产的时期。"④

二、关于乾嘉汉学的形成

清代乾隆、嘉庆年间，何以会形成考据学风靡朝野的局面？前辈大师谈清代学术，这是一个共同关注的问题。

章太炎先生著《訄书》，率先提出讨论，他说："清世，理学之言，竭而无余华；多忌，故歌诗文史枯；愚民，故经世先王之志衰（原注：三事皆有作者，然其弗逮宋明远甚）。家有智慧，大凑于说经，亦以纾死，而其术近工眇踔善矣。"⑤ 章先生的这段话，讲了三层意思：一是从学术层面言，认为理学作为一种学术形态，入清以后，业已失去其发展的理论空间；二是就知识界状况言，因为政治上的避忌太多，因而文人学士的作品遂失去勃勃生机；三是就朝廷的文化政策言，由于清廷实施"愚民"政策，桎梏人心，故而学以经世的传统遂告不振。三者交互作

---

① 侯外庐：《中国思想通史》第 5 卷，人民出版社，1957 年，第 623 页。
② 侯外庐：《中国思想通史》第 5 卷，人民出版社，1957 年，第 623 页。
③ 侯外庐：《中国思想通史》第 5 卷，人民出版社，1957 年，第 623 页。
④ 侯外庐：《中国思想通史》第 5 卷，人民出版社，1957 年，第 625—627 页。
⑤ 章太炎：《訄书》一二《清儒》，古典文学出版社，1958 年，第 30 页。

用的结果，自然便形成学术界治经以纾死的格局。

对于"为什么古典考证学独盛"的问题，梁启超先生大体沿袭了章太炎先生的意见，他说："明季道学反动，学风自然要由蹈空而变为核实——由主观的推想而变为客观的考察。"至于这种客观考察"为什么专向古典部分发展，其他多付阙如"？梁先生则认为："问到这里，又须拿政治现象来说明。"在考察清初以降政治对学术的影响之后，梁先生得出了两条结论：第一，"凡在社会秩序安宁，物力丰盛的时候，学问都从分析整理一路发展。乾、嘉间考证学所以特别流行，也不外这种原则罢了"。第二，"考证古典之学，半由'文网太密'所逼成"。①

在这个问题上，钱穆先生的看法，与章、梁二位先生有同有异。钱先生不赞成梁先生的"道学反动"说，他把清学与宋学视为一个整体，提出了"不识宋学，即无以识近代"的主张。钱先生说："言汉学渊源者，必溯诸晚明诸遗老。然其时如夏峰、梨洲、二曲、船山、桴亭、亭林、蒿庵、习斋，一世魁儒耆硕，靡不寝馈于宋学。继此而降，如恕谷、望溪、穆堂、谢山，乃至慎修诸人，皆于宋学有甚深契诣。而于时已及乾隆，汉学之名始稍稍起。而汉学诸家之高下浅深，亦往往视其所得于宋学之高下浅深以为判。道咸以下，则汉宋兼采之说渐盛，抑且多尊宋贬汉，对乾嘉为平反者。故不识宋学，即无以识近代也。"② 至于封建专制政治对学术发展的桎梏，钱先生的看法则与章、梁二位先生一致，他说："清儒自有明遗老外，即少谈政治。何者？朝廷以雷霆万钧之力，严压横摧于上，出口差分寸，即得奇祸。习于积威，遂莫敢谈。不徒莫之谈，盖亦莫之思，精神意气，一注于古经籍。本非得已，而习焉忘之，即亦不悟其所以然。此乾嘉经学之所由一趋于训诂考索也。"③

---

① 《梁启超论清学史二种·中国近三百年学术史》，朱维铮校注，复旦大学出版社，1985年，第112—118页。

② 钱穆：《中国近三百年学术史》上册，中华书局，1986年，第1页。

③ 钱穆：《中国近三百年学术史》下册，中华书局，1986年，第533页。

侯外庐先生继诸位大师而起，博采众长，融为我有，复以其深厚的史学素养和理论功底，掩众贤而上，将研究向前推进。在《中国思想通史》第 5 卷中，外庐先生辟出专章，对乾嘉汉学的形成展开了深入讨论。

一如前述，外庐先生的讨论，首先从对 18 世纪中国社会状况的剖析入手，高屋建瓴，统揽全局。这正是外庐先生超迈前哲的重大建树所在。其次，是梳理学术演进源流，就清初诸儒的为学风格进行探讨，以论证阎若璩、胡渭、毛奇龄、万斯大、万斯同等人"汉学前驱者"的历史地位。如同钱穆先生一样，外庐先生不赞成谈乾嘉汉学而推祖于顾炎武、黄宗羲，他认为："讲清代汉学历史的人，往往把汉学上推到顾炎武、黄宗羲。其实清初大儒以经世之务为目的，以考据之学为手段，并无所谓汉学的专门研究。"因此，外庐先生进而指出："十八世纪的专门汉学，好像是继承顾、黄等人的考据，事实上是把清初学者的经世致用之学变了质的。专门汉学的前驱者，决不应当追源于顾、黄诸人。"[1] 最后，则是将先前诸大师对学术与政治关系的论究推向深入，从而直接回答乾嘉汉学的形成问题。

关于形成乾嘉汉学的直接原因，外庐先生的着眼点主要在于两个方面，一是社会的相对稳定，二是清廷的文化政策。他说："到了十八世纪，所谓汉学成为风靡一时的专门之学。这和清封建统治势力之进入相对稳定时期有密切关系，特别是和康熙以来的反动文化政策有密切关系。"[2] 两者相比，外庐先生尤为重视第二方面的原因。为此，外庐先生提出了如下的大段论证文字：

> 康熙以来的反动文化政策，比元代统治的手法圆滑到万倍。一方面大兴文字之狱，开四库馆求书，命有触忌讳者焚之（见章炳麟《检论》卷四《哀焚书》）。他方面又采取了一系列的愚弄政策，重儒学，崇儒士。这不但

---

① 侯外庐：《中国思想通史》第 5 卷，人民出版社，1957 年，第 404 页。
② 侯外庐：《中国思想通史》第 5 卷，人民出版社，1957 年，第 410 页。

表现在康熙十二年荐举山林隐逸，十七年荐举博学鸿词，十八年开明史馆，而且表现在其指导理论，打击当时新兴的"经世致用"之学。如十二年上谕命编《太极图论》，十六年亲制《四书解义序》，五十一年上谕朱子配享孔庙，以及选任大臣多理学名家等等。然这不是唯一政策，也不是如梁启超说的"在朝理学与在野汉学形成了一个对峙"，反而在康熙时代已经有《图书集成》的编纂，至雍正三年告成，书凡六千一百零九部。在这样的政策之下，升化了"经世致用"之学，削弱了清初的知识武器。到了乾隆时代，汉学也就大为朝廷所提倡，作为统治工具的理学的补充。乾隆三十八年至四十七年，招集了海内学者三百人入四库馆，编定了闻名的《四库全书》，凡七万九千七十卷。这是所谓"汉学的大本营"。因此，乾隆朝的政策更实行对封建文化笺注与烦琐并行提倡的指导方针。所以戴震说："值上方崇奖实学，命大臣举经术之儒。"（《戴东原集》卷十二《江慎修事略状》，乾隆壬午。）另一方面，雍正元年（公元一七二三年）以后，中国学术与西洋科学，因了受清廷对外政策的影响，暂时断绝联系。[①]

以上述论证为依据，辅以清廷"御纂"诸经自康熙五十四年（1715）以降的编定刊行，外庐先生得出问题的研究结论。他说："对外的闭关封锁与对内的'钦定'封锁相为配合，促成了所谓乾嘉时代为研古而研古的汉学，支配着当时学术界的潮流……专门汉学就是在这样钦定御纂的世界中发展起来的。"[②]

三、乾嘉汉学是一个历史过程

晚近谈乾嘉学派与乾嘉学术，每以吴、皖分派立论。究其所自，则章太炎先生当属首倡。在《訄书》中，章先生论清儒学术有云："其成

①　侯外庐：《中国思想通史》第 5 卷，人民出版社，1957 年，第 410—411 页。
②　侯外庐：《中国思想通史》第 5 卷，人民出版社，1957 年，第 411—412 页。

学著系统者，自乾隆朝始。一自吴，一自皖。吴始惠栋，其学好博而尊闻；皖南始戴震，综形名，任裁断。此其所异也。"[1]其后，梁启超先生著《清代学术概论》《中国近三百年学术史》再加阐发，遂成"惠、戴两家中分乾嘉学派"[2]之说。钱穆先生从章、梁二先生之忽略处入手，着意论究惠栋予戴震为学的影响，提出"吴皖非分帜"[3]的主张，将研究引向了深入。

外庐先生论究乾嘉汉学，以章、梁、钱三位先生之所得为起点，进而向纵深推进。一方面外庐先生既充分尊重前人的劳作，沿用吴、皖分派的思路，从为学路数和旨趣上去认识乾嘉学术；另一方面，他又选取乾嘉时代的几位主要思想家，如戴震、汪中、章学诚、焦循、阮元等，去进行专题研究。通过探讨诸家思想、学术之个性和贡献，提出了若干具有创获意义的重要见解。其中，如下两个见解，对于深化乾嘉汉学的研究，尤为重要。第一个见解是："汉学是始于惠栋，而发展于戴震的"[4]；"戴学在思想史的继承上为惠学的发展"[5]。第二个见解是："阮元是扮演了总结十八世纪汉学思潮的角色的。如果说焦循是在学说体系上清算乾嘉汉学的思想，则阮元是在汇刻编纂上结束乾嘉汉学的成绩。他是一个戴学的继承者，并且是一个在最后倡导汉学学风的人。"[6]这就是说，乾嘉汉学肇始于惠栋，经戴震加以发展，至焦循、阮元而进行总结，方才走完其历史道路。

外庐先生的这两个重要见解，突破吴、皖分派的旧有格局，为把乾嘉学派和乾嘉学术作为一个历史过程来进行研究开了先河。这是外庐先

---

① 章太炎：《訄书》一二《清儒》，古典文学出版社，1958年，第30页。
② 《梁启超论清学史二种·中国近三百年学术史》，朱维铮校注，复旦大学出版社，1985年，第306页。
③ 钱穆：《中国近三百年学术史》上册，中华书局，1986年，第324页。
④ 侯外庐：《中国思想通史》第5卷，人民出版社，1957年，第414页。
⑤ 侯外庐：《中国思想通史》第5卷，人民出版社，1957年，第629页。
⑥ 侯外庐：《中国思想通史》第5卷，人民出版社，1957年，第577页。

生在乾嘉汉学研究中的一个重大贡献，其思想史和学术史上的意义不可低估。20世纪60年代初，先师杨向奎先生同外庐先生相呼应，在《新建设》杂志上发表了《谈乾嘉学派》一文。文中，向奎先师说："历来谈乾嘉学派的，总是说这一个学派有所谓吴派、皖派之分。其实，与其这样按地域来划分，还不如从发展上来看它前后的不同，倒可以看出它的实质。"① 令人惋惜的是，侯、杨二位大师的研究意见，尚未在学术界激起共鸣，一场民族文化的浩劫便轰然而起。

四凶既除，国运日昌，改革开放的正确决策，赢得了中国社会和中华民族的巨大进步。学随世变，与时俱进，当此承先启后之际，认真总结外庐先生关于乾嘉汉学是一个历史过程的思想，对于推动乾嘉学派与乾嘉学术研究的深入，恐怕是一个可取的思路。

18世纪中国特定的社会和学术环境，形成了特定的学术流派，即乾嘉学派。这一学派活跃于18世纪和19世纪初叶的学术舞台，其影响所及，迄于20世纪中而犹存。作为一个富有生命力，且影响久远的学术流派，它如同历史上众多的学术流派一样，也有其个性鲜明的形成、发展和衰微的历史过程。从思想史与社会史相结合的角度，对这样一个历史过程进行实事求是的具体研究，其间既包括众多学者深入的个案探讨，也包括学术世家和地域学术的群体分析，还包括分门类的学术史梳理，一致百虑，殊途同归，今日及尔后的乾嘉学派与乾嘉学术研究，定能创造出一个可以告慰前辈大师的局面来。

四、余论

外庐先生论究乾嘉汉学，曾经注意到乾嘉学者在文献整理上的业绩，认为"乾嘉学者的谨慎的治学方法，以及由经学的整理而普及于一

---

① 杨向奎：《谈乾嘉学派》，《新建设》1964年第7期。

般文献的史料工作"[1]，自有其历史价值。古往今来，学术前辈们的实践一再告诉我们，学术文献乃治学术史之依据，唯有把学术文献的整理和研究工作做好，学术史研究才能建立在可靠的基础之上。

有清一代学术，乾隆、嘉庆两朝，迄于道光初叶的近百年间，是一个发皇的时期。其间杰出的学者最多，学术成就最大，传世的学术文献亦最为丰富。将乾嘉时期的重要学术文献精心校勘，施以新式标点出版，这是整理乾嘉学术文献的一项重要工作，嘉惠学林，功在千秋。在这一方面，学术界有关专家已经做了大量工作。循此以往，辨章学术，考镜源流，若干有分量的目录学著述亦接踵而出。清代文献浩若烟海，实为前此历代之所不及。究其原因，大要当或有二：一则中国古代社会经历数千年发展，至清代已然极度成熟，经济、政治、军事、文化，皆臻于一集大成之格局；再则博大精深之中华学术，在此二百数十年间，亦进入一全面整理和总结之历史时期。惟其如此，有清一代人才辈出，著述如林，其诗文别集之繁富，几与历代传世之总和埒。这是中华民族一份极为宝贵的历史文化遗产，也是发展中华民族新文化的历史依据。故而董理清人别集，自20世纪中王重民先生之《清代文集篇目分类索引》肇始，前辈贤哲接武而进。邓之诚先生之《清诗纪事初编》，钱仲联先生之《清诗纪事》，张舜徽先生之《清人文集别录》，袁行云先生之《清人诗集叙录》等，呕心沥血，成就斐然。

学如积薪，后来居上。正是凭借前哲时贤的深厚积累，王绍曾教授主编的《清史稿艺文志拾遗》，李灵年、杨忠两位教授主编的《清人别集总目》，柯愈春教授编纂之《清人诗文集总目提要》等，并肩比美，联袂而出。三书或集合同志，或独力纂修，历时十数年，乃至数十年，终成里程碑式巨著。

辑录乾嘉时期著名学者集外题跋、序记、书札等佚文，区分类聚，

---

[1]　侯外庐：《中国思想通史》第 5 卷，人民出版社，1957 年，第 426 页。

整理刊布，是一桩既见功力，又有裨学术研究的事情。晚清以降，诸多文献学家后先而起，辑录顾广圻、黄丕烈二先生群书题跋，已开风气之先路。20 世纪 50 年代初，陈垣先生据尹炎武先生所获钱大昕集外家书 15 函，逐函加以精审考订，更为一时儒林推尊，赞为"励耘书屋外无二手"①。尔后，虽间有学者承先辈遗风，辛勤爬梳，唯因兹事难度甚大，成功非易，久而久之，遂几成绝响。20 世纪 90 年代中，陈文和教授主持整理编订《钱大昕全集》，专意搜求《潜研堂集》外散佚诗文，纂为《潜研堂文集补编》一部，辑得诗文凡 80 余首。古朴之风再现，不啻凤鸣朝阳。

陈文和教授主编之《钱大昕全集》刊行，正值陈鸿森教授著《钱大昕潜研堂遗文辑存》发表，不谋而合，相得益彰。据悉，多年来陈鸿森教授不惟勤于辑录钱竹汀先生集外佚文，而且其朝夕精力所聚，几乎皆奉献于乾嘉学术文献的整理与研究。就笔者拜读所及，经陈先生精心辑录成编者，尚有《潜研堂遗诗拾补》《简庄遗文辑存》《简庄遗文续辑》《段玉裁经韵楼遗文辑存》《王鸣盛西庄遗文辑存》和《阮元研经室遗文辑存》六种。其中，《阮元研经室遗文辑存》三卷，抄存芸台先生集外遗文多达 133 篇。其所费劳作之艰辛，成果学术价值之厚重，丝毫不让当年《研经室集》之结集。1993 年 5 月，中华书局整理刊行之《研经室集》，未审出于何种考虑，失收再续集诗文。他日若能再版，补其所阙，辅以陈鸿森教授之《阮元研经室遗文辑存》，则珠联璧合，尽善尽美矣。

年谱为编年体史籍之别支，乃知人论世的重要文献。据来新夏教授著《近三百年人物年谱知见录》所记，在现存的 800 余种清人年谱中，乾嘉时期学者年谱约占四分之一。董理此一时期的学者年谱，于研究乾

① 刘乃和、周少川等：《陈垣年谱配图长编》"一九五二年五月二十四日"条，辽海出版社，2000 年，第 612 页。

嘉学派与乾嘉学术，同样具有不可忽视的意义。近一二十年间，有许多学者在这一方面做了大量成功的努力。其中，诸如陈鸿森教授著《清儒陈鳣年谱》《钱大昕年谱别记》《段玉裁年谱订补》，杨应芹教授著《戴东原年谱订补》，汤志钧教授著《庄存与年谱》，樊克政教授著《龚自珍年谱考略》，王逸明先生著《新编清人年谱三种》，以及王章涛先生所著之《阮元年谱》等，拾遗补阙，订讹正误，洵称用力勤而业绩著。然而相对于别集及经史论著的整理和研究而言，这方面的工作则尚嫌滞后。尤其是一些有重要影响学者的年谱，或失之简略，或径付阙如，皆不同程度地制约了相关研究的深入。譬如惠栋或者惠氏祖孙的年谱，就亟待进行编纂。近者，欣悉北京大学漆永祥教授正致力于惠栋年谱的撰著。笔者深信，凭借永祥教授之多年积累，加以好学深思之过人见识，学术界不日又可读到一部上乘佳构。

综上所述，整理和研究乾嘉学术文献，在推进乾嘉学派和乾嘉学术的研究中，其重要意义略可窥见。鉴于近一二十年来乾嘉学派研究起步甚速，文献准备似嫌不够充分，因此未来一段时间，在这方面切实下一番功夫，或许是有必要的。

第十章　江南中心城市与乾隆初叶的古学复兴

清朝的乾隆初叶，也就是 18 世纪的 30 年代至 60 年代，在中国学术史上，曾经出现过一个古学复兴的潮流。这个学术潮流由江南中心城市发端，沿大运河由南而北，直入京城，在取得最高统治集团的认可之后，演为清廷的文化政策。于是朝野共鸣，四方流播，最终形成盛极一时的经史考证之学。因此拔宋帜而立汉帜，遂有汉学、朴学之谓。晚近治学术史之前辈诸大家，乃径称之为乾嘉学派。探讨乾隆初叶，古学复兴潮流在江南中心城市的形成过程，对于推进乾嘉学派与乾嘉学术研究的深入，或许不无益处。以下，拟就此将所见文献试作一番梳理，敬请各位批评指正。

一、兴复古学之前驱

明清时期，江苏苏州以富庶的经济、便利的交通和久远而深厚的文化积累，成为包孕吴越的人文渊薮。乾隆初叶的古学复兴潮流，即肇端于此。

当明末季，中国社会步入一个大动荡的历史时期。入清之初，经历明清更迭的天翻地覆，阳明心学乃至整个宋明理学趋于没落，客观地提出了吾国学术何去何从的问题。由于此一时期中国社会、经济、政治、文化诸多方面发展水准的制约，决定了在封建社会的小农经济基础之上，不可能产生比宋明理学思维水准更高的学术形态。因此，一时学林中人反思宋明学术，歧路彷徨，无所适从，既没有也不可能看到学术发展的前景。于是摆落宋明，回归两汉，从而导致兴复古学风气在江苏苏州的发轫。20 世纪 30 年代，钱宾四先生著《中国近三百年学术史》，做过可信可据的追根溯源。[①] 根据钱先生所揭示之历史真相，我们可以清楚地看到，同理学中人"性与天道"的论究异趣，在晚明的学术界，已经出现"通经学古"[②] 的古学倡导。此风由嘉靖、隆庆间苏州学者归有光开其端，至天启、崇祯间常熟钱谦益崛起，兴复古学，呼声不绝。钱谦益有云："自唐宋以来……为古学之蠹者有两端焉，曰制科之习比于俚，道学之习比于腐。斯二者皆俗学也。"[③] 一如归有光之倡导古学，钱谦益进而明确提出"以汉人为宗主"的治学主张，他说："学者之治经也，必以汉人为宗主……汉不足，求之于唐，唐不足，求之于宋，唐宋皆不足，然后求之近代。"[④]

从归有光到钱谦益，晚明苏州地区学者的经学倡导和兴复"古学"的努力，表明以经学济理学之穷的学术潮流，已经在中国传统儒学的母体内孕育。入清，儒林中人沿着明季先行者的足迹而进，通过重振经学而去兴复古学，遂有苏州大儒顾炎武及其训诂治经方法论登上历史舞台。

宋明数百年，是理学的时代，理气心性的论究，在为学方法论上，赋予学术界以义理思辨的好尚。数百年间，理学中人轻视训诂声音之学，古音学若断若续，不绝如缕。积习既成，以叶韵而强古就今，乃至率臆改经而不顾。有鉴于此，顾炎武认为，治经学而不讲音韵文字，则无以入门。于是在致友人李因笃的论学书札中，力矫积弊，重倡古学，提出了"读九经自考文始，考文自知音始"[⑤] 的训诂治经方法论。同新的为学方法论的提出相一致，顾炎武倡导融理学于经学之中，以经学去济理学之穷，用他的话来讲，就叫作"古之所谓理学，经学也"，"今

---

① 钱穆：《中国近三百年学术史》上册，中华书局，1986 年，第 137—139 页。
② 归有光：《归震川先生全集》卷七《山舍示学者》。
③ 钱谦益：《初学集》卷七九《答唐汝谔论文书》。
④ 钱谦益：《初学集》卷七九《与卓去病论经学书》。
⑤ 顾炎武：《亭林文集》卷四《答李子德书》。

之所谓理学，禅学也"。① 顾炎武把经学视为儒学正统，在他看来，不去钻研儒家经典，而沉溺于理学家的语录，就叫作学不知本。因此，他呼吁"鄙俗学而求《六经》，舍春华而食秋实"，渊源两汉，澄清源流。顾炎武就此指出："经学自有源流，自汉而六朝，而唐而宋，必一一考究，而后及于近儒之所著，然后可以知其异同离合之指。如论字者必本于《说文》，未有据隶楷而论古文者也。"②

顾炎武复兴古学的努力，登高一呼，回声四起，率先在苏州激起共鸣。吴江经师朱鹤龄与顾炎武唱为同调，认为："经学之荒也，荒于执一先生之言而不求其是，苟求其是，必自信古始。"③ 流寓扬州的四川新繁学者费密，亦力倡"专守古经"，主张："学者必根源圣门，专守古经，从实志道。"④ 关中大儒李颙更遥相呼应，重申："其实道学即儒学也，非于儒学之外，别有所谓道学也。"⑤ 尤可注意者，一时南北学人之主张，通过儒臣讲论已进入庙堂。据《康熙起居注》记，康熙二十一年（1682）八月初八日，"讲官牛钮、陈廷敬进讲《尚书》……二臣奏，自汉唐儒者专用力于经学，以为立身致用之本，而道学即在其中……上曰然"⑥。由此可以窥知，学人重倡经学之努力，已得清廷认可。

入清以后，由于诸多方面因素构成之历史合力所作用，苏州诸儒兴复古学的努力，尤其是顾炎武提出的训诂治经方法论，潜移默化，不胫而走。至乾隆一朝，迄于嘉庆、道光间，由识字审音入手，通过古字、古言的考据训诂，进而把握典章制度大要，准确诠释儒家经典，遂成数十年间主流学派共同恪守的学术矩矱。

---

① 顾炎武：《亭林文集》卷三《与施愚山书》。
② 顾炎武：《亭林文集》卷四《与周籀书书》。
③ 朱鹤龄：《愚庵小集》卷七《毛诗稽古篇序》。
④ 费密：《弘道书》卷上《古经旨论》。
⑤ 李颙：《二曲集》卷一四《周至答问》。
⑥ 中国第一历史档案馆：《康熙起居注》第二册"康熙二十一年八月初八日"条，中华书局，1984 年，第 879 页。

二、江永与徽州诸儒

探讨雍正、乾隆间的古学复兴，徽州是一个当予重点关注的地域。梳理是时一方大儒江永及受学诸弟子之学行，或可略得管中窥豹之效。

江永，字慎修，号慎斋，安徽婺源（今属江西）人。生于康熙二十年（1681），卒于乾隆二十七年（1762），享年八十有二。婺源为朱熹故里，理学名邦。江氏一门，经史传家，永父期，寄籍江宁，为县学生，自永幼年，即以《十三经注疏》课督。永禀承庭训，读《大学》，知为学入手乃在格物，博涉多通，务求心得。康熙四十六年起，在乡开馆授徒，时年二十七。之后，潜心《礼经》，发愿结撰专书，以成朱子晚年纂修《仪礼经传通解》未竟之志。历时十余年，康熙六十年书成。全书91卷，初名《存羊编》，继改《增订仪礼经传》，凡三易其稿，终定名《礼书纲目》。该书承朱子遗意，区分类聚，别定规模，作嘉礼、宾礼、凶礼、吉礼、军礼、通礼、曲礼、乐八门，计106篇。全书以辑录"古注与释文"为主，旨在"但欲存古，以资考核"。由于卷帙过繁，刊行不易，故而书稿尘封十余载，"几为虫蚀鼠穿"。

乾隆元年六月，清廷开馆纂修《三礼义疏》。安徽地方当局奉命，将《礼书纲目》抄送书馆。是年冬，同郡理学名儒汪绂有书致永，询问《礼书纲目》梗概。未待江永复书，绂书再至，误信传闻，疑永为学博杂，徒"以博洽自见"[1]。三年春，永复以长书一通，绍介《礼书纲目》大要，彰明立身及为学旨趣。书中，探讨古礼、古乐，以明"存古""道古""志古""好古"之意，虽高言复古，亦主张"不必泥古"。[2]九月，绂接永书，误会释然，于答书中以"从事于经学"共勉。至于如何从事经学，汪绂不赞成"因时艺而讲经学"，亦反对"汗漫之

---

① 汪绂：《双池文集》卷三《再与江慎修书》。
② 余龙光：《双池先生年谱》卷二"乾隆三年、四十七岁"条。

书抄"，提倡汉代经师的专门之学，主张："学者苟具中上之资，使能淹贯六经，旁及子史，尚矣。如其不能，则莫若专攻一经。"① 翌年春，永再有长书复绂，告以"早年探讨西学，晚乃私淑宣城梅勿庵先生，近著《翼梅》八卷，写本归之梅氏令孙"。又称："《近思录》，吾人最切要之书，案头不可离者。俗本离析破碎，宋时叶采之注亦未备。尝为之详注，采取朱子之言，以注朱子之书。朱子说不备，乃取叶说补之，叶说有未安，乃附己意足之，十四卷已有成书。"②

乾隆五年（1740），应在乡翰林院检讨程恂之请，永执教休宁程氏家馆。以花甲之年，完成历学书七卷，计有《金水二星发微》《七政衍》《冬至权度》《恒气注历辨》《岁实消长辨》《历学补论》《中西合法拟草》7 种。同年八月，随程恂入都，三礼馆总裁方苞及儒臣吴绂、梅珏成、杭世骏等，皆前来问学论难。六年八月返乡，迄于乾隆十二年，除短暂讲学郡城紫阳书院及赴江西阅卷外，皆在程氏家馆。其间，休宁戴震负笈问学，成为及门高第弟子。

乾隆十四年，清廷诏举经学特科，永以年届古稀而辞荐，并致书戴震，表示"驰逐名场非素心"③。十五年七月，永七十大寿，震以及门高徒而撰寿序，序中称："吾师江慎修先生，生朱子之乡，上溯汉、唐、宋以来之绝学，以六经明晦为己任。震少知向慕，既数年，始获一见，又数年，始拜先生于吾邑之斗山。所读诸经，往来问难，承口讲指画，然后确然见经学之本末。既而先生就馆本邑，未能从学，深怅怅焉。"又说："震少览近儒之书，所心折者数人。刘原甫、王伯厚之于考核，胡朏明、顾景范、阎百诗之于水经地志，顾宁人之于古音，梅定九之于步算，各专精一家。先生之学力思力，实兼之，皆能一一指其得失，苴

---

①　汪绂：《双池文集》卷三《与江慎修论学书》。
②　余龙光：《双池先生年谱》卷二"乾隆四年、四十八岁"条。
③　戴震：《戴震文集》卷一二《江慎修先生事略状》。

其阙漏，著述若此，古今良难。"①

　　乾隆十八年（1753），应歙县西溪汪氏之请，永主持汪氏家馆教席。戴震、方矩、金榜、程瑶田、汪梧凤等远近弟子云集，执经问对，同调共鸣。翌年，戴震避仇入京，行囊携永著《推步法解》《翼梅》等新作。时值儒臣秦蕙田奉命撰《五礼通考》，遂全录《推步法解》，并将永相关论说辑入《观象授时》一类。

　　江永晚年，虽已年届耄耋，依然课徒授业，著述不辍。迄于乾隆二十七年三月病逝，不过短短 10 年间，相继再成《乡党图考》《律吕阐微》《春秋地理考实》《古韵标准》《河洛精蕴》《四声切韵表》《音学辨微》诸书。永为学一生，贯通汉宋，实事求是，毕生究心名物制度、经史舆地、天文历算、律吕音韵，尤以三礼之学最称专精。所著除前述诸书外，尚有《周礼疑义举要》《仪礼释宫增注》《礼记训义择言》《群经补义》《考订朱子世家》等。乾隆中修《四库全书》，著录永书达 15种、百余卷之多。永学得弟子戴震、金榜、程瑶田等发扬光大，不惟开一代乡邦学术风气，而且声应气求，沟通四方，汇为古学复兴之学术潮流。

三、苏州紫阳书院

　　在乾隆初叶的古学复兴之中，苏州紫阳书院名士云集，独领风骚，洵称系四方观瞻之学术重镇。回顾苏州紫阳书院之创立，考察其学术好尚之演变，或可从中看到古学复兴潮流的形成，乃历史之大势所趋，有其不可逆转之内在逻辑。

　　在中国书院史上，清初顺治、康熙二朝，迄于雍正初的八九十年

---

　　① 戴震：《江慎修先生七十寿序》，转引自漆永祥《新发现戴震佚文一篇》，《中国典籍与文化》2005 年第 1 期。

间，是书院教育由衰而复盛的一个转变时期。入清之初，在经历明清更迭的社会大动荡之后，出于巩固新政权统治的需要，为了防止知识界异己力量的聚集，清廷一度限制甚至禁绝各地书院的活动。康熙中叶以后，随着大规模军事对抗的结束，社会秩序逐渐平稳，于是恢复和兴办书院提上地方文化建设的日程。作为地方官学的补充，宋代书院初起，为一时学者自由讲学之所在，乃是与官办学校并存的私学。元代以后，书院虽仍多属民办私学，但已经愈益受到官府节制。这种书院官学化的趋势，在明代大为发展。嘉隆以还，南北蜂起的书院，即多属官办性质。清初书院，亦复如此。苏州紫阳书院就是在这样一个背景之下，于康熙后期登上历史舞台的。

在中国数千年封建社会中，重视文化教育，是一个世代相沿的好传统。宋明以降，从孔、孟到周、程、张、朱的"道统"说风行，崇儒重道便成为封建国家的一项基本文化国策。入清以后，在确立崇儒重道文化格局的过程中，清廷面临究竟是尊崇朱子学还是阳明学的严峻选择。圣祖亲政，尤其是三藩乱平、国家统一之后，这样的抉择愈益不可回避。康熙四十年（1701）以后，清廷以"御纂"的名义，下令汇编朱熹论学精义为《朱子全书》，并委托理学名臣熊赐履、李光地先后主持纂修事宜。五十一年正月，圣祖诏告朝野："朱子注释群经，阐发道理，凡所著作及编纂之书，皆明白精确，归于大中至正。经今五百余年，学者无敢疵议。朕以为孔、孟之后，有裨斯文者，朱子之功最为弘巨。"①随即颁谕，将朱熹从祀孔庙的地位升格，由东庑先贤之列升至大成殿十哲之次。由此，清廷以对朱子及其学说的尊崇，基本确立了一代封建王朝崇儒重道的文化格局。

为响应清廷的上述重大文化决策，倡导朱子学说，端正士习，振兴学术，康熙五十二年（1713）十一月，江苏巡抚张伯行在苏州府学东

---

① 《清圣祖实录》卷二四九"康熙五十一年正月丁巳"条。

建紫阳书院。翌年三月，书院落成，张伯行撰文昭示书院宗旨，据称：
"学者之所以为学，与教者之所以为教，当以紫阳为宗，而俗学异学，
有不得而参焉者矣。不佞乐与多士恪遵圣教，讲明朱子之道而身体之，
爰建紫阳书院。"① 这就是说，苏州紫阳书院创建之初，秉承宋明遗风，
是一个以朱子学为宗尚、讲求身心性命之学的所在。

　　然而不过短短十年过去，雍正元年（1723），江苏布政使鄂尔泰重
修紫阳书院，其后书院的教学内容，已然发生变化。据《鄂文端公年
谱》记："每会课于紫阳书院之春风亭，与贤卿名士互相唱和，时集数
十百人。而四方从游，公余少暇，辄与论经史，谈经济，多前贤所未
发。学者无不倾心动魄，恨闻道之晚。公乃分为古今文集，俱题曰《南
邦黎献》。"② 足见先前紫阳书院讲求的身心性命之学，迄于雍正初，已
经渐为诗文唱和、论经史、谈经济所取代。关于苏州紫阳书院风尚的这
样一个转变，20 世纪 30 年代，柳诒徵先生撰《江苏书院志初稿》有过
如下精当总结："鄂尔泰与苏之绅耆，及一时召集之士所作之文若诗，
汇刻为《南邦黎献集》。书院之由讲求心性，变为稽古考文，殆以是为
津渡。"③

　　沿着这样一条变迁路径往前走，经历雍乾间政治风云的起伏，至乾
隆初叶，苏州紫阳书院遂摆脱心性之学的讲求，成为"以古学相策励"
的学术重镇。

　　乾隆十四年（1749），青年才俊钱大昕由嘉定来苏州，入紫阳书院
求学，时任院长为王峻。据事隔 46 年后钱大昕所追忆："予年二十有
二，来学紫阳书院，受业于虞山王艮斋先生。先生诲以读书当自经史
始，谓予尚可与道古，所以期望策励之者甚厚。予之从事史学，由先生

---

① 张伯行：《正谊堂文集》卷九《紫阳书院碑记》。
② 鄂容安等：《襄勤伯鄂文端公年谱》"雍正三年、四十六岁"条。
③ 柳诒徵：《江苏书院志初稿》，《江苏国学图书馆年刊》1931 年第 1 期，第 56 页。

进之也。"① 大昕自编《竹汀居士年谱》亦记:"巡抚觉罗樗轩公雅尔哈善闻予名,檄本县具文送紫阳书院肄业。时侍御王艮斋先生为院长,阅居士课义诗赋论策,叹赏不置。曰此天下才也。自是课试常居第一。青浦王兰泉、长洲褚鹤侣、左莪,及礼堂、习庵皆在同舍,以古学相策励。"② 谱主曾孙庆曾于该条注云:"先是王少司寇肄业紫阳书院,与王光禄同舍,始知公幼慧,有神童之目。及院长询以今日人才,则以公对。院长转告巡抚,巡抚喜甚,招公至院,试以《周礼》《文献通考》两论。公下笔千言,于是惊异,院中诸名宿,莫不敛手敬之。"③ 注中名宿云云,依谱主自记,为惠栋、沈彤等。

排比钱大昕早年求学苏州紫阳书院的上述史料,似可形成如下三点认识:

第一,至迟在乾隆十四年(1749),苏州紫阳书院课督生徒,已然由经史起步,旨在"可与道古",且"以古学相策励"。

第二,此时主持书院讲席及课督生徒诸名宿,既有王峻、李果、赵虹等诗词古文名家,更有一时兴复古学之倡导者惠栋、沈彤。

第三,乾嘉时期,以经史古学名噪朝野的钱大昕、王鸣盛、王昶、褚寅亮等,其为学根柢皆奠立于苏州紫阳书院。

四、卢见曾及其扬州幕府

扬州为运河枢纽,大江东去,运河纵流,明代以来,这里一直是两淮盐运使官署所在地。入清之初,虽历兵燹,疮痍满目,但自康熙中叶以后,百废俱兴,经济复苏,又复成为人文荟萃、商旅辐辏之区。两淮盐商及扬州士绅,素有襄助学术、振兴文教之传统,康熙间著名经师

---

① 钱大昕:《潜研堂文集》卷二四《汉书正误序》。
② 钱大昕:《竹汀居士年谱》"乾隆十四年、二十二岁"条。
③ 钱庆曾:《竹汀居士年谱校注》"乾隆十四年、二十二岁"条。

阎若璩的遗著《尚书古文疏证》，即于乾隆初在扬州刊行。乾隆十九年（1754），卢见曾再任两淮盐运使，承一方之良好风气，借助盐商马曰琯、曰璐兄弟的财力，集四方学术精英于幕府，倡导经史，兴复古学，从而使扬州成为古学复兴潮流中的又一重镇。

当时，会聚于卢见曾幕府的四方学人，主要有陈章、江昱、惠栋、沈大成、王昶、戴震等，其中，尤以惠、沈二人影响最大。据《扬州画舫录》记："卢见曾，字抱孙，号雅雨山人，山东德州人……公两经转运，座中皆天下士……惠栋，字定宇，号松崖，苏州元和人。砚溪先生之孙，半农先生之子，以孝闻于乡。博通今古，与陈祖范、顾栋高同举经学。公重其品，延之为校《乾凿度》《高氏战国策》《郑氏易》《郑司农集》《尚书大传》《李氏易传》《匡谬正俗》《封氏见闻记》（当作《封氏闻见记》——引者）《唐摭言》《文昌杂录》《北梦琐言》《感旧集》，辑《山左诗抄》诸书。"[1] 又称："沈大成，字学子，号沃田，松江华亭人……通经史百家之书，与惠栋友善。"[2]

凭借惠栋、沈大成诸幕友的努力，卢见曾在二任两淮盐运使的 10 年间，先后做了几桩可谓转移风气的大事。

最先做的一桩事，是补刊朱彝尊遗著《经义考》，主张"勿信今而疑古"，倡导"穷经稽古"之学。《经义考》为康熙间经学大儒朱彝尊遗著，全书凡 300 卷，彝尊生前，所刻仅及其半，即告赍志而殁。乾隆十九年，卢见曾再任扬州，与盐商马曰琯、曰璐兄弟相约，慨然出资补刊，历时一年，克成完书。补刊伊始，十九年夏，卢氏有序云："窃尝谓通经当以近古者为信，譬如秦人谈幽、冀事，比吴、越间宜稍稍得真。必先从记传始，记传之所不及，则衷诸两汉，两汉之所未备，则取诸义疏，义疏之所不可通，然后广以宋、元、明之说。勿信今而疑古，

---

① 李斗：《扬州画舫录》卷一〇《虹桥录上》。
② 李斗：《扬州画舫录》卷一〇《桥东录》。

致有兔园册子、师心自用之诮。"①补刊藏事，二十年（1755）六月，朱氏后人稻孙撰文感激卢见曾及扬州盐商马氏兄弟，据称："书之显晦，与夫行世之迟速，固有天焉。继自今穷经稽古之士，其得所津逮，而拜使君与嶰谷先生之嘉惠者，良匪浅矣。"②二十一年二月，清高宗祭告阙里，卢见曾又将《经义考》装潢二部，恭呈御览。从此，该书得以深入宫禁，流播朝野，于乾隆初叶以后经学之大盛，影响甚大。

　　第二桩事是辑刻《雅雨堂藏书》，率先表彰东汉经师郑玄学说，揭出"汉学"之大旗。《雅雨堂藏书》辑刻汉唐典籍凡 13 种，主要有《李氏易传》《郑氏周易》《尚书大传》《郑司农集》《周易乾凿度》等。全书始刻于乾隆十九年，至二十三年竣工，虽以卢氏署名，实则选书、校勘、撰序等，处处可见苏州大儒惠栋的辛劳。于所刻《李氏易传》，卷首卢氏序梳理《易》学源流，推尊汉学，以存古义，据称："余学《易》数十年，于唐宋元明四代之《易》，无不博综元览，而求其得圣人之遗意者，推汉学为长。以其去古未远，家法犹存故也。"③于《郑氏周易》，同样称："此书之传，虽不及《三礼》《毛诗》之完具，然汉学《易》义无多，存此以备一家，好古之士，或有考于斯。"④于《周易乾凿度》，还是说："《乾凿度》先秦之书也，去圣未远，家法犹存，故郑康成汉代大儒，而为之注……为梓而行之，以备汉学。"⑤于《尚书大传》，依然谓："三家章句虽亡，而今文之学，存此犹见一斑，为刊而行之。别撰《补遗》一卷，并附《康成集》于卷末，俾后之求汉学者，知所考焉。"⑥以上凡引诸书序言，在在接武乾隆九年惠栋著《易汉学》，以及

---

① 卢见曾：《经义考序》，《经义考》补刻本卷首。
② 朱彝尊：《经义考》卷首《朱稻孙后序》，中华书局影印《四部备要》本，1998 年，第 6 页。
③ 卢见曾：《雅雨堂文集》卷一《刻李氏易传序》。
④ 卢见曾：《雅雨堂文集》卷一《刻郑氏周易序》。
⑤ 卢见曾：《雅雨堂文集》卷一《刻周易乾凿度序》。
⑥ 卢见曾：《雅雨堂文集》卷一《刻尚书大传序》。

惠氏历年对郑玄《易》注的董理和郑氏经学的表彰，承前启后，继往开来，乃有他日汉学之风行四方。

第三桩事是刊行惠栋未竟遗著《周易述》，以存乾隆初叶古学复兴之一重要学脉。惠栋为苏州大儒，四世传经，专意汉学。乾隆九年（1744），所著《易汉学》成，以表彰汉《易》而唱兴复古学之先声。又著《九经古义》，弘扬顾炎武训诂治经之倡导，明确昭告学林："汉人通经有家法，故有五经师训诂之学，皆师所口授，其后乃著竹帛。所以汉经师之说立于学官，与经并行。五经出于屋壁，多古字古言，非经师不能辨。经之义存乎训，识字审音，乃知其义。是故古训不可改也，经师不可废也。"[①] 自乾隆十四年起，开始撰《周易述》，后因病故世而未成完书。惠栋生前，早在入扬州卢氏幕府之初，其治经主张即已为幕主所接受，因之始有卢见曾补刊《经义考》、辑刻《雅雨堂藏书》诸学术举措。二十三年五月，惠栋病逝。八月，卢见曾即以《周易述》付梓，于卷首撰文记云："吾友惠松崖先生说《易》，独好述汉氏。其言曰，《易》有五家，有汉《易》，有魏《易》，有晋《易》，有唐《易》，有宋《易》。惟汉《易》用师法，独得其传……盖先生经学得之半农先生士奇，半农得之砚溪先生周惕，砚溪得之朴庵先生有声，历世讲求，始得家法，亦云艰矣。先生六十后，力疾撰著，自云三年后便可卒业。孰意垂成疾革，未成书而殁。今第如其卷数刊刻之，不敢有加焉，惧续貂也。先生年仅六十有二，余与先生周旋四年，为本其意而叙之如此。"[②]

五、从惠栋、戴震到钱大昕

在乾隆初叶的古学复兴潮流中，江南诸多中心城市并非彼此孤立、

---

① 惠栋：《松崖文抄》卷一《九经古义述首》。
② 卢见曾：《周易述序》，见惠栋《周易述》卷首。

互不关涉，实则一代又一代学人在其间的往还，已然使之相互沟通、连为一体。正是众多学人的执着和敬业，共同促成了经史古学的复兴和发皇。以下拟略述后先接武的三位大师之相关学行，以窥杰出学人在其间所付出劳作之艰辛。

我们所讨论的三位大师，一是惠栋，二是戴震，三是钱大昕。三人之中，惠栋最为年长，生于康熙三十六年（1697），戴震其次，为雍正元年（1723）生人，而钱大昕最少，生于雍正六年。就年辈论惠栋是长者，戴、钱皆属晚辈。乾隆九年（1744），惠栋著《易汉学》名世，成为兴复古学的杰出先行者。是时，戴、钱俱尚在孜孜寻觅治学门径。十四年，钱大昕求学紫阳书院，因之尊惠栋为"吴中老宿"，且慕名登门拜谒。事隔 43 年之后，年近古稀的钱大昕依然深情回忆："予弱冠时，谒先生于泮环巷宅，与论《易》义，更仆不倦，盖谬以予为可与道古者。"[1] 二十一二年间，大昕同窗王昶与惠栋同客扬州卢氏幕府，《易汉学》手稿即由王昶抄校。此一抄本及惠著《周易述》大要，亦经王氏而传入京城。所以彼时钱大昕自京中致书王昶，一是告："惠氏《易汉学》，鹤侣（褚寅亮——引者）大兄现在手钞，此时尚未付还。来春当邮致吴门，决不遗失也。"[2] 一是称："松崖征君《周易述》，摧陷廓清，独明绝学，谈汉学者无出其右矣。"[3]

乾隆二十二年冬，戴震旅京南还，途经扬州。有幸在卢氏幕府同惠栋订交，当时情景，戴震记之甚明："震自京师南还，始觌先生于扬之都转盐运使司署内。先生执震之手言曰：昔亡友吴江沈冠云（沈彤——引者）尝语余，休宁有戴某者，相与识之也久。冠云盖实见子所著书。震方心讶少时未定之见，不知何缘以入沈君目，而憾沈君之

①　钱大昕：《潜研堂文集》卷二四《古文尚书考序》。
②　陈鸿森辑：《钱大昕潜研堂遗文辑存》卷下《与王德甫书一》。
③　陈文和主编，钱大昕：《嘉定钱大昕先生全集》第十册《潜研堂文集补编·与王德甫书一》，江苏古籍出版社，1997 年，第 28 页。

已不及觏，益欣幸获觌先生。"① 三十年冬，戴震过苏州，晤惠栋遗属及诸高足，曾撰《题惠定宇先生授经图》一文，以缅怀亡友。文中高度评价惠学云："先生之学，直上追汉经师授受，欲坠未坠，埋蕴积久之业，而以授吴之贤俊后学，俾斯事逸而复兴。震自愧学无所就，于前儒大师不能得所专主，是以莫之能窥测先生涯涘。"正是在这篇文章中，戴震承惠栋训诂治经的传统，提出了"故训明则古经明"的著名主张。同时，又将这一主张与典章制度的考究及义理之学的讲求相结合，对惠栋学术做了创造性的解释。他说："松崖先生之为经也，欲学者事于汉经师之故训，以博稽三古典章制度，由是推求理义，确有据依。彼歧故训、理义二之，是故训非以明理义，而故训胡为？理义不存乎典章制度，势必流入异学曲说而不自知，其亦远乎先生之教矣。"②

乾隆三十四年（1769），戴震为惠栋弟子余萧客著《古经解钩沉》撰序，重申前说，系统昭示训诂治经以明道的为学宗旨。他的结论是："经之至者道也，所以明道者其词也，所以成词者未有能外小学文字者也。由文字以通乎语言，由语言以通乎古圣贤之心志，譬之适堂坛之必循其阶，而不可以躐等。"③ 篇末，戴震重申："今仲林得稽古之学于其乡惠君定宇，惠君与余相善，盖尝深嫉乎凿空以为经也。二三好古之儒，知此学之不仅在故训，则以志乎闻道也，或庶几也。"④

乾隆三十八年，清廷开《四库全书》馆，戴震以举人奉召入京修书。至此，汉学得清廷优容，大张其军，风行朝野，古学复兴蔚成风气，如日中天。正如当时著名史家章学诚所记："于是四方才略之士，挟策来京师者，莫不斐然有天禄、石渠，勾《坟》抉《索》之思。而投卷于公卿间者，多易其诗赋、举子艺业，而为名物考订，与夫声音文字

---

① 戴震：《东原文集》卷一一《题惠定宇先生授经图》。
② 戴震：《东原文集》卷一一《题惠定宇先生授经图》。
③ 戴震：《东原文集》卷一〇《古经解钩沉序》。
④ 戴震：《东原文集》卷一〇《古经解钩沉序》。

之标，盖骎骎乎移风俗矣。"①

乾隆四十二年（1777）五月，戴震在北京去世。此时钱大昕已急流勇退，归隐林泉，以博赡通贯而主盟学坛。五十四年，大昕入主苏州紫阳书院讲席。光阴荏苒，日月如梭，回首当年求学紫阳，不觉已整整40年过去。在迄于嘉庆九年（1804）逝世的16年间，钱大昕弘扬紫阳书院传统，以"精研古学，实事求是"而作育一方俊彦。据钱庆曾《竹汀居士年谱续编》记："公在紫阳最久，自己酉至甲子，凡十有六年，一时贤士受业于门下者，不下二千人，悉皆精研古学，实事求是。如李茂才锐之算术，夏广文文焘之舆地，钮布衣树玉之《说文》，费孝廉士玑之经术，张征君燕昌之金石，陈工部稽亭先生之史学，几千年之绝学，萃于诸公，而一折衷于讲席。"②

后海先河，饮水思源，晚年的钱大昕，以一杰出史家而梳理当代学术史事，分别为惠栋、江永、戴震诸家立传，尤为留意表彰传主兴复古学之功。江永一传，大昕称传主"读书好深思，长于比勘，于步算、钟律、声韵尤明"。且记云："休宁戴震，少不誉于乡曲，先生独重之，引为忘年交，震之学，得诸先生为多。"③戴震一传则大段征引震撰《题惠定宇先生授经图》《古经解钩沉序》诸文之主张，将传主为学宗旨归纳为"由声音文字以求训诂，由训诂以寻义理，实事求是，不偏主一家"④。在《惠先生栋传》中，钱大昕总结数千年经学史，尤其是宋元以降学术积弊，指出："予尝论宋、元以来，说经之书盈屋充栋，高者蔑弃古训，自夸心得，下者剿袭人言，以为己有，儒林之名，徒为空疏藏拙之地。独惠氏世守古学，而先生所得尤深，拟诸汉儒，当在何邵公、服子慎之间，马融、赵岐辈不能及也。"大昕准确地把握住惠栋《易》

---

① 章学诚：《章氏遗书》卷一八《周书昌别传》。
② 钱庆曾：《竹汀居士年谱续编》"乾隆五十八年、六十六岁"条。
③ 钱大昕：《潜研堂文集》卷三九《江先生永传》。
④ 钱大昕：《潜研堂文集》卷三九《戴先生震传》。

学与汉学复兴的关系，他写道："惠先生栋……年五十后，专心经术，尤邃于《易》。谓宣尼作《十翼》，其微言大义，七十子之徒相传，至汉犹有存者。自王弼兴而汉学亡，幸存其略于李氏《集解》中。精研三十年，引申触类，始得贯通其旨。乃撰次《周易述》一编，专宗虞仲翔，参以荀、郑诸家之义，约其旨为注，演其说为疏。汉学之绝者千有五百余年，至是而粲然复章矣。"①

　　通过梳理惠栋、戴震、钱大昕三家的相关学行，我们似可依稀看到，乾隆初叶以后，"古学"二字宛若一根无形的红线，把几代学人紧紧地联系在一起。从惠栋、戴震到钱大昕，是否可以视为古学复兴潮流形成至发皇的一个缩影，我想或许是可以这样去认识的。

---

　　①　钱大昕：《潜研堂文集》卷三九《惠先生栋传》。

第十一章　从经筵讲论看乾隆时期的朱子学

有清一代的朱子学，自康熙后期取得主导地位之后，尽管朝廷悬为功令，帝王提倡，士子讲习，然而却久久发展不起来。倒是与性理之学迥异其趣的经学考据，不胫而走，蔚为大国，在乾隆、嘉庆间风靡朝野而成一时学术主流。因此，早在乾隆初，清高宗已然喟叹："近来留意词章之学者，尚不乏人，而究心理学者盖鲜。"[1] 至乾隆中叶以后，遂有戴东原《孟子字义疏证》出，凛然别张一军，"欲夺朱子之席"[2]。迄于乾隆末、嘉庆初，就在朱子故里的徽歙之间，竟然出现"自命通经服古之流，不薄朱子则不得为通人"的状况。[3] 这样一种局面何以会形成？从学术史与社会史相结合的角度，探讨其间的深层原因，不惟于朱子学传衍显晦之梳理有所裨益，而且对认识和把握清代中叶之社会与学术，皆不无价值。以下，拟从清高宗经筵讲论内容的变迁入手，就乾隆一朝朱子学不振的原因，试作一些讨论。唯所论未必允当，尚祈大雅赐教。

一、高宗初政与朱子学的提倡

清高宗在位 60 年，自乾隆三年（1738）首举经筵，至乾隆六十年逊位，经筵讲学凡举 51 次。高宗初政，一遵其父祖旧规，经筵讲学皆于每年春秋各举一次，以示崇儒重道，孜孜向学。自乾隆十二年以后，

---

[1]　《清高宗实录》卷一二八"乾隆五年十月己酉"条。
[2]　王国维：《观堂集林》卷一二《聚珍本戴校水经注跋》，中华书局，1959 年，第 580 页。
[3]　章学诚：《文史通义》内篇二《朱陆》附《书朱陆篇后》，见《章学诚遗书》，文物出版社，1985 年，第 16 页。

除十八年举经筵于仲秋，其他各年皆于仲春举行。①

乾隆元年（1736）正月，高宗改元伊始，即面临御史谢济世著《学庸注疏》，以立异朱子一事。据议政之诸王、大臣称："谢济世进自著《学庸注疏》，于经义未窥毫末。其称明初尊朱之令，以同乡同姓之故，名为表彰圣贤，实则推尊本朝。尤属谬妄无稽，甚为学术人心之害。"疏上，高宗采纳诸王、大臣议，将谢氏所著之书"严饬发还"②。二月，他又就谢济世著述和另一御史李徽所奏，请将《孝经》与《四书》并列一事颁谕，严加指斥。据云：

> 谢济世请用其自注《学庸》，易朱子《章句》，颁行天下。独不自揣己与朱子，分量相隔如云泥，而肆口诋毁，狂悖已极。且谓明代以同乡同姓，尊崇朱子之书，则直如爨下老婢陈说古事，虽乡里小儿，亦将闻而失笑也。李徽欲以《孝经》与《四书》并列为五，立义支离，属辞鄙浅。于宋、元大儒所论《孝经》源流离合，曾未寓目，即欲变乱历代论定，列于学官，数百年不易之旧章，亦不自量之甚矣。③

乾隆三年正月，高宗服丧期满，颁谕礼部，筹备举行经筵讲学。他说：

> 朕惟《四子》《六经》，乃群圣传心之要典，帝王驭世之鸿模。君天下者，将欲以优入圣域，茂登上理，舍是无由。我皇祖圣祖仁皇帝，皇考世宗宪皇帝，时御讲筵，精研至道，圣德光被，比隆唐虞。朕夙承庭训，典学维殷，御极以来，勤思治要，已命翰林科道诸臣，缮进经史，格言正论，无日不陈于前。特以亮阴之中，经筵未御。兹既即吉，亟宜举行。所有典

---

① 详见拙文末所附《乾隆朝经筵讲学一览表》。
② 《清高宗实录》卷一一"乾隆元年正月乙卯"条。
③ 《清高宗实录》卷一三"乾隆元年二月庚辰"条。

礼，尔部其诹日具仪以闻。①

二月二十四日，首举经筵大典。儒臣先讲《论语·为政》，高宗旋宣讲论；儒臣再讲《尚书·舜典》，高宗再宣讲论。此后，除乾隆五十四年（1789）君臣所讲皆以《论语》为题之外，先《四书》，后《六经》，遂成乾隆一朝经筵讲学之定规。其间，凡讲《论语》26 次、《孟子》4 次、《大学》9 次、《中庸》11 次、《周易》24 次、《尚书》24 次。

乾隆五年十月，鉴于理学不振，高宗颁发长篇谕旨，提倡读宋儒之书，研精理学。他说：

> 朕命翰詹科道诸臣，每日进呈经史讲义，原欲探圣贤之精蕴，为致治宁人之本。道统学术，无所不该，亦无往不贯。而两年来，诸臣条举经史，各就所见为说，而未有将宋儒性理诸书，切实敷陈，与儒先相表里者。盖近来留意词章之学者，尚不乏人，而究心理学者盖鲜。即诸臣亦有于讲章中系以箴铭者，古人鉴槃几杖，有箴有铭，其文也，即其道也。今则以词藻相尚，不过为应制之具，是歧道与文而二之矣。总因居恒肆业，未曾于宋儒之书沉潜往复，体之身心，以求圣贤之道。故其见于议论，止于如此。

至于为什么要读宋儒书，高宗的理由是：

> 夫治统原于道统，学不正则道不明。有宋周、程、张、朱子，于天人性命大本大原之所在，与夫用功节目之详，得孔孟之心传，而于理欲、公私、义利之界，辨之至明。循之则为君子，悖之则为小人。为国家者，由之则治，失之则乱。实有裨于化民成俗、修己治人之要，所谓入圣之阶梯，求道之涂辙也。学者精察而力行之，则蕴之为德行，学皆实学；行之为事

---

① 《清高宗实录》卷六〇"乾隆三年正月癸亥"条。

业，治皆实功。此宋儒之书，所以有功后学，不可不讲明而切究之也。

在阐明应当读宋儒书的道理之后，清高宗进而指出，不可因理学中人有伪，遂置理学于不讲。他就此表示：

> 今之说经者，间或援引汉唐笺疏之说。夫典章制度，汉唐诸儒有所传述，考据固不可废。而经术之精微，必得宋儒参考而阐发之，然后圣人之微言大义，如揭日月而行也。惟是讲学之人，有诚有伪，诚者不可多得，而伪者托之道德性命之说，欺世盗名，渐启标榜门户之害。此朕所深知，亦朕所深恶。然不可以伪托者获罪于名教，遂置理学于不事，此何异于因噎而废食乎！①

乾隆六年（1741）七月，在训饬诸臣公忠体国的谕旨中，高宗宣称："朕自幼读书，研究义理，至今《朱子全书》未尝释手。"②同年九月，外放湖南督粮道的谢济世，于当地刊刻所注经书。高宗闻奏，就此颁谕军机大臣，责成湖广总督孙嘉淦予以销毁。他说：

> 朕闻谢济世将伊所注经书刊刻传播，多系自逞臆见，肆诋程朱，甚属狂妄。从来读书学道之人，贵乎躬行实践，不在语言文字之间辨别异同。况古人著述既多，岂无一二可指摘之处？以后人而议论前人，无论所见未必即当，即云当矣，试问于己之身心，有何益哉！况我圣祖将朱子升配十哲之列，最为尊崇，天下士子，莫不奉为准绳。而谢济世辈倡为异说，互相标榜，恐无知之人，为其所惑，殊非一道同风之义，且足为人心学术之害。朕从不以语言文字罪人，但此事甚有关系，亦不可置之不问也。尔等可寄信与湖广总督孙嘉淦，伊到任后，将谢济世所注经书中，有显与程朱

---

① 《清高宗实录》卷一二八"乾隆五年十月己酉"条。
② 《清高宗实录》卷一四六"乾隆六年七月癸亥"条。

违悖抵牾，或标榜他人之处，令其查明具奏，即行销毁，毋得存留。①

翌年正月，湖广总督孙嘉淦奏："遵查谢济世所注经书，立说浅陋固滞，不足以欺世盗名，无庸逐条指渎。谨将原板查毁，并通饬收毁已印之本。"高宗于孙氏折批示："所办甚妥，只可如此而已。"②

乾隆八年（1743）二月，高宗颁谕，令各省学臣以朱子所辑《小学》命题，考试士子。他说："朱子所辑《小学》一书，始自蒙养为立教之本，继以明伦为行道之实，终以敬身为自修之要。于世教民心，甚有裨补。"③九年十月，翰林院重葺竣工，高宗亲临赐宴，训诫诸儒臣道："翰林之职，虽在文章，要贵因文见道。尔诸臣当明体此意。"④宴毕，高宗向翰林院赠书，除自著《乐善堂全集》外，就是其祖当政期间所修《性理精义》。

高宗初政，恪遵其父祖遗规，尊崇朱子，提倡理学。因而从乾隆三年到十八年，在历年所举行的19次经筵讲学中，不惟讲官笃守朱子之教，而且高宗亦步亦趋，阐发朱子学说，君唱臣和，俨然一派兴复朱子学的气象。

二、在经筵讲论中对朱子学的质疑

经过乾隆十九、二十两年的间断，到二十一年二月再举仲春经筵，高宗的讲论却发生了引人注目的变化。这便是第一次对朱子的《四书章句集注》提出了质疑。

《中庸》曰："自诚明谓之性，自明诚谓之教。诚则明矣，明则诚

---

① 《清高宗实录》卷一五一"乾隆六年九月丁亥"条。
② 《清高宗实录》卷一五九"乾隆七年正月庚寅"条。
③ 《清高宗实录》卷一八五"乾隆八年二月乙巳"条。
④ 《清高宗实录》卷二二七"乾隆九年十月庚午"条。

矣。"朱子《中庸章句》注云:"自,由也。德无不实而明无不照者,圣人之德,所性而有者也,天道也。先明乎善而后能实其善者,贤人之学,由教而入者也,人道也。诚则无不明矣,明则可以至于诚矣。"① 在答门人问《中庸》时,朱子又云:"'自诚明谓之性',此性字便是性之也。'自明诚谓之教',此教字是学之也。此二字却是转一转说,与首章'天命之谓性,修道之谓教'二字义不同。"②

乾隆二十一年(1756)二月初六日,满汉直讲官分别进讲《中庸》该章,重申朱子解说。讲毕,高宗一改早年对朱子学说的推阐,就《中庸章句》及《朱子语类》所载朱子主张提出异议。据云:"德无不实而所明皆善,性而有之圣人也。先明乎善而后实其德,教而入之贤人也。诚者理之当然,明者明其所以然。性即理也,教即所以明理,一而二、二而一者也。"清高宗的这一阐释,虽系据朱子学立论,但视性与教为一而二、二而一,则已与朱子不同。由此出发,他对朱子之说提出质疑云:"是故诚之外无性,明之外无教,圣人浑然天理,无所用其明而明无不照。谓之'所性而有',尚属强名,则何借乎教!贤人日月至焉,必待先明乎善而后实之,乃复其性。然明即明此理,实亦实此理而已,夫岂别有所谓教哉!"因此,高宗的结论是:"朱子谓与天命谓性、修道谓教二字不同,予以为政无不同耳。"③ 这就是说,在清高宗看来,朱子解"圣人之德"为"所性而有",并不确切,而是"强名"。此其一。其二,朱子释性、教二字,以为在不同场合可有不同含意,亦属多余。

清高宗讲《中庸》而立异朱子,只是一个偶然之举吗?如果在经筵讲论中出现类似情况仅此一次,抑或可称偶然。可是其后,在迄于乾隆六十年的 32 次经筵讲学中,明显地向朱子学提出质疑,竟达 17 次之多。显然,这就殊非偶然之举了。兹举数例如后。

---

① 朱熹:《四书章句集注》之《中庸章句》第二一章。
② 黎靖德:《朱子语类》卷六四《中庸》第二一章,中华书局,1986 年,第 1566 页。
③ 《清高宗实录》卷五〇六"乾隆二十一年二月甲辰"条。

乾隆二十三年（1758）二月的仲春经筵，以《论语·子张》"博学而笃志，切问而近思，仁在其中矣"一条为讲题。朱子《论语集注》于该条注云："四者皆学问思辨之事耳，未及乎力行而为仁也。然从事于此，则心不外驰，而所存自熟，故曰仁在其中矣。"[①] 高宗不赞成朱子的解说，他驳诘云："此非四事，盖两事耳。博学而不笃志，则或涉为荒唐；切问而不近思，则或入于无稽。然志也、思也，一心之事耳。仁，人心也，安见笃志近思而心常驰骛于外者哉！故曰仁在其中。朱注以为'未及乎力行而为仁'，此或为下学者言。夫笃志近思而不力行，则又安得谓之笃志近思乎？"[②]

乾隆二十五年二月的仲春经筵，依然以《论语》为题，讲《阳货》"四时行焉，百物生焉"二句。朱子《论语集注》于此二句注云："四时行，百物生，莫非天理发见流行之实，不待言而可见。圣人一动一静，莫非妙道精义之发，亦天而已，岂待言而显哉？此亦开示子贡之切，惜乎其终不喻也。"至于子贡的发问，朱子则认为："子贡正以言语观圣人者，故疑而问之。"[③] 高宗不同意朱子的解说，别出新解云："斯言也，盖孔子知命耳顺以后，所以示学者真实至当之理，非因子贡以言语观圣人，徒为是不待言而可见之语，而别有所谓妙道精义也。且四时行、百物生之中，何一非天乎？而四时行、百物生之外，又何别有可以见天者乎？圣人视听言动、昼作夜息之中，何一非妙道精义乎？而圣人视听言动、昼作夜息之外，又何别有所谓妙道精义者乎？"[④]

乾隆三十二年二月，高宗君臣就《论语·宪问》"不逆诈，不亿不信。抑亦先觉者，是贤乎"一节进行讨论。朱子解此节云："逆，未至而迎之也。亿，未见而意之也。诈，谓人欺己。不信，谓人疑己。抑，

---

①　朱熹：《四书章句集注》之《论语集注》卷一〇《子张》。
②　《清高宗实录》卷五五六"乾隆二十三年二月己未"条。
③　朱熹：《四书章句集注》之《论语集注》卷九《阳货》。
④　《清高宗实录》卷六〇六"乾隆二十五年二月壬午"条。

反语辞。言虽不逆不亿，而于人之情伪，自然先觉，乃为贤也。"①高宗同样不赞成朱子说解，他驳诘云："此语宜与诚明相参看。盖不逆诈，不亿不信，是诚也。抑亦先觉，是明也。人情变幻莫齐，而可以齐之者莫如诚。使事事皆逆其诈而亿其不信，是己先以不诚待人，人亦将以逆者、亿者应之。此亦一不诚也，彼亦一不诚也，蓦扰虚伪，莫可究诘。虽云涸其泥而扬其波，而己已处污浊之内，欲其先觉，抑亦难矣。"②

《论语·雍也》记有孔子与樊迟间的如下问对：

> 樊迟问知，子曰："务民之义，敬鬼神而远之，可谓知矣。"问仁，曰："仁者先难而后获，可谓仁矣。"

朱子《论语集注》解此节云：

> 知、远，皆去声。民，亦人也。获，谓得也。专用力于人道之所宜，而不惑于鬼神之不可知，知者之事也。先其事之所难，而后其效之所得，仁者之心也。此必因樊迟之失而告之。③

高宗认为，朱子之所解未及孔子告颜渊"克己复礼"语，因而不得要领。于是乾隆三十九年（1774）二月的仲春经筵，他就此阐发道：

> 问仁于孔子者多矣，而所对各有不同。然圣门以颜渊为高弟，孔子所对者，则曰克己复礼。以此知克己复礼，实为仁之最切最要，即所对樊迟者，亦岂外于是哉？盖先难者何？克己也。后获者何？复礼也。夫难莫难

---

①　朱熹：《四书章句集注》之《论语集注》卷七《宪问》。
②　《清高宗实录》卷七七八"乾隆三十二年二月己亥"条。
③　朱熹：《四书章句集注》之《论语集注》卷三《雍也》。

于克己。仁者天理也，私欲介于中，其能存天理者鲜矣。故《易》曰"大师克相遇"，必用大师之力，而后能克其私欲，以全天理。故《易》又曰，"颜氏之子，其殆庶几乎？有不善未尝不知，知之未尝复行也"；"不远复，无只悔，元吉"，皆克己复礼之谓也。董仲舒正谊明道之论，略为近之。而朱子举以为不求后效，又以为警樊迟有先获之病，未尝申明告颜子之意，余故叙而论之。[①]

乾隆四十六年（1781）二月的仲春经筵，以讲《大学》"此之谓絜矩之道"一句为论题。朱子《大学章句》解"絜矩"云："絜，度也。矩，所以为方也。"又说："如不欲上之无礼于我，则必以此度下之心，而亦不敢以此无礼使之。不欲下之不忠于我，则必以此度上之心，而亦不敢以此不忠事之。至于前后左右，无不皆然。"[②]朱子注分明已得的解，而清高宗却不以为然，他说：

曾子闻夫子一贯之心传，其告门人曰："夫子之道，忠恕而已矣。"故其释治国平天下，以为有絜矩之道。又申之以上下、前后、左右，有所以接之境，处之之理，而曰"此之谓絜矩之道"。盖矩者境也，絜者理也。理也、境也，不外乎一心。境者，心之接；理者，心之处。中心之谓忠，处理之谓也；如心之谓恕，接境之谓也。一以贯之，岂更外于此乎？然非克己复礼，理境相融，其能与于此者鲜矣。仲弓问仁，而夫子示之以敬恕，此物此志也。[③]

乾隆五十四年二月的仲春经筵，高宗君臣两讲《论语》，为乾隆一朝历次经筵所仅见。所讲先为《述而》"子在齐闻《韶》，三月不知肉

① 《清高宗实录》卷九五二"乾隆三十九年二月己丑"条。
② 朱熹：《四书章句集注》之《大学章句》第十章。
③ 《清高宗实录》卷一一二四"乾隆四十六年二月己酉"条。

味，曰'不图为乐之至于斯也'"句，次为《八佾篇》"子谓《韶》尽美矣，又尽善也；谓《武》尽美矣，未尽善也"句。朱子《论语集注》，于《述而》句注云：

> 《史记》"三月"上，有"学之"二字。不知肉味，盖心一于是而不及乎他也。曰不意舜之作乐至于如此之美，则有以极其情文之备，而不觉其叹息之深也。盖非圣人不足以及此。①

于《八佾》句注云：

> 《韶》，舜乐。《武》，武王乐。美者，声容之盛。善者，美之实也。舜绍尧致治，武王伐纣救民，其功一也，故其乐皆尽美。然舜之德，性之也，又以揖逊而有天下。武王之德，反之也，又以征诛而得天下，故其实有不同者。②

而朱子答门人问《述而》句，还说："子闻《韶》音，学之三月，不知肉味。学之一节，不知如何。今正好看其忘肉味处，这里便见得圣人之乐如是之美，圣人之心如是之诚。"又说："圣人闻《韶》，须是去学，不解得只恁休了。学之亦须数月方熟。三月，大约只是言其久，不是真个足头九十日，至九十一日便知肉味。"③

对于朱子的说解，清高宗贬抑为"未知乐，且未知夫子"，因之而概予否定。他先是说：

> 咸池六英，有其名而无其乐。非无乐也，无其言，故不传其乐耳。若

---

① 朱熹：《四书章句集注》之《论语集注》卷四《述而》。
② 朱熹：《四书章句集注》之《论语集注》卷二《八佾》。
③ 黎靖德：《朱子语类》卷三四《子在齐闻韶章》，中华书局，1986年，第878页。

夫舜之《韶》，则自垂千古。何以故？舜之言垂千古，则乐亦垂千古。夫子在齐，偶闻之耳。必曰在齐始有《韶》，夫子闻之之后而《韶》遂绝，是岂知乐者哉？司马迁增之以"学之"二字，朱子亦随而注之，则胥未知乐，且未知夫子矣。

继之又诋朱子注不得要领云：

夫子天纵之圣，何学而不能，而必于《韶》也，学之以三月而后能乎？盖三月为一季，第言其久耳。而朱子且申之以九十一日知味之说，反覆论辨不已。吁，其去之益远矣！

最后则径讥朱子说解为"费辞"道：

夫乐者何？律声言志而已。无志则无言，无言则无声，无声必无律。依与永则行乎其间，而不具体者也。是则乐之本在乎志，知在乎志，则知舜之尽美善，而武之未尽善矣。何必费辞！ ①

由以上所举诸例可见，自乾隆二十一年（1756）以后，清高宗在经筵讲学中的立异朱子，实非一偶然现象。

三、从提倡理学到崇奖经学

在乾隆二十一年以后的经筵讲坛之上，清高宗何以会屡屡立异朱子，心裁别出？这是一个很值得去深入论究的问题。笔者以为，如果从高宗即位，尤其是乾隆五年理学的提倡未见成效之后，其学术好尚所发

---

① 《清高宗实录》卷一三二二"乾隆五十四年二月辛卯"条。

生的变化来考察，或许能够寻觅出其间的线索来。

如何处理理学与经学的关系？这是入清以后，伴随社会的由乱而治，朝野共同关注的问题。在日趋高涨的以经学济理学之穷的声浪中，清廷于康熙后期的表彰朱子学，就已经显示了融理学于经学之中的发展趋势。所以，清圣祖既说："朱子注释群经，阐发道理，凡所著作及编纂之书，皆明白精确，归于大中至正。"①又说："治天下以人心风俗为本，欲正人心、厚风俗，必崇尚经学。"②他明确昭示子孙："帝王立政之要，必本经学。"提出了"以经学为治法"的一代家法③。

世宗当政，为时过短，崇尚经学的文化举措未及实施，即过早地去世。高宗即位，凭借其父祖奠定的雄厚国基，他所获得的是一个承平安定的江山。经济的富庶，政局的安定，使他得以从容地去实践其父祖的未竟之志。

乾隆元年（1736）四月，高宗重申"首重经学"的一代家法，命广布圣祖时期官修诸经解，以经学考试士子。他说："圣祖仁皇帝四经之纂，实综自汉迄明，二千余年群儒之说而折其中，视前明《大全》之编，仅辑宋元讲解，未免肤杂者，相去悬殊。各省学臣，职在劝课实学，则莫要于宣扬盛教，以立士子之根柢。"④清高宗的谕旨表明，此时清廷所尊崇的经学，绝不仅仅限于宋元理学诸儒的解说，而是要由宋明而远溯汉唐，博采历代经师之长以"立士子之根柢"。

乾隆二年三月，高宗命儒臣每日缮写经史奏疏进呈。三年十月，他又号召天下士子"究心经学，以为明道经世之本"，指出：

> 学问必有根柢，方为实学。治一经必深一经之蕴，以此发为文辞，自

---

① 《清圣祖实录》卷二四九"康熙五十一年正月丁巳"条。
② 《清圣祖实录》卷二五八"康熙五十三年四月乙亥"条。
③ 《清圣祖实录》卷一一三"康熙二十二年十二月乙卯"条。
④ 《清高宗实录》卷一七"乾隆元年四月辛卯"条。

然醇正典雅。若因陋就简，只记诵陈腐时文百余篇，以为弋取科名之具，则士之学已荒，而士之品已卑矣。①

在清高宗的倡导之下，各地学政闻风而动。乾隆四年（1739）三月，先是陕西学政嵩寿奏："请于《四书》经义外，摘录本经四五行，令生童作经义一段，定其优劣。童生中有能背诵《五经》，兼通讲贯者，量行取进。"②随后山东学政徐铎又奏："荐举优拔，贵乎通经致用。请嗣后报优，注明通晓何经，拔贡改试经解。"③同年六月，安徽学政郑江举荐的优生陶敬信，将所著《周礼正义》一书进呈。高宗以"其注解尚属平妥明顺"，颁谕嘉奖，"令其在《三礼》馆纂修上行走"。④

乾隆五年，高宗虽颁谕提倡读宋儒书、研精理学，但无奈未著成效。廷臣中以理学而名噪一时者，无论是治朱子学的方苞，还是治陆王学的李绂，皆言不顾行，深令高宗失望。因此，高宗曾颁谕指斥方苞："假公济私，党同伐异，其不安静之痼习，到老不改。"⑤又在批驳御史张湄奏疏时，言及"方苞造言生事、欺世盗名之恶习"⑥。至于李绂，高宗认为，其品行不端，实与方苞为同类，他说："朕犹记方苞进见后，将朕欲用魏廷珍之意，传述于外，并于魏廷珍未经奉召之前，迁移住屋，以待其来京。此人所共知者。又李绂曾经召对，朕以君不密则失臣，臣不密则失身之义训谕之。伊称臣断不敢不密，但恐左右或有泄露耳。朕谕云，朕从来召见臣工，左右近地，曾无内侍一人，并无听闻，亦何从泄露。如此二人者，则皆此类也。"⑦而对以理学为门面的湖北巡

---

①　《清高宗实录》卷七九"乾隆三年十月辛丑"条。
②　《清高宗实录》卷八八"乾隆四年三月丁未"条。
③　《清高宗实录》卷八八"乾隆四年三月己酉"条。
④　《清高宗实录》卷九五"乾隆四年六月丙申"条。
⑤　《清高宗实录》卷九二"乾隆四年五月戊午"条。
⑥　《清高宗实录》卷九八"乾隆四年八月丙子"条。
⑦　《清高宗实录》卷一三九"乾隆六年三月甲申"条。

抚晏斯盛，清高宗则径斥之为"其人乃一假道学者流"①。

　　一方面是理学的不振和对理学诸臣的失望；另一方面是经学稽古之风的方兴未艾，二者交互作用的结果，遂成清高宗的专意崇奖经学。乾隆十年（1745）四月，高宗策试天下贡士于太和殿，指出："夫政事与学问非二途，稽古与通今乃一致。"他昭示天下士子："将欲为良臣，舍穷经无他术。"②十二年三月，清廷重刻《十三经注疏》成，高宗特为撰序刊行，向学术界发出"笃志研经，敦崇实学"的号召。他说：

> 我朝列祖相承，右文稽古。皇祖圣祖仁皇帝，研精至道，尊崇圣学，五经具有成书，颁布海内。朕披览《十三经注疏》，念其岁月经久，梨枣日就漫漶，爰敕词臣，重加校正。其于经文误字，以及传注笺疏之未协者，参互以求其是，各为考证，附于卷后，不紊旧观。刊成善本，匪徒备金匮石室之藏而已。《书》曰"学于古训乃有获"；《传》曰"经籍者圣哲之能事，其教有适，其用无穷"……继自今津逮既正，于以穷道德之阃奥，嘉与海内学者，笃志研经，敦崇实学。庶几经义明而儒术正，儒术正而人才昌。③

　　经过高宗初政 10 余年的努力，众山朝宗，百川归海，遂汇为荐举经学的旷典。乾隆十四年十一月，高宗就此颁谕，令内外大臣荐举潜心经学之士。他说：

> 圣贤之学，行本也，文末也，而文之中，经术其根柢也，词章其枝叶也。翰林以文学侍从，近年来，因朕每试以诗赋，颇致力于词章，而求其沉酣六籍，含英咀华，究经训之阃奥者，不少概见。岂笃志正学者鲜与？抑有其人而未之闻与？夫穷经不如敦行，然知务本，则于躬行为近。崇尚

---

① 《清高宗实录》卷一八九"乾隆八年四月癸丑"条。
② 《清高宗实录》卷二三九"乾隆十年四月戊辰"条。
③ 《清高宗实录》卷二八六"乾隆十二年三月丙申"条。

经术，良有关于世道人心。有若故侍郎蔡闻之、宗人府府丞任启运，研究经术，敦朴可嘉。近者，侍郎沈德潜，学有本源，虽未可遽目为钜儒，收明经致用之效，而视獭祭为工，剪彩为丽者，迥不侔矣。今海宇升平，学士大夫举得精研本业，其穷年矻矻，宗仰儒先者，当不乏人。奈何令终老牖下，而词苑中寡经术士也。

于是高宗下令：

> 内大学士、九卿，外督抚，其公举所知，不拘进士、举人、诸生，以及退休闲废人员，能潜心经学者，慎重遴访。务择老成敦厚，纯朴淹通之士以应，精选勿滥，称朕意焉。①

高宗谕下，廷臣纷然响应，不过短短一月，举荐人员之众，已远出高宗意料之外。因此，高宗再颁谕旨：“此番大学士、九卿所举，为数亦觉过多。果有如许淹通经学之士，一时应选，则亦无烦特诏旁求矣。”② 乾隆十五年（1750）十二月，吏部遵旨核定内外大臣举荐之经学诸儒49名，检出不合格者8人。保举失当诸臣，皆因之而被罚俸九月。③

乾隆十六年正月，清高宗首次南巡。此时的江南，领四方学术风气之先，穷经考古，汉学复彰。正是有感于江南经学稽古之风的浓厚，高宗命题考试进献诗赋士子，一如其祖父当年之考试儒臣，论题同为《理学真伪论》。④ 返京之后，五月，策试天下贡士于太和殿前，高宗遂改

---

① 《清高宗实录》卷三五二“乾隆十四年十一月己酉”条。
② 《清高宗实录》卷三五五“乾隆十四年十二月辛卯”条。
③ 《清高宗实录》卷三七九“乾隆十五年十二月己丑”条。
④ 据钱大昕《竹汀居士年谱》“乾隆十六年、二十四岁”条记：“是岁大驾始南巡，江浙吴中士各进献赋诗……有诏召试江宁行在，钦命题《蚕月条桑赋》《指佞草诗》《理学真伪论》。”

变了一年前的估计，欣然宣称："经术昌明，无过今日。"① 历时两年的举荐经学，虽经严格审核，最终为高宗所选定的经学名儒，仅得陈祖范、吴鼎、梁锡玙、顾栋高 4 人，但此次举措本身，其影响则非同一般。正如当时列名荐牍的江南经师惠栋所言："历代选举，朝廷亲试，不涉有司者，谓之制科，又谓之大科。国家两举制科，犹是词章之选，近乃专及经术，此汉魏六朝、唐宋以来，所未行之旷典。"②

至此，清高宗以其举荐经学的重大举措，纳理学、词章于经学之中，既顺应了康熙中叶以后兴复古学的学术演进趋势，又完成了其父祖融理学于经学之中的夙愿，从而确立了崇奖经学的文化格局。

四、余论

在中国古代，经筵讲学为文治攸关，素为帝王所重。清承明制，顺治九年（1652）定，每年春秋仲月，各举经筵一次。其后，经康熙、雍正二朝，历时数十年不改，遂成一代定制。高宗即位，一如其父祖，崇儒重道，阐学尊经，因而于经筵讲学尤为重视。乾隆五年（1740）八月，仲秋经筵讲毕，高宗曾面谕经筵讲官曰：

> 经筵之设，原欲敷宣经旨，以献箴规。朕观近日所进讲章，其间颂扬之辞多，而箴规之义少，殊非责难陈善，君臣咨儆一堂之意。盖人君临御天下，敷政宁人，岂能毫无阙失？正赖以古证今，献可替否，庶收经筵进讲之益。③

乾隆二十五年正月，御史吉梦熊专折奏议经筵事宜，高宗就此

① 《清高宗实录》卷三八八"乾隆十六年五月丙午"条。
② 惠栋《松崖文钞》卷一《上制军尹元长先生书》。
③ 《清高宗实录》卷一二五"乾隆五年八月甲寅"条。

重申：

> 讲官系朕简用大员，经筵讲章本应自行撰拟，期副献纳论思之义。乃故事相沿，竟有由翰林院循例属稿者。朕于讲官呈本时，尚为研讨折衷，著为经、书二论，务在自抒心得。而侍案敷陈者，顾以成言诵习，聊为塞责，可乎？该御史所奏，实为近理，嗣后将此明著为令。[①]

足见，在清高宗的心目之中，经筵讲学断非虚应故事。因而对于讲官事前所进讲章，他皆认真斟酌，撰为经、书二论，以期自抒心得。尽管诚如他所自述，"帝王之学与儒者终异"[②]，所以对于其经筵讲论，我们就不当如同学者论学般地去评判其是非。然而他在经筵讲坛上的讲论，实无异朝廷学术好尚的宣示。惟其如此，其影响又绝非任何学者之论学可以比拟。乾隆中叶以后，既然在庙堂之上，一国之君论学而屡屡立异朱子，辩难驳诘，惟我独尊，那么朝野官民起而效尤，唱别调于朱子，也就不足为奇了。这就叫作"上有所好，下必甚焉"。

值得指出的是，清高宗确立崇奖经学格局的过程，也正是他将专制皇权空前强化的过程。高宗初政，鉴于其父为政的刻核寡恩，倡导广开言路，政尚宽大。然而曾几何时，宽松政局已成过眼云烟。乾隆八年（1743）二月，翰林院编修杭世骏试时务策，因议及"内满而外汉"的时弊，惹怒高宗，竟遭革职。[③] 以之为肇始，从乾隆十六年八月至二十一年正月，高宗大张文网，以对伪撰孙嘉淦奏稿案、王肇基献诗案、杨烟昭著书案、刘震宇《治平新策》案、胡中藻《坚磨生诗钞》案和朱思藻辑《四书》成语案等的穷究和严惩，宣告了宽大为政的终结和文化桎梏的形成。正是在这样一个背景之下，清高宗选择崇奖经学、立

---

① 《清高宗实录》卷六〇五"乾隆二十五年正月乙亥"条。
② 《清高宗实录》卷一一〇六"乾隆四十五年五月戊子"条。
③ 《清高宗实录》卷一八四"乾隆八年二月癸巳"条。

异朱子的方式，把学术界导向穷经考古的狭路之中。

附录：乾隆朝经筵讲学一览

时间	内容
乾隆三年二月	《论语》"道之以德，齐之以礼，有耻且格。"
	《尚书》"咨十有二牧，曰食哉惟时。"
乾隆三年八月	《论语》"宽则得众，信则民任焉，敏则有功，公则说。"
	《尚书》"兢兢业业，一日二日万几。"
乾隆四年二月	《孟子》"圣人治天下，使有菽粟如水火，菽粟如水火，而民焉有不仁者乎。"
	《周易》"天行健，君子以自强不息。"
乾隆四年八月	《论语》"惟仁者能好人、能恶人。"
	《尚书》"德惟善政，政在养民。"
乾隆五年八月	《中庸》"执其两端，用其中于民。"
	《尚书》"以义制事，以礼制心。"
乾隆六年二月	《中庸》"凡为天下国家有九经，所以行之者一也。"
	《尚书》"罔违道以干百姓之誉，罔咈百姓以从己之欲。"
乾隆七年二月	《大学》"《诗》云，乐只君子，民之父母。民之所好好之，民之所恶恶之。"
	《周易》"元者善之长也，亨者嘉之会也，利者义之和也，贞者事之干也。"
乾隆七年八月	《论语》"一日克己复礼，天下归仁焉。"
	《周易》"天地之道，恒久而不已也。"
乾隆八年二月	《论语》"子曰，性相近也，习相远也。"

	《周易》"天地养万物，圣人养贤以及万民。"
乾隆九年二月	《论语》"古之学者为己，今之学者为人。"
	《周易》"天地之大德曰生。"
乾隆九年八月	《论语》"居之无倦，行之以忠。"
	《周易》"天地感而万物化生，圣人感人心而天下和平。"
乾隆十年三月	《论语》"子路问政，子曰先之劳之。请益，曰无倦。"
	《周易》"修辞立其诚。"
乾隆十一年二月	《中庸》"致中和，天地位焉，万物育焉。"
	《尚书》"辟四门，明四目，达四聪。"
乾隆十一年八月	《大学》"自天子以至于庶人，壹是皆以修身为本。"
	《周易》"天施地生，其益无方。"
乾隆十二年二月	《论语》"樊迟问仁，子曰爱人。问知，子曰知人。"
	《周易》"君子以教思无穷，容保民无疆。"
乾隆十四年二月	《论语》"夫子之道，忠恕而已矣。"
	《周易》"上下交而其志同。"
乾隆十七年二月	《论语》"君子之于天下也，无适也，无莫也。"
	《尚书》"知人则哲，能官人。安民则惠，黎民怀之。"
乾隆十八年八月	《论语》"视其所以"一章。
	《周易》"君子体仁，足以长人。"
乾隆二十一年二月	《中庸》"自诚明谓之性，自明诚谓之教。"
	《尚书》"敕天之命，惟时惟几。"
乾隆二十三年二月	《论语》"博学而笃志，切问而近思，仁在其

中矣。"

《尚书》"思其艰以图其易，民乃宁。"

乾隆二十四年二月　《中庸》"成己仁也，成物知也。"

《周易》"易简而天下之理得矣。"

乾隆二十五年二月　《论语》"四时行焉，百物生焉。"

《尚书》"其难其慎，惟和惟一。"

乾隆二十六年二月　《孟子》"舜明于庶物，察于人伦，由仁义行，非行仁义也。"

《周易》"益通而巽，日进无疆。"

乾隆二十八年二月　《大学》"如保赤子，心诚求之，虽不中不远矣。"

《周易》"咸速也，恒久也。"

乾隆二十九年二月　《论语》"因民之所利而利之。"

《尚书》"屡省乃成。"

乾隆三十一年二月　《论语》"无适也，无莫也，义之与比。"

《尚书》"皇建其有极，敛时五福，用敷锡厥庶民。"

乾隆三十二年二月　《论语》"不逆诈，不亿不信，抑亦先觉者，是贤乎。"

《周易》"日新之谓盛德。"

乾隆三十三年二月　《大学》"是以君子有絜矩之道也。"

《尚书》"一日二日万几。"

乾隆三十四年二月　《大学》"所谓诚其意者，毋自欺也。"

《尚书》"钦哉，惟时亮天功。"

乾隆三十五年二月　《孟子》"由仁义行，非行仁义也。"

《周易》"圣人养贤以及万民。"

乾隆三十七年二月　《中庸》"修道之谓教。"

	《周易》"辅相天地之宜。"
乾隆三十八年二月	《大学》"民之所好好之，民之所恶恶之。"
	《尚书》"虑善以动，动惟厥时。"
乾隆三十九年二月	《论语》"仁者先难而后获。"
	《尚书》"功崇惟志，业广惟勤。"
乾隆四十年二月	《大学》"日日新，又日新。"
	《周易》"有孚惠我德。"
乾隆四十一年二月	《论语》"百姓足，君孰与不足。"
	《尚书》"君子所其无逸。"
乾隆四十四年二月	《论语》"先之劳之，请益，曰无倦。"
	《周易》"自上下下，其道大光。"
乾隆四十六年二月	《大学》"此之谓絜矩之道。"
	《周易》"乾始能以美利利天下，不言所利。"
乾隆四十七年二月	《论语》"知者乐，仁者寿。"
	《尚书》"在知人，在安民。"
乾隆四十八年二月	《中庸》"悠久所以成物也。"
	《尚书》"惟臣钦若，惟民从义。"
乾隆五十一年二月	《论语》"仁者安仁，智者利仁。"
	《尚书》"正德、利用、厚生，惟和。"
乾隆五十二年二月	《孟子》"天与贤则与贤，天与子则与子。"
	《周易》"刚健、笃实、辉光，日新其德。"
乾隆五十三年二月	《大学》"安而后能虑，虑而后能得。"
	《尚书》"明作有功，惇大成裕。"
乾隆五十四年二月	《论语》"子在齐闻《韶》，三月不知肉味，曰不图为乐之至于斯也。"
	《论语》"子谓《韶》尽美矣，又尽善也。谓《武》尽美矣，未尽善也。"

乾隆五十五年二月　　《中庸》"栽者培之，倾者覆之。"

《周易》"天行健，君子以自强不息。"

乾隆五十六年二月　　《论语》"回也闻一以知十，赐也闻一以知二。"

《尚书》"允执其中。"

乾隆五十七年二月　　《论语》"君子思不出其位。"

《周易》"唯几也，故能成天下之务。"

乾隆五十八年二月　　《中庸》"至诚无息，不息则久。"

《尚书》"天聪明自我民聪明，天明畏自我民明威。"

乾隆五十九年二月　　《中庸》"悠远则博厚，博厚则高明。"

《周易》"显诸仁，藏诸用。"

乾隆六十年二月　　　《中庸》"小德川流，大德敦化。"

《尚书》"亶聪明作元后，元后作民父母。"

第十二章　《宋元学案》纂修述略

在中国学术史上，继《明儒学案》之后，《宋元学案》是又一部具有重要影响的学案体史籍。该书自清代康熙间黄宗羲发凡起例，其子百家承其未竟而续事纂修，直至乾隆初全祖望重加编订，确立百卷规模，迄于道光中再经王梓材、冯云濠整理刊行，其成书历时近150年。

一、黄氏父子的创始之功

《宋元学案》的结撰，首倡于黄宗羲，续修于其子百家。为山复篑，后海先河，谨述黄氏父子创辟之功如后。

（一）黄宗羲的发凡起例

在完成《明儒学案》之后，黄宗羲以耄耋之年，又致力于《宋元学案》的结撰。据全祖望所撰《梨洲先生神道碑文》记，宗羲"晚年，于《明儒学案》之外，又辑《宋儒学案》《元儒学案》，以志七百年来儒苑门户。……尚未成编而卒"①。虽因代远年湮，我们今天已无从知道黄宗羲当年董理《宋儒学案》《元儒学案》的始末，但是其发凡起例的辛勤劳作，在今本《宋元学案》中，依然留下了清晰的印记。

在宋元两代《学案》的纂修过程中，黄宗羲的创始之功，除编纂体例一仍《明儒学案》格局之外，主要表现在如下两个方面。

第一，大体确立卷帙次第。

---

① 全祖望：《鲒埼亭集》卷一一《梨洲先生神道碑文》。

今本 100 卷《宋元学案》之中，据道光间整理书稿的王梓材、冯云濠介绍，其卷帙次第，在黄宗羲生前，已经粗具眉目。

关于全书的托始于胡瑗、孙复，王梓材明确地指出，其议即首倡于黄宗羲。王氏于此说："谢山（全祖望——引者）以梨洲编次《学案》托始于安定、泰山者，其意远有端绪。"① 之后，康节、濂溪、明道、伊川、横渠五学案，其编次亦皆源自黄宗羲。全祖望将各案一分为二，于《横渠学案》即有称道黄宗羲的疏证之功语，他说："横渠先生勇于造道，其门户虽微有殊于伊洛，而大本则一也。其言天人之故，间有未当者，梨洲稍疏证焉，亦横渠之忠臣哉！"② 卷三三《荥阳学案》，黄宗羲初稿附见于《安定学案》，后为全祖望表而分立。卷三一《吕范诸儒学案》，黄宗羲初本题作《蓝田学案》。卷三二《周许诸儒学案》、卷三三《王张诸儒学案》，前者原题《永嘉学案一》，后者则附《康节学案》。卷三六《紫微学案》亦为全氏分立，旧在《和靖学案》之中。卷四一至卷四三《衡麓》《五峰》《刘胡诸儒》三学案，宗羲初稿皆在《武夷学案》中。而卷五二至卷五五《艮斋》《止斋》《水心》三学案，宗羲本亦同置《永嘉学案》中。同样，卷五六之《龙川学案》，宗羲则题作《永康学案》。而卷五七、卷五八《梭山复斋》《象山》和卷七四至卷七六《慈湖》《絜斋》《广平定川》及卷九三之《静明宝峰》诸学案，宗羲初稿俱在《金溪学案》中。他如卷四八、卷四九《晦翁学案》之称《紫阳学案》，卷八二《北山四先生学案》之称《金华学案》，卷八五《深宁学案》之附于《西山学案》，卷八六、卷八七《东发》《静清》二学案之题《四明朱门学案》，卷六九《介轩学案》之题《新安学案》，卷九〇、卷九一《鲁斋》《静修》二学案之同列《北方学案》。凡此，皆可窥见黄宗羲筚路蓝缕的艰辛劳作。

---

① 王梓材：《宋元学案》卷首《序录》第四卷按语。
② 全祖望：《宋元学案》卷一七《横渠学案·序录》。

第二，论定诸家学术。

今本《宋元学案》中，尚存黄宗羲按语 58 条。这些按语论定各家学术，或张大师说，或独抒己见，于探讨黄宗羲结撰《宋元学案》的著述思想，弥足珍贵。谨依卷帙先后，掇其大要，略加引述。

卷一〇《百源学案》下，黄宗羲于著录高攀龙评邵雍学术"如空中楼阁"之语后，有按语云："康节反为数学所掩，而康节数学，《观物外篇》发明大旨。今载之《性理》中者，注者既不能得其说，而所存千百亿兆之数目，或脱或讹，遂至无条可理。盖此学得其传者，有张行成、祝泌、廖应淮，今寥寥无继者。余尝于《易学象数论》中为之理其头绪，抉其根柢。"[①] 这一段按语是说邵雍学术，其大旨于《观物外篇》多有阐发，而明初修《性理大全》，不识别择，庞杂无类，以致使之无条可理，黯然不明。所以黄宗羲既撰《易学象数论》理其头绪，又于《宋元学案》中立《康节学案》，载其《观物外篇》，以明邵氏学术。至于邵雍学术的传衍，黄宗羲原将案主门人附载《康节学案》中，全祖望则分立为《王张诸儒学案》和《张祝诸儒学案》。同样是述邵氏门人，黄宗羲于王豫（字悦之，又字天悦）传略后，所加按语则又略异前引。他写道："康节之学，子文（雍子伯温——引者）之外，所传止天悦，此外无闻焉。盖康节深自秘惜，非人勿传。……天悦无所授，以先生之书殉葬枕中。未百年而吴曦叛，盗发其冢，有《皇极经世体要》一篇，《内外观物》数十篇。道士杜可大贿得之，以传廖应淮，应淮传彭复，彭复传傅立，皆能前知云。"[②] 全祖望正是合此二段按语，多方搜辑，遂将《康节学案》黄氏旧稿分而三之。

卷一二《濂溪学案》下，在全文引录周敦颐《太极图说》之后，黄宗羲案云："朱子以为，阳之动为用之所以行也，阴之静为体之所以立

---

① 黄宗羲：《宋元学案》卷一〇《百源学案下》按语。
② 黄宗羲：《宋元学案》卷三三《王张诸儒学案》按语。

也。夫太极既为之体，则阴阳皆是其用。如天之春夏，阳也；秋冬，阴也。人之呼，阳也；吸，阴也。宁可以春夏与呼为用，秋冬与吸为体哉？缘朱子以下文主静立人极，故不得不以体归之静。先师云'循理为静，非动静对待之静'。一语点破，旷若发矇矣。"① 这就是说，朱熹有误会《太极图说》处，唯有刘宗周之说始是正解。而对于周敦颐学术，黄宗羲在同卷他处，则有总评性的按语，他说："周子之学，以诚为本。从寂然不动处握诚之本，故曰主静立极。本立而道生，千变万化皆从此出。化吉凶悔吝之途，而反复其不善之动，是主静真得力处。静妙于动，动即是静。无动无静，神也，一之至也，天之道也。千载不传之秘，固在是矣。"② 黄宗羲既以诚为周学大本，进而论证"无动无静"乃千载不传之秘，独周敦颐得悟。因此，他不赞成指周氏之学为源于佛老之说。黄宗羲就此指出："后世之异论者，谓《太极图》传自陈抟，其图刻于华山石，列玄牝等名，是周学出于老氏矣。又谓周子与胡卜恭（胡宿——引者）同师僧寿涯，是周学又出于释氏矣。此皆不食其肉而说味者也。使其学而果是乎，则陈抟、寿涯，周子之老聃、苌弘也。使其学而果非乎，即日取二氏而谆谆然辩之，则范缜之神灭、傅奕之昌言，无与乎圣学之明晦也。"于是宗羲以高攀龙之说为同调，得出了周氏之学"字字辟佛"的结论。他说："顾泾阳曰，周元公不辟佛。高忠宪答曰，元公之书，字字与佛相反，即谓之字字辟佛可也。岂不信哉！"③

卷一五《伊川学案上》，当引述程颐"人既能知见，岂有不能行"的一段语录之后，黄宗羲即加按语云："伊川先生已有知行合一之言矣。"④ 寥寥数语，画龙点睛，其弦外之音，无非是说王守仁的"知行合

---

① 黄宗羲：《宋元学案》卷一二《濂溪学案下》按语。
② 黄宗羲：《宋元学案》卷一二《濂溪学案下》按语。
③ 黄宗羲：《宋元学案》卷一二《濂溪学案下》按语。
④ 黄宗羲：《宋元学案》卷一五《伊川学案上》按语。

一"之见并非异说，实是远承程颐，渊源有自。程门高足，谢、杨并尊。黄宗羲推许谢良佐（上蔡），于杨时（龟山）则有微词。在卷二四《上蔡学案》卷首，他写有类似《明儒学案》总论的一段话，据云："程门高弟，予窃以上蔡为第一，《语录》尝累手录之。语者谓道南一派，三传而出朱子，集诸儒之大成，当等龟山于上蔡之上。不知一堂功力，岂因后人为轩轾！且朱子之言曰，某少时妄志于学，颇借先生之言以发其趣。则上蔡固朱子之先河也。"① 而卷二五《龟山学案》之论杨时，便有"为明道（程颢）难，为伊川（程颐）易，龟山固两失之矣"的结论。他说："朱子言，龟山晚年之出，未免禄仕，苟且就之。然来得已不是，及至，又无可为者，只是说没紧要底事。所以使世上一等人笑儒者，以为不足用，正坐此耳。此定论也。盖龟山学问从庄、列入手，视世事多不经意，走熟援而止之而止一路。若使伊川于此等去处，便毅然斩断葛藤矣。故上蔡云，伯淳最爱中立，正叔最爱定夫，二人气象相似也。龟山虽似明道，明道却有杀活手段，决不至徒尔劳攘一番。为伊川易，为明道难，龟山固两失之矣。"② 对杨、谢二家之学如何评价，朱熹学说之是否导源谢良佐，都是可以讨论的问题。宗羲之说虽未可视为定评，但却个性鲜明，其特立独行的学术风貌皆在其中。正如全祖望所说："谢、杨二公，谢得气刚，杨得气柔，故谢之言多踔厉风发，杨之言多优柔平缓，朱子已尝言之。而东发谓象山之学原于上蔡，盖陆亦得气之刚者也。梨洲先生天资最近乎此，故尤心折于谢。"③ 惟其如此，所以于朱熹批评谢良佐学术语，黄宗羲则多加辩诘，指出："上蔡在程门中，英果明决。其论仁以觉、以生意，论诚以实理，论敬以常惺惺，论穷理以求是，皆其所独得，以发明师说者也。"他认为，朱熹批评谢氏"杂禅"，实因朱子"终身认理气为二"所使然。在黄宗羲看来，

---

① 黄宗羲：《宋元学案》卷二四《上蔡学案》按语。
② 黄宗羲：《宋元学案》卷二五《龟山学案》按语。
③ 黄宗羲：《宋元学案》卷二五《龟山学案》全祖望按语。

谢良佐之于程门，"其言语小有出入则或有之，至谓不得其师之说，不敢信也"①。

类似的立异朱熹处，四〇、四二、四八、五〇诸卷，按语所在多有。黄宗羲之立异朱子说，固然自有其立论依据，但门户之见实亦隐存其间。过于尊信王守仁的《朱子晚年定论》，朱、陆学术早异晚同之见横亘于胸，自然就会出现偏颇了。不过，黄宗羲毕竟不是门户勃谿者，而是一位见识卓然的史家。因此在卷五八《象山学案》中，他所留下的大段按语，尽管未脱成见，然而依旧道出了不可拘执门户的主张。他说："先生之学，以尊德性为宗。……紫阳之学，则以道问学为主。……先生之尊德性，何尝不加功于学古笃行，紫阳之道问学，何尝不致力于反身修德，特以示学者之入门各有先后。……二先生同植纲常，同扶名教，同宗孔孟。即使意见终于不合，亦不过仁者见仁，智者见智，所谓学焉而得其性之所近。"于是宗羲断言："不睹二先生之全书，从未究二先生之本末，糠秕眯目，强附高门，浅不自量，妄相诋毁。彼则曰我以助陆子也，此则曰我以助朱子也。在二先生，岂屑有此等庸妄无谓之助己乎！"②谈朱熹、陆九渊学术异同，倘能摒弃早异晚同的成见，黄宗羲之所论，亦不失公允持平。

同样的道理，由于黄宗羲是以一个学术史家的理智去讨论学术公案，因而颇能得中肯綮。譬如卷七四《慈湖学案》之论陆九渊门人杨简，黄宗羲留下了两条按语。第一条有云："象山说颜子克己之学，非如常人克去一切忿欲利害之私，盖欲于意念所起处将来克去。故慈湖以不起意为宗，是师门之的传也。……但慈湖工夫入细，不能如象山，一切经传有所未得处，便硬说辟倒。此又学象山而过者也。"这就是说，杨简虽得陆九渊真传，但放言高论，漫无依据，未免有违师教。第二条则说得更其直截："慈湖所传，皆以明悟为主。……夫所谓觉者，识得

---

① 黄宗羲：《宋元学案》卷二四《上蔡学案》按语。
② 黄宗羲：《宋元学案》卷五八《象山学案》按语。

本体之谓也。象山以是为始功,而慈湖以是为究竟。此慈湖之失其传也。"①陆九渊之学,得杨简而传,亦因杨简而失传,这就是黄宗羲对杨简学术的定论。

何基、王柏、金履祥、许谦,史称"北山四先生"。黄宗羲辟为《金华学案》加以考论,以探讨宋元间学术史。后经全祖望修订,改题《北山四先生学案》。在这一学案中,黄宗羲亦留下按语二条。第一条专论宋末何基(北山)之学,指出:"北山之宗旨,熟读《四书》而已。……确守师说,可谓有汉儒之风焉。"第二条合论元人金履祥、许谦,兼及一时浙东学术,宗羲说:"理一分殊,理不患其不一,所难者分殊耳。此李延平之谓朱子也。是时朱子好为笼侗之言,故延平因病发药耳。当仁山、白云之时,浙河皆慈湖一派,求为本体,便为究竟,更不理会事物。不知本体未尝离物以为本体也,故仁山重举斯言,以救时弊。"②

《宋元学案》全书,黄宗羲留下的按语,其最后一条见于卷八九《介轩学案》。此一学案宗羲原题《新安学案》,系据案主许月卿(号山屋,婺源人)地望命名。而全祖望则改以许氏师董梦程(号介轩)号为据,题作《介轩学案》。按语中,黄宗羲论新安一地元初学风之演变大势云:"新安之学,自山屋一变而为风节。盖朱子平日刚毅之气,凛不可犯,则知斯之为嫡传也。彼以为风节者,意气之未融,而以屈曲随俗为得,真邪说之诬民者也。先师尝言,东汉之风节,一变至道,其有见于此乎!"③

(二)黄百家的续事纂修

黄宗羲晚年,虽发愿结撰《宋元儒学案》,无奈年事已高,时不再

---

① 黄宗羲:《宋元学案》卷七四《慈湖学案》按语。
② 黄宗羲:《宋元学案》卷八二《北山四先生学案》按语。
③ 黄宗羲:《宋元学案》卷八九《介轩学案》按语。

与，书稿眉目粗得，即告赍志而殁。其子百家承父未竟，续事纂修，为《宋元学案》的成书，建树了不可磨灭的业绩。

黄百家为宗羲第三子，原名百学，字主一，号耒史。他生当明清鼎革的乱离之中，青少年时代，因其父从事抗清斗争，四方转徙，无暇课督，因而使百家有"失学"①之叹。早年，曾随鄞县武师王来咸习武，于拳法、剑术皆颇得其传。后来，百家于此段经历似感不妥，屡有反省，用他的话来说，就叫作"几失足为狭邪无俚之徒"②。康熙初，其父返乡，息影家园，百家始得朝夕相随，兼习举子业。康熙六年（1667），黄宗羲讲学宁波，百家与甬上诸贤如陈赤衷、陈锡嘏、万斯大、万斯同等共学于讲经会中。从此，绍兴、慈溪、海宁，凡宗羲讲学所至，百家皆得相随，耳濡目染，学业日进。康熙十八年，清廷重开《明史》馆，礼聘黄宗羲。宗羲婉言谢绝，后不堪纠缠，遂让弟子万斯同、万言叔侄北上，入京预修《明史》。康熙二十六年，再命百家入《明史》馆总裁徐元文京邸，同万斯同一道以布衣修史。二十九年夏，徐元文失官南归，百家与万斯同皆为主事者挽留，修史于京中江南会馆。后因黄宗羲年高体衰，百家遂携书稿南还，专意于《天文》《历法》诸志的结撰。三十一年七月，《明儒学案》得河北故城贾润资助刊刻。润死，子朴继承其事。黄宗羲闻讯，抱病口授序文，由百家笔录成篇。

黄宗羲故世之后，留下四部未竣遗著，即《宋儒学案》《元儒学案》《宋文案》《元文案》。后来，黄百家虽有志《明史》，却因其父遗志未竟而未再入京修史。康熙三十七年春，万斯同省亲南返，向黄百家转达史馆总裁王鸿绪的聘请，拟约百家于秋间结伴入京。万斯同说："吾学博于汝，而笔不及汝，《明史》之事，乐得子助。"③百家为完成父业，终未得行。晚年的黄百家，致力于《宋元儒学案》和《宋元文案》的纂

---

① 黄百家：《学箕初稿》卷二《赠陈子文北上序》。
② 黄百家：《学箕初稿》卷二《赠陈子文北上序》。
③ 黄百家：《万季野先生斯同墓志铭》，见《碑传集》卷一三一。

修，于《宋元儒学案》用力尤勤。后虽一如其父，未能蒇事而去世，但于今本《宋元学案》中，同样留下了他辛勤耕耘的足迹。

黄百家之于《宋元学案》，其辛勤劳作可以归纳为两个主要方面：一是整理父稿，拾遗补阙；二是阐发父说，论定学术。兹举其大要，略述如后。

第一，整理父稿，拾遗补阙。

一部《宋元学案》，经黄百家手所纂辑者，除尔后全祖望补修各案外，可谓无案不然。仅百家自述所及，便已称俯拾即是。譬如卷一《安定学案》，案中著录的众多胡瑗门生弟子，有34人的资料即为百家所搜集。他于此写道："安定先生初教苏、湖，后为直讲，朝命专主太学之政。先生推诚教育，甄别人物，有好尚经术者，好谈兵战者，好文艺者，好尚节义者，使之以类群居讲习。先生时时召之，使论其所学，为定其理。或自出一义，使人人各对，为可否之。或就当时政事，俾之折衷。故人皆乐从而有成效。……先生之教法，穷经以博古，治事以通今，成就人才，最为得当。自后濂、洛之学兴，立宗旨以为学的，而庸庸之徒反易躲闪。是语录之学行而经术荒矣。当时安定学者满天下，今广为搜索，仅得三十四人，然而铮铮者在是矣。"① 又如卷九《百源学案》上所著录之邵雍《观物内外篇》《渔樵问答》等，亦出黄百家手。他说："先生《观物内外篇》，《内篇》先生所自著，《外篇》门弟子所述。《内篇》注释，先生子伯温也。"又说："《黄氏日抄》云，《伊川至论》第八卷载《渔樵问答》，盖世传以为康节书者，不知何为亦剿入其中。近世昭德先生晁氏《读书记》，疑此书为康节子伯温所作。今观其书，惟天地自相依附数语，为先儒所取，余多肤浅。子文得家庭之说而附益之，明矣。今去其问答浮词并与《观物篇》重出者，存其略焉。"②

---

① 黄百家：《安定学案》按语，见《宋元学案》卷一《安定学案》。
② 黄百家：《百源学案》按语，见《宋元学案》卷九《百源学案上》。

再如卷一一《濂溪学案》所著录黄宗羲对《通书》的笺注，亦系黄百家所辑录。他于此不惟详加案说于篇末，而且还在卷首解释道："《通书》，周子传道之书也。朱子释之详矣，月川曹端氏继之为《述解》，则朱子之义疏也。先遗献嫌其于微辞奥旨尚有未尽，曾取蕺山子刘子说，笺注一过。谨条载本文下，间窃附以鄙见。"[1] 他如卷一三《明道学案》、卷一七《横渠学案》，以及卷八二《北山四先生学案》和卷九〇《鲁斋学案》等，黄百家的辛勤耕耘，皆历历在目，不遑备举。

第二，阐发父说，论定学术。

据笔者粗略统计，在今本《宋元学案》中，载有黄百家按语210条。其数量之多，不惟成数倍地远逾其父，而且也可媲美全祖望。这些按语，除部分属于考明疑似、辩证是非之语外，多系阐发其父遗说，以论定各家学术，实有类于《明儒学案》之诸家学术总论。譬如前引卷一《安定学案》之评胡瑗学术，即可视为该案总论。又如卷二《泰山学案》之论孙复学术，亦可作如是观。百家于案主孙氏传略后，先于按语中引述黄震之说，以说明"宋兴八十年，安定胡先生、泰山孙先生、徂徕石先生，始以师道明正学，继而濂、洛兴矣。故本朝理学虽至伊洛而精，实自三先生而始"。继之则陈述己说云："盖先生应举不第，退居泰山，聚徒著书，以治经为教。先生与安定同学，而《宋史》谓瑗治经不如复。安定之经术精矣，先生复过之。惜其书世少其传，其略见徂徕作《泰山书院记》。"同卷孟宗儒传略后，百家亦有按语一段，在详尽称引其父辩证《明史》不可沿《宋史》之陋，而立《道学传》语之后，即申以己说云："先文洁曰，本朝理学，实自胡安定、孙泰山、石徂徕三先生始。朱文公亦云，伊川有不忘三先生之语。即考诸先儒，亦不谬也。"[2] 再如卷四八《晦翁学案》，朱熹传略后之黄百家按语，亦无异该

① 黄百家：《濂溪学案》按语，见《宋元学案》卷一一《濂溪学案上》。
② 黄百家：《泰山学案》按语，见《宋元学案》卷二《泰山学案》。

案总论。他说："紫阳以韦斋为父，延平、白水、屏山、籍溪为师，南轩、东莱诸君子为友，其传道切磋之人，俱非夫人之所易姤也。禀颖敏之资，用辛苦之力，尝自言曰，某旧时用心甚苦，思量这道理，如过危木桥子，相去只在毫发之间，才失脚便跌下去。可见先生用功之苦矣。而又孜孜不肯一刻放懈。其为学也，主敬以立其本，穷理以致其知，反躬以践其实。而博极群书，自经史著述而外，凡夫诸子、佛老、天文、地理之学，无不涉猎而讲究也。其为间世之巨儒，复何言哉！"①类似总论性的按语，卷八三《双峰学案》、卷八七《静清学案》等，所在多有。卷八六《东发学案》，百家秉其父说，原题《四明朱门学案》二，于黄震传略后，他尽引其父论为按语道："先遗献曰，嗟夫！学问之道，盖难言哉。无师授者，则有多歧亡羊之叹；非自得者，则有买椟还珠之诮。所以哲人代兴，因时补救，视其已甚者而为之一变。当宋季之时，吾东浙狂慧充斥，慈湖之流弊极矣，果斋、文洁不得不起而救之。然果斋之气魄，不能及于文洁，而《日抄》之作，折衷诸儒，即于考亭亦不肯苟同，其所自得者深也。今但言文洁之上接考亭，岂知言哉？"②

此外，黄百家所写按语，于各家学术源流述之甚详，始终有一全局在胸。譬如卷二五《龟山学案》，于杨时传略之后，百家有按语云："二程得孟子不传之秘于遗经，以倡天下。而升堂睹奥，号称高第者，游、杨、尹、谢、吕，其最也。顾诸子各有所传，而独龟山之后，三传而有朱子，使此道大光，衣被天下。则大程道南目送之语，不可谓非前谶也。"③如此论杨时予南宋理学的影响，兼及朱熹学术渊源，显然要较其父之推尊谢良佐更接近历史真实。又如卷五八《象山学案》之述朱、陆学术之争，黄百家亦有摆脱门户之论。他说："子舆氏后千有余载，缵斯道之坠绪者，忽破暗而有周、程。周、程之后曾未几，旋有朱、

---

① 黄百家：《晦翁学案》按语，见《宋元学案》卷四八《晦翁学案上》。
② 黄百家：《东发学案》按语，见《宋元学案》卷八六《东发学案》。
③ 黄百家：《龟山学案》按语，见《宋元学案》卷二五《龟山学案》。

陆，诚异数也。然而陆主乎尊德性，谓先立乎其大，则反身自得，百川会归矣。朱主乎道问学，谓物理既穷，则吾知自致，瀚雾消融矣。二先生之立教不同，然如诏入室者，虽东西异户，及至室中则一也。何两家弟子不深体究，出奴入主，论辩纷纷，而至今借媒此径者，动以朱、陆之辨同辨异，高自位置，为岑楼之寸木？"①

今本《宋元学案》卷八二《北山四先生学案》，黄氏父子原题《金华学案》，百家于该案多所究心。他先以按语一段综述金华学术源流云："勉斋之学，既传北山，而广信饶双峰亦高弟也。双峰之后，有吴中行、朱公迁，亦铮铮一时。然再传即不振。而北山一派，鲁斋、仁山、白云，既纯然得朱子之学髓，而柳道传、吴正传以逮戴叔能、宋潜虚一辈，又得朱子之文澜，蔚乎盛哉！是数紫阳之嫡子，端在金华也。"继之则专辟后人訾议王柏治经立异朱熹之不妥，他说："鲁斋之宗信紫阳，可谓笃矣。而于《大学》，则以为格致之传不亡，无待于补；于《中庸》，则以为《汉志》有《中庸说》二篇，当分诚明以下别为一篇；于《太极图说》，则以为无极一句当就图上说，不以无极为无形、太极为有理也。其于《诗》《书》，莫不有所更定。岂有心与紫阳异哉！……后世之宗紫阳者，不能入郛廓，宁守注而背经，而昧其所以为说，苟有一言之异，则以为攻紫阳矣。然则鲁斋亦攻紫阳者乎？甚矣，今人之不学也。"最后，则假评金履祥的《论孟考证》，进一步抨击盲目尊朱之弊。百家于此写道："仁山有《论孟考证》，发朱子之所未发，多所抵牾。其所以抵牾朱子者，非立异以为高，其明道之心，亦欲如朱子耳。朱子岂好同而恶异者哉！世为科举之学者，于朱子之言，未尝不锱铢以求合也。乃学术之传，在此而不在彼，可以憬然悟矣。"②

黄宗羲、百家之述《金华学案》，实欲据以论元代之浙东理学。而

---

① 黄百家：《象山学案》按语，见《宋元学案》卷五八《象山学案》。
② 黄百家：《北山四先生学案》按语，见《宋元学案》卷八二。

今本卷九〇之《鲁斋学案》，则专述元代北方理学，故原题《北方学案》。在该学案案主赵复传略后，黄百家有按语一段，总论元代北方理学云："自石晋燕、云十六州之割，北方之为异域也久矣，虽有宋诸儒迭出，声教不通。自赵江汉以南冠之囚，吾道入北。而姚枢、窦默、许衡、刘因之徒，得闻程、朱之学以广其传，由是北方之学郁起，如吴澄之经学，姚燧之文学，指不胜屈，皆彬彬郁郁矣。"① 卷九一之《静修学案》，黄氏父子原以附《北方学案》，百家于案中亦有总论一代学术语。他说："有元之学者，鲁斋、静修、草庐三人耳。草庐后至，鲁斋、静修，盖元之所借以立国者也。二子之中，鲁斋之功甚大，数十年彬彬号称名卿材大夫者，皆其门人，于是国人始知有圣贤之学。静修享年不永，所及不远。然是时虞邵庵之论曰，文正没，后之随声附影者，谓修辞申义为玩物，而苟且于文章，谓辨疑答问为躐等，而姑困其师长，谓无所猷为为涵养德性，谓深中厚貌为变化气质。外以聋瞽天下之耳目，内以蛊晦学者之心思。虽其流弊使然，亦是鲁斋所见，只具粗迹，故一世靡然而从之也。若静修者，天分尽高，居然曾点气象，固未可以功效较优劣也。"②

黄宗羲父子之究心宋元儒学，结撰《宋儒学案》《元儒学案》，就内容而言，一如《明儒学案》，系断代为史，未突破朝代界限。而在编纂体例上，则变通旧作而有所发展。尽管黄氏遗稿今已无从得见，但仅就经全祖望编订的《宋元学案》而论，这一发展已显而易见。大体而言，黄氏父子的《宋元儒学案》，结构依然是三段式，只是三段之中，类似《明儒学案》的总论，或因脱稿尚需时日，并未独立于卷首，而是以随文按语的形式置于案中。取而代之的，则是学术资料选编后的《附录》。凡一完整的学案，皆由此三部分构成，即案主传略、学术资料选

---

① 黄百家：《鲁斋学案》按语，见《宋元学案》卷九〇。
② 黄百家：《静修学案》按语，见《宋元学案》卷九一。

编、附录。附录所载，近承孙奇逢《理学宗传》卷末之小字附注，远袭朱熹《伊洛渊源录》之《遗事》，集中著录案主同时及尔后学者述其学行语。这一新的三段式编纂格局，经其后全祖望编订《宋元学案》而定型，遂合卷首《序录》于一体，成为学案体史籍的圭臬。

二、全祖望与《宋元学案》

黄宗羲、百家父子相继谢世之后，所遗《宋元儒学案》稿本，无人董理，几至散佚。乾隆初，幸得浙东学者全祖望续加补辑，厘定卷帙，拾坠绪于将湮，理遗编于濒失。《宋元学案》之能成完书，全祖望的辛勤劳作，最可纪念。

（一）全祖望学行述略

全祖望，字绍衣，号谢山，浙江鄞县（今属宁波）人。生于康熙四十四年（1705），卒于乾隆二十年（1755），得年仅 51 岁。祖望秉性亢直，中年失官之后，绝意宦情，潜心经史，表彰乡邦文献，校勘《水经注》，笺释《困学纪闻》，编订《宋元学案》。不惟以之而名噪于乾隆初叶的学术界，而且还被尔后学者评为兼擅经史辞章的全才。

祖望 4 岁即入塾读书，迄于 14 岁补博士弟子，诸经之外，《通鉴》《通考》诸书皆已寓目。16 岁时，以所为古文谒著名文士查慎行，深得查氏推许，比之为北宋散文家刘敞一辈。之后，他留心经史，专意于乡邦文献的董理。浙东藏书之家，如范氏天一阁、谢氏天赐园、陈氏云在楼，皆留下过全祖望抄撮经史的身影。雍正七年（1729），他为浙江学政王兰生所识拔，录为选贡，时年 25 岁。

雍正八年春，全祖望离乡北上，就读京师国子学。此时，耆儒方苞以治《礼经》而名著京城。祖望读方氏著《丧礼或问》，于其中论大夫丧礼多有未安，于是致书方苞商榷。入京伊始，即以此而崭露头角。后应山东学政罗凤彩聘请，入幕济南，遍游三齐。十年秋，以第一名举顺天乡试。翌年春，会试落第。时值清世宗颁诏，拟再开博学鸿词特科，以罗致人才。全祖望得列名荐牍，遂留京待试。乾隆元年（1736）春，以三甲第三十六名成进士。原指望与试特科，一举而跻身翰林院儒臣之列。殊不知因先前忤大学士张廷玉，竟不允与试。翌年五月，又以庶吉士考试下等而不得在翰林院供职，改而听候补选外官，时年 33 岁。失官南归，从此不再复出。

返乡之后，迄于乾隆二十年七月病逝，18 年间，全祖望先后应聘主持绍兴蕺山书院和粤东端溪书院讲席，专意经史，作育人才。晚年贫病交加，寄人篱下，依然不改初衷，献身学术，直到赍志而殁。

《困学纪闻》的笺注，是全祖望中年以后所完成的第一项著述事业。《困学纪闻》为宋元间浙东大儒王应麟所结撰，全书凡 20 卷，系著者考证经史百家之学的札记荟萃，博极群书，引据繁富，既集一生学养，亦寓家国忧思，为我国古代学术史中有口皆碑的名著。清初，古学复兴之风起，阎若璩以经史考证之学而睥睨四方，曾为《困学纪闻》作校注，是为清人对此书的初笺。稍后，何焯自炫其辞章之学，于《困学纪闻》再加笺注，是为二笺。全祖望继起，时值阎、何二家笺注相继刊行，于二家劳作虽多加首肯，但亦缘不尽惬意而发愿三笺。乾隆六年秋冬间，祖望旅居扬州，取二家笺注合订，删繁就简，补阙正讹，复增 300 余条，成《困学纪闻三笺》。翌年二月，撰《困学纪闻三笺序》有云："深宁王先生《文集》百二十卷，今世不可得见。……碎金所萃，则为《困学纪闻》。顾其援引书籍奥博，难以猝得其来历，太原阎征君潜丘尝为之笺，已而长洲何学士义门又补之。……潜丘详于开索，其于是书，最所致意，然笔舌冗漫，不能抉其精要，时挟偏乖之见，如力攻《古文尚书》，乃其平日得意之作，顾何必哓哓搀入此笺之内，无乃不知所以裁之耶？义门则简核，而欲高自标置，晚年妄思论学，遂谓是书尚不免词科人习气，不知己之批尾家当，尚有流露此笺未经洗涤者。……予学殖荒落，岂敢与前辈争入室操戈之胜？况莫为之前，予亦未能成此笺也。……是书虽经三笺，然阙如者尚多有之，又安知海内博物君子，不有如三刘者乎？予日望之矣。"①

校勘《水经注》，为全祖望晚年的第二项著述事业。《水经》为我国古代历史地理著述，专记南北河道水系。作者其说不一，一说为汉桑钦，一说为晋郭璞，唯证据皆不确凿，故久久存疑。一般认为，当是东汉间的作品。北魏间，郦道元为该书作注，成《水经注》40卷，穷原竟委，引据浩博，经伴注行，皆成历史地理学名著。宋明以来，《水经注》多有刊行，研究郦书，亦成专门学问。然而代远年湮，今古悬隔，郦书在辗转传抄和刊刻之中，或间有散佚，或错简失序，或经注混淆，鲁鱼豕亥，所在多有。校订讹夺，恢复旧观，摭补逸文，是正文字，皆为亟待解决的课题。故宋明数百年，董理其事者代不乏人。入清以后，考证经史之风渐兴，黄仪、胡渭、顾祖禹、阎若璩、何焯、孙潜诸家，各有笺注。乾隆初，古学日盛，沈炳巽、全祖望、赵一清等续事校勘，集前人研究之所得，将《水经注》的整理推进到一个崭新阶段。全祖望之董理《水经注》，工始于乾隆十四年（1749），厘定经注，摭拾逸文，校订文字，用力极勤。迄于逝世，犹未完编。今本《鲒埼亭集外编》所录《水经注泄水篇跋》，即明言"乙亥五月又题"。足见逝世前夕，他依然在其间辛勤爬梳。道光间，祖望遗稿传抄本流出。光绪中，始由薛福成据以刊行。

全祖望留意宋元史事，素有重修《宋史》之志。雍正十一年（1733）在京期间，他曾就陆九渊学术六度致书廷臣李绂，详加商榷。当时，李绂结撰《陆子学谱》，一意表彰陆学。全祖望私淑黄宗羲，于陆九渊学术多所推尊，故引李绂为同调，为使其著述臻于至善而不惮书札往复。

祖望致李绂第一书，专论元明间的合会朱、陆学术之风，辩证发

① 全祖望：《鲒埼亭集外编》卷二五《困学纪闻三笺序》。

端者之非赵、访。他先是引述元儒袁桷之论，以证明早在南宋末年淳祐间，此风已由番阳汤中民开其先路。元人龚霆松继起，著《朱陆异同举要》，亦是合会朱、陆学术之作。因此，他认为，《陆子学谱》沿前人误说，推元明间人赵汸为合会朱、陆学术先驱，是不妥当的。全祖望在信中指出："圣学莫重于躬行，而立言究不免于有偏。朱、陆之学，皆躬行之学也，其立言之偏，后人采其醇而略其疵，斯真能会同朱、陆者也。若徒拘文牵义，哓哓然逞其输攻墨守之长，是代为朱、陆充词命之使，即令一屈一伸，于躬行乎何预！"书末，全祖望又略述明儒表彰陆学诸家，以补《陆子学谱》之未竟。他说："明儒申东山之绪者，共推篁墩。而又有督学金溪王篯弘斋，著《陆子心学录》，在嘉靖初年，阁下之乡老也。又有侍郎李堂堇山，四明人也。《陆子粹言》，则出自临海王敬所之手，是亦所当著录者也。"①

全祖望第二书，专就《陆子学谱》中所列陆九渊诸弟子加以考辨。书中，首先考订以徐谊为陆九渊弟子之不妥。全祖望为此而引述叶适所撰之徐氏墓志铭，该志云："公以悟为宗，悬解朗彻，近取日用之内，为学者开示修证所缘。至于形废心死，神视气听，如静中震霆，冥外朗日，无不洗然，自以为有得也。"祖望认为，这一段话《宋史》不载，而李绂特为表出，实可补其阙略。然而，此文只可证明徐氏之学与陆学相合，却不可据以判定徐谊之为陆九渊弟子。考诸杨简祭徐谊文，称简见陆九渊，乃由徐谊绍介；黄震之《黄氏日抄》亦谓，徐谊见陆九渊"天地之性人为贵论"，因令杨简师事陆氏。全祖望于是得出结论："然则文忠未尝师陆子矣，而《年谱》有'文忠侍学'之语，恐未可据。"接着，全祖望又写道："阁下于徐文忠公而下，牵连书蔡文懿公幼学、吕太府祖俭、项龙图安世、戴文端公溪，皆为陆子弟子，则愚不能无疑焉。"于是逐一质疑之后，祖望断言："倘以陆子集中尝有切磋镞

---

① 全祖望：《鲒埼亭集外编》卷四四《奉临川先生帖子一》。

厉之语，遂谓杨、袁之徒侣焉，则谱系紊而宗传混，适所以为陆学之累
也。"最后，全祖望又论定以罗点之子为陆氏再传弟子之不妥。他认为，
此系受《考亭渊源录》夸饰门墙之风影响所致，实不可取。在这封信
中，还有一值得注意的消息，即全祖望所云："蒙示《陆子学谱》，其
中搜罗潜逸，较姚江黄征君《学案》数倍过之。后世追原道脉者，可以
无憾。"① 这就是说，迄于雍正十一年（1733），全祖望已经见过黄氏父
子的《宋儒学案》稿本，至少是其中的《金溪学案》稿，否则"数倍过
之"云云，也就无的放矢了。

　　全祖望致李绂的其他四封信，皆为补《陆子学谱》之阙略而作。四
书或引官私史籍，或据别集杂著，原原本本，考证周详，皆可见全祖望
于宋元史事之留意，尤其是对乡邦文献之谙熟。

　　乾隆二年（1737）冬，祖望取道余姚返乡。时值郑性捐资再刻《明
儒学案》，他专为致书商榷。书中所议凡十一条。第一条，议杨简之学
在明初的传衍；第二条，议薛瑄的早年师承；第三条，议宜增《镜川学
案》；第四条，议《蕺山学案》中"五星聚张"一段当删；第五条，议
訾《学案》"私其乡人"之不实；第六条，议史桂芳集可补；第七条，
议永嘉诸王门弟子；第八条，议《近溪学案》中之胡宗正、胡清虚非一
人；第九条，议《东林学案》所选吴钟峦语录未尽允当；第十条，议
《东林学案》录黄尊素述"绕朝赠策"事失当；第十一条，议补阳明山
左弟子。全祖望所议十一条，虽多为枝节，无碍大体，郑性及黄氏后人
亦未加采纳，但若非通晓宋明学术源流，通读《明儒学案》，亦难将上
述意见一一举出。

　　乾隆四年夏，《明儒学案》刊刻蒇事。黄氏后人又觅得父祖《宋元
儒学案》遗稿，亟欲委托一方名儒整理编订。全祖望既有对于宋元学术
的深厚素养，又曾读过《宋元儒学案》和《明儒学案》稿本，于是他自

---

① 全祖望：《鲒埼亭集外编》卷四四《奉临川先生帖子二》。

然成为最恰当不过的人选。编订《宋元学案》，就这样进入全祖望晚年的岁月。

据全氏门人董秉纯所辑《全谢山先生年谱》记，全祖望之编订《宋元学案》，工始于乾隆十一年（1746）春末。当时，他正应友人之邀，由水路北游苏州，黄氏父子《宋元儒学案》遗稿，即置行箧之中。舟中无事，编订《宋元学案》逐日进行。夏，北抵扬州，就馆于当地盐商马氏耷经堂，继续致力于《宋元学案》的编订。经过近一年的努力，至翌年二月，《宋元学案》百卷《序录》写定，于是全祖望又张罗筹资刊刻事宜。为此，他频繁往返于杭州、南京、扬州间，一路携书稿随行，校补不辍。乾隆十三年以后，因选主蕺山、端溪书院讲席，先是应聘重定黄宗羲遗书，随后又将精力转向《水经注》校勘，故而《学案》编订时辍时续，久未得竣。十八年，全祖望染疾粤东，久病不痊，被迫辞书院讲席北归。七月，返抵故里。十九年春杪，养疴扬州，仍旅居耷经堂，治《水经注》，兼补《宋元学案》。后因病势不减，遂于同年十一月返乡。久病之后，衰弱异常，二十年三月，又伤嗣子夭亡，从此病情转重。七月，溘然长逝。《宋元学案》的编订终成未竟事业，后得慈溪郑氏资助刊行者，仅及全书《序录》及第十七卷之《横渠学案》上卷。

（二）编订《宋元学案》的业绩

全祖望之于《宋元学案》，主要业绩在于如下三个方面。第一是精心擘画，厘定卷帙；第二是提纲挈领，撰就《序录》；第三是变通旧规，统一体例。兹分述如后。

第一，精心擘画，厘定卷帙。

黄氏父子的《宋元儒学案》遗稿，卷帙分合虽粗具眉目，但不惟未尽合理，且多所阙略。全祖望据以编订，就有大量的拾遗补阙、重加分合的工作要做。据道光间校定全书的王梓材、冯云濠介绍，全祖望在编订卷帙的过程中，所做工作大致可分为修定、补本、次定、补定四类。

所谓修定，指黄氏原本所有，而为全氏增损。所谓补本，指黄氏原本所无，而经全氏特立。所谓次定，指黄氏虽有原本，但卷帙分合未尽合理，而为全氏剖分。所谓补定，指黄氏原本所有，全氏又分其卷第而特为立案。用王、冯二氏的话来说，就叫作"次定无所谓修补，补本无所谓原本，修定必有所由来，补定兼著其特立"[①]。

今本 100 卷《宋元学案》中，经全祖望修订者凡 31 卷，依次为《安定学案》、《泰山学案》、《百源学案》下、《濂溪学案》下、《明道学案》下、《伊川学案》下、《横渠学案》下、《上蔡学案》、《龟山学案》、《鹰山学案》、《和靖学案》、《武夷学案》、《豫章学案》、《横浦学案》、《艾轩学案》、《晦翁学案》下、《南轩学案》、《东莱学案》、《梭山复斋学案》、《象山学案》、《勉斋学案》、《西山真氏学案》、《北山四先生学案》、《双峰学案》、《介轩学案》、《鲁斋学案》、《草庐学案》。经全祖望补本者凡 33 卷，依次为《高平学案》、《庐陵学案》、《古灵四先生学案》、《士刘诸儒学案》、《涑水学案》上下、《范吕诸儒学案》、《元城学案》、《华阳学案》、《景迂学案》、《兼山学案》、《震泽学案》、《陈邹诸儒学案》、《汉上学案》、《默堂学案》、《赵张诸儒学案》、《范许诸儒学案》、《玉山学案》、《清江学案》、《说斋学案》、《徐陈诸儒学案》、《二江诸儒学案》、《张祝诸儒学案》、《丘刘诸儒学案》、《存斋晦静息庵学案》、《巽斋学案》、《师山学案》、《萧同诸儒学案》、《元祐党案》、《庆元党案》、《荆公新学略》、《苏氏蜀学略》、《屏山鸣道集说略》。经全祖望所补定者凡 30 卷，依次为《荥阳学案》、《刘李诸儒学案》、《吕范诸儒学案》、《周许诸儒学案》、《王张诸儒学案》、《紫微学案》、《衡麓学案》、《五峰学案》、《刘胡诸儒学案》、《艮斋学案》、《止斋学案》、《水心学案》上下、《龙川学案》、《西山蔡氏学案》、《南湖学案》、《九峰学案》、《沧州诸儒学案》上下、《岳麓诸儒学案》、《丽泽诸儒学案》、《慈

---

①　王梓材、冯云濠：《校刊宋元学案条例》第三条，见《宋元学案》卷首。

湖学案》、《絜斋学案》、《广平定川学案》、《槐堂诸儒学案》、《深宁学案》、《东发学案》、《静清学案》、《静修学案》、《静明宝峰学案》。经全祖望所次定者凡6卷，依次为《百源学案》上、《濂溪学案》上、《明道学案》上、《伊川学案》上、《横渠学案》上、《晦翁学案》上。足见，今本《宋元学案》卷帙的厘定，无卷没有全祖望的辛勤劳作。所以王、冯二氏说："梨洲原本无多，其经谢山续补者，十居六七。"①

第二，提纲挈领，撰就《序录》。

黄氏父子的《宋元儒学案》遗稿，上下400年，所录儒林中人数以百千计。原稿以宋、元二代分行，全祖望合而为一，遂成贯通二代的百卷巨帙。在厘定卷帙的同时，全祖望取《明儒学案》总论遗意，撰为《序录》百条，冠诸全书卷首。读者初阅《宋元学案》，有全氏《序录》导引，确可收提纲挈领之效。

全氏《序录》，首述开宋元学术端绪诸大儒。一如黄氏父子，他不取周敦颐为宋学开山之说，而是推祖于胡瑗、孙复。祖望说："宋世学术之盛，安定、泰山为之先河，程、朱二先生皆以为然。"②《安定》《泰山》二学案之后，为补黄氏父子之未尽，全祖望特立《高平》《庐陵》《古灵四先生》《士刘诸儒》及《涑水》五学案，以表彰范仲淹、欧阳修、陈襄、郑穆、陈烈、周希孟、士建中、刘颜、司马光诸家学术。于范仲淹，全祖望说："晦翁推原学术，安定、泰山而外，高平范魏公其一也。高平一生，粹然无疵，而导横渠以入圣人之室，尤为有功。"③于欧阳修，他则专意表彰其"因文见道"之功，认为："夫见道之文，非圣人之徒亦不能也。"④论邵雍、周敦颐一辈学术，全祖望亦仍黄宗羲之见，不取朱熹《伊洛渊源录》之说，而是将邵雍置于周敦颐之前。他尤

---

① 王梓材、冯云濠：《校刊宋元学案条例》第三条，见《宋元学案》卷首。
② 全祖望：《宋元学案序录》第一卷《安定学案》。
③ 全祖望：《宋元学案序录》第三卷《高平学案》。
④ 全祖望：《宋元学案序录》第七卷《庐陵学案》。

其不满朱门中人排斥司马光于儒学之外的偏见，指出："小程子谓，阅人多矣，不杂者，司马、邵、张三人耳。故朱子有六先生之目。然于涑水微嫌其格物之未精，于百源微嫌其持敬之有歉，《伊洛渊源录》中遂挑之。草庐因是敢谓，涑水尚在不著、不察之列。有是哉？妄也。"① 至于二程学术之是否渊源于周敦颐，全祖望亦不取朱熹之说，而是以吕希哲、汪应辰所论为据，予以否定。他说："濂溪之门，二程子少尝游焉。其后伊洛所得，实不由于濂溪。是在高弟荥阳吕公已明言之，其孙紫微又申言之，汪玉山亦云然。今观二程子终身不甚推濂溪，并未得与马、邵之列，可以见二吕之言不诬也。晦翁、南轩始确然以为二程子所自出，自是后世宗之，而疑者亦踵相接焉。然虽疑之，而皆未尝考及二吕之言以为证，则终无据。予谓濂溪诚入圣人之室，而二程子未尝传其学，则必欲沟而合之，良无庸矣。"②

朱、陆学术之争，是宋代理学史上的一大公案，历元明诸朝，迄于清初而不绝。全祖望不主张墨守朱子学，所以他在《序录》中写道："杨文靖公四传而得朱子，致广大，尽精微，综罗百代矣。江西之学，浙东永嘉之学，非不岸然，而终不能讳其偏。然善读朱子之书者，正当遍求诸家，以收去短集长之益。若墨守而屏弃一切焉，则非朱子之学也。"③ 同样的道理，全祖望亦不赞成朱门中人之群诋陆九渊为异学，于是在《象山学案》的《序录》中，他写下了这样一段话："象山之学，先立乎其大者，本乎孟子，足以砭末俗口耳支离之学。但象山天分高，出语惊人，或失于偏而不自知，是则其病也。程门自谢上蔡以后，王信伯、林竹轩、张无垢至于林艾轩，皆其前茅，及象山而大成，而其宗传亦最广。或因其偏而更甚之，若世之耳食雷同，自以为能羽翼紫阳者，

①　全祖望：《宋元学案序录》第一一卷《涑水学案》。
②　全祖望：《宋元学案序录》第一一卷《濂溪学案》。
③　全祖望：《宋元学案序录》第四八卷《晦翁学案》。

竟诋象山为异学，则吾未之敢信。"①

宋元之际，陆学衰而朱学盛，和会朱、陆学术之风起，历有元一代而不衰。全祖望于此尤为注意，故而《序录》中多所反映。一如黄宗羲父子，全祖望把陆学的衰微归咎于杨简，他说："象山之门，必以甬上四先生为首，盖本乾、淳诸老一辈也。而坏其教者实慈湖。"②全祖望认为，元儒吴澄，学虽近朱，亦兼主陆学，实为和会朱、陆学术的大儒。他就此写道："草庐出于双峰，固朱学也，其后亦兼主陆学。盖草庐又师程氏绍开，程氏尝筑道一书院，思和会两家。然草庐之著书，则终近乎朱。"③吴澄之后，郑玉是另一位和会朱、陆的学者，全祖望说："继草庐而和会朱、陆之学者，郑师山也。草庐多右陆，而师山则右朱，斯其所以不同。"④在全祖望看来，自宋末徐霖谢世，陆学遂告衰微。其后，虽有胡长孺之治陆学，但颓势未振。有元一代，中兴陆学者为江西陈苑和浙东赵偕。于是他特立《静明宝峰学案》，在《序录》中有云："径畈殁而陆学衰，石塘胡氏虽由朱而入陆，未能振也。中兴之者，江西有静明，浙东有宝峰。"⑤

第三，变通旧规，统一体例。

一如前述，黄宗羲父子之结撰《宋元儒学案》，在编纂体例上，既沿《明儒学案》成例，亦略有变通。述案主学术的三段式结构虽大体未改，但其总论已为附录所取代。全祖望编订《宋元学案》，沿例而行，再作变通。一方面置《序录》于书首，提纲挈领，评介各家学术，已如前述；另一方面，既在总体上，按时代顺序编次各学案，又围绕各案案主，以讲友、学侣、同调、家学、门人、私淑、续传分目，详尽记述其学术的传承、演变，从而突出了宋元学术讲师承、重渊源的历史特征。

---

① 全祖望：《宋元学案序录》第五八卷《象山学案》。
② 全祖望：《宋元学案序录》第七四卷《慈湖学案》。
③ 全祖望：《宋元学案序录》第九二卷《草庐学案》。
④ 全祖望：《宋元学案序录》第九四卷《师山学案》。
⑤ 全祖望：《宋元学案序录》第九三卷《静明宝峰学案》。

试举全书卷首、卷末二案为例，说明如后。

全书卷首之《安定学案》，先以"高平讲友"标目，述案主胡瑗学术。首为胡氏传略，继录案主《论语说》《春秋说》，再辑附录 15 条。是为典型之三段式结构。"高平讲友"云者，是说案主为范仲淹讲论学术的友好。胡瑗学行介绍完毕，则以"安定学侣"标目，所记凡三人，即孙复、石介、阮逸。孙复名下有注："别为《泰山学案》。"意即已为孙氏别立一专门学案。石氏名下亦有注："别见《泰山学案》。"意即石介的有关情况，载于孙复《泰山学案》中。阮逸则有一极简略的生平梗概。之后，接以"安定同调"之目，入目者为陈襄、杨适二人。陈氏名下注曰："别为《古灵四先生学案》。"杨氏名下注曰："别见《士刘诸儒学案》。""别为""别见"之分，已如前述，恕不赘释。其下则是"安定门人"一目，所载为胡瑗弟子 46 人。此 46 人中，所述详略各异。凡属下述三种情况者，皆仅著录其姓名。即一是如程颐、吕希哲二人之"别为"某学案；二是如吕纯、汪懈、欧阳发、饶子仪、张巨、陈贻范、朱光庭之"别见"某学案；三是如范纯祐、范纯仁、管师复、管师常之"并见"某学案。"并见"云者，是说二人同时附载于某学案中。除此三者，其他诸人皆有一文字长短不等的传略，孙觉且有附录一条，徐积更有一完整的三段式学术介绍。继"安定门人"之后，是"节孝同调"一目，载与徐积持同样学术主张的赵君锡。赵氏名下注云："别见《高平学案》。"随后为"安定私淑"之目，载服膺胡瑗之学的罗适。之后诸目，依次为"节孝门人""华老门人""八行家学""刘氏家学""刘氏门人""开府家学""倪氏门人""田氏门人""季节门人""邹氏家学""杜氏家学""莫氏家学"。所载皆为胡瑗之再传、三传弟子。最终则以"安定续传"之目殿后，所录凡二人，即吴儆、汪深。吴氏名下注云："别见《岳麓诸儒学案》。"汪氏名下注云："别见《象山学案》。"一个学案之中，案主、嫡传、再传、三传、续传，已达 80 余人之多，确乎令人眼花缭乱。而时间跨度就更其惊人，案主胡瑗为北宋初人，卒于仁宗嘉祐四年（1059），而其"续传"汪深，已入宋元之际，卒于元成宗大德八年（1304），相去二百数十年。如此梳理学术源流，长则长矣，而一味求长之中实已失去信史价值。取与《明儒学案》之秩然有序相比，不啻弄巧成拙，简直是一个倒退。

《宋元学案》卷末为《屏山鸣道集说略》，与之前《荆公新学略》《苏氏蜀学略》皆为全祖望所特立。王安石及苏洵、苏轼、苏辙父子皆北宋人，而李纯甫为金人，何以统归卷末？既经著录，又何以不称"案"而名"略"？据全祖望解释，王、苏是因其"杂于禅"，李氏则缘其"游于异端"。他说："关、洛陷于完颜，百年不闻学统，其亦可叹也。李屏山之雄文而溺于异端，敢为无忌惮之言，尽取涑水以来大儒之书，恣其狂舌，可为齿冷。然亦不必辩也，略举其大旨，使后世学者见而嗤之。其时河北之正学且起，不有狂风怪雾，无以见皎日之光明也。"①

《屏山鸣道集说略》卷首，先以"王苏余派"标目，述金代文章大家李纯甫传略。其次，录《鸣道集说》中语四条。随后再接以"屏山讲友"之目，载赵秉文传略及《滏水文集》摘编。其后，则依次为"李赵学侣""滏水同调""屏山门人""雷宋同调""滏水门人""蓬门家学""蓬门门人""雷氏家学""周氏门人""神川门人""王氏门人"诸目，凡载李氏后学20人。一个值得注意的问题是，全祖望于《滏水文集》后，加有一段按语，据云："滏水本学佛，而袭以儒，其视李屏山，特五十步、百步之差耳。虽然，犹知畏名教之闲，则终不可与屏山同例论也。刘从益、宋九嘉能排佛，可谓豪杰之士，顾其书无传焉。董文甫者，亦滏水之亚也，皆附见之，聊为晦冥中存一线耳。"②这段按语至少可以说明两点，即李纯甫与赵秉文，虽同样援儒入释，但其间亦有区

---

① 全祖望：《宋元学案》卷一〇〇《屏山鸣道集说略》按语。
② 全祖望：《宋元学案》卷一〇〇《屏山鸣道集说略序录》。

别，不可一概而论。此其一。其二，全祖望当年所附录于李、赵二人之后者，为刘从益、宋九嘉、董文甫三人。因此，"李赵学侣"以下诸目，当系道光间王、冯二人所增补。由此一疑点而推扩开去，笔者实在怀疑今本《宋元学案》之叠床架屋，繁冗标目，恐非全祖望所为，或许出自王、冯二人之手。唯文献无征，姑存疑于此，一则求教于大雅方家，再则俟诸他日详考。

（三）《深宁学案》与《困学纪闻》校读记

《深宁学案》见于今本《宋元学案》卷八五。依黄宗羲、百家父子未竟遗稿，王应麟仅存小传一篇，附载于《真西山学案》。后经全祖望增定，始独立而出，自成一卷，题为《深宁学案》。一如学案体史籍定例，《深宁学案》卷首为《序录》，总评案主学术云："四明之学多陆氏，深宁之父亦师史独善以接陆学。而深宁绍其家训，又从王子文以接朱氏，从楼迂斋以接吕氏。又尝与汤东涧游，东涧亦兼治朱、吕、陆之学者也。和齐斟酌，不名一师。《宋史》但夸其辞业之盛，予之微嫌于深宁者，正以其辞科习气未尽耳。若区区以其《玉海》之少作为足尽其底蕴，陋矣。"继之则为案主小传，大体删节《宋史》本传而成，直书其事，简核有法，所增"入元不出"四字，不没大节，洵称实录。随后即是案主学术资料选编，凡二种，一为《深宁文集》，一为《困学纪闻》。前者仅九条，而后者则至百余条之多。道光间，全祖望遗稿经王梓材、冯云濠二人整理，《深宁学案》中所录《困学纪闻》语，尚存 65条。案末为附录，凡二条。

《深宁学案》选录之《困学纪闻》语，皆出全祖望手，案主之为学旨趣，棱棱风节，凭以足见大体。唯书稿本属蝇头细草，未经整理，祖望赍志而殁，遗稿辗转传抄，迭经众手，难免鲁鱼豕亥，错简误植。经与道光间翁氏集注本《困学纪闻》校读，于今本《深宁学案》之删节失当，句读偶疏，间有所见。谨试举数例如后。

《易说》一类，第八条"法不可变"以下，当另为一条。第九条"观心于《复》"以下，亦当另为一条。《纪闻》皆非同条，合之失当。

《书说》一类，第五、六两条，本属一条，不应分立。"乃命三后"确为《尚书·吕刑》语，而"《小雅》尽废"一语则不出《尚书》，乃《诗·小雅·六月序》语。第五条"入于"下，脱"夷狄"二字。

《诗说》一类，第一条"不畏于天"以下，《纪闻》原作"荆公谓世虽昏乱，君子不可以为恶，自敬故也，畏人故也，畏天故也。愚谓《诗》云'周宗既灭'"。《学案》既删王荆公语，又将"愚谓《诗》云"四字一并不录，径接以"宗周既灭"。这样一来，本出《小雅·雨无正》之"周宗既灭"，竟被改为不明所自的"宗周既灭"。同条其后的"本心"二字，依《纪闻》当作"人心"，文字亦经改动。

第二条，《纪闻》原作"'巧言如簧，颜之厚矣'，羞恶之心未亡也。'不愧于人，不畏于天'，无羞恶之心矣。天人一也，不愧则不畏"。今本《学案》则作"'不愧于人，不畏于天'。天人一也，不愧则不畏"。删节《纪闻》，固无不可，然如此征引古籍，面目既改，语意亦非。

第四条，《纪闻》原作"《孝经》言卿大夫之孝曰：'非先王之法服不敢服，非先王之法言不敢道，非先王之德行不敢行。'孟子谓曹交曰：'服尧之服，诵尧之言，行尧之行。'圣贤之训，皆以服在言行之先"[1]。《学案》则改作"《孝经》'非先王之法服不敢服'，《孟子》'服尧之服，圣贤之训'"。不惟删节失当，且句读亦误。同条下之"不笃敬"，《学案》亦将"笃"字改作"恭"。

第五条，本为《纪闻》注语，非正文。《学案》以正文征引，复改"谨独"作"慎独"。

第六条，《纪闻》原作"卫武公自警曰：'慎尔出话，敬尔威仪，

---

[1] 末字"先"，翁元圻注《困学纪闻》作"则"，误，据《四库全书》本改。

无不柔嘉.'古之君子，刚中而柔外，仲山甫之德'柔嘉维则'，随会'柔而不犯'。韩文公为王仲舒铭曰：'气锐而坚，又刚以严，哲人之常。与其友处，顺若妇女，何德之光'"。《学案》则不依原文顺序，改作"古之君子，刚中而柔外，仲山甫'柔嘉维则'，卫武公'无不柔嘉'，随会'柔而不犯'"。如此改写旧籍，最当斟酌。

《礼说》一类，第六条，依《纪闻》，"学之始"后，本当作句号，再接以"辩云者"三字。即"一年者，学之始。辩云者，分别其心所趋向也"。而今本《学案》脱"辩云者"三字，故误作"一年者，学之始分别"云云。

第九条，《学案》"余子皆入学，距冬至四十五日始出学"云云，有出学时间而无入学时间，文意不全。依《纪闻》，"余子皆入学"前，脱"新谷已入"四字。

《经说》①一类，第一、第二两条，依《纪闻》实属同条，不当分立。上半段引虞溥语，出《晋书》卷八二《虞溥传》。下引号当在"志不立"后，不当在"入神也"后。下半段引任子语，《纪闻》原注甚明，见《太平御览》卷六一三。下引号当在"无以为仁"后，不当在"所以治人"后。引述二家语后，王应麟有云："愚谓此皆天下名言，学者宜书以自儆。"今本《学案》之致误，盖缘于不录王应麟结语。

《考史》一类，第一条，"其惑于佞甚矣"前，依《纪闻》，脱"不惟失于知人"六字，"子陵所以鸿飞冥冥也"后，脱"'怀仁辅义'之言，岂特规侯霸哉"12字。两处脱字，难免酿成今本《学案》句读之误。

由以上所举之11例可见，读书校雠之不能忽视。何况是《困学纪闻》《宋元学案》一类之学术名著，吾侪学人更当严谨精勤，一丝不苟。晚清，张之洞著《书目答问》，于《困学纪闻》诸多版本中，独举二部以示后学，一为万希槐《七笺集证》，一为翁元圻《集注》。《答问》及

---

① 今本《宋元学案》作"《说经》"，误。

稍后范希曾先生之《补正》，皆尤为推重翁氏《集注》本，认为："此注更胜《七笺》本。"前贤甘苦之言，信然可据。

三、《宋元学案》的刊行

全祖望的赍志而殁，使《宋元学案》的编订顿告中断。之后，时日迁延，董理艰难，直至80余年之后，始于道光十八年（1838）得以刊行。其间，全氏弟子、黄氏后人以及王梓材、冯云濠等，或庋藏，或抄誊，或补辑，众人劳作，多所用力。

（一）全氏弟子的庋藏和抄誊

全祖望故世之后，所编订之《宋元学案》遗稿，一并为其门人卢镐收藏。卢镐，字配京，号月船，以乾隆十八年（1753）举人，官山西平阳府学教谕。祖望病逝，镐辞教职返乡，潜心于其师《宋元学案》遗稿的整理、誊清。他与黄宗羲裔孙璋为友，相约共成《宋元学案》。据所写《和姚江黄稚圭见赠原韵》一诗云："南雷正学源流长，亭林、夏峰遥相望。甬上前贤多入室，蕺山俎豆传馨香。小泉翁既不可作，典型无复如中郎。遗书散漫孰收拾，末学执卷增彷徨。区区校勘力未及，敢效束皙补《诗》亡。覃思幸借下帷容，助我尚赓求友章。何期双瀑老孙子，枉顾不劳置郑庄。黄茅白苇正弥望，忽见秀干方崇强。秋雨闭门共商榷，足本拟续续抄堂。从今剞劂庶可望，告成五纬重辉煌。"诗中，卢氏有自注云："梨洲先生《宋元学案》，经未史、谢山两先生续葺，尚未成书，稿本今在余处。久思补完之，不及也。"镐注且称："君力任与余共成《学案》，谋即入梓。且欲续成《宋文鉴》，索余《平园》《攻媿》诸集。"① 卢镐因之曾将全祖望撰《序录》及底稿20册寄黄璋，

---

① 王梓材、冯云濠：《宋元学案考略》，见《宋元学案》卷首。

他亦收到黄璋所寄其祖百家纂辑稿。卢氏虽有志《宋元学案》的编订，但其师遗稿誊录仅及半数，便告去世。后来，镐外孙黄桐孙曾将书稿携往安徽、广东，试图觅得知音，以成祖志。无奈董理乏人，只好璧还卢氏后人庋藏。

全祖望生前，弟子虽多，但往往学成而宦游于外，独蒋学镛家居授徒。祖望所订《宋元学案》稿，即有一部藏于蒋氏，其中且有全氏手稿，弥足珍贵。据见过这个本子的王梓材称："顾其本多与卢氏本复，然其不复者如张南轩弟子李悦斋真传、徐宏父弟子赵畴隐希馆传，谢山著录甚详。吉光片羽，皆可宝贵，不得以残本少之。其本帙尾有六十卷之目，是谢山未定《序录》时之目，或未史所编之目也。"[1]

（二）黄氏后人的校补

全祖望尚在编订《宋元学案》之时，黄宗羲裔孙璋曾试图索观，因未成编而不得如愿。黄璋晚年，承全氏弟子卢镐相助，得祖望所撰《序录》及底稿 20 册。之后，黄璋及其子孙三代相继，整理抄辑，终成一部 86 卷的家藏本。据璋孙直垕所记："先遗献公于《明儒学案》外，又辑《宋元儒学案》，尚未成编而卒，命季子主一公纂辑之。其后，谢山全庶常又续修之，大父曾向全氏索观而不得。全氏殁，配京卢氏寄示底稿二十册，续寄《序录》一卷。大父得之，欣同拱璧。晚岁里居，为之抄辑者有年。无如辗转抄写，多有阙略舛误，鲁鱼亥豕，更不待言。而全氏手笔，又多蝇头细草，零星件系，几不可识别。先子于归田后，复为之正其舛误，补其阙略，并其件系，命直垕抄录而次第之，是书始克成编。"[2]

黄氏家藏校补本，虽因所得全氏底稿阙略，卷帙分合未尽允当，以

---

① 王梓材、冯云濠：《宋元学案考略》，见《宋元学案》卷首。

② 黄直垕：《家藏宋元学案补本跋》，见《宋元学案》卷首。

致与书首全祖望百卷《序录》参差。但卢氏藏本所缺，如邵雍、程颐及陆九渊兄弟的资料，则完整地保存在黄本之中。正如深知其价值的王梓材所云："是本亦安可少哉！"①

（三）《宋元学案》的整理刊行

《宋元学案》在道光间的刊行，首倡者为何凌汉。道光十一年（1831），何氏以工部侍郎主持浙江乡试。试毕，即以学政留浙。翌年春，按试宁波，向士子王梓材询及黄、全二家所修《宋元学案》遗稿事，梓材答以未见。何氏以宁波多藏书之家，嘱梓材勤为访求。十三年春，何氏奉召回京，继任学政陈用光续事寻觅。先得黄氏后人家藏86卷校补本，继之又得卢、蒋二氏所藏全氏遗稿，于是统交士子王梓材、冯云濠整理。

王梓材，字腾轩，浙江鄞县（今宁波市）人。冯云濠，字五桥，浙江慈溪人。王、冯二人于《宋元学案》的整理，主要做了如下几个方面的工作。首先，将黄、全二家遗稿详加比勘，以全祖望百卷《序录》为准，厘定全书次第。其次，除将全氏百卷《序录》冠诸书首，又以各学案之《序录》分置该案案端，以示提纲挈领。再次，为各学案补编一表，分置各案《序录》之后，以明各家学术传承。整理者认为："明儒诸家，派别尚少。宋元儒则自安定、泰山诸先生，以及濂、洛、关、闽，相继而起者，子目不知凡几。故《明儒学案》可以无表，《宋元学案》不可无表，以揭其流派。"②复次，自全祖望《鲒埼亭集》及其补编中，摘取考论宋元学术的文字，分置于各案，以补脱略残缺。最后，据全氏《序录》，以《道命录》为底本，补撰卷九六《元祐党案》、卷九七《庆元党案》。又参考史传，补写黄、全二家所阙案中人传略，并

---

① 王梓材、冯云濠：《宋元学案考略》，见《宋元学案》卷首。
② 王梓材、冯云濠：《校刊宋元学案条例》，见《宋元学案》卷首。

就史实考订及校勘等，酌加必要按语于各案之中。

道光十七年（1837）春，冯云濠出资，将王、冯整理稿在浙东付刻。翌年夏，王梓材携新刻《宋元学案》印本进京呈何凌汉，何氏欣然作序。一年多后，何凌汉病故。二十二年春，英军肆虐浙东，冯氏书版毁于兵火。同年秋，何凌汉子绍基服阕入都，决意依王氏所呈印本重刊《宋元学案》，以完成其父遗志。王梓材应何绍基请，重加校勘。此时，何绍基在京中集资，于西城慈仁寺内隙地，营建顾亭林先生祠新成，即请王氏下榻其间。何氏且将所庋藏图书凡与《学案》有关者，移置祠内，供梓材查阅。所雇刻工，亦随居慈仁寺内。王梓材精心校勘，补脱正误，刻工则随校随刻，何绍基亦竭力襄事。至道光二十六年夏，重刊《宋元学案》告竣。在此次重校中，王梓材又成《宋元学案补遗》百卷，后以别本刊行。

第十三章　戴东原学述

　　戴震是活跃在清乾隆中叶学术舞台上的一位杰出大师，继惠栋之后，他与之齐名而主持一时学术风会。梳理戴震的为学历程，探讨其学术旨趣，对于准确地把握乾隆中叶的学术大势，进而揭示乾嘉学派的历史特质，显然具有典型意义。

一、从江永到戴震

　　戴震，字东原，一字慎修，安徽休宁人。生于雍正元年十二月二十四日（1724 年 1 月 19 日），乾隆四十二年五月二十七日（1777 年 7 月 1 日）在北京病逝，得年 55 岁。

　　休宁地处皖南山区，乏平原旷野，缘地少人多，一方山民每每"商贾东西，行营于外"[1]。戴震早年家贫，一家生计仰仗其父弁贩布四方维持，10 岁始得入塾求学。唯聪颖敏慧，勤学善思，由精读《说文解字》入手，渐及《尔雅》《方言》，乃至汉儒传注、群经注疏，从而奠定坚实为学根柢，走上训诂治经以闻道的治学路径。震晚年曾就此回忆道："仆自十七岁时，有志闻道，谓非求之《六经》、孔孟不得，非从事于字义、制度、名物，无由以通其语言。宋儒讥训诂之学，轻语言文字，是欲渡江河而弃舟楫，欲登高而无阶梯也。为之卅余年，灼然知古今治乱之源在是。"[2]

---

　　[1]　戴震：《东原文集》卷一二《戴节妇家传》。
　　[2]　《戴震全书》之三五《与段茂堂等十一札》之第九札；又见段玉裁《戴东原先生年谱》"乾隆四年、十七岁"条。

　　乾隆五年（1740），震随父贩布江西、福建，并课督学童于邵武，时年 18 岁。七年，自邵武归，值儒臣程恂在乡，震遂拜谒师从。恂为雍正二年（1724）进士，乾隆元年中式博学鸿词，官翰林院检讨，为休宁山斗乡人。[①] 此时，婺源著名学者江永正以西席而深得程恂器重。永为一方大儒，学宗朱子，精于《三礼》及天文历算、声韵、舆地。承朱子遗志，早在康熙六十年（1721），永即撰成《礼书纲目》。乾隆初，清廷征集该书入《三礼》馆。之后，永又致力于《近思录》的集注。乾隆五年，入程恂家馆，完成历学书七卷，计有《金水二星发微》《七政衍》《冬至权度》《恒气注历辨》《岁实消长辨》《历学补论》《中西合法拟草》七种，旨在与梅文鼎遗说商榷。同年八月，永随程氏入都，《三礼》馆臣方苞、吴绂、杭世骏等，皆与之问学论难。翌年八月返皖，自九年至十二年间，江永皆执教程氏家馆。

　　既秉程恂之教，亦受江永为学影响，乾隆九年至十二年间，戴震相继撰成《筹算》《六书论》《考工记图》《转语》诸书。尤以《考工记图》最为程恂所重，十二三年间，曾向儒臣齐召南推荐，获齐氏赞为"奇书"[②]。

　　乾隆十四年，戴震学已粗成，以正致力的《大戴礼记》校勘稿，而与歙县学人程瑶田定交。翌年，又经瑶田而交西溪汪氏叔侄。据程瑶田事后追记："庚午、辛未（乾隆十五、十六年）之间，余与稚川及余姊婿汪松岑三人同研席，每论当世士可交而资讲习益者，余曰戴东原也。东原名震，休宁隆阜人。先是己巳岁，余初识东原。当是时，东原方颛于小试，而学已粗成，出其所校《太傅礼》示余。《太傅礼》者，人多不治，故经传错互，字句讹脱，学者恒苦其难读，东原一一更正之。余读而惊焉，遂与东原定交。至是，稚川、松岑亦交于东原矣。"[③] 此后，震与诸友皆问学江永，成为江氏学术的追随者。震尤为江永所喜，叹为

---

　　① 江锦波、汪世重：《江慎修先生年谱》"乾隆五年、六十岁"条。
　　② 纪昀：《纪晓岚文集》卷八《考工记图序》。
　　③ 程瑶田：《通艺录》之《修辞馀抄·五友记》。

"敏不可及"①。时值清廷诏举经学特科，永以年逾古稀而辞荐，并致书戴震，表示"驰逐名场非素心"②。

乾隆十六年（1751），戴震补为休宁县学生，年已29岁。十七年，震应汪梧凤聘，执教歙县西溪汪氏家馆。翌年，江永亦来西溪，应聘主持汪氏家馆讲席，于是汪氏一门学人及戴震、程瑶田等，皆得朝夕从永问业。据《江慎修先生年谱》"乾隆十八年、七十三岁条"记："馆歙邑西溪，歙门人方矩、金榜、汪梧凤、吴绍泽从学。休宁郑牧、戴震，歙汪肇龙、程瑶田，前已拜门下问业，是年殷勤问难，必候口讲指画，数日而后去。"③

乾隆十九年，因与同族有权势者发生坟地纠纷，戴震被迫负笈远游，避仇入都。抵京之后，虽困于逆旅，但却以所擅天文历算、声韵、训诂和古代礼制诸学，广交钱大昕、纪昀、王鸣盛、王昶、朱筠等新科进士，遂以天下奇才而声重京师。钱大昕于此所记甚明："戴先生震，性介特，多与物忤，落落不自得。年三十余，策蹇至京师，困于逆旅，饘粥几不继，人皆目为狂生。一日，携其所著书过予斋，谈论竟日。既去，予目送之，叹曰天下奇才也。时金匮秦文恭公蕙田兼理算学，求精于推步者，予辄举先生名。秦公大喜，即日命驾访之，延主其邸，与讲观象授时之旨，以为闻所未闻。秦公撰《五礼通考》，往往采其说焉。高邮王文肃公安国亦延致先生家塾，令其子念孙师之。一时馆阁通人，河间纪太史昀、嘉定王编修鸣盛、青浦王舍人昶、大兴朱太史筠，先后与先生定交。于是海内皆知有戴先生矣。"④纪昀、卢文弨亦有专文推尊震学，昀称："戴君深明古人小学，故其考证制度、字义，为汉以降儒者所不能及。"⑤文弨则云："吾友戴君东原，自其少时，通声音文字

---

①　洪榜：《初堂遗稿·戴先生行状》。
②　戴震：《东原文集》卷一二《江慎修先生事略状》。
③　江锦波、汪世重：《江慎修先生年谱》"乾隆十八年、七十三岁"条。
④　钱大昕：《潜研堂文集》卷三八《戴先生震传》。
⑤　纪昀：《纪晓岚文集》卷八《考工记图序》。

之学，以是而求之遗经，遂能探古人之心于千载之上。既著《诗补传》《考工记图》《勾股割圆记》《七经小记》诸书，又以余力为《屈原赋》25篇作注，微言奥指，具见疏抉。"①姚鼐甚至致书称戴震为"夫子"，提出师从问学的请求，为震所婉拒。戴震复书云："至欲以仆为师，则别有说……仆与足下，无妨交相师，而参互以求十分之见，苟有过则相规，使道在人不在言，斯不失友之谓，固大善。昨辱简，自谦太过，称夫子，非所敢当，谨奉缴。"②

在京三年，戴震既播扬一己之学，反对"株守"成说，"信古而愚"③，主张合"理义""制数""文章"为一以求道④，亦不忘表彰江永学术。乾隆二十七年（1762）三月江永病逝。五月，戴震即为永撰行状，以供他日史馆采择。文中，记此时史事云："戴震尝入都，秦尚书蕙田客之，见书笥中有先生历学数篇，奇其书。戴震因为言先生。尚书撰《五礼通考》，摭先生说入观象授时一类，而《推步法解》则取全书载入，憾不获见先生《礼书纲目》也。"⑤晚年的江永，则以戴震的"盛年博学"而引为同志。⑥据称："余既为《四声切韵表》，细区今韵，归之字母音等，复与同志戴东原商定《古韵标准》四卷、《诗韵举例》一卷，分古韵为十三部，于韵学不无小补。"⑦而在江永逝世之前，戴震亦有长书一通答永，以讨论《说文解字》的六书学说，从而显示问学江永以来的出蓝之获。书中，戴震写道：

　　《说文》于字体、字训，罅漏不免，其论六书，则不失师承。……大

---

①　卢文弨：《抱经堂文集》卷六《戴东原注屈原赋序》。
②　戴震：《东原文集》卷九《与姚孝廉姬传书》。
③　戴震：《东原文集》卷三《与王内翰凤喈书》。
④　戴震：《东原文集》卷九《与方希原书》。
⑤　戴震：《东原文集》卷一二《江慎修先生事略状》。
⑥　洪榜：《初堂遗稿·戴先生行状》。
⑦　段玉裁：《戴东原先生年谱》"乾隆二十八年、四十一岁"条引述。

致造字之始，无所凭依。宇宙间，事与形两大端而已。指其事之实曰指事，一、二、上、下是也；象其形之大体曰象形，日、月、水、火是也。文字既立，则声寄于字，而字有可调之声；意寄于字，而字有可通之意。是又文字之两大端也。因而博衍之，取乎声谐曰谐声，声不谐而会合其意曰会意。四者，书之体止此矣。由是之于用，数字共一用者，如初、哉、首、基之皆为始，卬、吾、台、予之皆为我，其义转相为注，曰转注。一字具数用者，依于义以引申，依于声而旁寄，假此以施于彼，曰假借。所以用文字者，斯其两大端也。六者之次第出于自然，立法归于易简，震所以信许叔重论六书必有师承，而考、老二字，以《说文》证《说文》，可不复疑也。①

述许慎六书学说而明晰如此，难怪江永于问学诸人中，要独称戴震"敏不可及"② 了。

二、惠栋与戴震

乾隆二十二年（1757）冬，戴震离京南还，途经扬州。此时的扬州，正值两淮盐运使卢见曾驻节，见曾擅诗，雅好经史，一时江南名儒多集于其幕府，南来北往的学术俊彦，亦每每出入其间。戴震抵扬，恰逢大儒惠栋、沈大成主卢幕西席，助见曾辑刻《雅雨堂藏书》，以表彰东汉经师郑玄学说。此后二三年间，戴震皆客居于卢见曾幕。面对饱学务实的前辈大儒，戴震为宗法汉代经师的风气习染，与先前在京中俯视一辈新科进士，自是不可同日而语。

惠栋长戴震 27 岁，乾隆十九年（1754）即入卢氏幕府，最称前辈，

---

① 戴震：《东原文集》卷三《答江慎修先生论小学》。
② 洪榜：《初堂遗稿·戴先生行状》。

影响卢氏及一方学术亦最深。惠栋早先即从亡友沈彤处得闻戴震博学，此番晤面，若旧友重逢。据戴震称："震自京师南还，始觌先生于扬之都转盐运使司署内。先生执震之手言曰：'昔亡友吴江沈冠云尝语余，休宁有戴某者，相与识之也久。冠云盖实见子所著书。'震方心讶少时未定之见，不知何缘以入沈君目，而憾沈君之已不久觌，益欣幸获觌先生。"① 戴震同惠栋在扬州的相处，虽不过短短数月，但耳濡目染，潜移默化，于其尔后的为学，留下了颇深的影响。其大要有三：

首先，是推崇郑玄学说，抨击宋明经学为"凿空"。王昶为惠栋学说的追随者，早年求学苏州紫阳书院，即问业于惠栋。乾隆二十一二年间，昶又与栋同客卢见曾幕。二十三年五月，惠栋在苏州病逝，王昶为栋撰墓志铭，文中记云："余弱冠游诸公间，因得问业于先生。及丙子、丁丑，先生与予又同客卢运使见曾所，益得尽读先生所著。尝与华亭沈上舍大成手抄而校正之，故知先生之学之根柢，莫余为详。"② 为明一己学术宗尚，王昶青年时代即以"郑学斋"为书室名。乾隆二十四年九月，戴震在京应顺天乡试，应昶请撰《郑学斋记》。震文开宗明义即云："王兰泉舍人为余言，始为诸生时，有校书之室曰郑学斋，而属余记之。今之知学者，说经能骎骎进于汉，进于郑康成氏，海内盖数人为先倡，舍人其一也。"继之尊郑玄为一代儒宗，述郑学兴废云："方汉置五经博士，开弟子员，先师皆起建、元之间，厥后郑氏卓然为儒宗。众家之书亡于永嘉，师传不绝独郑氏。及唐承江左义疏，《书》用梅赜所进古文，《易》用辅嗣、康伯二经，涉前儒之申郑者，目曰郑学云尔。故废郑学，乃后名郑学以相别异。"戴震认为，宋明以降，经学的积弊就在"凿空"二字，他说："郑之《三礼》《诗笺》仅存，后儒浅陋，不足知其贯穿群经以立言，又苦义疏繁芜，于是竞相

---

① 戴震：《东原文集》卷一一《题惠定宇先生授经图》。
② 王昶：《春融堂集》卷五五《惠定宇先生墓志铭》。

凿空。"震文以朱子当年抨弹王安石《三经新义》为例，指斥宋明经学的病痛云："自制义选士以来，用宋儒之说，犹之奉新经而废注疏也。抑亦闻朱子晚年治《礼》，崇郑氏学何如哉！"文末，戴震沿惠栋训诂治经、兴复古学的主张而进，对郑学做出界定，指出："由六书、九数、制度、名物，能通乎其词，然后以心相遇。是故求之茫茫，空驰以逃难，歧为异端者，振其槁而更之，然后知古人治经有法。此之谓郑学。"①

其次，是继承惠栋遗愿，引沈大成为忘年友，致力古学复兴。沈大成少惠栋 3 岁，邃于经史，通故知今，为惠栋兴复古学事业的志同道合者。惠栋生前，为大成《学福斋集》撰序云：

> 明于古今，贯天人之理，此儒林之业也。余弱冠即知遵尚古学，年大来兼涉猎狩于艺术，反复研求于古与今之际，颇有省悟，积成卷帙。而求一弹见洽闻，同志相赏者，四十年未睹一人。最后得吾友云间沈君学子，大喜过望。夫所贵于学者，谓其能推今说而通诸古也……沈君与余，不啻重规而叠矩，以此见同志之有人，而吾道之不孤，为可喜也。沈君邃于经史，又旁通九宫、纳甲、天文、乐律、九章诸术，故搜择融洽而无所不贯。古人有言，知今而不知古，谓之盲瞽；知古而不知今，谓之陆沉。温故知新，可以为师，吾于沈君见之矣。②

惠栋故世，沈大成与戴震在卢见曾幕府朝夕共处。大成喜震乃"耆古之士"，乾隆二十五年（1760）夏，约震复校何焯校本《水经注》。大成有校记云："庚辰初夏，从吾友吴中朱文游夬借何义门校本，复校于广陵。同观者休宁戴东原震，亦耆古之士也。"③戴震则以得前辈师长

---

①　戴震：《东原文集》卷一一《郑学斋记》。

②　惠栋：《松崖文抄》卷二《学福斋集序》。

③　杨应芹：《东原年谱订补》"乾隆二十五年、三十八岁"条。

的护爱而感念不忘，欣然撰文，尊沈大成为"卓然儒者"。据称："沃田先生周甲子六十之明年夏，以《戴笠图》示休宁戴震。先生在维扬使幕也久，震之得识先生也，于今四年，盖四三见。其见也，漏下不数商而复离，离则时时悬于想似。岂形遇疏者神遇故益亲邪？抑非也？先生于《六经》、小学之书，条贯精核，目接手披，丹黄烂然，而恂恂乎与叔重、康成、冲远诸人辈行而踟蹰也。盖先生卓然儒者。"①

之后，戴震北游，阔别有年。乾隆三十六年（1771），沈大成文集重行纂辑，大成二千里驰书，嘱震为文集撰序。戴震如约成文，文中重申："先生之学，于汉经师授受欲绝未绝之传，其知之也独深。"因此，他认为文章无非沈大成为学的绪余，可传者则是由小学故训入手的治经之道。戴震就此指出：

> 夫先生之可传，岂特在是哉！以今之去古既远，圣人之道在《六经》也。当其时，不过据夫共闻习知，以阐幽而表微。然其名义、制度，自千百世下遥溯之，至于莫之能通。是以凡学始乎离词，中乎辨言，终乎闻道。离词则舍小学故训无所借，辨言则舍其立言之体无从而相接以心。先生于古人小学故训，与其所以立言用相告语者，研究靡遗。治经之士，得聆一话言，可以通古，可以与几于道。而斯集都其文凡若干篇，绳尺法度，力追古人，然特先生之出其余焉耳。②

最后，是弘扬惠栋学术，提出"故训明则古经明"的著名主张。乾隆三十年，戴震客游苏州，曾撰《题惠定宇先生授经图》一文，以纪念亡友惠栋。文中，震于惠栋学术推崇备至，有云："先生之学，直上追汉经师授受，欲坠未坠，埋蕴积久之业，而以授吴之贤俊后学，俾斯事

---

① 戴震：《东原文集》卷——《沈处士戴笠图题咏序》。
② 戴震：《东原文集》卷——《沈学子文集序》。

逸而复兴。震自愧学无所就，于前儒大师不能得所专主，是以莫之能窥测先生涯涘。"正是在这篇文章中，戴震承惠栋训诂治经的传统，提出了"故训明则古经明"的著名主张。他说：

> 然病夫《六经》微言，后人以歧趋而失之也。言者辄曰："有汉儒经学，有宋儒经学，一主于故训，一主于理义。"此诚震之大不解也者。夫所谓理义，苟可以舍经而空凭胸臆，将人人凿空得之，奚有于经学之云乎哉？惟空凭胸臆之卒无当于贤人圣人之理义，然后求之古经。求之古经而遗文垂绝，今古悬隔也，然后求之故训。故训明则古经明，古经明则贤人圣人之理义明，而我心之所同然者，乃因之而明。[①]

在乾隆中叶的学术界，戴震之所以能与经学大师惠栋齐名，根本原因不仅在于他能融惠学为己有，而且还因为他进一步把惠学与典章制度的考究及义理之学的讲求相结合，从而发展了惠学。正是由此出发，戴震对惠栋学术做出了创造性的解释，指出：

> 贤人圣人之理义非它，存乎典章制度者是也。松崖先生之为经也，欲学者事于汉经师之故训，以博稽三古典章制度，由是推求理义，确有据依。彼歧故训、理义二之，是故训非以明理义，而故训胡为？理义不存乎典章制度，势必流入异学曲说而不自知，其亦远乎先生之教矣。[②]

乾隆三十四年（1769），戴震为惠栋弟子余萧客所著《古经解钩沉》撰序，重申前说，系统地昭示了训诂治经以明道的为学宗旨。他说：

> 士贵学古治经者，徒以介其名使通显欤？抑志乎闻道，求不谬于心

---

① 戴震：《东原文集》卷一一《题惠定宇先生授经图》。
② 戴震：《东原文集》卷一一《题惠定宇先生授经图》。

欤？人之有道义之心也，亦彰亦微。其彰也是为心之精爽，其微也则以未能至于神明。《六经》者，道义之宗，而神明之府也。古圣哲往矣，其心志与天地之心协，而为斯民道义之心，是之谓道。

这就是说，学古治经，旨在闻道。道何在？戴震认为就在《六经》蕴涵之典章制度。所以戴震接着又说：

> 士生千载后，求道于典章制度，而遗文垂绝，今古悬隔。时之相去，殆无异地之相远，仅仅赖夫经师故训乃通，无异译言以为之传导也者。又况古人之小学亡，而后有故训。故训之法亡，流而为凿空。数百年以降，说经之弊，善凿空而已矣。

既然宋明数百年的凿空治经不可取，那么正确途径又当若何？依戴震之见，就当取汉儒训诂治经之法，从文字、语言入手，他的结论是：

> 经之至者道也，所以明道者其词也，所以成词者未有能外小学文字者也。由文字以通乎语言，由语言以通乎古圣贤之心志，譬之适堂坛之必循其阶，而不可以躐等。[1]

从惠学到戴学，有继承，更有发展。戴学之继承惠学者，为训诂治经的传统。这一传统导源于清初顾炎武的"读九经自考文始，考文自知音始"[2]，至惠栋而门墙确立。惠栋于此有云："汉人通经有家法，故有五经师。训诂之学，皆师所口授，其后乃著竹帛。所以汉经师之说立于学官，与经并行。五经出于屋壁，多古字古言，非经师不能辨。经之义

---

① 戴震：《东原文集》卷一〇《古经解钩沉序》。
② 顾炎武：《亭林文集》卷四《答李子德书》。

存乎训，识字审音，乃知其义。是故古训不可改也，经师不可废也。"①
戴震一脉相承，播扬南北，遂成乾嘉学派为学的不二法门。离开文字
训诂，乾嘉学派将失去其依托。然而，戴学之可贵处则在于发展了惠
学，它并不以诸经训诂自限，而只是以之为手段，去探求《六经》蕴
涵的义理，通经以明道。因此，在《古经解钩沉序》篇末，戴震指出：
"今仲林得稽古之学于其乡惠君定宇，惠君与余相善，盖尝深嫉乎凿
空以为经也。二三好古之儒，知此学之不仅在故训，则以志乎闻道也，
或庶几也。"②

三、戴震学说的传播

出入扬州幕府，倏尔五年过去。其间，继《考工记图》之后，随着
《句股割圆记》《屈原赋注》诸书的先后付梓，戴震学说不胫而走。而凭
借多年校勘《大戴礼记》的积累，震又与前辈硕儒卢文弨合作，书札往
复，精心切磋，克成《大戴礼记》善本。乾隆二十三年（1758），卢见
曾将文弨与戴震所校订《大戴礼记》收入《雅雨堂藏书》，有序记云：
"《大戴礼记》十三卷，向不得注者名氏……错乱难读，学者病之。余
家召弓太史，于北平黄夫子家，借得元时刻本，以校今本之失，十得
二三，注之为后人刊削者，亦得据以补焉。又与其友休宁戴东原震，泛
滥群书，参互考订。既定，而以贻余。夫以戴书卢注，经千百年后，复
有与之同氏族者，为之审正而发明之。其事盖有非偶然者，因亟授诸
梓。"③两年之后，新刻《大戴礼记》蒇事，卢文弨亦有跋称："吾宗雅
雨先生，思以经术迪后进。于汉、唐诸儒说经之书，既遴得若干种，付
剞劂氏以行世。犹以《大戴》者，孔门之遗言，周元公之旧典，多散见

---

①　惠栋：《松崖文抄》卷一《九经古义述首》。
②　戴震：《东原文集》卷一〇《古经解钩沉序》。
③　卢见曾：《雅雨堂文集》卷一《大戴礼记序》。

于是书，自宋、元以来诸本，日益讹舛，驯至不可读，欲加是正，以传诸学者。知文弨与休宁戴君震凤尝留意是书，因索其本，并集众家本，参伍以求其是。义有疑者，常手疏下问，往复再四而后定。凡二年始竣事，盖其慎也如此。"①

乾隆二十七年（1762），在经历了三年前北闱乡试的挫折之后，戴震于是年秋举江南乡试，时年40岁。翌年入都会试，竟告败北。在京期间，震客居新安会馆，汪元亮、胡士震、段玉裁等追随问学。玉裁且将震所著《原善》三篇、《尚书今文古文考》、《春秋改元即位考》一一抄誊，后更自称弟子，执意师从。震虽一如先前之婉拒姚鼐，数度辞谢，终因玉裁心诚而默许。从此，遂在乾隆中叶以后的学术史上，写下了戴、段师友相得益彰的一页。

乾隆三十年，戴震致力《水经注》校勘，别经于注，令经、注不相淆乱，成《水经考次》一卷。卷末，震有识语云："夏六月，阅胡朏明《禹贡锥指》所引《水经注》，疑之。因检郦氏书，辗转推求，始知朏明所由致谬之故。"由释胡渭误入手，震进而揭出辨析《水经注》经文、注文的四条义例，即"《水经》立文，首云某水所出，已下不复重举水名。而注内详及所纳小水，加以采摭故实，彼此相杂，则一水之名不得不循文重举。《水经》叙次所过郡县，如云'又东过某县南'之类，一语实赅一县。而注内则自县西至东，详记水历委曲。《水经》所列，即当时县治，至善长作注时，已县邑流移。注既附经，是以云径某县故城，经无有称故城者也。凡经例云'过'，注例云'径'"。篇末，震重申："今就郦氏所注，考定经文，别为一卷，兼取注中前后例素不可读者，为之订正，以附于后。是役也，为治郦氏书者棼如乱丝，而还其注之脉络，俾得条贯，非治《水经》而为之也。"②

---

① 卢文弨：《抱经堂文集》卷八《新刻大戴礼跋》。
② 戴震：《水经考次》卷末《后记》。

乾隆三十一年（1766），震再度入都会试，复遭挫折。迄于三十七年，历届会试皆名落孙山。其间，震先后作幕晋冀，应聘主持《汾州府志》《汾阳县志》和《直隶河渠书》纂修事宜。所著《声韵考》渐次成文，凡韵书之源流得失，古韵之部类离析，皆卓然有识，自成一家。戴震的博学多识，一度为在国子监求学的章学诚所倾倒，据章氏称：

> 往仆以读书当得大意，又年少气锐，专务涉猎，四部九流，泛览不见涯涘，好立议论，高而不切，攻排训诂，驰骛空虚，盖未尝不惘然自喜，以为得之。独怪休宁戴东原振臂而呼曰："今之学者，毋论学问文章，先坐不曾识字。"仆骇其说，就而问之。则曰："予弗能究先天后天，河、洛精蕴，即不敢读元亨利贞；弗能知星躔岁差，天象地表，即不敢读钦若敬授；弗能辨声音律吕，古今韵法，即不敢读关关雎鸠；弗能考《三统》正朔，《周官》典礼，即不敢读春王正月。"仆重愧其言！因忆向日曾语足下所谓"学者只患读书太易，作文太工，义理太实"之说，指虽有异，理实无殊。充类至尽，我辈于《四书》一经，正乃未尝开卷卒业，可为惭惕，可为寒心！ [1]

惟章学诚与段玉裁为人为学之旨趣不一，玉裁心悦诚服，执意师从，学诚无非耸动一时，别有追求。因之，段氏终身光大师门，言必称先生，年届耄耋，依然勤于纂辑《戴东原先生年谱》。而章氏不惟分道扬镳，而且反唇相向，以己之长，形人之短，恶意指斥，喋喋不休，直至戴震故世多年，始终耿耿于怀。

乾隆三十八年二月，清廷开馆纂修《四库全书》。闰三月十一日，任命书馆正副总裁及一应纂修官员，并由民间征调学者来京修书。戴震以能考订古书原委，亦在指名征调之列。据《清高宗实录》记，是日，

---

[1]　章学诚：《章氏遗书》卷二二《与族孙汝楠论学书》。

大学士刘统勋等奏：

> 纂辑《四库全书》，卷帙浩繁，必须斟酌综核，方免呈漏参差。请将现充纂修纪昀、提调陆锡熊，作为总办。原派纂修三十员外，应添纂修翰林十员。又查有郎中姚鼐，主事程晋芳、任大椿，学正汪如藻，降调学士翁方纲，留心典籍，应请派为纂修。又进士余集、邵晋涵、周永年，举人戴震、杨昌霖，于古书原委，俱能考订，应请旨调取来京，令其在分校上行走，更资集思广益之用。①

此奏为高宗允行，调令下颁。此时，戴震正客游浙东，主持金华书院讲席。闻讯中断教学，临行，至宁波，在宁绍台兵备道署，与章学诚不期而遇。戴、章二人的此次晤面，与七年前初识迥异，双方竟因纂修地方志主张不一，各抒己见，不欢而散。据章学诚记：

> 乾隆三十八年癸巳夏，与戴东原相遇于宁波道署，冯君弼方官宁绍台兵备道也。戴君经术淹贯，名久著于公卿间，而不解史学，闻余言史事，辄盛气凌之。见余《和州志例》，乃曰："此于体例则甚古雅，然修志不贵古雅，余撰汾州诸志，皆从世俗，绝不异人，亦无一定义例，惟所便尔。夫志以考地理，但悉心于地理沿革，则志事已竟，侈言文献，岂所谓急务哉？"余曰："余于体例求其是尔，非有心于求古雅也……如余所见，考古固宜详慎，不得已而势不两全，无宁重文献而轻沿革耳。"②

四、献身《四库全书》

乾隆三十八年（1773）八月，戴震奉召抵京，预修《四库全书》。

---

① 《清高宗实录》卷九三〇"乾隆三十八年闰三月庚午"条。
② 章学诚：《章氏遗书》卷一四《记与戴东原论修志》。

书馆初开，意在自《永乐大典》中辑录散佚古籍，震获授校勘《永乐大典》纂修兼分校官。震校勘《水经注》多历年所，自上年起即在浙东刊刻自定《水经注》，未及四分之一，因奉调入京而中辍。入馆修书，有《永乐大典》可据，校订《水经注》遂成驾轻就熟的第一件工作。同时，则根据其为学所长，分任天文、算法、小学、方言、礼制诸书的辑录。是年十月三十日，戴震致书远在蜀中的段玉裁，告以抵京数月所为，有云："数月来，纂次《永乐大典》内散篇，于《仪礼》得张淳《识误》、李如圭《集释》，于算学得《九章》《海岛》《孙子》《五曹》《夏侯阳》五种算经。皆久佚而存于是者，足宝贵也。"① 历时年余，震校《水经注》《九章算术》《五经算术》诸书相继完成。

乾隆四十年（1775）四月，戴震会试又告落第，奉高宗谕，准与贡士一体殿试，赐同进士出身。五月，入翰林院为庶吉士。震初入词馆，即因论学龃龉，先后同蒋士铨、钱载发生争执，尤其是与儒臣钱载的论辩，更成一桩学术公案，20 余年之后，依然为学者重提。翁方纲乃钱、戴二人发生争议时的见证人之一，事后曾就此有专书致儒臣程晋芳，以平停二家争议。据称：

> 昨箨石与东原议论相诋，皆未免于过激。戴东原新入词馆，斥詈前辈，亦箨石有以激成之，皆空言无实据耳。箨石谓东原破碎大道，箨石盖不知考订之学，此不能折服东原也。训诂名物，岂可目为破碎？学者正宜细究考订诂训，然后能讲义理也。宋儒恃其义理明白，遂轻忽《尔雅》《说文》，不几渐流于空谈耶？况宋儒每有执后世文字习用之义，辄定为诂训者，是尤蔑古之弊，大不可也。今日钱、戴二君之争辩，虽词皆过激，究必以东原说为正也。然二君皆为时所称，我辈当出一言持其平，使学者无歧惑焉。②

---

① 《戴震全书》之三五《与段茂堂等十一札》之第七札。
② 翁方纲：《复初斋文集》卷七《理说驳戴震作》附《与程鱼门平钱戴二君议论旧草》。

当然，这场争议并非以翁方纲一言即可弭平。所以戴震故世20余年之后，章学诚又借端生事，称："戴东原尝于筵间偶议秀水朱氏，篨石宗伯至于终身切齿，可为寒心……戴氏之遭切齿，即在口谈。"①

戴震家境本不宽裕，入京修书，官俸微薄，维持一家老少生计，更形拮据。早在入京之初，震即在致段玉裁书札中道出忧虑："仆此行不可谓非幸邀，然两年中无分文以给旦夕。曩得自由，尚内顾不暇，今益以在都费用，不知何以堪之。"②修书既已辛劳，又有生计之虞，加之与同官争议所致愤懑，自乾隆四十一年（1776）三月起，戴震即已罹患足疾。是年十一月二十二日，震致书段玉裁，开始萌生南旋之意。据称："仆自三月初获足疾，至今不能行动，以纂修事未毕，仍在寓办理。拟明春告成，乞假南旋。久不与人交接……仆于本月十六，移寓北官园范宅，在海岱门之西，前门之东，更远人迹。"③翌年正月十四日，震再致书段玉裁，重申南旋之想："仆自上年三月初获足疾，至今不能出户，又目力大损。今夏纂修事似可毕，定于七八月间乞假南旋就医，觅一书院糊口，不复出矣。"④

四十二年春，戴震得悉山东布政使陆耀著《切问斋文抄》，已撰《璿玑玉衡解》《七政解》二文录入该书卷二四《时宪》一门，欣然致书陆氏。书中，论及近儒理欲之说，并告南归心迹。春末，陆氏接书，后复书戴震，作同调之鸣，且邀游济南。据称：

> 春杪接书，久未裁复，纷纭案牍之中，力小任重，日夜惶疚，即此稽缓，亦足见其才力之困也。阁下究心典籍，高出群儒，修述之事方期身任，胡遽有秋令假归之语？行止何如，临期尚祈示及。如果言旋，倘可迁道济

---

① 章学诚：《章氏遗书》卷二九《上辛楣官詹书》。
② 《戴震全书》之三五《与段玉裁等十一札》之第八札。
③ 《戴震全书》之三五《与段茂堂等十一札》之第八札。
④ 《戴震全书》之三五《与段茂堂等十一札》之第九札。

南，一访鹊华之胜，尤所颙跂。来教举近儒理欲之说，而谓其以有蔽之心，发为意见，自以为得理，而所执之理实谬。可谓切中俗儒之病。①

戴震的同样心境，亦见于同年四月二十四日之致段玉裁书。书中有云："仆足疾已逾一载，不能出户，定于秋初乞假南旋，实不复出也。拟卜居江宁，俟居定当开明，以便音问相通……仆生平论述最大者，为《孟子字义疏证》一书，此正人心之要。今人无论正邪，尽以意见误名之曰理，而祸斯民，故《疏证》不得不作。"②

此札发出二日，戴震病势转重。五月二十一日，强起致书段玉裁，明确告以拟于八月南归："仆归山之志早定，八月准南旋……仆归后，老亲七十有八，非得一书院不可。陕西毕公欲招之往，太远不能就也。"③殊不知天不遂人愿，七日之后，为庸医所误，一代大儒戴东原即在崇文门西范氏颖园客寓遽然长逝。

自乾隆三十八年（1773）八月入《四库全书》馆，迄于四十二年五月二十七日逝世，五年之间，经戴震之手辑录校订的古籍，凡16种，计为：《水经注》《九章算术》《五经算术》《海岛算经》《周髀算经》《孙子算经》《张丘建算经》《夏侯阳算经》《五曹算经》《仪礼识误》《仪礼释宫》《仪礼集释》《项氏家说》《蒙斋中庸讲义》《大戴礼》《方言》。戴震之于《四库全书》，可谓鞠躬尽瘁，死而后已。

五、《孟子字义疏证》及其遭遇

戴震一生著述甚富，由早年著《考工记图》《句股割圆记》《屈原赋注》诸书始，迄于晚年成《孟子字义疏证》，多达30余种100余卷。

---

① 陆燿：《切问斋集》卷二《复戴东原言理欲书》。
② 《戴震全书》之三五《与段茂堂等十一札》之第十札。
③ 《戴震全书》之三五《与段茂堂等十一札》之第十一札。

其中，尤以《孟子字义疏证》最成体系，亦最能反映著者一生的学术追求。正如戴震逝世前一月所自言："仆生平论述最大者，为《孟子字义疏证》一书，此正人心之要。今人无论正邪，尽以意见误名之曰理，而祸斯民，故《疏证》不得不作。"①

关于戴震的毕生学术追求，他曾经对其弟子段玉裁讲过这样的话："六书、九数等事，如轿夫然，所以舁轿中人也。以六书、九数等事尽我，是犹误认轿夫为轿中人也。"②这就是说，文字音韵、训诂考证以及天文历算等，无非戴震为学的工具而已，他的根本追求则别有所在。至于这一追求之具体目标，用戴震的话来说，就是求之《六经》、孔孟以闻道，而闻道的途径只有一条，即故训，所以他说："故训明则古经明，古经明则贤人圣人之理义明。"③

戴震的此一为学宗旨，发轫于早年在徽州问学程恂、江永，确立于中年在扬州与惠栋相识之后。从此，他便开始致力于《六经》理义的阐发。由至迟在乾隆二十八年（1763）完稿的《原善》三篇始，中经乾隆三十一年扩充为《原善》三章，再于乾隆三十七年前后修订，相继增补为《孟子私淑录》《绪言》各三卷。尔后再集诸书精粹，删繁就简，区分类聚，终于在乾隆四十二年逝世前，完成了自己的代表作品《孟子字义疏证》。

《孟子字义疏证》凡三卷，卷上释理，卷中释天道、性，卷下释才、道、仁义礼智、诚、权。全书以文字训诂的方式，就宋明理学家在阐发孟子学说中所论究的上述诸范畴，集中进行探本溯源。尤以对程颐、朱熹等理学大师学术主张的针砭，形成了具有鲜明个性的思想体系。

理与气的关系，这是宋明数百年理学家反复论究的一个根本问题。入清以后，迄于戴震的时代，理学中人重复前哲论究，陈陈相因，依然

---

① 《戴震全书》之三五《与段茂堂等十一札》之第十札。
② 段玉裁：《戴东原集序》，见中华书局 1980 年版《戴震集》卷首。
③ 戴震：《东原文集》卷一一《题惠定宇先生授经图》。

如故。就这一论究的终极目的而言，它所要解决的，是世界的本原问题。在这个根本的问题上，戴震不赞成朱子"理先气后"的主张，尤其反对把"理"界定为"如有物焉，得于天而具于心"。《孟子字义疏证》从对理的集中诠释入手，以朱子学说为排击目标，提出了有力的辩诘。

戴震认为，理字的本义很平实，并非如宋儒所说出自上天的赋予，而是可以在事物中把握的条理。他称引汉儒郑玄、许慎"理，分也"的解释以证成己说，指出："理者，察之而几微，必区以别之名也，是故谓之分理。在物之质，曰肌理，曰文理（亦曰文缕，理、缕，语之转耳）；得其分则有条而不紊，谓之条理。"① 这就是说，归根结蒂，所谓理就是事物的条理。他进而把理和情结合起来，加以解释道："理也者，情之不爽失也。"戴震的结论是："苟舍情求理，其所谓理无非意见也。"因此，他否定以一己的意见为转移的私理，主张在事物中求条理。他说："物者事也，语其事，不出乎日用饮食而已矣。舍是而言理，非古圣贤所谓理也。"这样，戴震通过对儒家经典中"理"字本来意义的还原，把理从"得于天"的玄谈召唤到现实的人世。沿着这样的逻辑程序走下去，"理在事中""理在情中"的命题，则已呼之欲出。

事实上，理气之辨的是非，在戴震著《绪言》时即已解决。他在那部书中说得很明白：

> 举凡天地、人物、事为，不闻无可言之理者也，《诗》曰"有物有则"是也。就天地、人物、事为求其不易之则，是谓理。后儒尊大之，不徒曰天地、人物、事为之理，而转其语曰"理无不在"，以与气分本末，视之如一物然。岂理也哉！

因此，戴震断言，"理先气后"说，"将使学者皓首茫然，求其物不

---

① 戴震：《孟子字义疏证》卷上《理》。

得，合诸古贤圣之言抵牾不协"①。随着他思想的发展，《孟子字义疏证》出，其论究重点已转移到对天理、人欲关系的探讨，试图以此去对宋学进行彻底清算。

天理、人欲关系的辨证，这是《孟子字义疏证》全书的论究核心，也是戴震思想最为成熟的形态。虽然这一思想在他早先撰写《原善》时即已萌芽，但是作为一种完整的系统的思想主张揭出，则是由《孟子字义疏证》来完成的。

在宋明理学的精致体系中，天理是最高的哲学范畴。理学家将传统的纲常伦理本体化，使之成为至高无上的天理，用以主宰天下的万事万物。在他们看来，与之相对而存在的，便是万恶之源的人欲，因此必须竭尽全力加以遏制。于是"存天理，灭人欲"遂成宋明数百年理学中人标榜的信条。入清以后，经过康熙后期确立朱子学独尊的格局，到戴震的时代，已是"理欲之分，人人能言之"。戴震对此深恶痛绝，为了正人心、救风俗，他与之针锋相对，在《孟子字义疏证》中，系统地提出了自己的理欲一本论。

如同对理气之辨的探讨一样，在理欲观的论证上，戴震也采取了由训诂字义入手的方法。根据以情释理的一贯思想，他对天理的诠释也丝毫没有离开情。他说："天理云者，言乎自然之分理也。自然之分理，以我之情絜人之情，而无不得其平是也。"又说："情得其平，是为好恶之节，是为依乎天理。"这就是说，谈天理不能与人情对立，天理就在人情之中。戴震认为，这才是天理的原始界说。用他的话来说，就叫作："古人所谓天理，未有如后儒之所谓天理者矣。"显然，这同宋儒所说的天理就不是一回事情了。至于人欲，戴震同样没有如理学家那样视若洪水猛兽，他反复称引《诗经》"民之质矣，日用饮食"；《礼记》"饮食男女，人之大欲存焉"的儒家经典中语，以论证人的欲望存

---

① 戴震：《绪言》卷上。

在的合理性。在他看来，人欲并不可怕，也不存在有无的问题，关键只是在于节制与否。所以他说："天理者，节其欲而不穷人欲也。是故欲不可穷，非不可有。有而节之，使无过情，无不及情，可谓之非天理乎！"也就是说，只要能以情为尺度加以节制，那么天理就存在于人欲之中。

至此，天理、人欲的鸿沟，在戴震的笔下顿然填平，宋儒"截然分理欲为二"的天理、人欲之辨，也就理所当然应予否定。于是戴震"理者，存乎欲者也"的理欲一本论便宣告完成。他的结论是："凡事为皆有于欲，无欲则无为矣。有欲而后有为，有为而归于至当不可易之谓理。无欲无为，又焉有理！"戴震进而指出，宋儒所喋喋不休的理欲之辨，"适成忍而残杀之具"，是为祸天下的理论根源。因此他断言：

> 古之言理也，就人之情欲求之，使之无疵之为理。今之言理也，离人之情欲求之，使之忍而不顾之为理。此理欲之辨，适以穷天下之人尽转移为欺伪之人，为祸何可胜言也哉！[1]

以天理、人欲之辨为突破口，戴震一改先前著《原善》和《孟子私淑录》《绪言》时的闪烁其词，对宋明理学进行了不妥协的批判。他既不再肯定程、朱之学"远于老、释而近于孔、孟"[2]；也不再承认"宋儒推崇理，于圣人之教不害"[3]。而是明确指出：

> 自宋儒杂荀子及老、庄、释氏以入《六经》、孔、孟之书，学者莫知其非，而《六经》、孔、孟之道亡矣。[4]

---

① 戴震：《孟子字义疏证》卷下《权》。
② 戴震：《孟子私淑录》卷下。
③ 戴震：《绪言》卷下。
④ 戴震：《孟子字义疏证》卷上《理》。

依戴震之所见，既然程、朱之学的流行，导致《六经》、孔、孟之
道的中绝，那么这样一种学说高踞庙堂的局面，自然就不该继续下去
了。晚近著名学者王国维先生评戴学，认为戴震"晚年欲夺朱子之席，
乃撰《孟子字义疏证》"①，根据大概就在于此。不过，仅以"夺朱子之
席"而概括戴著宗旨，恐怕还可商量。《孟子字义疏证》的批判精神，
绝不仅仅在于与朱熹立异，它还表现为对当权者"以理杀人"黑暗现状
的不满和抨击。应当说这才是戴震著述的最终落脚之点。《孟子字义疏
证》于此有过一段集中表述：

> 尊者以理责卑，长者以理责幼，贵者以理责贱，虽失，谓之顺。卑者、
> 幼者、贱者以理争之，虽得，谓之逆。于是下之人不能以天下之同情、天
> 下所同欲达于上，上以理责其下，而在下之罪，人人不胜指数。人死于法
> 犹有怜之者，死于理其谁怜之！②

这样的社会政治格局，在戴震看来，同样不能再继续下去。因此，
他在书中提出了"体民之情，遂民之欲"的政治主张，憧憬"与民同
乐"；"省刑罚，薄税敛"；"必使仰足以事父母，俯足以畜妻子"；"居
者有积仓，行者有裹粮"；"内无怨女，外无旷夫"的"王道"。戴震的
政治思想，虽然并未逾越孟子的"仁政"学说，但是它在乾隆中叶的问
世，实质上正是清王朝盛极而衰现实的折射，蕴涵于其间的社会意义是
不当低估的。

作为一个杰出的思想家，戴震在《孟子字义疏证》中的理性思维，
既是严峻社会现实的反映，也预示着深刻的社会危机已经来临。然而这
种盛世危言，在戴震生前不仅没有引起共鸣，反而招致非议，甚至"横

---

① 王国维：《观堂集林》卷一二《聚珍本戴校水经注跋》。
② 戴震：《孟子字义疏证》卷上《理》。

肆骂詈"。以进士而事佛学的彭绍升，读《孟子字义疏证》后，专为致书戴震，指斥该书势将"使人逐物而遗则，徇形色，薄天性，其害不细"①。戴震接信，于乾隆四十二年（1777）四月抱病复书驳诘，表明学术旨趣与彭氏"尽异，无毫发之同"。重申正是因为宋儒淆乱《六经》、孔孟之道，"不得已而有《疏证》之作"②。戴震去世后，其同郡后学洪榜为他撰写行状，文中全录答彭绍升书。翰林院编修朱筠见之，竟称："可不必载，戴氏可传者不在此。"③一如朱筠的曲解戴学，戴震的生前友好，诸如钱大昕、王昶等，为他撰写的纪念文字，也对《孟子字义疏证》的学术价值不置一词。私淑戴震的凌廷堪撰《东原先生事略状》，虽然肯定《疏证》为"至道之书"，但却以"其书具在，俟后人之定论云尔"④，回避作具体的评价。就连戴震的高足段玉裁，对《疏证》精义也若明若暗，当他著《戴东原先生年谱》时，竟然把该书的成书时间误植于乾隆三十一年。《孟子字义疏证》在当时的遭遇，以及一时学术界的好尚，于此可见一斑。

戴震崛起，正值乾隆中叶汉学发皇。他试图以《孟子字义疏证》去开创一种通过训诂以明义理的新学风。然而在当时的历史条件下，以复兴古学为职志的汉学方兴未艾，知识界沉溺于经史考据之中，如醉如痴，无法自拔。风气既成，要想扭转它，亦绝非一朝一夕可以成就，更非个人意志所能转移。何况训诂之与义理，规律各异，不可取代。戴震所示范的训诂方法，并非探讨义理之学的必由之路。加以清廷文化专制的沉重制约，要企求知识界改弦易辙，实在是不实际的一厢情愿而已。因此，在戴震生前，他的《孟子字义疏证》罕有共鸣。他逝世之后，其文字训诂、天文历算、典章制度诸学，得段玉裁、王念孙、孔广森、任

①　彭绍升：《二林居集》卷三《与戴东原书》。
②　戴震：《东原文集》卷八《答彭进士允初书》。
③　江藩：《国朝汉学师承记》卷六《洪榜》。
④　凌廷堪：《校礼堂文集》卷三五《东原先生事略状》。

大椿诸弟子张大而越阐越密，唯独其义理之学则无形萎缩，继响乏人。直到嘉庆间焦循脱颖而出，以《读书三十二赞》对《孟子字义疏证》加以表彰，并称引其说于所著《孟子正义》中，始肯定戴震"生平所得力，而精魄所属，专在《孟子字义疏证》一书"①。不过，此时与戴震辞世相去近 40 年，时移势易，学风将变，显然已不可同日而语了。

---

① 焦循：《雕菰楼集》卷七《申戴》。

第十四章　扬州诸儒与乾嘉学派

扬州为运河枢纽，大江东去，运河纵流，明代以来，这里一直是两淮盐运使官署所在地。入清之初，虽罹兵燹，疮痍满目，但自康熙中叶以后，百废俱兴，经济复苏。便利的交通，富庶的经济，使之成为人文荟萃、商旅辐辏之区。有清一代学术，扬州诸儒皆耕耘其间，由陈厚耀、王懋竑，迄刘文淇、刘师培，后先接武，名家辈出，占有一席重要地位。其中，尤以清代中叶诸大师，总结既往学术，开启晚清先路，贡献最称卓著。将此一时期的扬州地域学术作为解剖对象，通过论究诸大师为学的历史个性，对于深化乾嘉学派和乾嘉学术的研究，无疑是有重要意义的。

一、汪中的先秦诸子研究

乾隆中叶以后的扬州诸儒，接受惠栋、戴震之学影响且卓然成家者，当首推汪中。

汪中，字容甫，扬州府属江都人。生于乾隆九年（1744），卒于乾隆五十九年，终年 51 岁。他自幼丧父失学，随寡母茹苦含辛，备受煎熬。由于生活所迫，自 14 岁起，即受雇于书商。贩书之余，他从学于其父生前友好，浏览经史百家，尤喜为诗，借以写状孤贫之境。乾隆二十八年，初应童子试，取得附学生员资格，时年 20 岁。此后，他作幕四方，卖文为生，常年往来于大江南北，浙水东西。乾隆四十二年选为拔贡生后，以患怔忡之症而绝迹科场，专意于《述学》一书的撰写。后应聘校勘文宗、文澜二阁入藏《四库全书》，因心脏病猝发逝世于杭州校书处。

乾隆中叶以后的思想界，戴震、章学诚、汪中若三峰鼎峙。从形式上看，三家学虽不尽相同，但实事求是，殊途同归，都力图以各自的学术实践去开辟一时为学新路。戴震从文字训诂入手，以阐发经籍义理为归宿，承先启后，卓然大家。章学诚别辟蹊径，究心史学义例、校雠心法而独树一帜。汪中则以其对先秦子学的创造性研究，领异立新，雄视一时。

春秋战国间，儒墨名法，百家争鸣，在我国古代学术史上，写下了诸子之学并肩媲美的一页。西汉初，罢黜百家，独尊儒术，沿及魏晋六朝，经学盛而子学微。经历唐宋元明，佛学、理学，盛衰更迭，尤其是宋明数百年间，理学一统，诸子百家形同异端。迄于明清之际，在对理学积弊的反省之中，傅山、王夫之、顾炎武诸大师重理子学，傅山更以其经子并尊之说而开一代子学复兴先河。乾隆初，古学复兴，以《四库全书》开馆为标志，对传统学术的全面整理和总结成为一时风气。汪中的子学研究，就是在此一背景之下应运而生的。

汪中之于子学，最先致力的是《荀子》。乾隆四十一年（1776），他幕居南京，与安徽歙县著名学者程瑶田定交。从瑶田处，他得知戴震学术大要，于是接踵戴震对荀子学说的董理，与同时学者王念孙、卢文弨等唱为同调，治戴学而兼及《荀子》。汪中治《荀子》从校勘始，自当年二月至五月，将全书大体校核一遍。后即据校勘所得，撰为《荀卿子通论》一篇，并制成《荀卿子年表》一部。当时，校勘《荀子》者虽不只汪中一家，但敢于肯定荀学为孔学真传，则应属汪中首倡。自宋代理学家推尊孟子"性善"之说，斥荀子"性恶"说为异端，扬孟抑荀，历数百年而不改。汪中以对旧学的批判精神，博稽载籍，提出了富有个性的见解。

据汪中考订，荀子之学源自孔子高足子夏、仲弓，其学以礼见长，兼善《周易》，对于儒家经典的流传，其承前启后之功，尤不可没。他指出，《毛诗》《鲁诗》《左氏春秋》《穀梁春秋》皆传自荀子，《礼经》则是荀子的支流余裔，而《韩诗》亦无异于"荀卿别子"。因此他断言："自七十子之徒既殁，汉诸儒未兴，中更战国、暴秦之乱，六艺之传赖以不绝者，荀卿也。"汪中以一个学术史家的识见，勾勒出他心目中的先秦儒学统绪，这就是："周公作之，孔子述之，荀卿子传之，其揆一也。"①

汪中的《荀子》研究，虽草创未精，以致某些立论贻后世以"武断"之讥，但为他所得出的"荀卿子之学出于孔氏，而尤有功于诸经"的结论，则是不可推翻的。他的研究所得，与同时学者钱大昕、王念孙等对《荀子》"人之性恶，其善者伪也"一语的辨证，异曲同工，互为声援，于一代《荀子》学术的复兴，皆有摧陷廓清之功。

继《荀子》之后，汪中又致力于《商子》《老子》《晏子春秋》《贾谊新书》《墨子》等诸家学说的研究。其中，尤以《墨子》研究历时最久、用力最勤，创获亦最多。

在我国古代学术史上，自儒学于西汉间取得独尊地位以来，同《荀子》相比，《墨子》的遭遇就更其不公。《荀子》之被视作异端，毕竟是宋代理学勃兴以后的事情，而《墨子》则早在孟子的时代，即已与杨朱并斥，诋为"无父"，声称"杨墨之道不息，孔子之道不著"。惟其如此，汉初，墨学已告衰微，迄于魏晋，则几成绝学。宋明之世，孟子以"亚圣"高踞庙堂，他对墨学的诋斥，经程颐、朱熹表彰而成为儒家经典的构成部分。于是视墨学为异端邪说，众口一词，俨若不可推翻的铁案。承清初诸儒对墨学的阐幽发覆，汪中以求实存真的批判精神，对历史进行实事求是的考察，终于还原了先秦时代儒墨并称"显学"的历史真实。

兼爱，这是墨学的一个重要主张，也是孟子据以否定墨子的把柄所

---

① 汪中：《述学》补遗《荀卿子通论》。

在。汪中即由此入手，辨明是非。他首先论证兼爱与"先王制为聘问、吊恤之礼，以睦诸侯之邦交者"实无不同，进而指出："彼且以兼爱教天下之为人子者，使以孝其亲，而谓之'无父'，斯已过矣。"同时，于杨、墨并举之说，汪中亦断然否定，他说："历观周、汉之书，凡百余条，并孔墨、儒墨对举。杨朱之书，惟贵放逸，当时亦莫之宗，跻之于墨，诚非其伦。"①

在为墨子辨诬的基础之上，汪中进而阐明了他的墨学观。汪中认为，墨子之学是旨在救世的仁人之学。在他看来，从学以经世这个意义上说，儒墨两家虽然"不相为谋"，但"其意相反而相成"，其间无所谓正统与异端之别。至于墨子之攻驳孔子，他认为这在春秋战国间不足为奇，"诸子百家，莫不如是"。因此，断不能以之作为诋诬墨子的罪名。汪中引《吕氏春秋》的《去私》《尚德》二篇和《韩非子》的《显学篇》为证，指出在先秦诸子中，唯有儒家足以同墨子相抗衡。他说："自墨子殁，其学离而为三，徒属充满天下。"儒、墨并称"显学"，这才是当时学术界的本来面目。

汪中的墨子研究，洋溢于其间的批判精神，在乾隆后期严酷的文化专制之下，显然是不能见容于世的。因此，还在汪中生前，便遭到内阁学士翁方纲的猛烈抨击，詈之为"名教之罪人"，主张"褫其生员衣顶"。②而素以识力自负的章学诚，也与翁方纲沆瀣一气，在汪中逝世不久，即撰文肆意讥弹，诋其墨子研究为"好诞之至"，且斥汪中学"不知宗本"，"大体茫然"。③

平心而论，尺短寸长，学有专攻，章、汪学术，蹊径各异，未可轩轾。然而汪中的子学研究，能以反传统的批判精神和实事求是的为学态度，道人之所不能道，言人之所不敢言，这在当时不仅需要足够的理论

---

① 汪中：《述学》内篇三《墨子序》。
② 翁方纲：《复初斋文集》卷一五《书墨子》。
③ 章学诚：《文史通义》（遗书本）外篇一《述学驳文》。

勇气，而且更要具备过人的学术见识。章学诚攻其一点，不及其余，竟统而訾之为"大体茫然"，显然失之轻率。章、汪二人交恶，是乾嘉学术史上的一桩旧案，前哲时贤多有理董。其实，他们之间的分歧，固然有个人恩怨，也有旧时代读书人的痼疾作祟，但是之所以酿成唇枪舌剑，直至"竟欲持刀抵舌锋"，恐怕还有深层的原因。汪中的墨子研究，恰好透露了个中消息。质言之，一个要尽力维护纲常名教，一个则公然蔑视儒家经典，敢于向其挑战，这或许才是问题的症结所在。

二、焦循的经学思想

清代的扬州经学，开风气于康熙、雍正间。泰州陈厚耀，穷究天文历算，接武宣城梅文鼎；宝应王懋竑，精研朱熹学术，撰写《朱子年谱》并《考异》10卷，以经学醇儒为天下重。乾隆六十年（1795）间，高邮王念孙、贾稻孙、李惇首倡于前，宝应刘台拱、江都汪中、兴化任大椿、顾九苞相继而起，后先辉映，蔚成大观。至焦循出，终以通儒而结成硕果。

焦循，字理堂，一字里堂，晚号里堂老人，扬州府属甘泉人。生于乾隆二十八年，卒于嘉庆二十五年（1820），终年58岁。他早年为诸生，攻举子业，习诗古文。科场角逐，叠经颠踬，至嘉庆六年举乡试，时已39岁。翌年入都会试，再遭落第。不堪举业蹉跎，自此绝意仕进，托疾不出，蛰居于所葺雕菰楼中，以著述授徒终老乡里。其学博大通达，天文数学、经史艺文、音韵训诂、性理辞章、地理方志、医药博物，广为涉足，多所专精。一生所著甚富，卷帙之积，几近300卷。其中，尤以《里堂学算记》《易学三书》《孟子正义》享盛名于学术界，一时有"通儒"之称。

焦循早年，得一方经学风气熏陶。乾隆四十四年，与讲求经学的同窗顾凤毛结为友好，时年17岁。凤毛为著名经师顾九苞之子，承其家学，每有论说，多精赅简要，极为焦循所叹服。两年后，焦循以攻治《毛诗》开始了他的经学研究。乾隆五十二年（1787），顾凤毛将家藏《梅氏丛书》赠与焦循，勉励道："君善苦思，可卒业于是也。"[①] 从此，焦循究心梅文鼎遗著，转而研讨数学。

在中国古代，数学为经学附庸，经师而兼治数学，历代皆然。入清以后，梅文鼎、王锡阐、薛凤祚等，就都是以经师而精研数学的名家。到乾嘉学派崛起，江永、戴震、钱大昕等著名经学家，也同时以精于数学名世。戴震在《四库全书》馆所辑校《算经十书》，钱大昕所撰《三统术衍》及《廿二史考异》中于历代《历律志》的补阙正讹，皆是一时引人注目的佳作。焦循继承此一传统，在迄于嘉庆六年（1801）的 10 余年间，从钻研梅氏遗著入手，会通中西，撰写了一批富有成果的数学著作。后汇为《里堂学算记》刊行，成为此一时期数学成就的总结。

在致力于数学研究的同时，焦循还究心《三礼》，撰写《群经宫室图》上下 31 篇。他又将诠释《毛诗》旧稿六度改易，订为《毛诗鸟兽草木虫鱼释》11 卷。这两部著述同他的数学诸作一道，成为焦循步入乾嘉之际学术界的成名作品。如果说数学研究之所得，使焦循在人才如云的乾嘉学术界赢得了一席地位，那么他的《周易》研究，则使之卓然名家，一跃而跻身领先行列。

清代的《周易》研究，经过清初诸《易》学大师对宋儒《易》学的批判，迄于乾隆初叶，惠栋撰《易汉学》《周易述》，考明古义，表彰汉《易》，已渐向复兴汉《易》一路走去。张惠言继起，专宗虞翻《易》说，推出《周易虞氏义》《虞氏消息》诸书，孤家绝学，大明于世。水到渠成，一呼百应，究心汉《易》遂成一时《易》学主流。风气既成，"唯汉是求"声浪由《易》学推扩，迅速席卷整个经学研究和知识界。历史地看来，中国古代经学，由汉唐注疏演为宋明义理，是一

---

① 焦廷琥：《先府君事略》，见《焦氏遗书》附录。

个必然的发展过程。这个过程是历史的进步，而非倒退，理所当然应予肯定。宋儒治经，固有武断臆解之失，因而通过对传统经典的整理和总结，实事求是地还儒家典籍以本来面目，就是一桩很有必要的工作。但是唯古是信，唯汉是求，专以儒家经典疏解的还原为务，则未免失之矫枉过正。

有鉴于此，焦循对"唯汉是求而不求其是"的倾向进行了批评。他认为，乾嘉之际弥漫于学术界的汉学之风，"述孔子而持汉人之言，唯汉是求而不求其是，于是拘于传注，往往扞格于经文。是所述汉儒也，非孔子也"。对于当时汉学诸家治经的蓄意贬抑宋儒，焦循提出了尖锐的质疑，指出："唐宋以后之人，亦述孔子者也，持汉学者或屏之不使犯诸目，则唐宋人之述孔子，岂无一足征者乎？学者或知其言之足征，而取之又必深讳其姓名，以其为唐宋以后之人，一若称其名，遂有碍乎其为汉学者也。噫，吾惑矣！"①

焦循治经，一反盲目尊信汉儒的积弊，力倡独立思考，提出了"证之以实而运之于虚"的方法论。他说："经学之道，亦因乎时。汉初，值秦废书，儒者各持其师之学。守之既久，必会而通，故郑氏注经，多违旧说。有明三百年，率以八股为业，汉儒旧说，束诸高阁。国初，经学萌芽，以渐而大备。近时数十年来，江南千余里中，虽幼学鄙儒，无不知有许、郑者，所患习为虚声，不能深造而有得。盖古学未兴，道在存其学；古学大兴，道在求其通。前之弊患乎不学，后之弊患乎不思。证之以实而运之于虚，庶几学经之道也。"②何谓"证之以实而运之于虚"？用焦循的话来说，就是"博览众说，各得其意，而以我之精神气血临之"。③这种精神，一言以蔽之，即学求其是，贵在会通。焦循的《易》学研究，正是这种治经精神的集中反映。

---

① 焦循：《雕菰楼集》卷七《述难四》。
② 焦循：《雕菰楼集》卷一三《与刘端临教谕书》。
③ 焦循：《里堂家训》卷下。

治《易》为焦循家学，其曾祖源、祖镜、父葱，世代相守。其父且兼得岳家王氏说《易》之法，还在焦循14岁时，便给他提出了读《易》的一个值得注意的问题。即为什么"密云不雨，自我西郊"的语句，既见于《小畜》，又见于《小过》。此后，他受这一问题启发，进而探讨"号咷"之再见于《同人》《旅》；《蛊》《巽》二卦的重复出现"先甲""后甲""先庚""后庚"；《明夷》《涣》二卦同有"用拯马状，吉"诸现象。然而历时近30年，四处请教，遍求说《易》之书，终百思而不得其解。嘉庆七年（1802）会试落第，决意专力治《易》。自十五年起，更摒除一切外务，潜心《易》学，终于在三年之后，陆续完成了他的《易学三书》，即《易通释》《易图略》《易章句》。当三书中的最后一部《易章句》于嘉庆二十年脱稿誊清，焦循时已年逾半百。

在《易》学园囿中，焦循辛勤耕耘数十年。始究程颐、朱熹，渐探服虔、郑玄，自汉魏以来，历唐宋元明，迄于当代惠栋、张惠言诸家，凡说《易》之书，皆摘其精要，记录于册。然后运用其先前数学研究之所得，"以数之比例，求《易》之比例"[1]。同时，又将文字训诂学中的六书假借、转注诸法引入《易》学。终于摆落汉宋，自成一家。焦循说《易》，不赞成朱熹将《周易》视为卜筮之书的界定，将《易》定性为"圣人教人改过之书"[2]。由此出发，他既否定了宋儒的先天《易》学，同时也不取汉儒的纳甲、卦气诸说，而是通贯经传，一意探求卦爻变化的"比例"。焦循将《周易》卦爻的推移法则总结为三条，即旁通、相错、时行。三者的核心，则在变通。他说："能变通则可久，可久则无大过，不可久则至大过。所以不可久而至于大过，由于不能变通。变通者，改过之谓也。……舍此而言《易》，岂知《易》哉！"[3]这样的变通，其归宿就在于通过《周易》的讲求，达到"己所不欲，勿施于人"

---

①　焦循：《易通释》卷首《自序》。
②　焦循：《易通释》卷一。
③　焦循：《易图略》卷三。

的和谐境界。

焦循的《易》学研究，通贯经传固是其所长，而混淆经传也是其所短。他忽略了《周易》经传非一时一人所做这样一个基本认识，加以历史的局限，又过分尊信《周易》为伏羲、文王、周公、孔子"四圣人"之作。因而他的治《易》三法，未免先入为主，多有牵强附会之失。但是会通汉宋，独抒心得，对学术真理的追求，其精神则是可贵的。焦循实事求是的治经精神，不仅体现于他的《易》学研究，而且也贯穿在群经补疏之中。诸如力排众议，肯定王弼《易》注的价值，认为《尚书》伪孔传可据以研究魏晋间经学等，皆不失为通达持平之论。焦循学求其是，贵在会通的经学思想，是对乾嘉汉学的一个批判性总结。它标志着汉学的鼎盛局面已经结束，以会通汉宋去开创新学风，正是历史的必然。

三、高邮王氏父子对乾嘉学术的总结

晚近著名学者王国维先生论清代学术，有一段言简意赅的归纳，他说："国初之学大，乾嘉之学精，而道咸以来之学新。"[①]王先生以一个"精"字来概括乾嘉学术，实为得其肯綮。乾嘉学术，由博而精，专家绝学，并时而兴。惠栋、戴震之后，最能体现一时学术风貌，且以精湛为学而睥睨一代者，当属高邮王念孙、王引之父子。

王念孙，字怀祖，号石臞，扬州府属高邮人。生于乾隆九年（1744），卒于道光十二年（1832），终年89岁。其子引之，字伯申，号曼卿，卒谥文简。生于乾隆三十一年，卒于道光十四年，终年69岁。

高邮王氏，为仕宦之家。念孙父安国，以雍正二年（1724）进士，官至吏部尚书。念孙则以乾隆四十年（1775）进士，历官工部主事、陕

---

① 王国维：《观堂集林》卷二三《沈乙庵先生七十寿序》。

西道御史、吏科给事中。引之一如父祖，以嘉庆四年（1799）进士，官至吏部尚书。王门祖孙，既以官显，亦以学著，史称："国朝经术，独绝千古。高邮王氏一家之学，三世相承，自长洲惠氏父子外，盖鲜其匹云。"[1] 念孙早年，随父宦居京城，10 余岁即遍读经史，为学根柢奠立甚厚。乾隆二十年前后，戴震避仇入京，王安国聘入家塾，课督念孙。日后念孙父子之为学，即承戴东原而进，发扬光大，卓然名家。王念孙著《广雅疏证》《读书杂志》，王引之著《经义述闻》《经传释词》，合称"王氏四种"，博大精微，海内无匹。

王氏父子之学，以文字音韵最称专精。在我国古代学术史上，文字音韵学本为经学附庸，乾嘉诸儒治经，讲求文字训诂，奉"读九经自考文始，考文自知音始"为圭臬，风气既成，共趋一途，终使附庸而蔚为大国。

王念孙初从戴震受声音文字训诂，于《尔雅》和《说文解字》多所用功。本拟各撰专书，后见邵晋涵《尔雅正义》、段玉裁《说文解字注》疏解甚善，遂转治三国魏人张揖著《广雅》，撰为《广雅疏证》32卷。念孙结撰此书，日以三字为程，历 10 年而始成。著者认为："训诂之旨，存乎声音。字之声同声近者，经传往往假借。学者以声求义，破其假借之字而读以本字，则涣然冰释。"[2] 于是博采《仓》《雅》古训，就古音以求古义，引申触类，多发义例于《尔雅》《说文》之外。书成，一时学者多所折服。阮元取与张氏原书及惠、戴二家所著比较，评为"借张揖之书以纳诸说，实多张揖所未及知者，而亦为惠氏定宇、戴氏东原所未及"[3]。

王引之秉过庭之训，从古音以明古义，与其父唱为同调。所撰《经传释词》10 卷，知难而进，专意搜讨经传虚词，比类而观，寻绎义例，

① 《清史列传》卷六八《王念孙》。
② 王引之：《经义述闻》卷首《序》引述王念孙语。
③ 阮元：《王石臞先生墓志铭》，见《清代碑传集补》卷三九。

于后世读古文者，确有涣然冰释之效。阮元于此书极意推崇，惊叹"恨不能起毛、孔、郑诸儒而共证此快论也"[①]。

乾嘉学派之于音韵学，因系为治经服务，故沿袭清初顾炎武所开路径，不取宋儒叶韵说，专就上古音韵做深入研究，以还经籍原貌。所以一时经师之音韵学成就，主要表现为对古韵部类的离析。顾炎武的《音学五书》，在宋人郑庠以 6 部分类的基础上，分古韵为 10 部。江永继起，著《古韵标准》，则作 13 部。段玉裁虽为戴震弟子，但于古韵离析则有出兰之获，所著《六书音韵表》，更加密作 17 部。戴震受其启发，援段说入《声类表》，增作 18 部。至王念孙、王引之父子崛起，则依据《诗经》，博及经传、《楚辞》之韵，析作 21 部。其中，于支、脂、之三部之分，固为段玉裁《六书音韵表》所见及，而分至、祭、盍、辑为四部，则是段书所未及。同时人江有诰不谋而合，所著《诗经韵读》《群经韵读》《先秦韵读》，亦析古韵为 21 部。有此愈阐愈密的古韵离析，宋人叶韵说不攻自破，不唯改经之弊失其依托，且读先秦古籍亦不致因训诂不明而生歧解。晚近学者治古音学，虽有章太炎 23 部、黄侃 28 部之分，但加详而已，终未能出王氏父子之所得。

乾嘉时代，校勘、辑佚之学空前发皇。在中国古代学术史上，运用校勘辑佚于学术研究，并不自乾嘉诸儒始，然而如同乾嘉学派中人的视之为专门学问而蔚成风气，甚至作为一种个人的学术事业，竭毕生心力于其中而不他顾，则是没有先例的。由于好尚相同，用力专一，因而乾嘉诸儒在古籍整理上取得了很大成绩。在这方面，王氏父子以其精湛的校雠学造诣，贡献尤为卓著。

王念孙所著《读书杂志》82 卷，为其一生治学精粹之汇辑。其间所精心校勘者，博及子史辞章，计有《逸周书》《战国策》《史记》《汉书》《管子》《荀子》《晏子春秋》《墨子》《淮南子》《汉隶拾遗》《后汉

---

① 阮元：《揅经室一集》卷五《王伯申经传释词序》。

书》《庄子》《老子》《吕氏春秋》《韩非子》《法言》《楚辞》《文选》等
10 余家。凡古义之晦误，历代之妄改，在王念孙笔下，皆旁征博引，
一一是正。书出，遂以其原原本本，多可据依，而成为一代校勘学名
著。王引之著《经义述闻》32 卷，亦系毕生心力所萃，历时数十年始
成完书。其书阐发庭训，断制精审，凡为历代儒林中人所误解者，无不
旁征曲喻，而得其本义之所在。引之此书，与其父《读书杂志》若双璧
辉映，并称校雠名著。

　　若专就先秦子书的校雠而言，王氏父子承乾嘉诸儒矩矱，于《荀
子》《墨子》《管子》三书用力尤勤，所获亦甚巨。

　　《荀子》32 篇，旧有唐人杨倞注，宋明间皆有校刻本，但讹夺不
少，有待整理。乾隆中叶以后，王念孙与汪中、卢文弨等共治荀学，开
乾嘉诸儒治荀学的先路。后江苏学政谢墉得卢文弨助，校刻《荀子笺
释》刊行。至此，《荀子》一书始有善本。卢、谢书出，复经王念孙、
顾广圻、郝懿行、刘台拱诸人理董，拾遗补阙，是正文字，荀学始渐
复兴。

　　《墨子》一书，据《汉书·艺文志》载，原有 71 篇，今存 53 篇。
旧有唐人乐台注，久佚。宋明间虽有刻本，但"阙文错简，无可校正，
古言古字，更不可晓"[1]，墨学几成绝学。乾隆中叶以后，汪中、卢文
弨、孙星衍、毕沅等人皆治墨学。毕沅集诸家之成，于乾隆四十八年
（1783）成《墨子注》16 卷刊行。尔后，顾广圻、王念孙等续事校勘训
释，于是汉晋以降，潜沉两千年的墨学渐趋复兴。同《荀子》《墨子》
相比，《管子》文字古奥，错简误字，问题更多，"讹谬难读，其来久
矣"[2]。书凡 24 卷，原作 86 篇，今存 76 篇。旧有唐人房玄龄注，一题
尹知章注，唯抵牾甚多，几不可卒读。嘉庆间，王念孙、王引之父子与

---

① 俞樾：《墨子序》，见孙诒让《墨子间诂》卷首。
② 戴望：《管子校正》卷首《凡例》。

孙星衍、洪颐煊等皆潜心于《管子》校勘。洪颐煊据王、孙二家所校，先成《管子义证》8卷。其后，王念孙续加校补，成《读管子杂志》24卷，录入所著《读书杂志》中。念孙书出，《管子》理董，风气渐开。晚清，终于演成子学复兴的局面。

四、阮元与《皇清经解》

乾嘉之际，阮元崛起，迄于道光初叶，以封疆大吏而奖掖学术，振兴文教，俨然一时学坛主盟。为他所主持编纂的《皇清经解》，将清代前期主要经学著作汇聚一堂，成为近二百年间经学成就的一个集萃。阮元亦以之对乾嘉学派和乾嘉学术做了一个辉煌的总结。

（一）汉学护法与经学名臣

阮元，字伯元，号云台，一号芸台，又号雷塘庵主，晚号颐性老人，卒谥文达，扬州府属仪征人。生于乾隆二十九年（1764），卒于道光二十九年（1849），终年86岁。乾隆五十四年进士，以翰林院编修，历仕乾隆、嘉庆、道光三朝。外而累官山东、浙江学政，浙江、江西、河南巡抚，漕运、湖广、两广、云贵总督，内而叠任詹事府詹事、都察院都御史、诸部侍郎、尚书等，道光十八年，以体仁阁大学士告老还乡。晚节自重，著述以终。

阮元幼承家学，其父承信，熟悉史籍，究心《资治通鉴》，教以"读书当为有用之学，徒习时艺无益也"。后相继问学于乔椿龄、李道南，乔、李皆通经术，为一方特立独行之儒。家学师教，确立了阮元早年的为学藩篱。自乾隆四十五年起，他在扬州及京城陆续结识经史学家凌廷堪、邵晋涵、王念孙、任大椿等，为一时学术风气习染，训诂治经，终身不改。

乾隆末，阮元初入翰林院，即奉敕编《石渠宝笈》，校勘石经。出任山东学政，留意金石碑刻，主持纂修《山左金石志》。嘉庆初，奉调北京，倡议并主持编纂《经籍籑诂》《畴人传》《淮海英灵集》《两浙辑轩录》《两浙金石志》《十三经校勘记》《经郛》《皇清碑板录》诸书，立"书藏"于杭州灵隐云林寺。创建诂经精舍，集两浙有志经学者于其中，风厉实学，作育人才，于一时书院建设影响甚大。他还汇编汉学著述，辑刻《文选楼丛书》。又集《四库全书》未收诸书，主持撰写《四库未收书目提要》。十五年（1810），再入翰林院，兼任国史馆总辑，创编《儒林》《文苑》二传，开整理当代学术史风气之先声。十九年，巡抚江西，刊刻宋本《十三经注疏》。嘉庆末、道光初，总督两广，沿诂经精舍规制，创学海堂，提倡经史，表率一方。且主持重修《广东通志》，编写《粤东金石略》《两广盐法志》，赞助刊行《国朝汉学师承记》，辑刻《皇清经解》《江苏诗征》等。移节云贵，又有编纂《云南通志》之举。

　　阮元博学多识，尤长考证。一生为学以研治经学为主，博及史学、金石、考古、方志、谱牒、舆地、天文、历法、数学、音韵、文字、目录、诗文诸学。著述弘富，多达 30 余种，数以百卷计。除前述主持编纂诸书之外，主要著述尚有《三家诗补遗》《考工记车制图解》《曾子注释》《诗书古训》《性命古训》《积古斋钟鼎彝器款识》《定香亭笔谈》《小沧浪笔谈》等。其他诗文杂著，自道光三年起，先后辑为《揅经室一集》《二集》《三集》《四集》《续集》《外集》《再续集》刊行。在乾嘉学派诸大师中，阮元虽不以专学名家，但主持风会，倡导奖掖，其学术组织之功，实可睥睨一代。梁启超先生早年著《清代学术概论》，因之而称阮元为汉学"护法神"[1]。钱宾四先生著《中国近三百年学术史》，亦称其"弁冕群材，领袖一世，实清代经学名臣最后一重镇"[2]。大师定

　　① 梁启超：《清代学术概论》，中华书局，1954 年，第 48 页。
　　② 钱穆：《中国近三百年学术史》下册，中华书局，1986 年，第 478 页。

评，足称不刊。

（二）从《经郛》到《皇清经解》

阮元一生，于学术事业贡献甚大。其最可表彰者，则是主持纂修《皇清经解》。阮元的发愿纂修《皇清经解》，经历了一个较长时间的酝酿过程。由他早年在浙江创诂经精舍，到总督两广，建学海堂于广州，从各方面为之进行了充分的准备。

诂经精舍为清中叶著名书院。嘉庆二年（1797），阮元任浙江学政，倡议编《经籍籑诂》。五年，书成，升任浙江巡抚，遂以往日修书用屋 50 间，选两浙诸生有志经史古学者读书其中，题名为诂经精舍。精舍本汉代生徒讲学之所在，阮元借用古名，意在崇奖汉学，所以舍中立郑玄、许慎木主，师生皆定期拜祀。精舍而称诂经，则是阮氏学术旨趣的体现。他认为"经非诂不明"，"舍诂求经，其经不实"，于是题名学舍，以示"不忘旧业，且勖新知"。① 精舍初立，阮元礼聘王昶、孙星衍主持讲席，且捐俸以为教学费用。每月一次，三人轮番授课，命题评文。舍中不讲八股文，不用试帖诗，重在解经考史，兼及诗词古文。其中的优秀篇章，以《诂经精舍文集》结集刊行。迄于十四年阮元奉调离浙，一时两浙名士多讲学其间，振兴一方学术，作育人才甚众。日后为阮元具体从事《皇清经解》编纂的严杰，即系当时精舍培养的高材生。

继诂经精舍之后，学海堂成为又一名噪南北的书院。嘉庆二十二年冬，阮元就任两广总督。为倡导经史实学，二十五年三月，沿杭州诂经精舍规制，借广州城西文澜书院旧址，创立学海堂，以经史古学课督一方士子。经数年规划营建，道光四年（1824）十二月，堂舍另辟新址，在粤秀山麓落成。就学士子经史诗文，阮元亲为审阅遴选，辑为《学海堂集》刊行。翌年秋，《皇清经解》始修，堂中士子则成为校订协修的

---

① 阮元：《揅经室二集》卷七《西湖诂经精舍记》。

干才。

从诂经精舍到学海堂，阮元除为《皇清经解》的纂修培育出众多人才之外，还有过几次重大的经学编纂活动。一是《十三经注疏校勘记》的完成，二是校刻宋本《十三经注疏》，三是编纂大型经学专书《经郛》。其中，以《经郛》同《皇清经解》最为有关。

《经郛》的结撰，始于嘉庆八年（1803）夏，实际从事者为阮元弟子陈寿祺及诂经精舍诸高材生。此书取法唐人李鼎祚《周易集解》，以汇集唐以前诸儒经说为务。陈寿祺《上仪征阮夫子请定经郛义例书》，于此有云："乃者仰蒙善诱，俯启梼昧，将于九经传注之外，裒集古说，令寿祺与高才生共纂成之。"可见它是要钩稽古说于九经传注之外。而寿祺所拟之该书义例，则更将其具体化，据称："《经郛》荟萃经说，本末兼该，源流具备，阐许、郑之闳渺，补孔、贾之阙遗。上自周秦，下迄隋唐，网罗众家，理大物博。汉魏以前之籍，搜采尤勤，凡涉经义，不遗一字。"[1]工程如此之浩大，规格如此之崇高，其艰难可想而知，当然成功非易。所以，陈寿祺虽与诂经精舍诸高材生竭尽全力，历时数月，但所成初稿却并未达到预期的构想。嘉庆八年冬，陈氏北去，阮元公务繁忙，无人再能挂帅增订，此事也就搁置下来。十五年，阮元因浙江学政舞弊案牵连，左迁翰林院编修。再入词馆，略有闲暇，遂重理《经郛》旧稿。迄于十六年四月，改订一过，得稿100余卷。终缘"采择未周，艰于补遗"[2]，以致长期束之高阁，未能付刻。

嘉庆二十二年冬，阮元抵广州接任。翌年除夕，为幕友江藩著《国朝汉学师承记》撰序，遂将先前结撰《经郛》的初衷略加改变，发愿沿用其体例，专辑清儒经解为一书，题为《大清经解》。他说：

> 国朝诸儒，说经之书甚多，以及文集说部，皆有可采。窃欲析缕分条，

---

① 陈寿祺：《左海文集》卷四《上仪征阮夫子请定经郛义例书》。
② 阮常生续编：《雷塘庵主弟子记》卷四"四十八岁"条。

加以剪截，引系于群经各章句之下。譬如休宁戴氏解《尚书》"光被四表"
为"横被"，则系之《尧典》；宝应刘氏解《论语》"哀而不伤"，即《诗》
"惟以不永伤"之"伤"，则系之《论语·八佾篇》，而互见《周南》。如此
勒成一书，名曰《大清经解》。①

至此，《皇清经解》的纂修已然提上日程。

阮元倡议纂修《皇清经解》，其发愿之初，本寄厚望于江藩、顾广
圻诸名儒，所以他说："徒以学力日荒，政事无暇，而能总此事，审是
非，定去取者，海内学友惟江君（藩）与顾君千里二三人。他年各家所
著之书或不尽传，奥义单辞，沦替可惜，若之何哉！"②然而江、顾等人，
或远居三吴，艰于南行，或近在咫尺，他务缠身，皆未能担此重任。时
隔七年，托无其人，于是阮元只好依靠南来的弟子严杰并学海堂诸生，
放弃旧日所构想的体制，改以丛书的形式，汇编清儒经学著述为一书。

一如早先《经郛》之委以陈寿祺，《皇清经解》的纂修，始终其事
者，则是阮元的弟子严杰。杰字厚民，号鸥盟，浙江余杭人，因寄居钱
塘，故又称钱塘人。其生卒年未详。据光绪间重修《杭州府志》载，晚
清，诸可宝为其撰有传记一篇，唯笔者孤陋寡闻，用力不勤，竟未能觅
得一读。严杰初为诸生，曾师从段玉裁问学。阮元督学浙江，聘其助修
《经籍籑诂》。继之阮氏抚浙，创诂经精舍于杭州，严杰入舍就读，成
为其间之佼佼者。嘉庆十五年（1810），阮元离浙还朝。翌年，厚民远
道相随，课督阮元女安，留京师一年余。后阮元与江都张氏联姻，严杰
又成为阮安未婚夫张熙师。嘉庆二十五年春，学海堂初开，严杰亦于此
时陪伴张熙来粤完婚。熙本患肝疾，体质虚弱，婚后未及一年即告夭
亡。之后，严杰遂留于粤中阮元幕署。道光四年（1824）冬，学海堂新

---

① 阮元：《揅经室集》卷一一《国朝汉学师承记序》。
② 阮元：《揅经室集》卷一一《国朝汉学师承记序》。

舍建成。翌年八月,严杰即受阮元之命,集阮氏藏书于堂中,辑刻《皇清经解》。

作为经学丛书,《皇清经解》的纂修体例,既不同于康熙间《通志堂经解》,又有别于乾隆间修《四库全书》。它没有按照前二书的编纂方式,区分类聚,人随书行,而是以作者为纲,按年辈先后,依人著录,或选载其经著,或辑录其文集、笔记。上起清初顾炎武、阎若璩、胡渭,下迄道光初依然健在的宋翔凤、凌曙,终以严杰所辑《经义丛钞》。所录凡 74 家,著述 180 余种,计 1400 卷。

道光六年(1826)六月,阮元奉调改任云贵总督。此时,《皇清经解》辑刻将及一载,已得成书千卷。离粤前,他将《经解》主持事宜托付给广东督粮道夏修恕。至于编辑重任,则仍委之严杰。道光九年十二月,30 函《皇清经解》寄达滇南,阮元苦心孤诣,数十年夙愿终成现实。

阮元一生为官所至,振兴文教,奖掖学术,于清代中叶学术文化的发展做出了卓越的贡献。《皇清经解》作为他晚年的一项重大学术编纂活动,接武早先的《十三经注疏校勘记》,以其所取得的巨大成功,在清代学术史上写下了辉煌的一页。其继往开来之功,主要在于如下三个方面:

首先,《皇清经解》将清代前期的主要经学著述汇聚一堂,对此一时期的经学成就,尤其是乾嘉学派的业绩,做了一次成功的总结。清代前期的经学,自清初顾炎武诸儒发端,经胡渭、阎若璩、毛奇龄等经师张大旗帜,已然摆脱了宋明理学的羁绊,向复兴古学、朴实穷经一路走去。乾隆初,惠栋诸儒崛起,以复原汉《易》为职志,拔宋帜而立汉帜,经学遂成一代学术中坚。继惠栋、江永之后,戴震领风骚于一时,其学得段玉裁并王念孙、王引之父子及扬州诸儒发扬光大。在中国古代学术史上,清代经学终得比美宋明理学而卓然自立。与之同时,由庄存与开启先路,中经孔广森、张惠言诸儒阐发,至刘逢禄出,而今文经学异军突起,在清代经学中别辟新境,蔚为大观。从顺治到道光,近二百年间，清代经学所走过的发展历程，在《皇清经解》之中，以著述汇编的形式得以再现。全书编选有法，大体允当，为了解此一时期的经学成就，提出了一个较为集中的依据。

其次，《皇清经解》的纂修，示范了一种实事求是的良好学风，对于一时知识界，潜移默化，影响深远。清儒为学，以务实为旨趣。清初，鉴于明季心学末流泛滥无归而酿成的学术弊端，弃虚就实，学以致用，风气渐趋健实。自康熙中叶，以迄乾隆一朝，务实学风经百余年培养，敦崇实学，实事求是，朝野莫不皆然。阮元师弟训诂治经，学风平实，可谓是康乾诸儒嫡传。以此而编选一代经师解经之作，从顾亭林的《左传杜解补正》始，中经惠定宇的《周易述》《九经古义》，江慎修的《周礼疑义举要》《群经补义》，再到戴东原的《杲溪诗经补注》《考工记图》，又及段若膺的《说文解字注》，王怀祖的《广雅疏证》《读书杂志》，王伯申的《经义述闻》《经传释词》，并载刘申受的《春秋公羊经何氏释例》，凌晓楼的《公羊礼说》，终以阮芸台师弟的《十三经注疏校勘记》《经义丛钞》，原原本本，笃实可依。洋溢于其间的实事求是学风，对于一时知识界良好学风的培养，产生了积极的影响。之后，《皇清经解》不胫而走，广为流传，成为学术界解经圭臬。咸丰间，版片多为兵燹毁损，复得两广总督劳崇光倡议醵资补刻。迄于光绪中，王先谦以江苏学政承阮元遗风，再事纂辑，既补阮元书之所未收，又录咸、同以降经师著述，终成无愧前哲的《皇清经解续编》。

最后，《皇清经解》集清儒经学精粹于一书，对于优秀学术文化成果的保存和传播，确乎用力勤而功劳巨。清代前期，诸儒经学著作，汗牛充栋，浩如烟海，限于客观条件，流传未广，得书非易。即以当时的广州论，虽为通商口岸，经济繁荣，而士子尚以不能觅得前哲时贤经学著述一读为憾，其他偏远落后地区，则其苦自然更甚。因此，阮元师弟将清代前期经学著述整理比勘，汇辑成册，不惟传播学术，有便检核，而且保存文献，弘扬古籍，亦可免除意外灾害及其他因素造成的图书散佚毁损之虞。一举而兼数得，实为清代学术史上的一桩盛举。

从乾隆初惠栋、江永崛起而辟乾嘉学派先路，中经清廷开《四库全书》馆，戴震、邵晋涵、纪昀、任大椿诸儒云集其间而成乾嘉学派如日中天之势。迄于嘉庆、道光间，此一学派盛极而衰，始由扬州诸儒对之做出历史总结。汪中、焦循、王念孙、王引之、江藩、阮元等，皆此一时期扬州儒林翘楚。乾嘉学派与乾嘉学术之能得一辉煌总结，扬州诸儒辛勤其间，功至伟矣！

五、孔子仁学与阮元的《论语论仁论》

孔门之教，以求仁为本。为探寻孔子仁学意蕴，古往今来，几多贤哲后先相继，孜孜以求，可谓著述如林，汗牛充栋。然而由于视角不同，方法各异，以致仁者见仁，智者见智，结论亦每多歧出。清儒阮元，当朱子《四书章句集注》大行之后，摒《集注》不取，远承汉儒郑玄遗说，独辟蹊径，训诂解经，撰为《论语论仁论》。阮氏之所著，以朴学释仁，虽立异理学，心存门户，但原原本本，务实切己，于把握孔子仁学精要多所裨益。

（一）《论语论仁论》杂识

阮元撰《论语论仁论》，一卷，未见单行刊本，道光三年（1823）辑《揅经室集》，录入一集卷八。唯无序跋、题记一类文字，故此篇何时撰成未得明确。阮氏弟子、后人所辑年谱，于此亦未做明文交代。据张鉴辑《雷塘庵主弟子记》卷一记，嘉庆三年（1798），阮元任浙江学政，成《曾子注释》10 篇，时年 35 岁。元三子阮祜，于此条有注云："是时，《论语论仁论》《性命古训》三卷尚未撰。"可见《论语论仁论》的结撰应在嘉庆三年以后。后于何时？据阮元致其门人陈寿祺札称："生近来将胸中数十年欲言者，写成《性命古训》一卷。大抵欲辟李习之复性之书，而以《书》《召诰》节性为主，少暇当再抄寄。又《论仁论》二卷奉政。"① 此札写于道光元年（1821）四月，《揅经室集》未录，见于陈氏《左海全集》卷首。据此，则《论语论仁论》的脱稿不会晚于道光元年。再检江藩著《国朝汉学师承记》，则此一问题的解决又可前进一步。江氏书述阮元学行有云："伯元名元，一字芸台，仪征人。乾隆丙午举人，己酉进士，授编修，官至浙江巡抚，今官詹事府少詹事。于学无所不通，著有《考工车制考》《石经校勘记》《十三经注疏校勘记》《曾子注》《论语论仁论》《畴人传》等书。"② 据考，江藩书稿初成于嘉庆十七年（1812），而阮元自上年七月二十三日至是年五月初八日，适任詹事府少詹事。江氏书"今官"云云，应属实录。因此，《论语论仁论》的完稿时间，当可提前至嘉庆十六七年间。倘若辅以焦循、凌廷堪诸儒对阮元仁学思想的影响，那么此一判断与历史实际相去大致不会太远。

阮元何以要在此时撰写《论语论仁论》？就篇中所涉及的内容看，这个问题似可从两个方面来思考：一个是当时大的学术环境；另一个是阮元在仁学方面所受到的具体学术影响。

嘉庆末，国家多故，世变日亟。学术随时势而移易，以江藩《国朝汉学师承记》的结撰为标志，汉学已然日过中天，趋向批判和总结。而与之同时，宋学的颃颉则日渐强劲。尽管如此，自清初毛奇龄《四书改错》发端，迄于乾隆后期戴震《孟子字义疏证》推出，竞尊汉儒，排击宋儒，非议朱子学的风气却依然并未过去。阮元虽未能见到毛奇龄、戴震，但他为学伊始，即读过毛奇龄的著述。督学浙江，因服膺毛氏学说，更将《西河全集》撰序刊行，加以表彰。据称："国朝经学盛兴，检讨首出，于东林、蕺山空文讲学之余，以经学自任，大声疾呼，而一

---

①　阮元致陈寿祺札，《揅经室集》未录，载于陈寿祺《左海全集》卷首。
②　江藩：《国朝汉学师承记》卷七《凌廷堪》。

时之实学顿起。当是时，充宗起于浙东，朏明起于浙西，宁人、百诗起于江淮之间，检讨以博辨之才，睥睨一切，论不相下，而道实相成。迄今学者日益昌明，大江南北著书授徒之家数十，视检讨而精核者固多，谓非检讨开始之功则不可。"[1] 至于戴震之学，阮元虽尚有所保留，但由训诂以明义理，此一戴氏所倡治经方法论，则是一脉相承，笃信谨守。身为汉学后劲，且主持风会，领袖四方，阮元当然要与江藩作同调之鸣，去为自己的学派固守壁垒。惟其如此，晚近梁启超先生撰《清代学术概论》，称阮元为汉学"护法神"[2]，实在是再恰当不过的。

在阮元仁学思想的形成过程中，予他影响较大者，主要是四个人。第一个是他的姻亲刘端临。端临为一时著名经师，学术、人品为学坛备极推重，卒于嘉庆十年（1805）。所著《论语骈枝》，阮元在浙江巡抚任上即已刊行，而且曾携往京中，送请前辈学者翁方纲审阅。翁氏《复初斋集》中，于此有过记录。据云："刘台拱深于《论语》，昨阮侍郎元以所锓台拱之书来示，其《论语》卷中有精审者，亦有偏执者。"[3] 第二个是臧庸。庸为康熙间经师臧琳的后人，又从学于一时名儒卢文弨、钱大昕、王昶、段玉裁等，家学渊源，师承有自，经学根柢甚为坚实。阮元督学浙江，曾聘庸助辑《经籍籑诂》。后巡抚浙江，再延臧氏入幕府。臧庸卒于嘉庆十六年，所著《拜经日记》即有涉及《论语》仁学之见，为阮元所钦佩。

第三个直接影响阮元的仁学观者，则是先于他将《论语》区分类聚，撰为专书的焦循。焦循与阮元同里同学，且系其族姊夫，一生潜心治学，博识多通。嘉庆二十五年病故，阮元为之撰传，冠以"通儒"之称，誉为"儒林大家"。据云："焦君与元年相若，且元族姊夫也。弱冠与元齐名，自元服官后，君学乃精深博大，远迈于元矣。"[4] 焦循私淑

---

① 阮元：《揅经室二集》卷七《毛西河检讨全集后序》。
② 梁启超：《清代学术概论》，中华书局，1954 年，第 48 页。
③ 翁方纲：《复初斋集》卷七《考订论》中之二。
④ 阮元：《揅经室二集》卷四《通儒扬州焦君传》。

戴震，早在嘉庆九年（1804），即仿戴氏《孟子字义疏证》，撰为《论语通释》。该书类聚孔子论学语，凡分圣、大、仁、一贯忠恕、学、知、能、权、义、礼、仕、君子小人等十二门，"仁"即为其中之一门。

第四个，也是影响阮元仁学思想的最大者，当为凌廷堪。阮元18岁即与廷堪订交，时当乾隆四十六年（1781），迄于嘉庆十四年凌氏病逝，论学问难，终身莫逆。廷堪亦私淑戴震，尤以礼学最称专精。嘉庆十三年，应阮元邀南游杭州，尽出所著书相示。阮元大为折服，命长子常生师从问学。所著《礼经释例》及《校礼堂集》中《复礼》三篇，于阮元《论语论仁论》的结撰，影响最为巨大，不啻阮氏立论依据。凌廷堪认为："圣人之道，至平且易也。《论语》记孔子之言备矣，但恒言礼，未尝一言及理也。"他指出："夫仁根于性，而视听言动则生于情者也。圣人不求诸理而求诸礼，盖求诸理必至于师心，求诸礼始可以复性也。"因之断言："夫《论语》，圣人之遗书也，说圣人之遗书，必欲舍其所恒言之礼，而事事附会于其所未言之理，是果圣人之意邪！"[1] 阮元据以立论，亦步亦趋，《论语论仁论》开宗明义，即指出："《论语》言五常之事详矣，惟论仁者凡五十有八章，仁字之见于《论语》者，凡百有五，为尤详。若于圣门最详切之事，论之尚不得其传而失其旨，又何暇别取《论语》所无之字，标而论之邪！"[2]

阮元自青年时代即入宦海，之后虽因公务缠身，其学不能如前述诸家之专精，但朝夕切磋，历有年所，加以得天独厚的特殊地位，亦使他在学术上能多有所成。嘉庆十六年前后，阮元于论学诸友择善而从，沿凌廷堪"以礼代理"遗意，取焦循类聚《论语》旧规，合众家之长而成《论语论仁论》，高扬"以仁代理"的大纛，就宛若水到渠成，不期而然。其间学术发展的内在逻辑，实非个人意志所能转移。

① 凌廷堪：《校礼堂文集》卷四《复礼》。
② 阮元：《揅经室集》卷八《论语论仁论》。（本章以下凡引阮元语而未注出处者，皆为此篇）

（二）阮元的仁学观

《论语论仁论》由汉儒郑玄对"仁"的训释入手，凡三部分。第一部分为发凡，提纲挈领，绍介撰述宗旨；第二部分为《论语》论仁诸章分类辑录，兼有作者按语，以阐释各章大要；第三部分为结语，重申古训，以与篇首宗旨相呼应。阮元的仁学观寄寓其间，概括起来，主要有三个方面。

1. "仁"字本训

阮元释仁，溯源古训，极力从古籍中去寻觅字源。据他考证，"仁"字既不见于《尚书》中的虞、夏、商书，又不见于《诗经》中的三颂和《周易》的卦爻辞。儒家经典中最早出现此字，当为《诗经》小雅的《四月》篇。篇中所云"先祖匪人，胡宁忍予"，此"人"字即为"仁"字。其后则是郑风《叔于田》篇的"洵美且仁"。因此，阮元认为，就由语言到文字的次第而言，仁在"周初，有此言而尚无此字"，当时，凡仁字，"但写人字，《周官礼》后始造仁字也"。①

周初以后的仁字，又当作何解释？阮元先是引许慎《说文解字》为据，许书释仁云："仁，亲也，从人二。"继之又引段玉裁《说文解字注》为解："亲者，密至也，会意。"随后则是郑玄的《中庸注》。《中庸》曰："仁者人也。"郑玄注云："人也读如相人偶之人，以人意相存问之言。"何谓"相人偶"？阮元于此，旁征博引，证成己说。《仪礼》中《大射仪》"揖以偶"，郑玄注："以者偶之事成于此，意相人偶也。"《聘礼》"每曲揖"，郑玄注亦云："每门辄揖者，以相人偶为敬也。"《公食大夫礼》"宾入三揖"，郑玄同样注云："相人偶。"《诗经》国风中的《匪风》篇，有"谁能烹鱼""谁将西归"诸句，郑玄笺诗亦称："人偶能割烹……人偶能辅周道治民。"贾谊《新书》的《匈奴篇》曰："胡婴儿得近侍侧，胡贵人更进得佐酒前，上使人偶之。"阮元备举诸多

---

① 阮元：《揅经室集》卷八《论语论仁论》。

例证，归纳出如下结论："古所谓人偶，犹言尔我亲爱之辞，独则无偶，偶则相亲，故其字从人二。"于是他据以重申仁字本训："仁字之训为人也，乃周秦以来相传未失之故训，东汉之末，犹人人皆知，并无异说。康成氏所举相人偶之言，亦是秦汉以来民间恒言，人人在口，是以举为训。"据此，阮元推本古训，对《论语》中的仁字提出了新的界说。他说："春秋时，孔门所谓仁也者，以此一人与彼一人相人偶，而尽其敬礼忠恕等事之谓也。"

2. 对孔子仁学的把握

阮元之学，切己务实，以实事求是为特征。他曾经说过："儒者之于经，但求其是而已矣。是之所在，从注可，违注亦可，不必定如孔、贾义疏之例也。……株守传注，曲为附会，其弊与不从传注，凭臆空说者等。"[①]他对孔子仁学的把握，实最能体现这一为学个性。阮元认为，探讨孔子仁学，切忌"务为高远"，"当于实者、近者、庸者论之"。本此宗旨，他将《论语》论仁诸章区分类聚，由《雍也》《述而》二篇始，迄于《子罕篇》终，或章自为类，或多章并析，对孔子的仁学做了广泛而深入的探讨。阮元之论孔子仁学，大要有三。

（1）"己欲立而立人，己欲达而达人"。阮元既以"相人偶"为释仁出发点，因而《论语·雍也篇》孔子与子贡的问答，便成为他心目中孔子仁学的核心。孔子说："夫仁者，己欲立而立人，己欲达而达人。"阮元紧紧抓住这一核心，取《雍也篇》此章冠于诸章之首，使之同"相人偶"的古训水乳交融，从而俨若贯穿全篇的一根红线。他先是说："所谓仁者，己之身欲立则亦立人，己之身欲达则亦达人，所以必须两人相人偶而仁始见也。"继之再说："圣贤之仁，必偶于人而始可见。故孔子之仁，必待老少始见安怀。若心无所著，便可言仁，是老僧面壁多年，但有一片慈悲心，便可毕仁之事，有是道乎？"随后又说："但能

---

① 阮元：《揅经室集》卷一一《焦里堂群经宫室图序》。

无损于人，不能有益于人，未能立人达人，所以孔子不许为仁。"篇末还说："夷、齐让国，相偶而为仁，正是己立立人，己达达人之道。"首尾照应，三致意焉，足见孔子此一命题在其仁学思想中的极端重要。

（2）"克己复礼为仁"。"克己复礼为仁"，是孔子在《论语·颜渊篇》中，就仁学所提出的又一个重要命题。孔子说："克己复礼为仁。一日克己复礼，天下归仁焉。为仁由己，而由人乎哉？"如何解释这个命题，在学术史上，汉宋歧说，莫衷一是。汉儒马融，训"克己"为约身。后儒虽间有异解，但多从其说。南宋间，朱子注《论语》，别出新解，释云："仁者，本心之全德。克，胜也。己，谓身之私欲也。礼者，天理之节文也。"①阮元于此最为不满，视之为儒释分野之所在，因而据理力争，详加辨析，成为《论语论仁论》中篇幅最大，亦最为突出的部分。他首先考证，"克己复礼"本为古语，故既见《论语》，又见《左传》。孔子以人己对称，正是尔后郑玄以"相人偶"释仁之所本，断不能如朱子所训，释己为私欲。否则乖违《论语》原意，实是方枘圆凿。所以阮元推本古训，指出："'克己'己字，即自己之己，与下为仁由己相同。言能克己复礼，即可并人为仁。一日克己复礼，而天下归仁，此即己欲立而立人，己欲达而达人之道。仁虽由人而成，其实当自己始，若但知有己，不知有人，即不仁矣。"

（3）"无求生以害仁，有杀身以成仁"。在孔子的仁学中，仁的涵盖浸润至为广大深厚，它发源于孝悌，既兼恭、宽、信、敏、惠于一体，又合忠、清、敬、恕诸德于一堂，最终成为一种崇高的精神境界和理想的追求。所以孔子说："志士仁人，无求生以害仁，有杀身以成仁。"②又说："富与贵是人之所欲也，不以其道得之，不处也。贫与贱是人之所恶也，不以其道得之，不去也。君子去仁，恶乎成名。君子无

---

① 朱熹：《论语集注》卷六《颜渊》。
② 《论语·卫灵公》。

终食之间违仁，造次必于是，颠沛必于是。"① 还说："民之于仁也，甚于水火。水火，吾见蹈而死者矣，未见蹈仁而死者也。"② 因而孔子主张："当仁不让于师。"③ 对于齐国管仲"不以兵车"，"相桓公，霸诸侯，一匡天下"的历史功绩，孔子倾心赞许，叹为"如其仁！如其仁！"④ 阮元罗列诸章，阐发精要，据以归纳出对孔子仁学的宏观把握。他指出，"仁之有益于人民者甚大"，"为富贵生死所不能夺"。针对孔子之论管仲功过，阮元尤为强调："仁道以爱人为主，若能保全千万生民，其仁大矣。故孔子极许管仲之仁，而略其不死公子纠之小节也。"

3．求仁的途径

一如前述，根据阮元的探讨，仁在孔子的思想体系中，细而言之，当为处理人际关系的准则，"己欲立而立人，己欲达而达人"，"己所不欲，勿施于人"，意在谋求人与人之间的和谐。宏观而论，因其涵盖浸润之深广，它又是一种崇高理想的追求。因而如何去求仁，既是孔子仁学的一个组成部分，也是实践孔子仁学的重大课题。

对于求仁的途径，孔子或者说"能近取譬"⑤，或者说"能行（恭、宽、信、敏、惠）五者于天下"⑥，或者说"用其力于仁"⑦，讲的都是平实的道德践履，身体力行。至于他的弟子之所论，亦同样笃实不虚。子夏说："博学而笃志，切问而近思，仁在其中矣。"⑧ 曾子也说："士不可以不弘毅，任重而道远。仁以为己任，不亦重乎？死而后已，不亦远乎？"⑨ 阮元本之而论求仁，认为其途径唯在身体力行。他说："凡仁必

① 《论语·里仁》。
② 《论语·卫灵公》。
③ 《论语·卫灵公》。
④ 《论语·宪问》。
⑤ 《论语·雍也》。
⑥ 《论语·阳货》。
⑦ 《论语·里仁》。
⑧ 《论语·子张》。
⑨ 《论语·泰伯》。

于身所行者验之而始见，亦必有二人而仁乃见。"因而他反对闭户修持，虚悟远求，指出："一部《论语》，孔子绝未尝于不视、不听、不言、不动处言仁也。"又说："仁必须为，非端坐静观即可曰仁。"阮元进而断言："若一人闭户斋居，瞑目静坐，虽有德理在心，绝不得指为圣门所说之仁矣。"

至此，阮元通过学理的探讨，确立了积极经世、身体力行的仁学观。

六、余论

仁学是一个历史范畴。在中国思想史上，这一学说自孔子创立，尔后不同的历史时期，不同的学术流派和思想家，皆就各自的经济、政治和学术利益，对其进行阐释，从而使之得到发展，成为中国古代儒学的一个重要组成部分。清代学术以总结和整理中国传统学术为其基本特征。阮元的《论语论仁论》，正是对孔子仁学的一次历史总结。他的总结，直接导源于宋儒对孔子仁学的阐释。因其对宋儒释仁的不满，故而力图通过对孔子仁学的表彰，以恢复儒家仁学的本来面目。

宋儒释仁，以朱子为集大成者。朱熹曾撰有《仁说》一篇，文中发展二程，尤其是小程子的仁学思想，以"爱之理""心之德"释仁，对两宋间诸儒的仁学思想做了批评和总结。他说："故语心之德，虽其总摄贯通，无所不备，然一言以蔽之，则曰仁而已矣。"又说："程子之所诃，以爱之发而名仁者也。吾之所论，以爱之理而名仁者也。"[1]后来著《论语集注》，于《学而篇》"其为仁之本与"一句，朱子释仁更为简捷，他说："仁者，爱之理，心之德也。"

朱子故世，其高足陈淳撰《北溪字义》阐发师说，于古代仁学源流，有过梳理。陈氏说："自孔门后，人都不识仁。汉人只把做恩惠说，

---

① 　朱熹：《朱文公文集》卷六七《仁说》。

是又太泥了爱。又就上起楼起阁，将仁看得全粗了，故韩子遂以博爱为仁。"唐儒韩愈著《原道》，称"博爱之谓仁"①，二程、朱熹皆所不取。程颐答弟子问，主张"将圣贤所言仁处，类聚观之，体认出来"。于韩愈之论仁，明斥其非，指出："仁者固博爱，然便以博爱为仁，则不可。"②陈淳之说，即源此而来。接下去，陈氏又本程颐"爱自情，仁自是性"之教，对宋儒仁学进行总结。他说："至程子始分别得明白，谓仁是性，爱是情。然自程子此言一出，门人又将爱全掉了，一向求高远去。不知仁是爱之性，爱是仁之情，爱虽不可以正名仁，而仁岂能离得爱？"于是遵朱子遗训，对程门弟子谢良佐、杨时等的仁学主张，陈淳断然否定，评为"殊失向来孔门传授心法本旨"。他的结论是："程子论'心譬如谷种，生之性便是仁'，此一语说得极亲切。只按此为准去看，更兼所谓'仁是性，爱是情'及'仁不可训觉与公，而以人体之，故为仁'等数语相参照，体认出来，则主意不差而仁可得矣。"③

从二程经朱熹到陈淳，宋儒的仁学，其主流无疑是应当肯定的。宋儒为学善演绎，正是在对先哲学理的演绎之中，以"生之性便是仁""爱之理，心之德"等思想，发展了孔子的仁学。

清儒之为学，其门径虽由宋儒而来，但自清初顾炎武、阎若璩一辈大师，已别张一军，向朴学一路走去。至乾隆间戴震崛起，遂唱以朴学释仁先声。戴氏名著《孟子字义疏证》，专辟"仁义礼智"一门，书中释仁云："仁者，生生之德也。民之质矣，日用饮食，无非人道所以生生者。一人遂其生，推之而与天下共遂其生，仁也。"本此而合四德于一体，戴震进而指出："自人道溯之天道，自人之德性溯之天德，则气化流行，生生不息，仁也。由其生生，有自然之条理，观于条理之秩然有序，可以知礼矣。观于条理之截然不可乱，可以知义矣。在天为气

---

① 韩愈：《昌黎先生集》卷一一《原道》。
② 程颐：《河南程氏遗书》卷一八《伊川先生语四》。
③ 陈淳：《北溪字义》卷上《仁义礼智信》。

化之生理，在人为其生生之心，是乃仁之为德也。在天为气化推行之条理，在人为其心知之通乎条理而不紊，是乃智之为德也。唯条理，是以生生；条理苟失，则生生之道绝。"[1] 戴震不取宋儒天理说，而释理为条理，别开新境，自成一家，显示出其理论探索的勇气。而他又独能把握住宋儒关于仁有生意的卓见，赋予仁以生生不息之德，从而发展仁学，则是戴震在乾嘉时代的卓绝过人处。

　　戴震为学之初，本受乡里宋学遗风熏陶，尽管力图弃宋而归汉，但是探寻义理，始终如一，因而他的释仁，颇多演绎而非尽归纳。惟其如此，所以朴学家阮元并不赞成这条路子。于是私淑戴氏的凌廷堪，本郑玄"相人偶"之说释仁，遂成阮元结撰《论语论仁论》的先导。阮元以朴学释仁，与宋儒的以理学释仁，各尽其得，殊途同归，同样有功于仁学的发展。孔子仁学以道德修持为入手，其归宿则在积极经世。从恢复孔子仁学本来面目的意义上说，阮元的《论语论仁论》无疑取得了成功，而且也较之宋儒前进了一步。然而不分精华糟粕，一味揶揄宋儒，尽弃程朱仁说于不取，亦是阮元的缺乏识见处。这就难怪曾经做过他幕宾的方东树一度与之辩难，在所著《汉学商兑》中，要集矢于阮元的仁论了。[2] 晚清，朱一新著《无邪堂答问》，仍旧故案重理，原因也在于此。[3]

　　自孔子倡导仁学，数千年来，中华民族一直有着讲求和实践仁学的好传统。仁学在中国历史上的演进，深刻地作用于中国社会，使之成为我们的民族自强不息的一个深层依据。积数千年的历史经验，归结到一点，便是求仁的好传统断不可丢弃。我想，无论未来的社会如何发展，亦无论后世如何释仁，作为一种积极的经世学说，仁学终将同我们的民族、同我们的子孙后代所生活的世界共存。

---

① 戴震：《孟子字义疏证》卷下《仁义礼智》。
② 方东树：《汉学商兑》卷中之上。
③ 朱一新：《无邪堂答问》卷一。

第十五章　章实斋研究二题

一、读章实斋家书札记

在乾嘉学术史上，章学诚以究心"史学义例，校雠心法"①而独步一时。尽管他在生前不为一时通人所许可，知音寥寥，茕茕孑立，然而身后未及百年，其学终得彰显。尤其是 20 世纪初以来，对章学诚学行、思想的研究，则日益引起海内外学者的重视。从林庆彰教授近年主编的《乾嘉学术研究论著目录（1900—1993）》来看，在乾嘉时期的众多学者中，除戴震之外，章学诚即为最受关注的学者。学诚生于乾隆三年（1738），卒于嘉庆六年（1801），正当考据学风流播四方的时代。他同一时主流学派中人，始而过从甚密，继之渐生龃龉，终致分道扬镳，成为考据学风的不妥协批评者。以下，拟以章学诚的家书为论究对象，对形成这一局面的缘由稍事梳理，借以从一个侧面窥知一时学风之梗概。唯用力不勤，所述未必允当，尚祈各位赐教。

民国初，吴兴刘氏嘉业堂辑刻《章氏遗书》，于卷九《文史通义》外篇三，以《家书》为题，著录章学诚致其诸子书札七首，是为严格意义上的实斋家书。此次梳理，则把章学诚与其长子之论文书二首，以及致同族戚属信札一并论列。这能否视之为广义上的家书，还要请各位批评。此类书札，计有同卷之《与族孙守一论史表》《答大儿贻选问》，卷二二《文集》七之《与族孙汝楠论学书》，卷二九《外集》二之《论文示贻选》《与宗族论撰节愍公家传书》《与琥脂姪》《与家正甫论文》

---

① 章学诚：《章氏遗书》卷九《文史通义》外篇三《家书二》。

《又与正甫论文》和《与家守一书》等九首。

(一) 与族孙汝楠之论学长文

《与族孙汝楠论学书》写于乾隆三十一年（1766）秋，实斋时年29岁。此时他尚肄业国子监，业已三落顺天解试，正值穷愁彷徨之际。该书以论学为主题，既述早年的为学经历，又述负笈京城的苦闷，还述决意追求的为学方向，论世知人，多可参考。诚如胡适先生著、姚名达先生订补之《章实斋年谱》所论，该书是谱主"早年第一篇重要文字，最可注意"[①]。

关于实斋的早年为学，书中写道：

> 仆自念幼多病，一岁中铢积黍计，大约无两月功，资质椎鲁，日诵才百余言，辄复病作中止。十四受室，尚未卒业四子书。顾老父聚徒授经，仆尚为群儿嬉戏左右。当时闻经史大义，已私心独喜，决疑质问，间有出成人拟议外者。自后知识渐通，好泛览，老父以业患不精，屏诸书令勿阅，而嗜好初入，不忍割置，辄彷徨久之。年十五六，在应城，馆师日课以举子业。又官舍无他书得见，乃密从内君乞簪珥易纸笔，假手在官胥吏，日夜抄录《春秋》内外传及衰周战国子史。辄复以意区分，编为纪表志传，凡百余卷，三年未得成就。后为馆师所觉，呵责中废。勤而无所，至今病之。老父解组来，饥驱寒迫，北走燕秦，南楚越，往返一万余里，至今不得税驾。比虽识力稍进，而记诵益衰，时从破簏检得向所业编，则疏漏抵牾，甚可嗤笑。回首当日，不觉怃然。夫读书之年，误贪撰著，小成无本，古人攸悲，而仆乃更为文墨儿戏。日月如驰，忽不我与，知弗及守，知其勤苦鲜成功矣。

---

① 胡适著，姚名达订补：《章实斋先生年谱》"乾隆三十一年、二十九岁"条。

据实斋自述可见，其早年资质并不好，不惟向学甚晚，不守举业矩矱，且为学伊始，即过早地致力史书编纂，经史根柢并不坚实。故而他自23岁入京应乡试，迄于29岁，三遭败绩，一事无成，就绝非偶然。

实斋此书之又一可注意者，则是述及同一时主流学派中人关系的文字，一是问学朱筠，二是拜望戴震。关于朱筠，实斋此书云："近从朱先生游，亦言甚恶轻隽后生，枵腹空谈义理。故凡所指授，皆欲学者先求征实，后议扩充。所谓不能信古，安能疑经，斯言实中症结。"而是年的慕名拜访戴震，予章氏的震动则一度甚大。他就此在信中写道：

> 休宁戴东原振臂而呼，曰："今之学者，毋论学问文章，先坐不曾识字。"仆骇其说，就而问之，则曰："予弗能究先天、后天，河洛精蕴，即不敢读'元亨利贞'；弗能知星躔岁差，天象地表，即不敢读'钦若敬授'；弗能辨声音律吕，古今韵法，即不敢读'关关雎鸠'；弗能考《三统》正朔、《周官》典礼，即不敢读'春王正月'。"仆重愧其言。

正是为戴震的一席高论影响，实斋反省早年为学云："往仆以读书当得大意，又年少气锐，专务涉猎，四部九流，泛滥不见涯涘。好立议论，高而不切，攻排训诂，驰骛空虚。"惟其如此，所以他说："充类至尽，我辈于《四书》一经，正乃未尝开卷卒业，可为惭惕，可为寒心。"

然而毕竟早年的为学训练，藩篱已成，根深蒂固，因之无论是儒臣朱筠的督导，还是名流戴震的高论，皆不能使章学诚改弦易辙。实斋"自少性与史近"，一本"读书当得大意"的为学路径以进。信中，他对考证、辞章、义理的关系加以考论，指出：

> 学问之途，有流有别。尚考证者薄词章，索义理者略征实。随其性之所近，而各标独得，则服、郑训诂，韩、欧文章，程、朱语录，固已角犄鼎峙而不能相下。必欲各分门户，交相讥议，则义理入于虚无，考证徒为

糟粕，文章只为玩物。汉唐以来，楚失齐得，至今嚣嚣，有未易临决者。

章学诚在这方面的结论是："考证即以实此义理，而文章乃所以达之之具。事非有异，何为纷然，自同鹬蚌，而使异端俗学得以坐享渔人之利哉！"

以学求义理之宗旨为依据，章学诚进而阐发了一己的为学追求。他说：

> 仆则以为，学者祈向，贵有专属。博详反约，原非截然分界，及乎泛滥渟蓄，由其所取愈精，故其所至愈远。古人复起，未知以斯语为何如也。要之谈何容易，十年闭关，出门合辙，卓然自立，以不愧古人。正须不羡轻隽之浮名，不揣世俗之毁誉，循循勉勉，即数十年中人以下所不屑为者而为之，乃有一旦庶几之日。[①]

这就是说，纵然有戴震、朱筠为学的影响，但是章学诚并不为一时京华学风所裹挟，依然决意以义理之学为依归，毁誉由人，矢志以往。

（二）致诸子家书七首

章学诚有五子，长子贻选，其他诸子依次为华绂、华绶、华练、华纪。据胡适之先生考，实斋致其诸子家书七首，皆写于乾隆五十五年（1790）。[②]此时的章学诚，已年逾半百。早在乾隆四十二、四十三两年，即连捷乡会试，以进士归班候选。只是欲求一知县职不得，始终寄人篱下，作幕四方。其间，继朱筠、戴震之后，章学诚又先后得交一时儒林诸贤，如任大椿、汪辉祖、钱大昕、邵晋涵、周永年、黄景

---

① 章学诚：《章氏遗书》卷二二《文集》七《与族孙汝楠论学书》。
② 胡适著，姚名达订补：《章实斋先生年谱》"乾隆五十五年、五十三岁"条。

仁、王念孙、段玉裁、刘台拱、程晋芳、汪中、凌廷堪、洪亮吉、孙星衍、阮元等。唯因论学不合，除邵晋涵、汪辉祖等二三友人外，每多龃龉，难与共席。尤以戴震、汪中二人，最称抵牾，以致成为他攻驳的对象。乾隆五十五年（1790）春，章学诚离开亳州（今安徽亳县）幕府，前往武昌，投奔湖广总督毕沅。他的家书七首，即写于抵武昌毕沅幕府之后。

《家书一》专论读书为学方法。据实斋称，其父每日有记，他则逐日有草，因之亦督责诸子："或仿祖父日记，而去其人事闲文。或仿我之日草，而不必责成篇章。俱无不可。"通篇大旨一如先前，依然在讲求义理。所以章氏又叮嘱诸子："尔辈于学问文章，未有领略，当使平日此心，时体究于义理，则触境会心，自有妙绪来会。即泛滥观书，亦自得神解超悟矣。朱子所谓常使义理浇洗其心，即此意也。"①

《家书二》昌言："吾于史学，盖有天授，自信发凡起例，多为后世开山。"他希望子承父业，以史学传家。此书之最可注意者，是实斋以大段文字，集中讲到了他同一时主流学派及其为学风尚的格格不入。他说：

> 至论学问文章，与一时通人全不相合。盖时人以补苴襞绩见长，考订名物为务，小学音画为名。吾于数者皆非所长，而甚知爱重，咨于善者而取法之，不强其所不能，必欲自为著述，以趋时尚。此吾善自度也。时人不知其意而强为者，以谓舍此无以自立，故无论真伪是非，途径皆出于一。吾之所为，则举世所不为者也。如古文辞，近虽为之者鲜，前人尚有为者。至于史学义例，校雠心法，则皆前人从未言及，亦未有可以标著之名。爱我如刘端临，见翁学士询吾学业究何门路，刘则答以不知。盖端临深知此中甘苦，难为他人言也。故吾最为一时通人所弃置而弗道。②

---

① 章学诚：《章氏遗书》卷九《文史通义》外篇三《家书一》。
② 章学诚：《章氏遗书》卷九《文史通义》外篇三《家书二》。

《家书三》则是一篇彰明为学根柢和追求的重要文字。关于为学根柢，章学诚由其父而直溯乡邦先哲邵廷采，他说："吾于古文辞，全不似尔祖父。然祖父生平极重邵思复文，吾实景仰邵氏，而愧未能及者也。盖马、班之史，韩、欧之文，程、朱之理，陆、王之学，萃合以成一子之书。自有宋欧、曾以还，未有若是之立言者也。而其名不出于乡党，祖父独深爱之，吾由是定所趋向。其讨论修饰，得之于朱先生，则后起之功也。而根底则出邵氏，亦庭训也。"至于一生为学追求，实斋则云："吾于史学，贵其著述成家，不取方圆求备，有同类纂。"又说："吾读古人文字，高明有余，沉潜不足。故于训诂考质，多所忽略，而神解精识，乃能窥及前人所未到处。"他甚至自负地宣称："吾于是力究纪传之史，而辨析体例，遂若天授神诣，竟成绝业。"[①]

《家书四》至《家书七》，假论学养而彰明为学旨趣，批评一时学风，皆是知人论世的重要文字。其中，尤以五、六两首最可注意。《家书五》专论宋儒学风，实斋指出：

> 宋儒之学，自是三代以后讲求诚正治平正路。第其流弊，则于学问文章、经济事功之外，别见有所谓道耳。以道名学，而外轻经济事功，内轻学问文章，则守陋自是，枵腹空谈性天，无怪通儒耻言宋学矣。

这就是说，宋儒之学本为儒学正统，不可否定。然而行之既久，流弊渐生，侈言道学，轻视学问文章和经济事功，终致酿成"枵腹空谈性天"的积弊。因此，一时通儒之耻言宋学，自有其道理。

在章实斋看来，批评宋学可，而否定宋学则不可。针对一时学风病痛，他以一个学术史家的识见而大声疾呼："君子学以持世，不宜以风气为重轻。宋学流弊，诚如前人所讥。今日之患，又坐宋学太不讲也。"

---

①　章学诚：《章氏遗书》卷九《文史通义》外篇三《家书三》。

因此，实斋于信中，回顾同邵晋涵议论重修《宋史》的旧事。他说：

> 往在京师，与邵先生言及此事，邵深谓然。廿一史中，《宋史》最为芜烂，邵欲别作《宋史》。吾谓别作《宋史》，成一家言，必有命意所在。邵言即以维持宋学为志。吾谓维持宋学，最忌凿空立说，诚以班、马之业，而明程、朱之道，君家念鲁志也，宜善成之。

由此出发，所以实斋告诫诸子道："尔辈此时讲求文辞，亦不宜略去宋学，但不可堕入理障，蹈前人之流弊耳。"①

《家书六》形似讨论"人之才质，万变不同"，实则可注意处恐不在于此。章实斋公开扬起批评戴东原学术之幡，或许方是其间透露之重要消息。因为正是在这同一年，实斋于武昌将上年所撰《文史通义》诸文整理抄存，并特地补写了《书朱陆篇后》《记与戴东原论修志》二文，对东原学术指名批评。《家书六》当写于补撰之二文同时，惟其如此，所以批评戴东原学术亦成书中之重要内容。实斋于此有云：

> 观前辈自述生平得力，其自矜者多故为高深。如戴东原，一夕而悟古文之道，明日信笔而书，便出《左》《国》《史》《汉》之上。此犹戴君近古，使人一望知其荒谬，不足患也。使彼真能古文，而措语稍近情理，岂不为所惑欤！

玩其文意，实斋之所言，乃是要说明戴东原并不晓古文之道，大言欺世，荒谬不实。章实斋撰成此文，戴东原谢世已是整整13年，何以实斋要选择此一时机来批评戴氏学术，笔者不学，难得其解，倘幸蒙各位赐教，当感激不尽。

---

① 章学诚：《章氏遗书》卷九《文史通义》外篇三《家书五》。

（三）致同族戚属及子侄札

章学诚致同族戚属及子侄书札，除前述八首之外，见于今本《章氏遗书》者尚有八首。据原文题注及胡、姚二位先生《章实斋先生年谱》所考，可以大致判定其撰文时间者，依次为乾隆三十三年（1768）之《与家守一书》，三十八年之《与琥脂侄》，五十三年之《与宗族论撰节愍公家传书》，五十四年之《与家正甫论文》《论文示贻选》，五十六年之《与族孙守一论史表》等六首。而《答大儿贻选问》，成文时间不详，或在《家书》七首前。《又与正甫论文》则成于《与家正甫论文》后，或为乾隆五十五、五十六年间文字。

此八篇文字中，最可注意者为《又与正甫论文》。文中所论，皆同一时学风相关。实斋之所论，大要有二：一是谈学问与功力的关系；二是批评戴东原之学术。关于第一点，章学诚明确主张将学问与功力相区别，切不可以功力取代学问。他就此指出：

> 学问文章，古人本一事，后乃分为二途。近人则不解文章，但言学问，而所谓学问者，乃是功力，非学问也。功力之与学问，实相似而不同。记诵名数，搜剔遗逸，排纂门类，考订异同，途辙多端，实皆学者求知所用之功力尔。即于数者之中，能得其所以然，因而上阐古人精微，下启后人津逮，其中隐微可独喻，而难为他人言者，乃学问也。今人误执古人功力以为学问，毋怪学问之纷纷矣。

既然如此，实斋进而抨击一时学风道："今之误执功力为学问者，但趋风气，本无心得。直谓舍彼区区掇拾，即无所谓学，亦夏虫之见矣。"

一如《家书六》，此书亦以戴震学术为攻驳对象。实斋就此有云：

> 近日言学问者，戴东原氏实为之最。以其实有见于古人大体，非徒矜

考订而求博雅也。然戴氏之言又有过者。戴氏言曰："诵《尧典》，至'乃命羲和'，不知恒星七政，则不卒业；诵《周南》《召南》，不知古音则失读；诵古《礼经》，先士冠礼，不知古者宫室、衣服等制，则迷其方。"戴氏深通训诂，长于制数，又得古人之所以然，故因考索而成学问，其言是也。然以此概人，谓必如其所举，始许诵经，则是数端皆出专门绝业，古今寥寥不数人耳，犹复此纠彼讼，未能一定。将遂古今无诵五经之人，岂不诬乎！

依章实斋之所见，戴东原为学固确有所长，但亦有故为高深、大言欺世之失。

为了证成戴震论学的诬枉，章学诚以古先贤哲为例，进而指出：

> 孟子言井田、封建，但云大略；孟献子之友五人，忘者过半；诸侯之礼，则云未学；爵禄之详，则云不可得闻。使孟子生后世，戴氏必谓未能诵五经矣。马、班之史，韩、柳之文，其与于道，犹马、郑之训诂，贾、孔之疏义也。戴氏则谓，彼皆艺而非道。此犹资舟楫以入都，而谓陆程非京路也。曾子之于圣门，盖笃实致功者也，然其言礼，则重在容貌、颜色、辞气，而笾豆器数，非君子之所贵。

既有如此多的事例以说明戴东原经学方法论的武断，于是章学诚遂以其所擅长的文史之学相颉颃，指出："由是言之，文章之用，较之区区掇拾之功，岂可同日语哉！"他甚至直斥考据学为"伪学"，宣称："虽然，矫枉者戒其过甚。文章嗜好，本易人人，今以伪学风偏，置而不议，故不得不讲求耳。"实斋的结论是："由道德而发为文章，乃可谓之立言，乃可不为戴氏所讥。"①

---

① 章学诚：《章氏遗书》卷二九《外集》二《又与正甫论文》。

足见，《又与正甫论文》的自始至终，皆以一时考据学风及其代表戴震学术为攻驳矢的。显然，章学诚是决意要与之做不妥协的抗争了。惟其如此，他稍后所写《与族孙守一论史表》，依然有攻驳一时学风的内容。书中有云："近人之患，好名为甚，风气所趋，竞为考订，学识未充，亦强为之。读书之功少，而著作之事多，耻其言之不自出也，而不知其说之不可恃也。"①

（四）结语及余论

自乾隆三十一年（1766）写《与族孙汝楠论学书》始，至五十六年撰《与族孙守一论史表》止，章学诚留下的 16 首家书，从一个侧面反映了他同一时考据学风的关系。其间，既有作者一己学术追求的阐发，也有对一时学术界为学病痛的针砭，无论于研究章氏学行、思想，还是探讨乾隆间学术演进，皆是颇有价值的资料。

乾隆二十五年，章学诚初入京城。时值汉学大师惠栋辞世未久，戴震沿波而起，名噪朝野，经学考据方兴未艾。此时的京中学风，迥异于学诚所僻居的湖北应城，与其早年的为学趋向尤显格格不入。青少年时代的章学诚，既不工举子业，又于经术素未究心，用他自己的话来说，就叫作："而史部之书，乍接于目，便似夙所攻习。"② 由于为学路数的不合时尚，因而不惟屡困科场，而且在国子监中颇遭冷遇，被"视为怪物，诧为异类"③。

乾隆三十一年，章学诚在京中与戴震初识。戴东原的一席高论，使实斋至为震动，一度反省。然而章学诚并没有就此改变为学方向；相反，随着文史素养的与时俱进，他对考据学风的病痛展开了不妥协的批评，决意以自己的史学主张去辟除榛芜，开创新路。

---

① 章学诚：《章氏遗书》卷九《文史通义》外篇三《与族孙守一论史表》。
② 章学诚：《章氏遗书》卷九《文史通义》外篇三《家书六》。
③ 章学诚：《章氏遗书》卷二二《文集》七《与族孙汝楠论学书》。

　　面对风靡朝野的考据学，章学诚以转移风气为己任，他认为："天下事，凡风气所趋，虽善必有其弊。君子经世之学，但当相弊而救其偏。"又说："君子之学，贵辟风气，而不贵趋风气。"① 因此为了救正一时风气，在从事《文史通义》撰述之始，他即坚定地表示，即使"逆于时趋"，"乖时人好恶"，也在所不惜。乾隆三十七年（1772），在给当时著名学者钱大昕的信中，他就此写道："惟世俗风尚必有所偏，达人显贵之所主持，聪明才隽之所奔赴，其中流弊必不在小。载笔之士不思挽救，无为贵著述矣。"② 在章学诚看来，当时学风之弊，症结就在于沉溺考据训诂，买椟还珠，不识大义。他说："近日考订之学，正患不求其义，而执形迹之末，铢黍较量，小有同异，即嚣然纷争，而不知古人之真不在是也。"③ 由此出发，他虽然并不抹杀考据学的基本作用，但是只视之为治学的功力而已，不承认那是学问。对于那些不识大义的考据学家，章学诚则讥之为"有如桑蚕食叶而不能抽丝"④，甚至将考据学诋为"竹头木屑之伪学"⑤。

　　针对汉学考据的积弊，章学诚以一个学术史家的卓识而进行积极修正。他的修正表现为学术主张，便是两条救正之道的提出，一是古文辞，一是史学，而归根结蒂还是史学。章学诚说："近日颇劝同志诸君多作古文辞，而古文辞必由纪传史学起步，方能有得。"⑥ 又说："辞章记诵，非古人所专重，而才识之士，必以史学为归。为古文辞而不深于史，即无由溯源六艺而得其宗。"⑦

　　章学诚所精心结撰的《文史通义》，就是贯彻这一学术主张的具体实践。该书自乾隆三十七年（1772）始撰，迄于著者嘉庆六年（1801）逝

① 章学诚：《章氏遗书》卷七《文史通义》外篇一《淮南子洪保辨》。
② 章学诚：《章氏遗书》卷二九《外集》二《上钱辛楣官詹书》。
③ 章学诚：《章氏遗书》卷八《文史通义》外篇二《说文字原课本书后》。
④ 章学诚：《章氏遗书》卷九《文史通义》外篇三《与汪龙庄书》。
⑤ 章学诚：《章氏遗书》卷九《文史通义》外篇三《与邵二云书》。
⑥ 章学诚：《章氏遗书》卷九《文史通义》外篇三《与汪龙庄书》。
⑦ 章学诚：《章氏遗书》卷九《文史通义》外篇三《报黄大俞先生》。

世，三十年如一日，辛勤耕耘，死而后已。而救正风气，开辟新路，则始终不渝，首尾一贯。正如他晚年就此致书友人汪辉祖所述："拙撰《文史通义》，中间议论开辟，实有不得已而发挥，为千古史学辟其榛芜。"①

章学诚一经选定以史学为救正风气之道，便义无反顾，矢志以往，倾注全身心于《文史通义》的撰写。从乾隆五十三年致函孙星衍，首次提出"盈天地间，凡涉著作之林，皆是史学"②；中经五十四年至五十七年间所写《经解》《原道》《史释》《易教》及《方志立三书议》诸篇的系统阐释而深化；到嘉庆五年撰成《浙东学术》，彰明"史学所以经世"③的为学宗旨，他完成了以"六经皆史"④为核心的史学思想的建设。

在中国古代学术史上，"六经皆史"的思想萌芽甚早。据已故钱锺书教授著《谈艺录》考证，其远源可追溯至《庄子》的《天道》《天运》诸篇，其近源则为王守仁《传习录》、顾炎武《日知录》等明清间人著述。⑤当然，章学诚的"六经皆史"说是否源自老、庄思想，证据不足，尚难定论，但王守仁、顾炎武思想于他的影响，则屡见于《文史通义》，确然无疑。还应当指出，唐代史家刘知幾所撰《史通》，也是章学诚史学思想的重要来源。

据章学诚自述，他28岁始读《史通》⑥，且声称："刘言史法，吾言史意；刘议馆局纂修，吾议一家著述。截然两途，不相入也。"⑦言下之意，其史学"盖有天授"，非受《史通》启发。然而《史通》于他思想的影响，则随处可见，欲加掩饰而不能。诸如把史籍区分为撰述与记注二家，强调史才、史学、史识与史德的统一，反对文人修史，主张详近

---

①　章学诚：《章氏遗书》卷九《文史通义》外篇三《与汪龙庄书》。
②　章学诚：《章氏遗书》卷九《文史通义》外篇三《报孙渊如书》。
③　章学诚：《章氏遗书》卷二《文史通义》内篇二《浙东学术》。
④　章学诚：《章氏遗书》卷一《文史通义》内篇一《易教上》，卷一四《方志立三书议》。
⑤　钱锺书：《谈艺录》（补订本）八六《章实斋与随园》。
⑥　章学诚：《章氏遗书》卷九《文史通义》外篇三《书家六》。
⑦　章学诚：《章氏遗书》卷九《文史通义》外篇三《家书二》。

略远、据事直书、学以经世等，皆与《史通》一脉相承。关于这一点，傅振伦老先生早年撰《章学诚在史学上的贡献》一文，早经揭示。① 至于"六经皆史"，作为《史通》总纲的《六家》篇，即把儒家经典《尚书》《春秋》视为史籍编纂的两家，与《左传》《国语》《史记》《汉书》并称"六家"。这无疑应是章学诚史学思想的远源。其实，《文史通义》的以《史通》为重要来源，早在其撰述之初，章学诚就曾直认不讳。在致友人严长明的信中，他说："思敛精神为校雠之学，上探班、刘，溯源《官》《礼》，下该《雕龙》《史通》。甄别名实，品藻流别，为《文史通义》一书。"② 这封信后来虽未录入《文史通义》，但历史事实毕竟是不能抹杀的。

　　章学诚的"六经皆史"说，就其主要方面而言，恐怕还不是尚存争议的尊经、抑经问题，贯穿于其间的一个中心思想，实为复原中国儒学的经世传统，倡导以史学去经世致用。所以他在阐明六经即史的同时，就再三强调六经作为"先王政典"的基本特质。他说："六经皆史也。古人不著书，古人未尝离事而言理，六经皆先王之政典也。"章学诚就此还说："若夫六经，皆先王得位行道，经纬世宙之迹，而非托于空言。"③ 作为一个史家，章学诚从学术史的角度论证古代学术初无经史之别，六经乃后起之称。他指出："古之所谓经，乃三代盛时，典章法度见于政教行事之实，而非圣人有意作为文字以传后世。"④ 因此，学诚反对"舍器而求道，舍今而求古，舍人伦日用而求学问精微"的倾向，主张把立足点转移到现实社会中来。他说："君子苟有志于学，则必求当代典章，以切于人伦日用；必求官司掌故，而通于经术精微。则学为实事，而文非空言，所谓有体必有用也。"⑤ 这种厚今薄古、学以经世的

①　傅振伦：《傅振伦方志论著选》，浙江人民出版社，1992年，第238—254页。
②　章学诚：《章氏遗书》卷二九《外集》二《与严冬友侍读》。
③　章学诚：《章氏遗书》卷一《文史通义》内篇一《易教上》。
④　章学诚：《章氏遗书》卷一《文史通义》内篇一《经解上》。
⑤　章学诚：《章氏遗书》卷一《文史通义》内篇五《史释》。

史学思想，在他晚年所写《浙东学术》篇中，得到了集中阐发。实斋于此有云：

> 史学所以经世，固非空言著述也。且如六经，同出于孔子，先儒以为，其功莫大于《春秋》，正以切合当时人事耳。后之言著述者，舍今而求古，舍人事而言性天，则吾不得而知之矣。学者不知斯义，不足言史学也。①

　　乾嘉之际，倡"六经皆史"而学以经世，实非章学诚的一家之言，乃是一时杰出之士的共识。诸如钱大昕、李保泰、袁枚等人，皆与章学诚不谋而合，唱为同调。嘉庆五年（1800），钱大昕为赵翼著《廿二史札记》撰序，就不仅反驳了理学家视读史为"玩物丧志"的偏见，否定了宋明以来，"经精而史粗""经正而史杂"的成说，而且断言："经与史岂有二学哉！"②李保泰则大声疾呼："自士大夫沉涵于举业，局促于簿书，依违于格令，遇国家有大措置，民生有大兴建，茫然不识其沿革之由，利病之故，与夫维持补救之方。虽使能辨黄初之伪年，收兰台之坠简，于以称博雅、备故实足矣，乌足以当经世之大业哉！"③袁枚虽以诗文名家，史学并非当行，但他同样也认为"古有史而无经"④。然而，陶铸群言，彰明史学的经世传统，总其成者则当推章学诚。⑤稍后的学者龚自珍等，正是假其说以治经，遂演为《公羊》改制之论。钱宾四先生早年著《中国近三百年学术史》，于此有过重要揭示。钱先生指出："《公羊》今文之说，其实与六经皆史之意相通流，则实斋论学，影响于当时者不为不深宏矣。"⑥

---

① 章学诚：《章氏遗书》卷二《文史通义》内篇二《浙东学术》。
② 钱大昕：《廿二史札记序》，见赵翼《廿二史札记》卷首。
③ 李保泰：《廿二史札记序》，见赵翼《廿二史札记》卷首。
④ 袁枚：《随园文集》卷十《史学例议序》。
⑤ 焦循：《雕菰楼集》卷六《读书三十二赞》。
⑥ 钱穆：《中国近三百年学术史》上册，中华书局，1986年，第392页。

二、章实斋集外佚札二通考证

近者，承杨艳秋博士示以章实斋集外佚札二通影印件。此件原载《大公报》1946 年 11 月 6 日文史版，系由已故明清史专家黄云眉先生过录，1980 年 4 月，刊布于齐鲁书社出版之黄先生遗著《史学杂稿续存》①。实斋集外佚札二通，一为致曹慕堂学闵之《上慕堂光禄书》，一为致钱晓征大昕之《上晓征学士书》。读此二札，关于实斋与钱晓征往还之一重要故实，朗然澄清，为之一快。谨将个中缘由略述如后，以请诸位指教。

第一，章实斋与钱晓征，同为乾嘉间著名史家，唯立身旨趣、为学路数皆存在较大距离，故而二人间纵有往还，却罕见有关文字留存。传世之晓征《潜研堂文集》，几无实斋踪影。而实斋之《章氏遗书》中，除代其幕主毕沅撰《为毕制军与钱辛楣宫詹论续鉴书》②外，只有《上辛楣宫詹书》③一通。然而此一仅存之书札撰于何时，迄今依然是尚无定说的问题。

胡适之先生早年为章实斋作年谱，系《上辛楣宫詹书》于嘉庆三年戊午，谱主时年六十一。之所以如此处理，乃因实斋是年有《戊午钞存》一卷，《上辛楣宫詹书》即在其中。1928 年，适之先生请姚达人先生增订六年前所著《章实斋先生年谱》，则放弃旧说，将《上辛楣宫詹书》改系于乾隆三十七年（1772），谱主时年三十五。胡、姚二位先生于章实斋学行的此一判定，其根据乃在章氏致朱春浦筠元之《候国子司业朱春浦先生书》。因为该书篇末有云："是以出都以来，颇事著述，斟酌艺林，作为《文史通义》。书虽未成，大指已见辛楣先生候牍，所

① 黄云眉：《史学杂稿续存》之《杂考》附录二《章氏遗书未收之实斋手札二通》，齐鲁书社，1980 年，第 347—351 页。
② 章学诚：《章氏遗书》卷九《为毕制军与钱辛楣宫詹论续鉴书》。
③ 章学诚：《章氏遗书》卷二九《上辛楣宫詹书》。

录内篇三首，并以附呈。"① 正是以此为依据，胡、姚二位先生遂做出判断："所谓辛楣先生候牍，即《上辛楣宫詹书》，辛楣即钱大昕。"于是《章实斋先生年谱》增订本在大段摘引章氏之《上辛楣宫詹书》后，特地加以按语云："此书在浙本题注为《戊午钞存》之一，故本年谱初版列在戊午年下。今据《候朱春浦书》，知是此年之作。"②

胡适之、姚达人两先生的上述判断确实否？如果仔细检核章实斋之《上辛楣宫詹书》，则可发现其间难以弥合之疑窦。《章实斋先生年谱》增订本在摘引《上辛楣宫詹书》时，未审是否为避免文字冗长的缘故，以删节符号略去了该书的一段重要文字。即"戴东原尝于筵间偶议秀水朱氏，箨石宗伯至于终身切齿，可为寒心"③。其实，这是一段判定《上辛楣宫詹书》写作时间的重要文字，万万不可忽略不引。倘若当年胡、姚二位先生于实斋此书不做删节，而在此段略去的文字上多下些工夫，抑或就不会改变年谱初印本的系年了。

第二，《上辛楣宫詹书》所云戴东原震与钱箨石载因论学失和，以致钱氏"终身切齿"事，乃乾隆中叶以后一学术公案。章实斋于此虽语焉不详，但翁复初方纲则有专文议及。翁复初乃钱、戴二人发生争议时的见证人之一，事后曾就此有专书致程鱼门晋芳，以平停二家争议。据翁氏《复初斋文集》所载《与程鱼门平钱戴二君议论旧草》记：

> 昨箨石与东原议论相诋，皆未免于过激。戴东原新入词馆，斥詈前辈，亦箨石有以激成之，皆空言无实据耳。箨石谓东原破碎大道，箨石盖不知考订之学，此不能折服东原也。诂训名物，岂可目为破碎？学者正宜细究考订训诂，然后能讲义理也。……今日钱、戴二君之争辨，虽词皆过激，

---

① 章学诚：《章氏遗书》卷二二《候国子司业朱春浦先生书》。
② 胡适著，姚名达订补：《章实斋先生年谱》"乾隆三十七年、三十五岁"条，商务印书馆，1931 年，第 25—26 页。
③ 章学诚：《章氏遗书》卷二九《上辛楣宫詹书》，文物出版社，1985 年，第 332 页。

究必以东原说为正也。然二君皆为时所称，我辈当出一言持其平，使学者无歧惑焉。①

据考，翁氏此札原无年月，而札中有"戴东原新入词馆"一语，则时间可以大致推知。据段玉裁辑《戴东原先生年谱》记，东原于乾隆二十七年（1762）举乡试，后屡经会试不第，直至三十八年春《四库全书》开馆，始以举人特召，"奉召充纂修官，仲秋至京师"②。至于入翰林院为词臣，则是进京一年多后的乾隆四十年五月。段谱云："是年会试不第，奉命与乙未贡士一体殿试，赐同进士出身，授翰林院庶吉士。"③而《清高宗实录》于是年五月亦有明确记录："庚申，……内阁翰林院带领新进士引见。得旨：……戴震……著改为翰林院庶吉士。"④

戴东原于乾隆四十年五月始入翰林院为庶吉士，翁复初所云"新入词馆"当即指此而言。而翌年五月，钱箨石便以内阁学士出任山东学政。⑤因此，戴、钱二人因论学不合而发生争议，只可能是乾隆四十年五月至四十一年五月间的事情。同样的道理，翁复初致书程鱼门，试图弥合钱、戴二家争议，也当在此一期间。

既然如此，《上辛楣宫詹书》所议有乾隆四十、四十一年间事，自然就不可能写于事发之前的乾隆三十七年。此外，章实斋素以能文自负，书中既云钱箨石"终身切齿"，据"终身"二字，则当在钱氏故世之后。至于箨石之卒年，据《清史列传》《清史稿》及钱氏其他碑传文所记，皆为乾隆五十八年（1793）癸丑。⑥因此，章实斋之《上辛楣宫

---

① 翁方纲：《复初斋文集》卷七《理说驳戴震作》附《与程鱼门平钱戴二君议论旧草》。
② 段玉裁：《戴东原先生年谱》"乾隆三十八年、五十一岁"条。
③ 段玉裁：《戴东原先生年谱》"乾隆四十年、五十三岁"条。
④ 《清高宗实录》卷九八二"乾隆四十年五月庚申"条。
⑤ 《清高宗实录》卷一〇〇九"乾隆四十一年五月壬辰"条。
⑥ 《清史列传》卷二五、《清史稿》卷三〇五之钱载本传及朱休度《礼部侍郎秀水钱公载传》，记钱箨石卒年皆为乾隆五十八年癸丑。钱氏任礼部侍郎，乃乾隆四十五年三月事，至此始可称"宗伯"。

詹书》，只能写于钱箨石故世之后，而不会是箨石尚健在，且无从与戴东原发生争议的乾隆三十七年。

惟其如此，所以 20 世纪 30 年代中，钱宾四先生著《中国近三百年学术史》，虽然采纳了胡、姚二位先生的研究成果，将章实斋《上辛楣宫詹书》系于乾隆三十七年，但同时也提出了疑问。宾四先生认为："上辛楣一书，似经晚年点定，非尽当日笔致也。"①

第三，祖武早年读胡适之、姚达人、钱宾四诸位先生大著，结合翻检《章氏遗书》《复初斋文集》等多种文献，于章实斋《上辛楣宫詹书》真相，积疑久蓄，耿耿不释。两年前，曾向友人梁君勇述及此一蓄疑。梁君虽多方努力，唯苦无直接证据而搁置。今春，杨君艳秋博士知难而进，勤于爬梳，终在仓修良、叶建华二位教授著《章学诚评传》中找到线索，按图索骥遂觅得黄云眉先生过录之章实斋集外佚札二通。获此宝贵佚札，合《章氏遗书》所存《候国子司业朱春浦先生书》比照并观，则蓄疑可释，故实了然。

《上慕堂光禄书》开篇云："秋气转清，南州木叶渐索，夜堂闻蟋蟀声，似有风土之异，始觉浪迹江湖又一年矣。夏间迁道返浙，十里故土，便如隔世。值均弼先生观察宁绍，渡江相见，为道先生近履，及受之、申之两兄颇悉。"均弼姓冯，名廷丞，一字子弼，乾隆三十七年任浙江宁绍台兵备道，驻节宁波。后官至湖北按察使，于四十九年卒于任所。章实斋为其撰《湖北按察使冯君家传》，有云："余于壬辰之夏，访君宁波道署。"②即《上慕堂光禄书》所云"夏间迁道返浙"事。诚如胡、姚二位先生《章实斋先生年谱》"乾隆三十七年、三十五岁"条所记："夏，先生访宁绍台兵备道冯廷丞于宁波道署。"③实斋于上年十朏都，随其师朱笥河筠赴安徽学政任，至是年秋，时已一年，故而有"浪

① 钱穆：《中国近三百年学术史》上册，中华书局，1986 年，第 418 页。
② 章学诚：《章氏遗书》卷一七《湖北按察使冯君家传》。
③ 胡适著，姚名达订补：《章实斋先生年谱》"乾隆三十七年、三十五岁"条，第 24 页。

迹江湖又一年"之叹。章氏此书又云："在绍伏疴两月，颇惧得过日多。衰集所著《文史通义》，其已定者，得内篇五，外篇二十有二。文多不可致，谨录三首，求是正讫，转致辛楣先生、朱春浦师。两处书俱未缄，亦乞阅后封致。"书末再云："外文三篇，并呈朱春浦师及辛楣先生，以缮录手不暇给也。"① 可见，实斋是时始撰《文史通义》，已成"内篇五，外篇二十有二"，此其一。其二，呈文三篇并致钱、朱二位先生札，皆请曹慕堂转交。其三，章氏致曹、钱、朱三先生札，写于同时同地。

《候国子司业朱春浦先生书》篇首云："不侍函丈，才匝岁耳。"又云："学诚二十年不见江南秋矣。"揆之实斋生平，则为乾隆三十七年（1772）事无疑。该书篇末云："出都以来，颇事著述，斟酌艺林，作为《文史通义》。书虽未成，大指已见辛楣先生候牍，所录内篇三首，并以附呈。先生试察其言，必将有以得其所自。"② 章氏于此，依然述及始撰《文史通义》事，不惟告以"大指已见辛楣先生候牍"，而且录呈内篇三首亦与致钱竹汀书同。由此可见，候朱先生书与致钱先生书确系同时所写，二书即托曹慕堂转致者。

根据上引二书，章实斋同时所致钱竹汀书，至少应该具备两个特征，第一是时间上的特征，即乾隆三十七年秋天所写；第二是内容上的特征，书中当有大段文字阐述《文史通义》之撰述宗旨。就现存《章氏遗书》中所录《上辛楣宫詹书》而言，这两方面的特征皆不具备。倒是《大公报》1946 年 11 月刊布之实斋佚札《上晓征学士书》，则与这些特征若合符契。

一如前引二书，章实斋之《上晓征学士书》，不惟于书首云："自出都门，终日逐逐。江南秋高，风日清冽，候虫木叶，飒飒有南北风气

① 章学诚：《上慕堂光禄书》，见黄云眉《史学杂稿续存》之《杂考》附录二《章氏遗书未收入之实斋手札二通》，齐鲁书社，1980 年，第 347—348 页。
② 章学诚：《章氏遗书》卷二二《候国子司业朱春浦先生书》。

之殊。因忆京华旧游，念久不获闻长者绪论，以为耿耿。敬想入秋来，起居定佳，伏维万福。"而且更于篇末明确道出撰书时间、地点，即"八月二十二日二鼓，太平府署中"。这就是说，《上晓征学士书》系乾隆三十七年（1772）八月二十二日所写，撰文地点在安徽太平府（治所在今当涂县）衙署。尤可注意者，是该书阐发《文史通义》撰述宗旨的大段文字。实斋书于此云：

> 学诚自幼读书，无他长，惟于古今著述渊源，文章流别，殚心者盖有日矣。尝谓古人之学，各有师法，法具于官，官守其书，因以世传其业。……秦火而后，书失传而师法亦绝，今所存者，特其纲目。《司空篇》亡，六卿联事之义，又不可以强通，条贯散失，学术无所统计（计字疑误，似当为纪，或系排字失误——引者），所赖存什一于千百者，向、歆父子之术业耳。盖向、歆所为《七略》《别录》者，其叙六艺百家，悉惟本于古人官守，不尽为艺林述文墨也。其书虽轶，而《班史·艺文》独存。《艺文》又非班固之旧，特其叙例犹可推寻。故今之学士，有志究三代之盛，而溯源官礼，纲维古今大学术者，独《汉艺文志》一篇而已。夫《艺文》于贾谊《左传训故》，董仲舒说《春秋》事，尹更始《左传章句》，张霸《尚书百两篇》，及叔孙《朝仪》，韩信《军法》，萧何《律令》之类，皆灼然昭著者，未登于录。秦官《奏事》，《太史公书》，隶于《春秋》，而诗赋五种，不隶《诗经》。要非完善无可拟议者。然赖其书，而官师学术之源流，犹可得其仿佛。故比者校雠其书，申明微旨，又取古今载籍，自六艺以降，迄于近代作者之林，为之商榷利病，讨论得失。拟为《文史通义》一书，分内、外、杂篇，成一家言。虽草创未及什一，然文多不能悉致，谨录三首呈览，阁下试平心察之，当复以为何如也。

章实斋于他人不轻许可，何以独引钱竹汀为《文史通义》知音？从《上晓征学士书》所云可见，其缘由主要有二。一是钱竹汀博学多识，尤以史学最称专精，且长实斋整整 10 岁，故而一如前引，章氏尊之为"长者"。二是钱竹汀结撰《元史艺文志》，章实斋见过初稿，佩服竹汀"精于校雠"，因之而引为同志。用实斋自己的话来说，就是："阁下精于校雠，而益以闻见之富，又专力整齐一代之书，凡所搜罗撰述，皆足追古作者而集其成。即今绍二刘之业而广班氏之例者，非阁下其谁托！"[1]

　　综上所考，章实斋乾隆三十七年（1772）所致钱竹汀书，应为《大公报》1946 年 11 月 6 日刊布之《上晓征学士书》，而非今本《章氏遗书》所录《上辛楣宫詹书》。[2] 因此，胡适之先生初纂《章实斋先生年谱》，系《上辛楣宫詹书》于嘉庆三年（1798），最是允当，而增订本改系于乾隆三十七年，则偶然疏失矣。

---

　　[1]　章学诚：《上晓征学士书》，见黄云眉《史学杂稿续存》之《杂考》附录二《章氏遗书未收入之实斋手札二通》，齐鲁书社，1980 年，第 348—351 页。

　　[2]　据钱大昕《竹汀居士年谱》记，竹汀于乾隆三十七年春，补翰林院侍读学上，而任詹事府少詹事，乃乾隆三十八年十一月。

第十六章 读《中国近三百年学术史》札记

最近 10 余年来，经过海内外学术界的共同努力，乾嘉学派与乾嘉学术研究，愈益引起四方学者关注，喜呈方兴未艾之势。为了使此一研究健实地向纵深推进，谨就平日读钱宾四先生《中国近三百年学术史》大著所得之一二，谬陈管见，敬祈指教。

一、乾嘉经学一趋考据之缘由

清代乾隆、嘉庆年间，经学中人何以一趋训诂考索，而有乾嘉学派之谓？钱宾四先生著《中国近三百年学术史》，虽不像梁任公先生同名论著之辟为专题讨论，但真知灼见，则每在字里行间。关于这个问题，钱先生之所论，在如下几个方面，尤称创获。

第一，清代学术与宋明学术是一个后先相承的整体。钱先生之《中国近三百年学术史》，开宗明义即指出："窃谓近代学者每分汉宋疆域，不知宋学，则亦不能知汉学，更无以评汉宋之是非。"[1] 循此以进，宾四先生将论学的重点摆在揭示学术发展的内在逻辑上，先生说：

> 治近代学术者当自何始？曰必始于宋。何以当始于宋？曰近世揭橥汉学之名，以与宋学敌，不知宋学，则无以评汉宋之是非。且言汉学渊源者，必溯诸晚明诸遗老。然其时如夏峰、梨洲、二曲、船山、桴亭、亭林、篱庵、习斋，一世魁儒耆硕，靡不寝馈于宋学。继此而降，如恕谷、望溪、

---

① 钱穆：《中国近三百年学术史》上册，中华书局，1986 年，《自序》，第 1 页。

穆堂、谢山，乃至慎修诸人，皆于宋学有甚深契诣。而于时已及乾隆，汉学之名始稍稍起。而汉学诸家之高下浅深，亦往往视其所得于宋学之高下浅深以为判。道成以下，则汉宋兼采之说渐盛，抑且多尊宋贬汉，对乾嘉为平反者。故不识宋学，即无以识近代也。①

钱先生高屋建瓴，在上引大段论述中，准确地揭示了从宋学到清学间必然的内在联系。

第二，清代的考证学，渊源乃在明中叶以降诸儒。在讨论清代考证学渊源时，钱宾四先生不赞成简单地用王朝更迭来断限。一方面，钱先生既肯定清初诸儒顾亭林、阎百诗等对乾嘉学术的深刻影响，指出："治音韵为通经之钥，而通经为明道之资，明道即所以救世。亭林之意见如是。乾嘉考证学即本此推衍，以考文知音之工夫治经，即以治经工夫为明道，诚可谓得亭林宗传。"另一方面，宾四先生又否定了以顾亭林为汉学开山的主张。他说：

> 亭林论学本悬二的，一曰明道，一曰救世。其为《日知录》，又分三部，曰经术、治道、博闻。后儒乃打归一路，专守其经学即理学之议，以经术为明道，余力所汇，则及博闻。至于研治道，讲救世，则时异世易，继响无人，而终于消沉焉。若论亭林本意，则显然以讲治道救世为主。之后之学亭林者，忘其行己之教，而师其博文之训，已为得半而失半。又于其所以为博文者，弃其研治道、论救世，而专趋于讲经术、务博闻，则半之中又失其半焉。且所失者胥其所重，所取胥其所轻。取舍之间，亦有运会，非尽人力。而近人率推亭林为汉学开山，其语要非亭林所乐闻也。②

---

① 钱穆：《中国近三百年学术史》上册，中华书局，1986 年，第 1 章《引论》上，第 1 页。

② 钱穆：《中国近三百年学术史》上册，中华书局，1986 年，第 145 页。

惟其如此，所以钱宾四先生认为："清儒言考证推本顾、阎者，乃以本朝自为限断，亦不谓其事由两人特造，更无来历也。"至于这个"来历"，钱先生则以《四库总目》和乾嘉通儒焦循之所论为据，直溯明中叶以降诸儒杨慎、焦竑、陈第、方以智等。他说："清廷馆阁词臣序清儒考证之学，亦谓沿明中叶杨慎诸人而来，不自谓由清世开辟也。"又说："理堂在野，亲值汉学极盛，推溯来历，亦谓起明季，与四库馆臣之言相应。"钱先生的结论是："此自清儒正论，谓考证由顾、阎开山，其说起晚近，按实固无据也。"①

第三，把握学术消息不可脱离社会历史环境变迁。钱宾四先生就此指出：

> 自乾嘉上溯康雍，以及于明末诸遗老。自诸遗老上溯东林，以及于阳明。更自阳明上溯朱陆，以及北宋之诸儒。求其学术之迁变，而考合之于世事，则承先启后，如绳秩然，自有条贯。②

将学术变迁与社会历史的演进作为一个整体来进行考察，从而发现其间秩然有序的条贯，或者说是规律，这便是钱宾四先生所揭示的一个基本为学方法论。

就乾嘉考据学的形成而言，在《中国近三百年学术史》中，钱宾四先生从学术史与社会史相结合的角度，具体做了三个方面的梳理。

首先，是对经学考古之风与八股时文关系的论究。在这个问题上，钱先生以宋学中人姚鼐、李兆洛之所论为据，指出："是皆以清代汉学为激起于八股也。"继之又引王昶为惠栋所撰墓志铭而阐发云："此亦以乾嘉经学发轫，针对当之时文应举言也。"最后则据江藩《汉学师承

---

①　钱穆：《中国近三百年学术史》上册，中华书局，1986年，第136页。

②　钱穆：《中国近三百年学术史》上册，中华书局，1986年，第20页。

记》所述而得出结论："谓乾嘉经学考古之风为有激于举业，固清儒之公言矣。"①

其次，是对理学不振缘由的探讨。在《中国近三百年学术史》中，钱宾四先生辟出专章，通过李绂学术的论究，以觇一时理学盛衰之根源。对于李绂学术之历史地位，钱先生评价甚高，认为："以有清一代陆王学者第一重镇推之，当无愧矣。"在回顾李氏一生浮沉宦海、几度濒于斩首的遭遇之后，钱先生指出：

> 穆堂之在圣朝，得保首领已万幸，尚何高言践履功业！谢山深悲之，曰："公平生以行道济时为急，用世之心最殷，故三黜而其志未尝少衰，浩然之气亦未尝少减。然而霜雪侵寻，日以剥落，菁华亦渐耗。"又曰："公有万夫之稟，及中年百炼，芒彩愈出。岂知血肉之躯，终非金石，竟以是蕉萃殆尽。"嗟乎！是可谓深识穆堂之志气遭遇者矣（原注：汤潜庵、全谢山，遭遇皆至酷）。如是而言义理经济，几乎其不折入于训诂考据之业者。

正是以李穆堂学行的梳理为典型事例，钱宾四先生遂得出一明确之认识，"清学自义理折入于考据"②，实为历史之必然。

最后，是论证清廷的政治高压对学术发展的严重桎梏。《中国近三百年学术史》之首章，钱宾四先生即提出"学术流变，与时消息"的主张。对于明清更迭之后，清廷政治高压予学术的恶劣影响，钱先生尤为关注。他就此指出："康雍以来，清廷益以高压锄反侧，文字之狱屡兴。学者乃以论政为大戒，钳口不敢吐一辞。重足叠迹，群趋于乡愿之一途。"③该书第11章，在讨论龚自珍及晚清政论之复兴时，钱先生再度指出："嘉道以还，清势日陵替。坚冰乍解，根蘖重萌，士大夫乃稍稍

---

① 钱穆：《中国近三百年学术史》上册，中华书局，1986年，第141页。
② 钱穆：《中国近三百年学术史》上册，中华书局，1986年，第285页。
③ 钱穆：《中国近三百年学术史》上册，中华书局，1986年，第18—19页。

发舒为政论焉。而定庵则为开风气之一人。"

由嘉道而反观前此近二百年之清代历史，钱宾四先生将学术史与社会史相结合，遂得出"乾嘉经学所由一趋于训诂考索"的答案。钱先生说："清儒自有明遗老外，即少谈政治。何者？朝廷以雷霆万钧之力，严压横摧于上，出口差分寸，即得奇祸。习于积威，遂莫敢谈。不徒莫之谈，盖亦莫之思，精神意气，一注于古经籍。本非得已，而习焉忘之，即亦不悟其所以然。此乾嘉经学之所由一趋于训诂考索也。"①

二、乾嘉思想界之三巨擘

乾隆、嘉庆两朝 80 余年，朴学之风盛行，经史考据，声音训诂，成为一时朝野学术主流。相形之下，此一时期的思想界则甚为沉寂。钱宾四先生著《中国近三百年学术史》，只眼别具，于一时众多学者之中，独取戴震、章学诚、焦循三家予以表彰。钱先生说："东原、实斋乃乾嘉最高两大师，里堂继起，能综汇两家之长，自树一帜，信可敬矣。"②

钱宾四先生之论戴东原，由考证而入义理，创获甚多。其中，尤以对惠栋、戴震二家关系的考证，并据以将戴学区分为前后二期，卓然睿识，可据可依，最称发前人之所未发。

惠栋生于康熙三十六年（1697），戴震生于雍正元年（1723），就年辈而论，两人相去已 27 岁，惠栋自属前辈。就为学言，乾隆九年（1744），惠栋著《易汉学》，以复原汉《易》而开一时风气。此时的戴震，尚在字义、音声、算数的求索之中，迄于乾隆十六年，始得补为休宁县学生。因而较之惠栋，戴震无疑应为后学。乾隆二十二年，戴震

---

① 钱穆：《中国近三百年学术史》下册，中华书局，1986 年，第 533 页。
② 钱穆：《中国近三百年学术史》下册，中华书局，1986 年，第 475 页。

北游南旋，途经扬州，适逢惠栋作幕于两淮盐运使卢见曾，二人遂得结为忘年之交。此后四年，戴震皆客居扬州。钱宾四先生通过惠、戴间这段关系的考证，认为"东原论学之尊汉抑宋，则实有闻于苏州惠氏之风而起也"。钱先生说："东原于乾隆丁丑（原注：二十二年，东原年三十五）南游扬州，识松崖于盐运使卢雅雨见曾署，自是客扬州者四年。东原论学宗旨，其时盖始变。"[①]

关于戴震学风的转变，钱宾四先生提出的依据主要是三条。第一条是乾隆三十年（1765），戴震为纪念惠栋而撰写的《题惠定宇先生授经图》。在大段引述戴文之后，钱先生指出："东原是文作于乾隆乙酉（原注：三十年，东原年四十三，见《年谱》），而议论与前举已大异。其先以康成、程、朱分说，谓于义理、制数互有得失者，今则并归一途，所得尽在汉，所失尽在宋，义理统次故训典制，不啻日即故训即典制而义理矣。是东原论学一转而近于吴学惠派之证也。"

第二条是在前文四年之后，戴震为惠栋弟子余萧客著《古经解钩沉》所撰序。钱先生称引此序而阐发道："据是观之，东原此数年论学，其深契乎惠氏故训之说无疑矣。东原卒后，凌廷堪为作《事略状》，谓东原于扬州见元和惠栋，论学有合，决非虚语（原注：王昶为东原墓志铭，亦谓'惠戴见于扬，交相推重'）。王鸣盛亦言，方今学者，断推惠、戴两先生。惠君之治经求其古，戴君求其是，究之舍古亦无以为是（原注：见洪榜《东原行状》）。谓舍古无以为是者，上之即亭林舍经学无理学之说，后之即东原求义理不得凿空于古经外之论也。然则惠、戴论学，求其归极，均之于《六经》，要非异趋矣。"[②]

第三条是戴震著《原善》，系接受惠栋学术影响而成。戴东原所著《原善》，有一个从三篇到三卷的演进过程。三篇的成文时间，当年段

---

①　钱穆：《中国近三百年学术史》上册，中华书局，1986年，第322页。
②　钱穆：《中国近三百年学术史》上册，中华书局，1986年，第323—324页。

玉裁为戴震作年谱，亦未明确，只是大致定在乾隆十八年（1753）到
二十八年之间。钱宾四先生通过《原善》三篇同惠栋撰《易微言》的
比较，认为："东原《原善》三篇，则其文颇似受松崖《易微言》之影
响。"因此，钱先生说："以今考之，《原善》三篇，大约在丁丑游扬州
识松崖以后。以东原论学，至是始变也。"① 至于《原善》三卷，钱宾四
先生则取段玉裁记，定为乾隆三十一年丙戌。钱先生就此指出：

> 今定《原善》三卷本成于丙戌东原四十四岁之年，则上推《原善》三
> 篇，其初成亦决距此不甚远，至迟在癸未（原注：因是年懋堂已抄誊及
> 之），至早在丁丑（原注：遇松崖之年），先后不出十年也。乙酉东原过苏
> 州，题《松崖授经图》。《原善》扩大成书，即在其翌年。东原深推松崖，
> 谓舍故训无以明理义，《原善》三卷，即本此精神而成书。故曰："天人之
> 道，经之大训萃焉。"则东原论学著书，其受松崖之影响，居可见矣。②

戴震逝世前，完成了他一生最为惬意之作《孟子字义疏证》。该书
以天理、人欲之辨为突破口，对宋明理学进行了不妥协的批判。钱宾四
通过对该书成书过程以及遭遇的考证，指出：

> 惟时人所以推重东原者，则并不在此。东原自癸巳（原注：乾隆
> 三十八年，东原年五十一）被召入都，充《四库》纂修官，所校官书（原
> 注：如《水经注》《九章算术》《五经算术》《海岛算经》《周髀算经》《孙子
> 算经》《张丘建算经》《夏侯阳算经》《五曹算经》《仪礼识误》《仪礼释官》
> 《仪礼集释》《大戴礼》《方言》诸书），皆天文算法、地理水经、小学方言
> 一类，即东原初入京时所由见知于时贤者，至是而时贤仍以此推东原。所
> 谓汉儒得其度数，宋儒得其义理，并世自以度数推东原，不以义理也。故

---

① 钱穆：《中国近三百年学术史》上册，中华书局，1986 年，第 325 页。
② 钱穆：《中国近三百年学术史》上册，中华书局，1986 年，第 327 页。

洪初堂（原注：榜）撰《东原行状》，载《与彭尺木书》，朱笥河见之，曰：
"可不必载。性与天道不可得闻，何图更于程、朱之外复有论说！戴氏可传
者不在此。"（原注：《汉学师承记·洪传》）可见当时学者见解矣。[①]

章学诚年少戴震 15 岁。乾隆四十二年（1777）戴震辞世，学诚正
当四十盛年。在乾隆中叶以后的学术界，如果说戴震以究心经学理义而
睥睨一世，那么章学诚则是倡言"六经皆史"，以讲求"史学义例、校
雠心法"而独步一时。钱宾四先生之论章学诚，则是从比较戴震、章学
诚为学之异同入手，通过剖析《文史通义》精要，表彰章学诚"箴砭经
学"救正风气的特立独行之见。钱先生就此指出："实斋著述最大者，
为《文史》《校雠》两通义，近代治实斋之学者，亦率以文史家目之。
然实斋著《通义》，实为箴砭当时经学而发，此意则知者甚少。"[②]

乾隆三十七年，章学诚曾有一书致当时著名学者钱大昕，书中云：

> 学诚从事于文史校雠，盖将有所发明。然辨论之间，颇乖时人好恶，
> 故不欲多为人知。所上散帙，乞勿为外人道也。夫著书大戒有二，是非谬
> 于圣人，忌讳或干君父。此天理所不容也。然人苟粗明大义，稍通文理，
> 何至犯斯大戒。惟世俗风尚，必有所偏，达人显贵之所主持，聪明才隽之
> 所奔赴，其中流弊，必不在小，载笔之士，不思救挽，无为贵著述矣。苟
> 欲有所救挽，则必逆于时趋，时趋可畏，甚于刑营之法令也。[③]

钱宾四先生的讨论，即从此信开始，先生指出："此绝非泛泛牢骚
语，所谓世俗风尚，即指经学。《通义》《校雠》两书，则为救挽经学流

---

① 钱穆：《中国近三百年学术史》上册，中华书局，1986 年，第 332 页。
② 钱穆：《中国近三百年学术史》上册，中华书局，1986 年，第 380—381 页。
③ 章学诚：《章氏遗书》卷二九《上钱辛楣宫詹书》。

弊而作，其意甚显白。"①

针对一时经学流弊，章学诚提出了两条积极的救挽之道，一是古文辞，一是史学，而归根结蒂还是史学。学诚说："近日颇劝同志诸君多作古文辞，而古文辞必由纪传史学进步，方能有得。"② 又说："辞章记诵，非古人所专重，而才识之士，必以史学为归。为古文辞而不深于史，即无由溯源六艺而得其宗。"③

章学诚竭毕生心力所结撰的《文史通义》，就是贯彻这一学术主张的具体实践。该书自乾隆三十七年（1772）始撰，迄于著者嘉庆六年（1801）逝世，三十年如一日，辛勤耕耘，死而后已。而救正风气，开辟新路，则始终不渝，首尾一贯。正如学诚晚年致书友人汪辉祖所述："拙撰《文史通义》，中间议论开辟，实有不得已而发挥，为千古史学辟其榛芜。"④

然而一如戴东原义理学之不为一时学术界中人所认同，章实斋为之执着追求的"史学义例、校雠心法"，亦成曲高和寡，孤家绝唱。钱宾四先生于此有云："实斋以讲学反时趋，并世学者至不知其学业是何门路。实斋亦自言，最为一时通人所弃置而弗道。故钱林（原注：字东生，生乾隆二十七年，卒道光八年，1762—1828 年）《文献征存录》为邵晋涵作传，至称为张学诚，以明经终。是实斋没世未久，即其乡人（原注：钱东生亦浙人）已不甚知之（原注：唯《征存录》称，实斋少从山阴刘文蔚豹君、童钰二树游，习闻蕺山、南雷之说，言明季党祸缘起、阉寺乱政及唐鲁二王本末，往往出于正史之外。此语应有受。又嘉庆十一年，唐仲冕刻《纪年经纬考》，亦误题实斋姓为张）。盖实斋生时，既无灼灼之名，其《文史》《校雠》两通义，至道光壬辰（原注：

---

① 钱穆：《中国近三百年学术史》上册，中华书局，1986 年，第 381 页。
② 章学诚：《文史通义》（遗书本）外篇三《与汪龙庄书》。
③ 章学诚：《文史通义》（遗书本）外篇三《报黄大俞先生》。
④ 章学诚：《文史通义》（遗书本）外篇三《与汪龙庄书》。

十二年）始得刊行。（原注：据其子华绂跋）生前文字流传，颇自谨重，其过背时趋者，未必轻出，故外人亦不深知也。唯焦理堂《读书三十二赞》，《通义》列于十九，所赞大率皆当时朴学，独实斋一书非其类，而题注作章石斋，较之钱东生之误章为张，亦相胜一肩而已。是可征实斋当时声名之暗晦矣。"①

同戴震、章学诚相比，焦循是名副其实的晚辈。当戴震谢世之时，焦循尚在童稚之年，而章学诚亦要长他 25 岁。焦循的时代，经学考据如日中天的盛景业已成为过去，乾嘉学术揭开了批判和总结的篇章。焦循以"证之以实而运之于虚"的经学方法论，会通汉宋，学求其是，成为乾嘉经学的杰出总结者之一。

钱宾四先生之论焦循思想，即从焦氏提出的经学方法论入手。嘉庆元年（1796），焦循致书友人刘台拱，针对弥漫朝野的经学考据，阐发己见云：

> 经学之道，亦因乎时。汉初，值秦废书，儒者各持其师之学。守之既久，必会而通，故郑氏注经，多违旧说。有明三百年，率以八股为业，汉儒旧说，束诸高阁。国初，经学萌芽，以渐而大备。近时数十年来，江南千余里中，虽幼学鄙儒，无不知有许、郑者，所患习为虚声，不能深造而有得。盖古学未兴，道在存其学；古学大兴，道在求其通。前之弊患乎不学，后之弊患乎不思。证之以实而运之于虚，庶几学经之道也。乃近来为学之士，忽设一考据之名目，循去年在山东时，曾作札与孙渊如观察，反覆辨此名目之非。②

在引述焦循此信后，钱先生说："此与东原以义理、考据、辞章分

① 钱穆：《中国近三百年学术史》上册，中华书局，1986 年，第 416—417 页。
② 焦循：《雕菰楼集》卷一三《与刘端临教谕书》。

学术为三途者，深浅有殊，而与实斋《文史通义》议论，颇相枰鼓也。里堂之所以深恶于考据者，正为其不能用思以求通。"①

嘉庆一朝，中国古代社会与古代思想皆已达穷而生变之时代。一方面新的因素在萌芽；另一方面则是旧的习惯顽固地制约着历史的前进。在焦循的思想中，这种沉重的历史局限，也在牢牢地羁绊着他。因此，钱宾四先生著《中国近三百年学术史》，专设一题，以批评"里堂论学缺点"。钱先生说："里堂虽力言变通，而里堂成学格局，实仍不脱据守范围。凡其自所创通之见解，必——纳之《语》《孟》《周易》。里堂虽自居于善述，然自今观之，与当时汉学据守诸家，想仍不免五十步之与百步耳。"②

至于焦循思想与为学之"不脱据守范围"，钱宾四先生提出三条理由为佐证。第一，"里堂既为《论语通释》，又为《孟子正义》，集中论义理诸篇，亦必以《语》《孟》话头为标题。言义理决不能出孔、孟，此非仍据守而何"？第二，"其治孔、孟，仍守六籍为经典，虽于《诗》《礼》诸端，未多发挥，而奇思奥旨，往往寄之治《易》诸书。不知《易》之为书，未必即是孔门之教典也"。第三，"里堂既务为通核，乃不愿为考据著述分途。《论语通释》专言义理，乃早成之书，未刻入《雕菰楼全书》，而别为《论语补疏》，与《易通释》《孟子正义》诸书，均以发抒义理之言与考据名物训诂者相错杂出，遂使甚深妙义，郁而不扬，掩而未宣。以体例言，显不如东原《原善》《疏证》别自成书，不与考据文字夹杂之为得矣"。以此三条佐证为根据，钱先生对焦循思想及一时学风做出判断云："故其先谓经学即理学，舍经学安所得有理学者，至是乃感义理之与训诂考据，仍不得不分途以两全（原注：《雕菰楼集》卷七《申戴篇》，述东原临终之言曰，生平读书，绝不复记，到

——————————

①　钱穆：《中国近三百年学术史》下册，中华书局，1986年，第469页。
②　钱穆：《中国近三百年学术史》下册，中华书局，1986年，第475—476页。

此方知义理之学可以养心。里堂极辨东原所谓义理，乃其自得之义理，非讲学家《西铭》《太极》之义理。然要知考据与义理，在东原自身，显属两事，未能并归一体矣）。此则经学权威必以此降落，而学风将变之候也。"①

钱宾四先生论乾嘉思想，以戴震、章学诚和焦循为鼎足而立之三大师。钱先生说："里堂论学，极多精卓之见。彼盖富具思想文艺之天才，而溺于时代考据潮流，遂未能尽展其长者。然即其思想上之成就言之，亦至深湛，可与东原、实斋鼎足矣。"②从戴震经章学诚到焦循，三位学术大师留下的历史足迹，为我们认识乾嘉时代的思想演进，进而把握一时之学术主流，提供了具有典型意义的依据。诚如钱宾四先生梳理和比较三家之学以后所云："合观东原、实斋、里堂三人之学，正可以见斯间之消息矣。"③

三、庄氏学渊源之探讨

在迄今的乾嘉学术研究中，对常州庄氏学术的研究，尚是一个薄弱环节。清中叶的常州庄氏学，起于庄存与，中经其姪述祖传衍，至存与外孙刘逢禄、宋翔凤而始显。晚近学者论常州庄氏学之渊源，往往着眼于社会危机或权臣和珅之乱政，较少从学理上去进行梳理。其实这是一个很可深入论究的问题。所谓社会危机或权臣乱政云云，如果用以去观察庄述祖以降之常州今文学，抑或恰当，而据以解释庄存与之《春秋》公羊学，恐怕难以联系得上。

关于这个问题，章太炎先生早年著《訄书》，从历史环境和学风递嬗着眼，有过概略的讨论。太炎先生说：

---

① 钱穆：《中国近三百年学术史》下册，中华书局，1986 年，第 476 页。
② 钱穆：《中国近三百年学术史》下册，中华书局，1986 年，第 455 页。
③ 钱穆：《中国近三百年学术史》下册，中华书局，1986 年，第 476 页。

　　初，太湖之滨，苏、常、松江、太仓诸邑，其民佚丽。自晚明以来，喜为文辞比兴，饮食会同，以博依相问难，故好浏览而无纪纲。其流风遍江之南北，惠栋兴，犹尚该洽百氏，乐文采者相与依违之。及戴震起休宁，休宁于江南为高原，其民勤苦，善治生，故求学深邃，言直覈而无温借，不便文士。震始入四库馆，诸儒皆震竦之，愿敛衽为弟子。天下视文士渐轻，文士与经儒始交恶。而江淮间治文辞者，故有方苞、姚范、刘大櫆，皆产桐城，以效法曾巩、归有光相高，亦愿尸程朱为后世，谓之桐城义法。震为《孟子字义疏证》，以明材性，学者至是薄程、朱。桐城诸家，本未得程、朱要领，徒援引肤末，大言自壮（原注：案方苞出自寒素，虽未识程、朱深旨，其孝友严整，躬行足多矣。诸姚生于纨袴绮襦之间，特稍恬淡自持，席富厚者自易为之，其他躬行，未有闻者。既非诚求宋学，委蛇宁靖，亦不足称实践，斯愈窳也），故尤被轻蔑。范从子姚鼐，欲从震学，震谢之，犹亟以微言匡饬。鼐不平，数持论诋朴学残碎。其后方东树为《汉学商兑》，徽章益分。阳湖恽敬、陆继辂，亦阴自桐城受义法。其余为俪辞者众，或阳奉戴氏，实不与其学相容（原注：俪辞诸家，独汪中称颂戴氏，学已不类。其他率多辞人，或略近惠氏，戴则绝远）。夫经说尚朴质，而文辞贵优衍，其分涂自然也。文士既已熙荡自喜，又耻不习经典，于是有常州今文之学，务为瑰意眇辞，以便文士。今文者，《春秋》公羊、《诗》齐、《尚书》伏生，而排斥《周官》、《左氏春秋》、《毛诗》、马郑《尚书》。然皆以公羊为宗。始武进庄存与，与戴震同时，独喜治公羊氏，作《春秋正辞》，犹称说《周官》。其徒阳湖刘逢禄，始专主董生、李育，为《公羊释例》，属辞比事，类列彰较，亦不欲苟为恢诡。然其辞义温厚，能使览者说绎。及长洲宋翔凤，最善傅会，牵引饰说，或采翼奉诸家，而杂以谶纬神秘之辞。翔凤尝语人曰，《说文》始一而终亥，即古之《归藏》也。其义瑰玮，而文特华妙，与治朴学者异术，故文士尤利之。[①]

---

　　① 章炳麟：《訄书》第一三《清儒》，第31—32页。文中"谶纬"误作"纤纬"，依上下文意径改。

继太炎先生之后，梁任公先生自今文经学营垒中而出，梁先生著《清代学术概论》和《中国近三百年学术史》，亦于此有所论列。《清代学术概论》云："乾嘉以来，家家许、郑，人人贾、马，东汉学烂然如日中天矣。悬崖转石，非达于地不止。则西汉今古文旧案，终必须翻腾一度，势则然矣。"又云："清儒既遍治古经，戴震弟子孔广森始著《公羊通义》，然不明家法，治今文学者不宗之。今文学启蒙大师，则武进庄存与也。存与著《春秋正辞》，刊落训诂名物之末，专求所谓微言大义者，与戴、段一派所取途径，全然不同。其同县后进刘逢禄继之，著《春秋公羊经传何氏释例》，凡何氏所谓非常异义可怪之论，如'张三世''通三统''绌周王鲁''受命改制'诸义，次第发明。其书亦用科学的归纳研究法，有条贯，有断制，在清人著述中，实最有价值之创作。"①

稍后于《清代学术概论》，梁先生著《中国近三百年学术史》则云："常州派有两个源头，一是经学，二是文学，后来渐合为一。他们的经学是公羊家经说——用特别眼光去研究孔子的《春秋》，由庄方耕（存与）、刘申受（逢禄）开派。他们的文学是阳湖派古文，从桐城派转手而加以解放，由张皋文（惠言）、李申耆（兆洛）开派。两派合一来产出一种新精神，就是想在乾、嘉间考证学的基础之上，建设顺、康间'经世致用'之学。代表这种精神的人，是龚定庵（自珍）和魏默深（源）。这两个人的著述，给后来光绪初期思想界很大的影响。这种新精神为什么会发生呢？头一件，考证古典的工作，大部分被前辈做完了，后起的人想开辟新田地，只好走别的路。第二件，当时政治现象，令人感觉不安，一面政府钳制的威权也陵替了，所以思想渐渐解放，对于政治及社会的批评也渐渐起来了。"②

---

① 梁启超：《清代学术概论》，中华书局，1954 年，第 53、54 页。
② 《梁启超论清学史二种·中国近三百年学术史》，朱维铮校注，复旦大学出版社，1985 年，第 119 页。

对于章、梁二位先生之所论，钱宾四先生恐怕并不甚满意。所以钱先生著《中国近三百年学术史》，只是吸取二家论究之合理部分，转而别辟蹊径，提出了十分重要的意见。

钱宾四先生探讨常州庄学之渊源，注意力集中于苏州惠学的巨大影响上。苏州惠氏一门，从康熙间惠有声肇始，经惠周惕、惠士奇奠立藩篱，至乾隆初惠栋崛起，四世传经，自成一派。关于惠氏一门学风，钱宾四先生归纳为"推尊汉儒，尚家法而信古训"。钱先生做出此一判断的依据主要是两条，其一为惠士奇之论《周礼》；其二为惠栋之著《九经古义》。钱先生说：

> 天牧之论《周礼》，谓礼经出于屋壁，多古字古音，经之义存乎训，识字审音乃知其义，故古训不可改。康成注经，皆从古读，盖字有音义相近而讹者，故读从之。后世不学，遂谓康成好改字，岂其然乎？康成《三礼》，何休《公羊》，多引汉法，以其去古未远，故借以为说。

钱先生又说：

> 及松崖守父意益坚，遂著《九经古义》，谓汉人通经有家法，故有五经师训诂之学，皆师所口授，其后乃著竹帛。所以汉经师之说，立于学官，与经并行。古字古言，非经师不能辨。是故古训不可改也，经师不可废也。余家四世传经，成通古义，因述家学，作《九经古义》一书（原注：《九经古义述首》。又朱鹤龄书，尚有《易广义略》《春秋集说》《左传日钞》。《日钞》著录《四库》，其书多采亭林《杜解补正》。定字《左传补注》，即承是书而起，为《九经古义》之一部）。

以此二条为依据，钱先生遂做出上述归纳，并进而指出："此所谓守古训，尊师传，守家法，而汉学之壁垒遂定。其弟子同县余萧客、江

声诸人先后羽翼之，流风所被，海内人士无不重通经，通经无不知信古，其端自惠氏发之。"（原注：王昶《惠定宇墓志铭》）[1]

正是从对苏州惠氏学风及其影响的准确把握出发，钱宾四先生创立新说，提出了"常州之学原本惠氏"的主张。钱先生的论证，依次围绕如下几个方面展开。

第一，表彰汉儒固是惠学之长，而唯汉是信亦实为惠学弊病。庄存与牵缀古经籍以为说，则系承袭惠学流弊而来。钱宾四先生于此有云："庄氏为学，既不屑于考据，故不能如乾嘉之笃实，又不能效宋明先儒，寻求义理于语言文字之表，而徒牵缀古经籍以为说。又往往比附以汉儒之迂怪，故其学乃有苏州惠氏好诞之风而益肆（原注：汪中与毕沅书，自谓为考古之学，实事求是，不尚墨守。以此不合于元和惠氏。王引之与焦理堂书，亦谓惠定宇先生考古虽勤，而识不高，见异于今者则从之，大都不论是非。王念孙《拜经日记序》，亦谓世之言汉学者，但见其异于今者则宝贵之，而于古人之传授，文字之变迁，多不暇致辨，或以细而忽之。惠学流弊，当时已多能言之者）。"

第二，庄存与侄庄述祖之为学，其究心明堂阴阳，亦在苏州惠学范围之中。钱先生说："方耕有侄曰述祖，字葆琛（原注：生乾隆十五年十二月，卒嘉庆二十一年六月，年六十七）。所著曰《珍艺宦丛书》，颇究明堂阴阳，亦苏州惠学也。"

第三，庄存与外孙刘逢禄之主张恪守"汉师家法"，更是惠氏遗风。钱先生说："申受论学主家法，此苏州惠氏之风也（原注：戴望《刘先生行状》，记嘉庆五年，刘举拔贡生入都，父执故旧遍京师，不往干谒，惟就张惠言问虞氏《易》、郑氏《三礼》。张氏为学，亦由惠氏家法入也。刘氏有《虞氏易言补》，即补张氏书。又有《易虞氏五述》。此刘氏之以家法治《易》者）。主条例，则徽州戴氏之说。又主

---

① 钱穆：《中国近三百年学术史》上册，中华书局，1986 年，第 320 页。

微言大义、拨乱反正，则承其外家之传绪。值时运世风之变，而治经之业乃折而萃于《春秋》（原注：因其备人事），治《春秋》又折而趋于《公羊》焉（原注：因其具师传、详条例。惠士奇论《春秋》，曰：'《春秋》无《左传》，则二百四十年，盲焉如坐暗室中。左氏最有功于《春秋》，公、穀有功兼有过。'此与申受专尊公羊、深抑左氏者大异，然无害谓常州之学原本惠氏）。"

第四，刘逢禄著《春秋论》，阐发何休"三科九旨"，指为圣人微言大义所在，尤为苏州惠氏家法论之影响。钱先生说："前乎申受者，有曲阜孔广森巽轩（原注：生乾隆十七年，卒乾隆五十一年，年三十五），为方耕门人，而亦从学戴氏，为《公羊通义》，已不遵南宋以来谓《春秋》直书其事，不烦褒贬之义，然于何休所定三科九旨，亦未尽守。至申受，乃举何氏三科九旨为圣人微言大义所在，特著《春秋论》上下篇，极论《春秋》之有书法（原注：上篇，针对钱竹汀《潜研堂集·春秋论》而加驳难。钱氏文例证坚明，而刘氏非之。此如庄方耕不斥《古文尚书》，实同为考证学之反动。近人乃认晚清今文学为清代经学考证最后最精之结果，则尤误也），与条例之必遵何氏（原注：下篇，针对孔巽轩《公羊通义》而发）。何氏三科九旨不见传文，而刘氏信之。则以家法、师说之论为辨，此焦理堂所讥为据守之学也。常州公羊学之渊源于苏州惠氏家法之论，此等处最显。"《春秋论》上下二篇，载道光十年刊本《刘礼部集》卷三，无疑系刘逢禄著。今本《魏源集》所载《春秋论》上下二篇，一字不易，全文过录，视为魏源文，显然误植。

第五，庄存与外孙宋翔凤之论学，牵附明堂阴阳，亦系惠氏遗风。钱先生说："宋翔凤字于庭，长洲人，亦述祖甥（原注：生乾隆四十四年，卒咸丰十年，年八十二）。著《论语发微》，大意谓《论语》微言通于《春秋》，盖亦申受《述何》之旨（原注：今《续经解》有宋氏《论语说义》十卷，乃《论语发微》之前稿）。又为《大学古义说》，以明堂阴阳相牵附（原注：此吴学惠氏遗风也）。"

以上述五条为依据，钱宾四先生遂得出关于常州庄氏学渊源之结论："要之，常州公羊学与苏州惠氏学，实以家法之观念一脉相承，则彰然可见也。"[1]

章、梁、钱三位先生之所论，尤其是钱宾四先生的解释，从宏观学风的把握上，为我们研究常州庄氏学的渊源，提出了十分宝贵的意见。至于深入进行具体研究，解决诸如庄存与何以要撰写《春秋正辞》一类的问题，则是三位先生留给后学的功课。以下，拟接武钱宾四先生的思路，就此试做一些努力。

同惠栋相比，庄存与是晚辈，他生于康熙五十八年（1719），要较惠栋年少22岁。乾隆九年（1744），惠栋撰《易汉学》成，率先揭出复彰汉学之大旗。翌年，庄存与始以一甲二名成进士，时年27岁。惠栋《易汉学自序》云：

> 六经定于孔子，毁于秦，传于汉。汉学之亡久矣，独《诗》《礼》《公羊》，犹存毛、郑、何三家。《春秋》为杜氏所乱，《尚书》为伪孔氏所乱，《易经》为王氏所乱。杜氏虽有更定，大校同于贾、服，伪孔氏则杂采马、王之说，汉学虽亡而未尽亡也。惟王辅嗣以假象说《易》，根本黄老，而汉经师之义，荡然无复有存者矣。[2]

常州毗邻苏州，惠栋兴复汉学的倡导，庄存与随父宦游南北，当能知其梗概。

乾隆十四年，清高宗诏举潜心经学之士。惠栋为两江总督黄廷桂、陕甘总督尹继善保举，列名荐牍。十六年，因试期在即，惠栋深以不能

---

① 钱穆：《中国近三百年学术史》下册，中华书局，1986年，第529页。
② 惠栋：《松崖文钞》卷一《易汉学自序》。

如期入京为忧，就此致书尹继善，书中有云：

> 栋少承家学，九经注疏，粗涉大要。自先曾王父朴庵公，以古义训子弟，至栋四世，咸通汉学。以汉犹近古，去圣未远故也。《诗》、《礼》毛、郑，《公羊》何休，传注具存。《尚书》《左传》，伪孔氏全采马、王，杜元凯根本贾、服。唯《周易》一经，汉学全非。十五年前，曾取资州李氏《易解》，反复研求，恍然悟洁静精微之旨，子游《礼运》，子思《中庸》，纯是《易》理。乃知师法家传，渊源有自。此则栋独知之契，用敢献之左右者也。①

此时庄存与正在翰林院为庶吉士，置身儒林清要，于惠栋之表彰汉儒经说，当有更深体悟。乾隆二十三年（1758）三月，庄存与以直隶学政条奏科场事宜，"奏请取士经旨，悉遵先儒传注"②，或可视为对惠栋主张的响应。就当时学术界的情况言，惠栋所述之汉儒诸经说，表彰汉《易》有惠栋，《礼》有江永及徽州诸儒，《诗》则有戴震，唯独《春秋》公羊说尚无人表彰。庄存与因之起而回应，亦是情理中事。

　　庄存与之发愿结撰《春秋正辞》，一方面固然是惠栋诸儒兴复汉学的影响；另一方面也与此时的清廷好尚和存与自身的地位分不开。

　　高宗初政，秉其父祖遗训，以"首重经学"为家法。乾隆十年四月，高宗策试天下贡士于太和殿，昭示天下士子："将欲为良臣，舍穷经无他术。"③庄存与即是经此次殿试而进入翰林院庶吉士馆。乾隆十三年五月，庶吉士散馆，存与考列汉书二等之末，本当重罚，高宗念其"平时尚留心经学"④，责令留馆再学三年。经十六年再试，存与遂官翰

---

① 惠栋：《松崖文钞》卷一《上制军尹元长先生书》。
② 《清高宗实录》卷五五八"乾隆二十三年三月丙申"条。
③ 《清高宗实录》卷二三九"乾隆十年四月戊辰"条。
④ 《清高宗实录》卷三一五"乾隆十三年五月庚子"条。

林院编修。而此时正值清高宗诏举经学，且首次南巡归来，濡染江南穷经考古、汉学复彰之风，因之而高唱"经术昌明，无过今日"①。十七年，庄存与升侍讲，入直南书房，成为清高宗的文学侍从。

继圣祖、世宗之后，清高宗亦视《春秋》为帝王之学，命儒臣编纂《春秋直解》。乾隆二十三年（1758）八月，书成，高宗撰序刊行，序中有云："中古之书，莫大于《春秋》。推其教，不越乎属辞比事，而原夫成书之始，即游、夏不能赞一辞。"该序指斥宋儒胡安国《春秋传》"傅会臆断"，宣称《直解》本清圣祖所定《春秋传说汇纂》为指南，"意在息诸说之纷歧以翼传，融诸传之同异以尊经"。②

正是在令儒臣纂修《春秋直解》的前后，清高宗屡屡表彰汉儒董仲舒之学。乾隆十九年四月，高宗策试天下贡士于太和殿，阐发"天人合一"说，指出："董仲舒以为，善言天者，必有验于人。又谓道之大，原出于天，天不变，道亦不变。"③三十七年四月，同样是策试天下贡士，高宗又称："汉仲舒董氏，经术最醇。"④三十九年二月，高宗在经筵讲《论语》"克己复礼"，则以董仲舒、朱子之说相比较，认为："董仲舒正谊明道之论，略为近之。"在古代专制时代，"朕即国家"，帝王一己之好尚，对一时儒臣的为学，其影响力之大是不言而喻的。

乾隆三十三年，庄存与为清高宗识拔，入直上书房，教授皇十一子永瑆，迄于五十一年告老还乡，存与任是职10余年。他的《春秋正辞》，大概就始撰于入直上书房之后。我们之所以如此说，其根据主要是如下三个方面。

第一，《春秋正辞》秉高宗旨意，遵孟子之教，以《春秋》为天子之事。庄存与于此有云："旧典礼经，左邱多闻。渊乎公羊，温故知

---

① 《清高宗实录》卷三八八"乾隆十六年五月丙午"条。
② 《清高宗实录》卷五六九"乾隆二十三年八月丁卯"条。
③ 《清高宗实录》卷四六一"乾隆十九年四月乙巳"条。
④ 《清高宗实录》卷九〇七"乾隆三十七年四月丙戌"条。

新。榖梁绳愆，子夏所传。拾遗补阙，历世多贤。《春秋》应天，受命作制。孟子舆有言，天子之事。以托王法，鲁无惕焉。以治万世，汉曷觊焉。"[1] 书中，存与屡引董仲舒说，以明为君之道，力言维护"大一统"。所以道光初阮元辑《皇清经解》，著录《春秋正辞》，评存与是书云："主公羊、董子，虽略采左氏、谷梁氏及宋元诸儒之说，而非如何劭公所讥倍经任意、反传违戾也。"[2]

第二，乾隆三十六年（1771）三月，庄存与任会试副考官，翌年六月，在翰林院教习庶吉士。该科进士孔广森后撰《春秋公羊通义》，于书中大段征引庄存与说《春秋》语云：

> 座主庄侍郎为广森说此经曰，屈貉之役，左氏以为陈侯、郑伯在焉，而又有宋公后至，麇子逃归。《春秋》一切不书主，书蔡侯者，甚恶蔡也。蔡同姓之长，而世役于楚，自绝诸夏。……若蔡庄侯者，所谓用夷变夏者也。广森服膺师说，认为："三复斯言，诚《春秋》之微旨。"[3]

第三，《春秋正辞》凡九类，依次为奉天辞、天子辞、内辞、二霸辞、诸夏辞、外辞、禁暴辞、诛乱辞、传疑辞。大体类各一卷，唯内辞作上中下安三卷，故全书作 11 卷，末附《春秋要指》《春秋举例》各一卷。各类之下，再分子目，所列多寡不等，共计 175 目。今本所载，虽有目无书者甚多，因之光绪所修《武阳志余》认为："此书先生或未能毕业，故各类中多有录无书乎？"[4] 但就体例言，则颇类讲章。关于这一点，可以魏源文为证。道光间，庄氏后人辑存与经说为《味经斋遗书》，魏源于卷首撰序云："武进庄方耕少宗伯，乾隆中，以经术傅

---

① 庄存与：《春秋正辞》卷一《奉天辞第一》。
② 阮元：《庄方耕宗伯经说序》，见庄存与《味经斋遗书》卷首。《揅经室集》不载。
③ 孔广森：《春秋公羊通义》卷五《文公十年》。
④ 庄毓鋐等：《武阳志余》卷七《经籍·春秋正辞》。

成亲王于上书房十有余载，讲幄宣敷，茹吐道谊，子孙辑录成书，为《八卦观象上下篇》《尚书既见》《毛诗说》《春秋正辞》《周官记》如干卷。崒乎董胶西之对天人，醰乎匡丞相之述道德，肫乎刘中垒之陈今古，未尝凌杂铢析，如韩、董、班、徐数子所讥，故世之语汉学者鲜称道之。"①

　　根据以上诸条，笔者认为，《春秋正辞》当撰于乾隆三十至四十年代间（1765—1775）。庄存与著书，正值乾隆盛世，存与身在宫禁，周旋天子帝胄，讲幄论学，岂敢去妄议社会危机！至于和珅之登上政治舞台，据《清高宗实录》和《清史稿》之和珅本传记，则在乾隆四十年，而其乱政肆虐，则已是乾隆四十五年以后。因此，庄存与之晚年，虽恨和珅之祸国殃民，但若以此为其结撰《春秋正辞》之初衷，则似可再作商量。

---

①　魏源：《武进庄少宗伯遗书序》，《魏源集》上册，中华书局，1976 年，第 237—238 页。

第十七章　乾嘉学派研究与乾嘉学术文献整理

最近 10 余年间，乾嘉学派和乾嘉学术研究，一直为治清代学术的学者所关注。由于四方学者的共同努力，这一研究业已取得甚多成果，喜呈方兴未艾之势。往后，各位同仁的研究如何向纵深推进，一致百虑，殊途同归，大家尽可按照各自的计划去进行。以下，仅提出一点建议，奉请各位斟酌。刍荛之见，就是主张进一步做好文献的整理和研究工作。

一、《清人别集总目》的编纂

有清一代学术，乾隆、嘉庆两朝，迄于道光初叶的近百年间，是一个发皇的时期。其间杰出的学者最多，学术成就最大，传世的学术文献亦最为丰富。古往今来，学术前辈们的实践一再告诉我们，学术文献乃治学术史之依据，唯有把学术文献的整理和研究工作做好，学术史的研究才能够建立在可靠的基础之上。

将乾嘉时期的重要学术文献精心校勘，施以新式标点出版，这是整理乾嘉学术文献的一项重要工作，嘉惠学林，功在千秋。在这方面，最近一二十年间，学术界的各方面专家已经做了大量贡献。譬如自 20 世纪 80 年代以后，相继问世的《潜研堂文集》《方苞集》《章学诚遗书》《抱经堂文集》《戴震全集》《校礼堂文集》《钱大昕全集》《全祖望集汇校集注》《仪礼正义》《礼记集解》《礼记训纂》《尚书今古文注疏》等，无一不提供了可贵的研究资料，从而推动了相关研究的前进。

循此以往，辨章学术，考镜源流，与乾嘉学术文献的整理和研究相关的目录学著述，亦接踵而出。林庆彰教授主编的《乾嘉经学论著目录》《日本研究经学论著目录》，王绍曾教授主编的《清史稿艺文志拾遗》，李灵年、杨忠二位教授主编的《清人别集总目》，柯愈春先生著《清人诗文集总目提要》等，皆为学术界做了功德无量的事情。借此机会，请允许本人就《清人别集总目》作稍事介绍。

清代文献，浩若烟海，实为此前历代之所不及。究其原因，大要当或有二：一则中国古代社会经历数千年发展，至清代已然极度成熟，经济、政治、军事、文化皆臻于一集大成之格局；再则博大精深之中华学术，在此二百数十年间，亦进入一个全面整理和总结之历史时期。惟其如此，有清一代才人辈出，著述如林，其诗文别集之繁富，几与历代传世之总和埒。这是中华民族一份极为宝贵的历史文化遗产，也是发展中华民族新文化的必然依据。故而董理清人别集，自 20 世纪中王重民先生之《清代文集篇目分类索引》肇始，尔后数十年间，前辈贤哲接武而进。邓之诚先生之《清诗纪事初编》，钱仲联先生之《清诗纪事》，张舜徽先生之《清人文集别录》，袁行云先生之《清人诗集叙录》等，呕心沥血，成就斐然。

学如积薪，后来居上。正是凭借前哲时贤之深厚积累，李灵年、杨忠二位教授集合同志，付以 10 年艰苦劳作，遂成《清人别集总目》三巨册。该书汇海内外现存清人别集书目、版本、馆藏及作者碑传资料于一堂，以崭新体例而超迈前贤，洵称迄今最为完整系统之清人别集综录。在《清人别集总目》的《前言》中，主编先生绍介全书编纂宗旨云："《清人别集总目》立足于为进一步的研究服务，本着挖掘清代文献资料的指导思想，一切从有利于研究出发，以使用方便为准则，不受传统书目体例的限制，因而在编纂体例上有所突破。"[①] 至于本书之编纂

---

① 李灵年、杨忠：《清人别集总目》第一卷，安徽教育出版社，2000 年，卷首《前言》第 8 页。

特点，李、杨二位教授则归纳为五个方面：一是著录广泛，二是多列版本，三是详注馆藏，四是书传结合，五是便于使用。本人完全赞成主编先生的绍介和归纳，谨举书中一例，试作管中之窥。

凌廷堪为乾嘉间著名学者，该书著录其诗文集及碑传资料云：

校礼堂初稿文不分卷梅边吹笛谱 2 卷

　　稿本（上图）

　　　　按：有清□巢南跋

校礼堂诗集 14 卷

　　道光六年张其锦刻本（北图、日本人文、大阪）

　　　　按：北图藏本有清李慈铭批并跋

校礼堂文集 36 卷

　　嘉庆十八年张其锦刻本（北图、粤图、人大、山大）

　　　　按：北图藏本有清李慈铭批并跋

校礼堂文集 36 卷诗集 14 卷

　　校礼堂全集本，嘉庆十八年刻文集、道光六年刻诗集（丛书综录、旅大、台湾史语、日本人文、京文、东文、广岛）

　　民国二十四年安徽丛书第四期·凌次仲先生遗书影印校礼堂全集本（丛书综录、安徽师大、安庆、日本人文）

　　［附］凌廷堪（1757—1809），字仲子，号次仲，歙县人，乾隆五十八年进士，官宁国府教授

　　　　事略状　戴大昌撰　校礼堂文集附

　　　　传　阮元撰　揅经室二集 4

　　　　清史稿 481

　　　　清史列传 68

　　　　碑传集 135

　　　　国朝耆献类征初编 258

国朝先正事略 36

汉学师承记 7

清儒学案小传 12

文献征存录 8

清代朴学大师列传 6

国史文苑传稿 2

清代畴人传 13

清代七百名人传

新世说 4

凌次仲先生年谱　张其锦撰　校礼堂全集本

凌廷堪年谱　陈万鼐撰　台北刊行　中山学术文化集

刊 12 辑

全身画像　清代学者像传 1 集

半身木刻像　凌次仲先生年谱卷首①

　　如上所引，该书确实做到了多列版本、详注馆藏、书传结合。集此数长，自然也就实现了"便于使用"的初衷。至于"著录广泛"，更非虚语。全书所录一代诗文，作者近 2 万家，别集约 4 万种，碑传资料凡 16000 余通，"广泛"二字，名副其实。尤可称道者，则是服务于深入研究的编纂宗旨。李灵年、杨忠二位先生于此说得很好："此书的问世，尤可为清代文学、文献学、历史学等多种学科的研究提供一部必备的工具书，为《全清诗》《全清文》的编纂打下一定的基础。使用者一书在手，既可以从量上大致把握清代诗文别集的概貌，同时也掌握了一把深入研究的钥匙。"②

---

　　①　李灵年、杨忠：《清人别集总目》第二卷，安徽教育出版社，2000 年，第 1967—1968 页。

　　②　李灵年、杨忠：《清人别集总目》第一卷，卷首《前言》。

　　《校礼堂初稿》为凌氏早年文稿之初次结集，时当乾隆六十年
（1795），一时前辈硕学卢文弨曾为之撰序。《梅边吹笛谱》为廷堪早年
词作，结集于嘉庆五年（1800）。二书结集最早，且为稿本，弥足珍
贵，自当列于最前。而上图庋藏本之题跋者，或为陈去病先生，研究
者有兴趣，当可依文风、书法等作一番考证。想是本书定稿时间的限
制，编纂凌廷堪一目的先生，尚未见到王文锦先生整理刊行之《校礼堂
文集》，他日再版，补为完璧可矣。该目所附之凌廷堪小传，虽不过寥
寥数十言，然皆确有据依，殊非易事。唯其间所涉两处记年，似可作进
一步研究。一是凌廷堪生年，究竟当依张其锦辑年谱及廷堪自述定为乾
隆二十二年，还是据阮元撰传定为乾隆二十年；二是凌氏成进士之年，
《明清进士题名碑录》记为乾隆五十八年，而廷堪自述及诸多官私载籍
皆作乾隆五十五年，当以何者为准？凡此，有本书所提供的钥匙，深入
研究，门径豁然。

二、别集佚文的辑存

　　辑录乾嘉时期著名学者集外题跋、序记、书札等佚文，区分类聚，
整理刊布，是一桩既见功力，又有裨学术研究的事情。晚清以降，诸多
文献学家后先而起，辑录顾广圻、黄丕烈二先生群书题跋，已开风气
之先路。20 世纪 50 年代初，陈垣先生据尹炎武先生所获钱大昕集外家
书 15 函，逐函加以精审考订，更为一时儒林推尊，赞为"励耘书屋外
无二手"[1]。尔后，虽间有学者承先辈遗风，辛勤爬梳，唯因兹事难度甚
大，成功非易，久而久之遂成绝响。90 年代中，陈文和教授主持整理
编订《钱大昕全集》，专意搜求潜研堂集外散佚诗文，纂为《潜研堂文

　　① 刘乃和、周少川：《陈垣年谱配图长编》"一九五二年五月二十四日"条，辽海出版
社，2000 年，第 612 页。

集补编》一部，辑得诗文凡 80 首。古朴之风再现，不啻凤鸣朝阳。

2001 年春，承陈鸿森教授不弃，远颁大著《钱大昕潜研堂遗文辑存》。拜读之后，祖武方知早在 20 世纪 80 年代中，鸿森教授已然致力钱竹汀先生集外佚文之访求，且于 1990 年 5 月 18 日辑录成编。陈先生于此记云：

> 余不自揆，向尝纂《竹汀学记》一编，稿草粗就，自惭所见未深，卒未敢写定。而披览所及，见有竹汀遗文，辄手录之，积久渐富。诸文虽非尽精诣之所在，然可援据以资考证者不少。昔钱庆曾于《竹汀年谱》每年条下，注记其文撰年之可考者，中有集外遗文若干题。惜年湮世远，旧籍日稀，当日检索易易者，今率多难以踪迹。因念异时有搜讨竹汀佚文者，其难或将远过今日。养疴长日，爰就向所录存者略加排比，移写成篇。然载籍极博，眼目难周，其搜采未备者，甚望世之博雅君子补其阙焉。一九九〇年五月十八日。①

《钱大昕潜研堂遗文辑存》凡三卷，所辑竹汀先生集外佚文计 156 篇。卷上为序跋、题记，65 篇；卷中为《长兴县志》辨证，32 篇；卷下为书札、传志，59 篇。其用力之勤，四海无匹。

陈鸿森教授著《钱大昕潜研堂遗文辑存》成，原拟送请《大陆杂志》发表，惜因故延宕有年，直到 1999 年 3 月，始在《经学研究论丛》第 6 辑载出。鸿森教授之力作喜获发表，正值陈文和教授主编之《钱大昕全集》刊行。鸿森教授取二书比对，欣然补撰《后记》云：

> 此文付印校稿时，杨晋龙君见告，渠新购得江苏古籍出版社所印《嘉定钱大昕全集》，册十有主编陈文和氏所辑《潜研堂文集补编》，与余所辑

---

① 陈鸿森：《钱大昕潜研堂遗文辑存》卷首《自序》，见《经学研究论丛》第 6 辑，台北学生书局，1999 年，第 189 页。

互有同异。余假其书，略检一过，《补编》所收《端砚铭》《演易》《小知录序》《溪南唱和集序》《跋黄文献公集》《跋宋拓颜鲁公书多宝塔感应碑》《跋张尔岐书》等七首，为余所未见者。……昔者陈乃乾搜辑顾千里群书题跋，为《思适斋书跋》二卷，同时有蒋谷孙亦有《思适斋集外书跋辑存》，而王欣夫氏复辑《思适斋书跋》《思适斋集补遗》。盖各据所得而存之，不相妨也。常叹诸家辑顾、黄遗文，至于再三。而竹汀之精博渊深，迥非顾、黄所可比及，其遗文题识散见群书，乃二百年来无有收拾之者，讵非艺林之阙事与！今得陈君《补编》，同此用心，不啻空谷跫音。览者合二文而观之，庶乎竹汀遗文稍得其全云。[①]

尤为令人敬重者，陈鸿森教授近一二十年间，不唯勤于辑录钱竹汀先生集外佚文，而且其朝夕精力，几乎皆奉献于乾嘉学术文献的整理与研究。据鸿森教授所馈近年大著知，经陈先生精心辑录成编者，尚有《潜研堂遗诗拾补》《简庄遗文辑存》《陈鳣简庄遗文续辑》《段玉裁经韵楼遗文辑存》《王鸣盛西庄遗文辑存》和《阮元揅经室遗文辑存》等六种。其中，除《潜研堂遗诗拾补》《简庄遗文辑存》《王鸣盛西庄遗文辑存》三种业已刊行，他种力作皆以稿本在同好间流传。

1999 年 8 月 23 日，《王鸣盛西庄遗文辑存》著就，陈鸿森教授于卷首撰为《自序》一篇。文中，陈先生述辑录西庄先生集外佚文缘起有云：

《西庄始存稿》刻于乾隆三十年，凡诗十四卷，文十六卷。顾传本绝少，郑振铎氏，当代藏书名家，犹悬金以待，其罕遇可知。余求之十数年，未得一见。去年十一月，林庆彰教授始为余影印一帙，良友之赐，奚啻百朋。其书目录后自识云"自服阕后所作，别为《晚拙稿》"，然其稿迄未付梓。阮元《揅经室二集》卷七有《王西庄先生集序》，称"西庄先生编定诗

---

① 陈鸿森：《钱大昕潜研堂遗文辑存》卷末《后记》，见《经学研究论丛》第 6 辑，台北学生书局，1999 年，第 266 页。

文全集四十卷，既成，属元为之序"云云，今亦不见刻本。五世孙元增搜
其遗佚，为《耕养斋遗文》，仅得六篇（原注：此书余未之见，今据杨向奎
氏《清儒学案新编》册八王树民氏撰《西庄学案》，页一一〇）。钱竹汀撰
西庄墓志，称其文"纡徐醇厚，用欧、曾之法，阐许、郑之学，一时推为
巨手"。乃身后遗稿蔑尔无闻，后之人亦无为之收拾者，一代硕学，文字零
落如此，可胜浩叹。

　　至于辑存西庄先生遗文与治乾嘉学术不可分割之关系，鸿森教授于
《自序》中尤加阐发云：

　　曩辑潜研堂遗文，流览群籍，西庄诗文不少概见。顾以未见《始存
稿》，不识其已入集否，是以均未钞存。去冬得其书，乃就记忆所及，与
易于寻检者稍加集录，共得五十三篇，其待访者尚若干篇。度西庄服阕后，
迄嘉庆二年卒，三十年间所作，当倍蓰于此。虽然，即此遗存者，其平生
论学、论文大旨可见。盖西庄中岁治经，专主郑康成，《尚书后案》既成，
复理十七史，汲古之功既深，故所为文，遂雄视一切，独抒自见，不为苟
同。然则此虽掇拾残遗，固治乾嘉学术者所不可废与。[①]

　　陈鸿森教授抄存乾嘉著名学者集外佚文，所辑诸种已刊及未刊稿
本，皆系多年潜心爬梳文献之所得。读者不唯可据以感受鸿森教授严谨
笃实之为学风尚，而且陈先生精研乾嘉学术文献之深厚功力，亦不啻为
治乾嘉学术者树立了一个楷模。业已刊行之钱竹汀、王西庄、陈简庄诸
家若此，未刊行多种亦然。其中，尚未刊布之《阮元擘经室遗文辑存》
三卷，钞存芸台先生集外佚文多达 133 篇。其业绩不唯可与《钱大昕潜

---

　　① 陈鸿森：《王鸣盛西庄遗文辑存》卷首《自序》，《大陆杂志》2000 年 1 月第 100 卷第
1 期。

研堂遗文辑存》并肩比美，而且所费劳作之艰辛，成果学术价值之厚重，丝毫不让当年《揅经室集》之结撰。关于这一点，《阮元揅经室遗文辑存》卷首之《自序》，或可窥知一二。鸿森教授于此有云：

> 阮氏所撰文集，每数年辄结集付刊。凡《揅经室》一集四十卷、二集八卷、三集五卷、四集十三卷（其中诗十一卷）；另续集十二卷（含诗七卷）、再续集六卷（含诗二卷）。顾其遗文、序跋未入集者尚多，余披览群籍，时或遇之。史谓芸台"身历乾嘉文物鼎盛之时，主持风会数十年，海内学者奉为山斗焉"（《清史稿·本传》）。所撰诸家序文甚夥，多随本书以行。余于此尤有深嗜焉。盖阮氏淹贯群籍，复长于考证，故其序跋，或博涉多通，或穷源竟委，精鉴卓识，最可玩绎。其与诸家信函，则多关艺文故实，足资考证者不少。[1]

1993 年 5 月，中华书局整理刊行阮元《揅经室集》，不知是何缘故，未将再续集诗文录入。他日若能再版，补其所阙，辅以陈鸿森教授撰《阮元揅经室遗文辑存》，则珠联璧合，尽善尽美矣。

三、诸家年谱的董理

年谱为编年体史籍之别支，乃知人论世的重要文献。在现存的 800 余种清人年谱中，乾嘉时期学者的年谱，约占四分之一。[2] 董理乾嘉时期学者的年谱，于研究乾嘉学派与乾嘉学术，同样具有不可忽视的意义。近一二十年间，于此用力最勤，业绩最富者，亦当推陈鸿森教授。

陈鸿森教授之董理乾嘉学者年谱，所用力主要在于两个方面，一是

---

① 陈鸿森：《阮元揅经室遗文辑存》（未刊稿）卷首《自序》。
② 来新夏：《近三百年人物年谱知见录》卷首《清人年谱的初步研究》，上海人民出版社，1983 年，第 1—11 页。

对现存年谱的订补；二是编纂、重纂名家年谱。前者之代表作为《段玉裁年谱订补》，后者之代表作为《钱大昕年谱别记》《清儒陈鳣年谱》。由于乾嘉学派与乾嘉学术之全局在胸，因而陈教授的年谱结撰，尤着意于学风递嬗、学术变迁，从而昭示年谱知人论世之学术价值。以下，谨自鸿森先生所订补、重纂之三家年谱中各举一例，试做管窥蠡测。

陈鳣为乾嘉间名儒，博学好古，精于校勘辑佚，尤以表彰郑玄学说，筚路蓝缕，功不可没。鸿森教授撰《清儒陈鳣年谱》，于此殚思竭虑，可谓三致意焉。

辑《孝经》郑玄注，是陈简庄先生表彰郑玄学说的一次成功实践。继卢见曾辑刊《郑司农集》之后，实为承先启后的创辟之举。治乾嘉学术，乃至有清一代学术，皆是不可忽略之节目。《清儒陈鳣年谱》"乾隆四十七年、三十岁条"，于此记云：

> 冬……辑《孝经郑注》成。十二月一日，自为之叙，略云："郑康成注《孝经》，见于范书本传，《郑志》目录无之，《中经簿》但称郑氏解，而不书其名，或曰是其孙小同所作。……自玄宗取诸说以为己注，而后之学郑氏者日少。五季之衰，中原久佚。宋雍熙初，日本僧奝然以是书来献，议藏秘府，寻复失传。近吾友鲍君以文属汪君翼沧从估舶至彼国购访其书，亦不可得矣。幸陆氏《释文》尚存其略，群籍中间有引之，因仿王伯厚《郑氏周易》例，集成一编，庶以存一家之学"云。

为表彰陈简庄先生的首倡之功，鸿森教授于上述引文后，详加按语，以伸后海先河之义。陈教授写道：

> 按：清代辑佚之学最盛，其辑《孝经郑注》者，除先生此书外，另有王谟、臧庸、洪颐煊、袁钧、严可均、孔广林、黄奭、孙季咸、潘仕、曾元弼、王仁俊等诸家辑本。皮锡瑞《孝经郑注疏序》云："自明皇注出，郑

注遂散佚不完。近儒臧拜经、陈仲鱼始裒辑之，严铁桥四录堂本最为完善。"实则先生是书辑成时，臧庸年方十六，而诸家辑本皆刊于嘉庆以后，故辑《孝经郑注》实以先生书为嚆矢。特其时日本冈田挺之辑本及《群书治要》尚未传入中国，故其书不能如严君所辑之富备耳。若先河后海之义，则不可诬也。①

辑郑玄《六艺论》，纂《郑康成纪年》，皆为陈简庄先生之创举。鸿森教授于陈氏年谱中，各有如实记录，且详加按语以明首创之功。于仲鱼辑《六艺论》，鸿森教授考证云：

> 按：郑玄《六艺论》，王谟、臧庸、洪颐煊、袁钧、严可均、孔广林、马国翰、黄奭诸家亦各有辑本。臧本虽托云其高祖臧琳辑、臧庸补，然其书嘉庆六年冬始付刻，固远在先生书出之后矣。袁氏辑本其《序》虽以先生所辑未能尽善，"一书两引者未能归一，又多拦入引书者语，总论与六经之论往往杂出，失于比次，盖创始者难为功也"。袁本即据先生书重为校定，后出转精，理固宜然也。②

于陈仲鱼纂《郑康成纪年》，鸿森教授则更有大段考证文字：

> 按：此书或称"郑君年谱"。清代之纂郑玄年谱者，别有王鸣盛（见《蛾术编》卷五十八）、孙星衍（《高密遗书》本）、沈可培（《昭代丛书》本）、丁晏（《颐志斋丛书》本）、郑珍（见《郑学录》卷二）诸家。另洪颐煊有《郑玄别传注》、胡培翚撰《郑君传考证》、胡元仪有《郑君事绩考》。而先生此编导其先路者。钱大昕《序》云："经术莫盛于汉，北海郑君，兼通六艺，集诸家之大成，删裁繁芜，刊改漏失，俾百世穷经之士有所折中，

---

① 陈鸿森：《清儒陈鳣年谱》"乾隆四十七年、三十岁"条。
② 陈鸿森：《清儒陈鳣年谱》"乾隆四十九年、三十二岁"条。

厥功伟矣。而后人未有谱其年者，庸非缺事乎。海宁陈君仲鱼始据本传，参以群书，排次事实，系以年月，粲然有条，咸可征信，洵有功于先哲者矣。"(《潜研堂文集》卷二十六《郑康成年谱序》)袁钧纂《郑氏遗书》，即取先生是编以附诸后（羊复礼《简庄文钞跋》谓此书已佚亡，误）；阮元亦采先生所考者，以补孙谱刊行之。盖其创始之功终不可没也。①

钱大昕为乾嘉间学术大家，博赡通贯，举世无双，尤以精研史学而共推一代大师。乾隆末、嘉庆初，竹汀先生以古稀之年而为毕秋帆审订《续资治通鉴》。此举既系钱先生晚年之一重要学术活动，亦因兹事牵涉一时学术公案，故而纂辑竹汀先生年谱，于此尤当着意。

关于审订《续资治通鉴》事，竹汀先生曾孙庆曾续编《竹汀居士年谱》，系于"嘉庆二年、七十岁"条。据云：

　　是年，为两湖制军毕公沅校刊《续资治通鉴》。自温公编辑《通鉴》后，宋元两朝，虽有薛氏、王氏之续，而记载疏漏，月日颠倒，又略于辽金之事。近世徐氏重修，虽优于两家，所引书籍，犹病漏略。自四库馆开，海内进献之书，与天府储藏奇秘图籍，《永乐大典》所载事涉宋元者，前人都未寓目，毕公悉钞得之，以为此书参考之助。先经邵学士晋涵、严侍读长明、孙观察星衍、洪编修亮吉及族祖十兰先生佐毕公分纂成书。阅数年，又属公覆勘，增补考异。未蒇事而毕公卒，以其本归公子。②

竹汀先生为毕秋帆审订《续资治通鉴》，事情脉络并不复杂。然而身为重要当事人的章学诚，既于最初代沅致书钱大昕，嘱为审订，称"邵与桐校订颇勤"③；邵晋涵去世，章氏撰《邵与桐别传》，又指毕书初

①　陈鸿森：《清儒陈鳣年谱》"乾隆五十年、三十三岁"条。
②　钱庆曾：《竹汀居士年谱续编》"嘉庆二年、七十岁"条。
③　章学诚：《章氏遗书》卷九《为毕制军与钱辛楣官詹论续鉴书》。

刻非晋涵校，"乃宾客初订之本"①。枝节横生，真相紊乱，遂演为一学术公案。陈鸿森教授撰《钱大昕年谱别记》，别具只眼，于此做了精心考证。

于该谱"乾隆五十九年、六十七岁"条，鸿森教授记云：

> 是年，毕秋帆《宋元编年》二百卷纂成初稿，章实斋代笔与先生书，讨论书名及商榷义例，并录全书副本属为审订（原注：《章氏遗书》卷九《为毕制军与钱辛楣宫詹论续鉴书》）。

之后，陈先生加有两条按语。其一云：

> 森按：《宋元编年》即《续资治通鉴》原名。章氏致先生书，力主标名《宋元事鉴》。今题《续通鉴》者，盖先生不以章氏之标新立异为然，仍定今名，以继涑水之书。

其二云：

> 又按：章氏此信不记撰年，胡适之先生《章实斋年谱》系于五十七年壬子，并无明据。余考此信既言全书"计字二百三十五万五千有奇，为书凡二百卷""邵与桐校订颇勤"。是全书大体已经写定。又言"大约明岁秋冬拟授刻矣"，今据《瞿木夫自订年谱》乾隆六十年条，载先生为毕氏阅定考正，即于吴门开雕（原注：详本文明年条下），则章氏此书宜系于本年，庶几近之。②

正是以《瞿木夫自订年谱》为确证，于是陈鸿森教授记钱大昕乾隆

---

① 章学诚：《章氏遗书》卷一八《邵与桐别传》。
② 陈鸿森：《钱大昕年谱别记》"乾隆五十九年、六十七岁"条。

六十年、六十八岁学行云：

> 是年，为毕秋帆校订《续资治通鉴》，即于吴门开雕。[①]

随后，鸿森教授又于该谱"嘉庆六年、七十四岁"条，全文引竹汀先生致冯鹭庭书，记录钱大昕婉言谢绝为刻竣之《续资治通鉴》撰序事。陈先生指出："余意此殆先生借词耳。先生似不以其书为尽善，先前因毕氏之托属为审定，故勉应之耳。秋帆既卒，先生即将此稿还诸其家，而未刻之百七十卷，则不复为之校订矣。"[②] 至此，有关钱大昕校订《续资治通鉴》事，得陈鸿森教授梳理，遂告始末朗然。

段玉裁亦为乾嘉大儒，尤以注《说文解字》而推巨擘。段先生晚年，学随世变，乾嘉学派与乾嘉学术业已进入总结阶段。汉宋会通之风初起，虽其势尚微，然唱先声者亦有懋堂先生。讨论乾嘉学派与乾嘉学术，此实一甚可注意之现象。陈鸿森教授卓然睿识，在所撰《段玉裁年谱订补》中，于此特为强调。该谱"嘉庆十九年、八十岁"条，鸿森教授自陈寿祺《左海文集》卷四辑出谱主书札一通，予以全文征引：

> 恭甫大兄先生执事：伏惟侍奉万安，兴居多吉。今岁三奉手书，见赐《五经异义疏证》《尚书》《仪礼》诸经说，一一盥手洛诵，既博且精，无语不确。如执事者，弟当铸金事之。以近日言学者，浅尝剿说，骋骛猎名而已，不求自得于中也。善乎执事之言曰："文藻日兴而经术日浅，才华益茂而气节益衰，固倡率者稀，亦由所处日蹙，无以安其身，此人心世道之忧也。"愚谓今日大病，在弃洛、闽、关申之学不讲，谓之庸腐。而立身苟简，气节败，政事芜，天下皆君子，而无真君子，未必非表率之过也。故专言汉学，不治宋学，乃真人心世道之忧，而况所谓汉学者，如同画饼

---

① 陈鸿森：《钱大昕年谱别记》"乾隆六十年、六十八岁"条。
② 陈鸿森：《钱大昕年谱别记》"嘉庆六年、七十四岁"条。

乎？贵乡如雷翠庭先生，今尚有嗣音否？万舍人乞为致候。江子兰札云，邵武有高澍然亦良，执事主讲，宜与诸生讲求正学气节，以培真才，以翼气运。大著尚当细读，以求请益。弟今年八秩，终日饱食而已，记一忘十，甚可笑也，安足以当执事之推许。玉裁再拜。

鸿森教授于引述此札后，以一语揭出其间所透露之重要学术消息云："据此书，略可见段氏晚年之思想及其对当时学风之批评。乃近世论乾嘉学术者，颇多忽之不视，今亟宜表出之。"[1]

综上所述，整理和研究乾嘉学术文献，在推进乾嘉学派和乾嘉学术的研究中，其重要意义略可窥见。鉴于近一二十年间的乾嘉学派研究，起步甚速，文献准备似嫌不够充分。因此，未来一段时间，在这方面切实下一番功夫，或许是有必要的。谨以此向各位请教，如蒙赐教，不胜感谢。

---

[1]　陈鸿森：《段玉裁年谱订补》"嘉庆十九年、八十岁"条。

下编　晚清学术及一代学术之总结

第十八章　汉宋学术之争与《国朝学案小识》

嘉庆、道光间，中国古代学术即将翻过乾嘉汉学的一页，步入近代学术门槛。于是相关史籍应运而生，以对自明清更迭以来，近二百年间的学术进行批判总结。江藩的《国朝汉学师承记》，阮元的《皇清经解》《国史儒林传稿》，方东树的《汉学商兑》等，后先而起，各抒己见。至道光二十五年（1845）唐鉴《国朝学案小识》出，承兴复理学之呼声，理汉宋学术之纠葛，既总结一代学术盛衰，亦寄寓著者学术好尚，且可觇一时学术趋向。

一、汉宋学术之争的由来及其发展

清代的汉宋学术之争，是一代学术史上的重要公案。它自清朝初叶肇始，经乾嘉时代的汉学鼎盛，至嘉庆、道光间争议加剧，形同水火。

就为学蹊径而论，乾嘉汉学与宋明理学风格各异。宋学旨在阐发儒家经典所蕴涵的义理，而汉学则讲求对经籍章句的考据训诂。在中国古代学术史上，初无所谓汉、宋学术之分，有之则自清人始。正如近代学者刘师培所论："古无汉学之名，汉学之名始于近代。或以笃信好古该汉学之范围，然治汉学者未必尽用汉儒之说，即用汉儒之说，亦未必用以治汉儒所治之书。是则所谓汉学者，不过用汉儒之训诂以说经，及用汉儒注书之条例以治群书耳。"[①] 康熙间，毛奇龄治经力辟宋人旧说，

---

① 刘师培：《左庵外集》卷九《近代汉学变迁论》。

表彰汉儒经说，始揭"汉学""宋学"①之称。其后全祖望继起，尊汉儒"修经之功"，赞刘向"集诸经之大成"②，所著《经史问答》，为乾嘉汉学家评作"继古贤，启后学，与顾亭林《日知录》相埒"③。乾隆初，惠栋潜心经术，承其父祖未竟之志，以穷究汉《易》为家学，先后撰为《易汉学》《周易述》《九经古义》诸书。他倡言："汉经师之说，立于学官，与经并行。五经出于屋壁，多古字古音，非经师不能辨。经之义存乎训，识字审音，乃知其意。是故古训不可改也，经师不可废也。"④虽然惠氏梳理汉代经学源流未尽实录，混淆了今古文学之分野，但他的唯汉是尊，唯古是信，则在当时的学术舞台上率先扬起汉学之旗帜，开了兴复"古学"的先河。稍后的朴学大师钱大昕评价惠栋学风的影响时，认为："汉学之绝者千有五百余年，至是而粲然复章矣。"⑤

惠栋故世，戴震崛起。他承其乡先辈江永之教，于三吴惠学兼收并蓄，主张"由声音文字以求训诂，由训诂以寻义理"⑥，游学南北，名噪京城。后应聘入四库全书馆，与邵晋涵、周永年、纪昀等馆中众多名儒肆力经史，辑佚钩沉，校理群籍。经史考据因之而蔚成风气，书馆亦不啻"汉学家大本营"⑦。汉学得清廷优容，大张其军，如日中天。就连朝中显贵亦附庸风雅，"皆以博考为事，无复有潜心理学者。至有称颂宋、元、明以来儒者，则相与诽笑"⑧。于是朝野官绅，"竞尊汉儒之学，排击宋儒，几乎南北皆是矣"⑨。

汉学大行，宋学几不成军。虽当汉学初起，江南诗人袁枚即唱为

① 毛奇龄：《推易始末》卷一。
② 全祖望：《鲒埼亭集外编》卷三九《前汉经师从祀议》。
③ 阮元：《擘经室二集》卷七《全谢山先生经史问答序》。
④ 惠栋：《松崖文钞》卷一《九经古义述首》。
⑤ 钱大昕：《潜研堂文集》卷三九《惠先生栋传》。
⑥ 钱大昕：《潜研堂文集》卷三九《戴先生震传》。
⑦ 《梁启超论清学史二种·中国近三百年学术史》，朱维铮校注，复旦大学出版社，1985年，第115页。
⑧ 姚莹：《东溟文外集》卷一《复黄又园书》。
⑨ 袁枚：《随园诗话》卷二。

别调，致书惠栋加以商榷，指出："足下与吴门诸士厌宋儒空虚，故倡汉学以矫之，意良是也。第不知宋学有弊，汉学更有弊。宋偏于形而上者，故心性之说近玄虚；汉偏于形而下者，故笺注之说多附会。"[1] 然而势单力薄，汉学方兴未艾之势实非个人意志所能转移。尔后，面对汉学风靡，一味复古，宋学营垒中人目击其弊，亦不乏起而颉颃者。程晋芳、姚鼐、翁方纲，皆为四库馆臣，而指斥一时学风之弊，则异口同声。程晋芳认为："古之学者日以智，今之学者日以愚。古之学者由音释训诂之微，渐臻于诗书礼乐广大高明之域；今之学者琐琐章句，至老死不休。"因此他喟叹："海内儒家，昌言汉学者几四十年矣。其大旨谓，唐以前书皆尺珠寸璧，无一不可贵。由唐以推之汉，由汉以溯之周秦，而《九经》《史》《汉》，注疏为之根本，宋以后可置勿论也。呜呼！为宋学者未尝弃汉唐也，为汉学者独可弃宋元以降乎！"[2] 姚鼐、翁方纲皆主张分学问为义理、考订、辞章三途，力倡以义理为依归，反对专走考据一路。翁方纲指出："墨守宋儒，一步不敢他驰，而竟致有束汉唐注疏于高阁，叩以名物器数而不能究者，其弊也陋。若其知考证矣，而骋异闻，侈异说，渐致自外于程朱而恬然不觉者，其弊又将不可究极矣。"[3] 姚鼐则更诋汉学为"异道"，他说："近时阳明之焰熄，而异道又兴。学者稍有志于勤学法古之美，则相率而竞于考证训诂之途，自名汉学，穿凿琐屑，驳难猥杂。其行曾不能望见象山、阳明之伦，其识解更卑于永嘉，而辄敢上诋程朱，岂非今日之患哉？"[4]

乾隆末、嘉庆初，汉学日过中天，盛极将衰，不惟宋学中人诋斥其病痛无异词，而且汉学中人于自家学派积弊亦多所反省。凌廷堪、焦循、王引之诸儒，不谋而合，此呼彼应，皆有高瞻远瞩之论。

---

① 袁枚：《小仓山房文集》卷一八《答惠定宇书》。
② 程晋芳：《勉行堂文集》卷一《正学论四》。
③ 翁方纲：《复初斋文集》卷一一《与曹中堂论儒林传目书》。
④ 姚鼐：《惜抱轩文后集》卷一〇《安庆府重修儒学记》。

　　凌廷堪为徽州戴门后学，早在乾隆五十八年（1793）夏，他即予一时学风痛下针砭，指出："读《易》未终，即谓王、韩可废。论《诗》未竟，即以毛、郑为宗。《左氏》之句读未分，已言服虔胜杜预。《尚书》之篇次未悉，已云梅赜伪《古文》。甚至挟许慎一编，置九经而不习。忆《说文》数字，改六籍而不疑。不明千古学术之源流，而但以讥弹宋儒为能事，所谓天下不见学术之异，其弊将有不可胜言者。"① 焦循随之而起，力辩考据名学之非，他说："近之学者，无端而立一考据之名，群起而趋之。所据者汉儒，而汉儒中所据者，又唯郑康成、许叔重。执一害道，莫此为甚。"② 焦循尤其不赞成以考据补苴来代替经学研究，一如凌廷堪之所为，他亦假梳理一代经学源流，以鞭挞一时学风病痛。焦循就此写道：

　　　　本朝经学盛兴，在前如顾亭林、万充宗、胡胐明、阎潜丘。近世以来，在吴有惠氏之学，在徽有江氏之学、戴氏之学。精之又精，则程易畴名于歙，段若膺名于金坛，王怀祖父子名于高邮，钱竹汀叔侄名于嘉定。其自名一学，著书授受者，不下数十家，均异乎补苴掇拾者之所为。是直当以经学名之，乌得以不典之称之所谓考据者，混目于其间乎！③

　　王引之致书焦循，唱为同调，有云："惠定宇先生考古虽勤，而识不高，心不细，见异于今者则从之，大都不论是非。说《周礼》丘封之度，颠倒甚矣，他人无此谬也。来书言之，足使株守汉学而不求是者爽然自失。"④

　　继惠、戴之后，凌、焦、王皆一时经学大儒。以汉学俊彦而群起批

---

①　凌廷堪：《校礼堂文集》卷二三《与胡敬仲书》。
②　焦循：《先府君事略》，见《焦氏遗书》附录。
③　焦循：《雕菰楼集》卷一三《与孙渊如观察论考据著作书》。
④　王引之：《致焦里堂书》，见《焦氏遗书》卷首。

评一己学派之弊短，说明一个学术转变的新时期已经来临。当此风气转换之际，惠栋的再传弟子江藩，独坚守汉学壁垒，鼎力撑持，且以他为一方，演为空前激烈的汉宋学术之争。

二、江藩与《国朝汉学师承记》

江藩，字子屏，号郑堂，晚号节甫，江苏甘泉（今扬州）人。生于乾隆二十六年（1761），卒于道光十年（1830）[①]，终年70岁。他早年随父客居苏州，自12岁起，相继师从于薛起凤、汪缙。薛、汪皆好佛学，会通儒佛，自辟蹊径。藩父亦学佛有年，唯不取"儒佛一本"之说，主张则与薛、汪有异。江藩尔后的为学，虽不入佛学窠臼，但谨守庭训，终身不忘，既不辟佛，亦不佞佛。15岁以后，得苏州名儒余萧客、江声导引，从此步入经史考据门槛。

余、江二人皆惠栋弟子。余萧客字仲林，别字古农，以所著《古经解钩沉》而名噪南北。乾隆四十三年，余氏病殁。逝世前，以改订《古经解钩沉》寄厚望于江藩，叮嘱道："《钩沉》一书，汉、晋、唐三代经注之亡者，本欲尽采，因乾隆壬午四月得虚损症，危若朝露，急欲成书，乃取旧稿录成付梓，至今歉然。吾精力衰矣，汝能足成之，亦经籍之幸也。"[②] 余萧客故世，江藩一度泛滥诸子百家，如涉大海，茫无涯涘。后幸遇江声，教其读七经三史及许氏《说文解字》，进而究心惠栋所传汉儒《易》学。秉江声之教，江藩于18岁时，即著《尔雅正字》。后经改订，题为《尔雅小笺》，成为他的代表作品之一。乾隆四十九年，江藩承惠栋未竟之志，撰为《周易述补》五卷，将惠书所阙一一补足，引证精博，羽翼师说，同样是他生平代表之作。

---

① 江藩卒年，自闵尔昌《江子屏先生年谱》以降，均作道光十一年。据漆永祥教授《江藩与汉学师承记研究》考证，当为道光十年，可信可据。

② 江藩：《国朝汉学师承记》卷二《余古农先生》。

　　青年时代的江藩，返归扬州故里，先后受知于廷臣朱筠、王昶，广交南北俊彦如汪中、李惇、阮元、焦循等，经史之学，与日俱进。乾隆五十年（1785）父卒，家道中落，迫于生计，作幕四方。

　　嘉庆、道光间，老师宿儒，凋谢殆尽。江藩以布衣而为一时掌故之宗，与扬州学者焦循齐名，郑堂、里堂比美学坛，一时有"二堂"之目。江藩晚年所撰《国朝汉学师承记》，成为他一生最重要的代表作品。

　　关于《汉学师承记》的始撰年月，已不得详考，唯据书中自述及汪喜孙跋语等所记，则成书时间可以大致确定。该书卷二《余古农先生》，在引述传主嘱订《古经解钩沉》语后，江藩有云："藩自心丧之后，遭家多故，奔走四方，雨雪载途，饥寒切体，不能专志一心，从事编辑。今年已五十，忽忽老矣，叹治生之难，蹈不习之罪，有负师训，能不悲哉！"[①] 著者50岁，时当嘉庆十五年（1810）三月。汪中子喜孙跋《汉学师承记》称："吾乡江先生，博览群籍，通知作者之意，闻见日广，义据斯严，汇论经生授受之旨，辑为《汉学师承记》一书。异时采之柱下，传之其人，先生名山之业固当附此不朽。或如司马子长《史记》、班孟坚《汉书》之例，撰次《叙传》一篇，列于卷后，亦足屏后儒拟议窥测之见，尤可与顾宁人、钱晓征及先君子后先辉映者也。喜孙奉手受教，服膺有年，被命跋尾，不获固辞，谨以所闻质诸坐右，未识先生以为知言不也。"汪跋所署时间，为嘉庆十七年五月七日。[②] 而著者嗣子江茂钧跋《国朝经师经义目录》亦云："家大人既为《汉学师承记》，之后，复以传中所载诸家撰述，有不尽关经传者，有虽关经术而不醇者，乃取其专论经术而一本汉学之书，仿唐陆元朗《经典释文》传注姓氏之例，作《经师经义目录》一卷，附于记后。"语末则署

---

①　江藩：《国朝汉学师承记》卷二《余古农先生》。
②　汪喜孙：《汉学师承记跋》，见《汉学师承记》卷末。

嘉庆十六年十月。[①] 可见，《汉学师承记》之成书，至迟应在嘉庆十六年（1811）十月至翌年五月之间。二十三年夏，江藩应两广总督阮元聘，作幕羊城。同年除夕，阮元为《汉学师承记》撰序，将该书在岭南刊行。

《汉学师承记》以纪传体史籍之《儒林传》为圭臬，上起清初黄宗羲、顾炎武、阎若璩、胡渭，下迄嘉庆间尚健在的阮元、焦循、刘逢禄，一代经师皆著录其中。全书八卷，大致以传主世次为序，取阎若璩、胡渭、张尔岐、马骕冠诸卷首，以示述清代汉学，当溯源于清初诸儒。继以惠周惕、惠士奇、惠栋祖孙及余萧客、江声诸家，意在说明著者学术宗主之所在。卷三以下，依次著录王鸣盛、钱大昕、王昶、朱筠、江永、戴震、汪中、凌廷堪等乾嘉时代诸经学大师。一代经学源流，即据诸家传记汇编而得其脉络，唯清初学术大师黄宗羲、顾炎武及算学家陈厚耀，则属例外。陈厚耀为康熙间人，记中则置于卷七，与乾嘉诸经师同编。而开一代学术风气的黄宗羲、顾炎武，更在卷八而为全书殿后。

江藩何以要结撰《汉学师承记》？该书卷首自序，言之甚明。序中，表彰汉儒传经之功，于宋明诸儒，则概斥为"乱经非圣"。江藩写道："宋初，承唐之弊，而邪说诡言，乱经非圣，殆有甚焉。如欧阳修之《诗》，孙明复之《春秋》，王安石之《新义》是已。至于濂、洛、关、闽之学，不究礼乐之源，独标性命之旨，义疏诸书，束置高阁，视如糟粕，弃等弁髦。盖率履则有余，考镜则不足也。元明之际，以制义取士，古学几绝。而有明三百年，四方秀艾困于帖括，以讲章为经学，以类书为博闻，长夜悠悠，视天梦梦，可悲也夫！"在历数清代帝王的文治盛业之后，江序又云："藩绾发读书，授经于吴郡通儒余古农、同宗艮庭二先生，明象数制度之原，声音训诂之学，乃知经术一坏于东、西晋之清谈，再坏于南、北宋之道学。元明以来，此道益晦。至本朝，

---

① 江茂钧：《国朝经师经义目录跋》，见《目录》卷末。

三惠之学盛于吴中，江永、戴震诸君继起于歙，从此汉学昌明，千载沉霾，一朝复旦。暇日诠次本朝诸儒为汉学者，成《汉学师承记》一编，以备国史之采择。"① 这就是说，《汉学师承记》的结撰，是为了表彰汉学，拔宋帜而立汉帜，以供纂修《国史儒林传》的参考。由此可见，江藩此书，乃是同嘉庆十四、十五年间，陈寿祺、阮元在国史馆创编《儒林传》的努力相呼应的。

继《汉学师承记》之后，江藩又于嘉庆十六年（1811）撰《国朝经师经义目录》一书，附于《师承记》后。《目录》以《易》《书》《诗》《礼》《春秋》《论语》《尔雅》《乐》为序，将一代经师主要著述汇为一编。著录标准甚严，一以汉学为依归，凡"言不关乎经义小学，意不纯乎汉儒古训者，固不著录"②。譬如《易》一类，黄宗羲、宗炎兄弟的《易学象数论》《图书辨惑》，皆以"不宗汉学"而剔除。《书》一类，胡渭的《洪范正论》亦因"辟汉学五行灾异之说"而不录。《诗》一类，朱鹤龄的《毛诗通义》、陈启源的《毛诗稽古编》、顾栋高的《毛诗类释》等，或以"好博而不纯"，或以"怪诞不经"，或以"多凿空之言"，同样予以斥黜。至于宋学中人的经学著作，则一概不予著录。雍正、乾隆间，方苞以治《礼》学名世，江藩则以"更不足道"四字为总评而不屑一顾。

上述二书蒇事，江藩复撰《国朝宋学渊源记》二卷，于道光二年（1822）刊行。《渊源记》编纂体例，与《师承记》相同，皆为人物传记汇编。全书以地域为类，卷上著录孙奇逢、刁包以下诸北方宋学中人，卷下则专记刘汋、张履祥等。卷末附以沈国模、史孝咸及著者早年业师薛起凤、汪缙等，意欲据以明儒释之分。一如《汉学师承记》之扬汉抑宋，《宋学渊源记》虽本惠士奇"六经尊服、郑，百行法程、朱"之教，但终难脱门户成见。

---

① 江藩：《国朝汉学师承记》卷首《序》。
② 江茂钧：《国朝经师经义目录跋》，见《目录》卷末。

由于江藩门户之见甚深，所以《汉学师承记》初出，龚自珍即致书商榷，历数以"汉学"题名的诸多不妥，主张改题《国朝经学师承记》。而方东树则宗主程、朱，固守宋学，于江书并汉学痛加驳诘，以致酿成炽烈的汉宋学术之争。

三、方东树与《汉学商兑》

方东树，字植之，晚号仪卫老人，安徽桐城人。生于乾隆三十七年（1772），卒于咸丰元年（1851），终年 80 岁。东树幼承家范，受一方风气习染，学从古文词入。年二十二，师从同里姚鼐，与梅曾亮、管同、刘开并称姚门四杰。此后，潜心义理，讲求心性之学，一以朱子为依归。秉其师教，于一时汉学考证之风，深不以为然。

嘉庆二十四年（1819），两广总督阮元拟修《广东通志》，方氏应聘作幕羊城。当时，江藩亦以佐阮元辑《皇清经解》而同在幕署，且江氏《国朝汉学师承记》又刊行伊始。《师承记》的扬汉抑宋，激起方东树强烈不满，于是他改变不与论辩的故态，起而痛加驳诘，于道光四年（1824）撰为《汉学商兑》三卷。稿成，方氏试图谋求幕主的支持，誊为清本，呈书阮元。在《上阮芸台宫保书》中，方氏取阮元与唐代贤哲韩愈相比，赞美道："阁下道佐苍生，功横海望，岁路未强，学优而仕，归墟不舍，仕优复学。三十年间，中外咸孚，虽使退之复生，且将穷于言句，又岂晚进小生所能扬榷其大全者哉！"接着，又以之与汉唐经学大师马融、郑玄、孔颖达、贾公彦并论，指出："惟阁下早负天下之望，宜为百世之师，齐肩马、郑，抗席孔、贾，固已卓然有大功于六经而无愧色矣。"经此一番溢美推崇，始道出以《汉学商兑》"质疑""请业"之想。他说："今日之汉学，亦稍过中矣。私心以为，于今之时，必得一非常之大儒，以正其极，扶其倾，庶乎有以挽太过之运于未敝之先，使不致倾而过其极，俾来者有以考其功焉。以此求之当今之世，能正八柱而扫糠粃者，舍阁下其谁与归！"①然而求非其人，阮元本无意宋儒义理，实为一时汉学主盟，所以《汉学商兑》并未能如同《汉学师承记》那样，得到阮元的资助而刊行。

道光六年（1826），阮元调任云贵总督，方东树亦分道扬镳，返乡投靠安徽巡抚邓廷桢。同年四月，《汉学商兑序》成。序中，方氏于汉学昌言排击，指出："近世有为汉学考证者，著书以辟宋儒，攻朱子为本，首以言心、言性、言理为厉禁。海内名卿巨公，高才硕学，数十家递相祖述。……名为治经，实足乱经；名为卫道，实则畔道。"②尔后，复经改订，《汉学商兑》终在道光十一年得以刊行。

《汉学商兑》凡三卷，卷上追溯汉学家立说渊源，卷中辨析汉学中人主要学术主张，卷下集矢《国朝经师经义目录》，总论汉学流弊。全书仿照朱熹《杂学辨》体例，摘选汉学家语，逐条加以驳难。矛头所向，黄宗羲、顾炎武以下，迄于惠栋、戴震、钱大昕、江藩，汉学中人几乎无一幸免。南宋大儒黄震，不知是何缘由，竟为方氏訾议。早先为方东树所推崇的阮元，转眼之间已成讥弹对象。方氏说："顾、黄诸君虽崇尚实学，尚未专标汉帜。专标汉帜，则自惠氏始。惠氏虽标汉帜，尚未厉禁言理。厉禁言理，则自戴氏始。自是宗旨祖述，邪波大肆，遂举唐宋诸儒已定不易之案，至精不易之论，必欲一一尽翻之，以张其门户。江氏作《汉学师承记》，阮氏集《经解》，于诸家著述，凡不关小学，不纯用汉儒古训者，概不著录。……欲扫灭宋儒，毒罪朱子，鼓怒浪于平流，振惊飚于静树，可已而不已。斯风一煽，将害及人心学术。"③阮元有云："朱子中年讲理，晚年讲礼，诚有见于理必出于礼也。如殷尚白，周尚赤，礼也。使居周而有尚白者，以非礼析之，则人不能争；非理析之，则不能无争矣。故理必附于礼以行，空言理，则可彼

---

① 方东树：《仪卫轩文集》卷七《上阮芸台宫保书》。
② 方东树：《汉学商兑》卷首《序例》。
③ 方东树：《汉学商兑》卷上。

可此之邪说起矣。然则《三礼》注疏，学者何可不读！"方东树不顾先前以阮元与汉唐经学大师并称之论，独拈此条痛加批驳，认为："此之宗旨，盖欲绌宋学，兴汉学，破宋儒穷理之学，变《大学》之教为考证之学。非复唐、虞、周、孔以礼垂教经世之本，并非郑、贾抱守遗经之意。"甚至将阮说与王阳明《朱子晚年定论》齐观，诋为："邪说害正，其端甚微，其流甚巨。"[1] 书末，方东树引清高宗惩治谢济世非议朱子学的上谕为己张目，宣称："煌煌圣训，诚天下学者所当服膺恭绎，罔敢违失者也。"[2] 意欲假手清廷淫威以压制汉学，用心可谓良苦。

《汉学商兑》于道光初叶的问世，实非偶然。嘉道之际，国家多故，世变日亟，汉学日过中天，盛极而衰，学随世变，时代使然。如同《汉学师承记》和《皇清经解》一样，《汉学商兑》亦是对乾嘉汉学进行总结的著作。所不同者，只是前者为肯定式的褒扬，而后者则是否定式的批评罢了。汉学中人，沉溺考证训诂，远离世事，如醉如痴，为历史潮流淘汰势所必然。《汉学商兑》的批评，确能击中其病痛之所在，故而该书一经问世，便迅速激起共鸣。稍后，唐鉴《国朝学案小识》的结撰，即为一强烈反应。

四、唐鉴生平学行述略

唐鉴，字栗生，号敬楷，又号镜海，湖南善化（今长沙）人。生于乾隆四十三年（1778），卒于咸丰十一年（1861），终年 84 岁。故世之后，清廷赐谥确慎。

唐鉴出身于官宦世家。鉴祖焕，乾隆初，以举人官至山东平度州知州。父仲勉，乾隆五十八年进士，由知县官至陕西布政使。嘉庆十

---

① 方东树：《汉学商兑》卷中之上。
② 方东树：《汉学商兑》卷下。

年（1805），唐鉴以廪生入赀为临湘县学训导。十二年，举乡试。十四年，成进士，为翰林院庶吉士。十六年散馆，授翰林院检讨，充国史馆协修。二十三年，迁浙江监察道御史，疏劾湖南武陵知县顾烺圻贪劣，一时称快。后因疏奏淮盐事宜失当，以六部员外郎改补。道光改元，得诸城刘镮之荐，出知广西平乐府。道光四年（1824）之后，连遭父母丧，守制庐墓，后应聘主持山东泰安书院讲席。九年进京，仍补广西旧任。之后 10 余年间，历任安徽徽宁池太广道、江安粮道、山西按察使、贵州按察使、浙江布政使、江宁布政使。所至革除陋规，百度毕张，以清廉著称一时。道光二十年，奉旨内转太常寺卿，入都供职。鸦片战争起，疏劾琦善、耆英等，直声震天下。二十五年，遇车祸伤肘。翌年，即以老病奏请回籍。晚年，历主江苏尊经、钟山及江西白鹿洞诸书院讲席。后病殁于湖南。

唐鉴早年研摩文史，中年勤劳民事，乞假家居，潜心理学，以朱子为宗，笃信谨守而不移。生平著述有《朱子学案》80 卷、《国朝学案小识》15 卷、《畿辅水利备览》8 卷、《读易反身录》2 卷、《易牗》2 卷、《读易识》2 卷、《读礼小事记》2 卷、《四书拾遗》4 卷、《省身日课》14 卷等。其诗文杂著，后人辑为《唐确慎公集》10 卷刊行。

湖湘地区为理学之邦，北宋中叶，周敦颐开风气于先，两宋之际，胡安国、胡宏、胡寅父子传洛学于衡麓，湖湘学统奠定。南宋间，张栻、朱熹讲学于岳麓书院，湖湘理学为之大振。历元明诸朝，理学在湖湘地区久传不衰，终于在明清之际孕育出杰出的学术大师王夫之。乾嘉以还，复以地理环境的制约，理学独能世代相承。唐鉴承其家学，步入仕途之后，将理学风气带至京中。据其嗣子尔藻所撰《镜海府君行述》记，还在初任职翰林院时，公事之余，唐鉴即与戚人镜、贺长龄等以理学相切磋。道光二十年后再次供职京都，他又时常与倭仁、何桂珍、窦垿等，讲求性理体用之学。唐鉴论学，深嫉陆九渊、王阳明，一以二程、朱子为依归。他认为："圣人之学，格致诚正、修齐治平而已。离此者畔道，不及此者远于道也。"又说："夫学之所以异，道之所以歧，岂有他哉！皆由不识格致诚正而已。习空谈者，索之于昭昭灵灵而障于内；守残编者，逐之于纷纷借借而蔽于外。斯二者皆过也。"由此出发，他于乾嘉考据学深不以为然，斥之为"以剩余糟粕，夸为富强"的务外之学。唐鉴就此阐述道：

> 圣人之言典章也，莫大于颜子之问为邦，曰夏时、殷辂、周冕、韶乐；曰放郑声，远佞人。是必有顺天应人，长治久安，大经济，大功业，以运用于两间。岂惟推天文，考舆服，讲求乐律而已哉！其言政事，莫大于哀公之问政，曰达道五，行之者三；曰九经，行之者一。是必有事亲知天，明善诚身，真本原，真学问，以弥纶于无际。岂惟考官禄，别等差，讲明礼节而已哉！

所以他断言："沾沾焉辨论于粗迹者，不知圣人之学也，外之故也。"在唐鉴看来，唯有一秉朱子之教，格致诚正，合内外于一体，始是圣人之道。他说："《中庸》曰，成己仁也，成物知也。性之德也，合内外之道也，故时措之宜也。治国平天下之事，岂在外哉！不障于内，不蔽于外，惟格致诚正者能之。"[1] 以此为准绳，自道光二十三年（1843）初开始，唐鉴对前此二百年的清代学术进行总结，宗主程朱，卫道辨学，于道光二十五年夏，完成了《国朝学案小识》的结撰。稿成，经儒臣曾国藩、何桂珍及著者外甥黄倬等校核，于同年冬在京中刊行。

唐鉴平生所结撰的两部学案体著述，即《朱子学案》与《国朝学案小识》，后者刊行在先，故得以流传于世。而《朱子学案》虽纂修有年，咸丰初，唐氏应召入京，还曾就此奏报于登极伊始的清文宗。据称："臣读朱子全集，别为义例，拟分格致、诚正、修齐、治平为八大

---

[1]　唐鉴：《国朝学案小识》卷首《自序》。

案，而以朱子之文分隶之。则学者缕析条分，了然心目。"文宗亦欣然面谕："尔书出时，必呈朕览为要。"[1]但终因卷帙浩繁，未及刊行。著者故世后，遗稿又为后人遗失，仅有《朱子学案目录序》留存于今本《唐确慎公集》中。

五、《国朝学案小识》举要

《国朝学案小识》由五大学案组成，即《传道学案》《翼道学案》《守道学案》《经学学案》和《心宗学案》。全书凡 15 卷。卷一、卷二为《传道学案》，著录陆陇其、张履祥、陆世仪、张伯行等 4 人学行。卷三、卷四、卷五为《翼道学案》，著录汤斌、顾炎武、张尔岐、王夫之等 19 人学行。卷六、卷七、卷八、卷九为《守道学案》，著录于成龙、魏象枢、李光地等 44 人学行。卷一〇、卷一一为《守道学案》之《待访录》，著录应㧑谦、张贞生、刁包等 68 人学行。卷一二、卷一三、卷一四为《经学学案》，著录黄宗羲、朱鹤龄、梅文鼎等 104 人学行。后附《待访录》，著录张惠言、金榜、王鸣盛等 8 人学行。卷末为《心宗学案》，著录张沐、潘用微、赵宽夫 3 人学行。后附《待访录》，著录邵廷采、魏一鳌、彭绍升等 6 人学行。全书著录 200 年间学者，凡 256人。卷末一案虽未称作卷一五，实独立为一大案，故全书实应为 15 卷。

《国朝学案小识》何以要作五大学案的区分？著者于卷首撰有《提要》一篇以作解释。于《传道》一案，唐鉴开宗明义即云：

> 传何由而得其道乎？曰孔、孟、程、朱。道何由而传得其人？曰述孔、孟、程、朱。述孔、孟、程、朱何由而遽谓之传乎？曰孔、孟、程、朱之道晦，而由斯人以明；孔、孟、程、朱之道废，而由斯人以行。孔、孟、

程、朱之道何由而遽明、遽行乎？曰辨之严，异说不能乱；行之力，同志
服其真。虽未必遽能大明与行，而后之学者，可由是而进于明、进于行也。
则谓之明可，谓之行可，谓之传可。

这就是说，所谓传道者，指的是传承孔、孟、程、朱之道。换句话说，
也就是陆九渊、王阳明之学，皆不在此道之中。于此，著者接下去说得
很清楚，他说："明自正、嘉以后，讲新建者大肆狂澜，决破藩篱，逾
越绳检。人伦以坏，世道日漓，邪说诬民，充塞仁义。逮及鼎革，托为
老师宿儒者，尚欲以诐淫邪遁，淆乱人心，伤何如哉！"因而唐鉴认
为："世有欲正人心以熄邪说者，即谓之孟子可也，即谓之朱子可也。
道之传也，非斯人其谁与归！"

于《翼道》一案，著者的解释是：

> 传道者少，未尝不为道忧，翼道者众，又未尝不为道喜。非翼道之重
> 于传道也，翼之则道不孤矣。道不孤，则乱道者不能夺其传矣。不能夺其
> 传，而后统纪可一，法度可明。学术正而人心端，教化肃而风俗美，人道
> 与天道、地道并立矣。然则道之传也，传者传之，翼者亦相与传之也。

意即因有翼道诸人，传道者其势始得不孤。为此，唐鉴取南宋朱熹之与
张栻、吕祖谦为例，指出："孔子尚矣，曾子、子思、孟子尚矣，朱子
又岂易得耶？"

唐氏认为，道之所以不绝于天下，除传道、翼道诸儒外，尚有守道
而不渝诸儒。于是他于《守道》一案论道：

> 今夫救时者人也，而所以救时者道也。正直可以慑回邪，刚健可以御
> 强梗，庄严可以消柔佞，端悫可以折侵侮，和平可以息横逆，简易可以综
> 繁颐，抱仁戴义可以淑心身，周规折矩可以柔血气，独立不惧可以振风规，

百折不回可以定识力，守顾不重乎哉！

　　因此，唐鉴于守道诸儒亦至为推崇，表示："吾每得一人焉，未尝不正襟而起敬，端坐而缅思也。虽其人已往，而其流风余韵愈久而愈真，炳炳焉在天壤间也。"

　　以上三案，为全书主干，占至三分之二以上篇幅。相形之下，《经学》《心宗》二案，或轩轾早定，或意存贬抑，实则无足轻重，陪衬而已。所以于《经学》一案，著者借题发挥，对乾嘉考据学痛下针砭，指出：

　　　得其一字一句，远搜而旁猎之，或数十百言，或数千百言，蔓衍而无所底止。……乃或以辞意之别于今，度数之合乎古，遂至矜耀，以为得所未得，而反厌薄夫传圣人之道以存经者。是其所以自处，亦太轻矣。

由此而进，唐鉴引秦人论尊师之道为喻，对崇汉抑宋的学风加以抨击，认为："秦人有敬其老师而慢其师者，或问之，曰老师衣紫，师衣褐。或曰然则非敬其老师也，敬紫也。今之尊汉经师而诋朱子者，是亦敬紫之类也，又乌足与校哉！"

　　唐氏视陆王心学为异己，于《心宗》一案，则上起王阳明，下讫孙奇逢，皆以唱心学而有异朱子，遂同遭诋斥。他说："天泉一会，为阳明之学者，推阐师说，各逞所欲，各便所私。此立一宗旨，彼立一宗旨，愈讲愈诞，愈肆愈狂，愈名高而愈无礼。沦澌流荡，无所底极，而人心亡矣。人心亡，世教裂，而明社亦遂墟矣。有征君孙先生者，与鹿伯顺讲学于明者也。入国朝，年已七十，遁影韬形，枯槁以终其身宜矣，而乃移讲席于苏门山，仍以其旧闻号召天下，是亦不可以已乎！"①

---

① 唐鉴：《国朝学案小识》卷首《提要》。

六、编纂体例及其评价

《国朝学案小识》是继《明儒学案》和《宋元学案》之后，在清中叶问世的一部学案体著述。这部史书虽为门户之见拘囿，于《明儒学案》和《宋元学案》蓄意贬抑，诋为"千古学术之统纪由是而乱，后世人心之害陷由是而益深"①。但是，自《明儒学案》以来所确立的学案体史籍编纂格局，却是欲超脱其外而不能。该书卷首的《提要》，实脱胎于《明儒学案》各案之总论，无非变通旧观，取以为全书之冠冕而已。与《宋元学案》卷首之《序录》相比，则如出一辙。各学案案主学行的编纂，则又合《明儒学案》及《宋元学案》之案主传略及学术资料选编为一体，而以学术资料介绍为主干，一分一合，形异而实同。以下，仅以《传道学案》为例，略加剖析。

《传道学案》卷首为《提要》一段，其内容已如前所述，兹不复赘。全案著录凡4人，卷一为陆陇其、张履祥，卷二为陆世仪、张伯行。《平湖陆先生》一传，先以20余字略述传主字号开篇，随即大段征引传主论学主张，凡足以反映其学术风貌者，诸如《评定四书大全自序》《太极论》《学术辨》等，皆详加引述。接着才是传主政绩介绍。最后则以"门人"为目，附列王前席等4人姓名，以示学术传衍。一如《陆陇其传》，《桐乡张先生》一传，亦先是数十字的字号一类内容，以下即接以传主论学语要。由于著者对传主的倾心推崇，所以这一部分篇幅几多于陆氏一传二倍。随之才是张履祥生平梗概的介绍。传末，且立论一段，盛赞张履祥为"朱子后之一人"。最后，则分别以"同学""从游诸子"为目，附列颜士凤等7人姓名。《太仓陆先生》亦然。全篇以传主所著《思辨录》前后集的引述为中心，比较突出地体现了学案体史籍的基本特征，即以汇编案主论学资料为主干，辅以小传及论断。篇末，

---

① 唐鉴：《国朝学案小识》卷一二《经学学案·余姚黄先生》。

同样以"同学""从游诸子"为目，附列盛圣传等 24 人姓名。《仪封张先生》一传，与之前三传无异，传主论学语要亦占全传四分之三以上篇幅。篇末，且有评论云："自稼书、杨园两先生倡正学于南，天下之误入姚江者，稍知所趋向。而独河洛间，断断焉竞而不为之屈，则以夏峰之主持故也。先生能不惑溺于乡先生，而卓然归于至正，兢兢以程朱为守法，则今日之有志于洛学者，非先生之师而谁师乎。"①

《传道学案》中诸人传记，所引资料一般皆指明出处，而《经学学案》以下，因非著者表彰所在，所以引录资料皆不标所出。著者于此指出："经学三卷，有本《四库书目》者，有采取先辈文集者，有就本人所著书论次者。参互成篇，未便揭明所出。"②唐鉴以短短两年的时间，理董二百年间数以百计的学者著述，加以深陷门户之中，固执己见，一意表彰程朱一派，故粗疏漏略实亦在情理之中。所以，一部《国朝学案小识》，于《守道》《经学》《心宗》三案，皆有《待访录》一目。著者就此解释说："一时搜求未得其著述，则于别集之所论及者，随详随略，录以待访。"③可见，《待访录》一目之所辟，在编纂体例上并无新意，无非据以藏拙而已。

就具体编纂次第而言，《国朝学案小识》虽意在表彰道学，但《传道》《翼道》《守道》三案之分，其间根据何在，理由并不充分。而既不顾历史实际，又不问学术造诣，仅据卫道之勇，即拔陆陇其于全书卷首，亦多可商榷。为官清廉，鲠直不阿，固是陆陇其高风。但陆氏之学，执拗褊狭，拘守门户，比之于陆世仪为学的博大通达，志存经世，相去简直不可以道里计。因此，二陆并编，实是不伦。事实上，陆陇其的尊朱黜王，并非一时首倡，张履祥、吕留良的表彰朱熹学说，都要先于他。据私淑于陆陇其的吴光酉所辑《陆稼书先生年谱定本》载，

---

① 唐鉴：《国朝学案小识》卷二《传道学案·仪封张先生》。
② 唐鉴：《国朝学案小识》卷一二《经学学案题注》。
③ 唐鉴：《国朝学案小识》卷一二《经学学案题注》。

直到 40 岁前后，陆陇其尚在朱王学术间徘徊。后来在康熙十一、十二年，他四十三四岁时，结识吕留良，受张、吕二人学术影响，始成为朱子学笃信者。对于这一层关系，陆陇其本人也并不讳言。康熙二十二年（1683）十月，当他在京中获悉吕留良逝世的噩耗，曾撰文遥为祭奠。据称："陇其不敏，四十以前，以尝反复程朱之书，粗知其梗概。继而纵观诸家语录，糠秕杂陈，瑊玞并列，反生淆惑。壬子、癸丑（康熙十一、十二年——引者），始遇先生，从容指示，我志始坚，不可复变。"可见吕留良的为学主张对陆氏学术趋向影响之大。文中，陆陇其还对吕氏于阳明学的"破其藩，拔其根"备加推崇，指出："先生之学，已见大意。辟除榛莽，扫去云雾，一时学者获睹天日，如游坦途，功亦巨矣。"① 颇具讽刺意味的是，同样为黜王尊朱的学者，陆陇其因为清廷所用，遂于其身后，以理学名臣而获从祀孔庙的殊荣。吕留良却因不与清廷合作，而被清世宗斥为："狎侮圣儒之教，败坏士人之心，真名教中之罪魁也。"② 以致故世 41 年之后，还为文字冤狱祸及，惨遭戮尸枭首。唐鉴于此当然十分清楚，正因为对专制淫威心存余悸，所以《国朝学案小识》不敢有片言只字涉及吕留良。这一点，我们当然不必苛求于他。但是，陆陇其并非清初大儒，其学本受张履祥、吕留良影响，唐鉴也不会不知道。因而，仅以清廷好恶为转移，拔陆陇其于全书卷首，显然是不足取的。

　　清初理学界，在顺治及康熙初叶的二三十年间，主持一时学术坛坫风会者，实为王学大儒。这便是以孙奇逢为代表的北学，以李颙为代表的关学和以黄宗羲为代表的南学。而《国朝学案小识》无视历史实际，既以入清以后首倡"心宗"而黜孙奇逢于不录，又强学宗陆、王的李颙入程朱"翼道"者之列以张大门墙，于黄宗羲则贬入《经学学案》

---

① 陆陇其：《三鱼堂文集》卷一二《祭吕晚村先生文》。
② 《清世宗实录》卷八一"雍正七年五月乙丑"条。

之中。如此编次史籍，以门户之见而淆乱历史真相，其谬误是显而易见的。汤斌、耿介、魏一鳌，同为孙奇逢弟子，恪守师教，终身不渝，而《国朝学案小识》则分三人于三案。汤斌以《翼道》首席而居正统之列，耿介次之，得入《守道》一案，而魏一鳌则黜置程朱对立面，编于《心宗学案》。著者如此任意分割，亦不识根据何在。他如颜元、李塨师弟，并入《经学学案》已属不妥，而弟子李塨则擢至前列，其师颜元反名落乾嘉诸经师后。颠倒错乱如此，实是令人不解。

清代学术，以经学为中坚。经过清初诸儒的倡导，迄于乾嘉之世，遂呈鼎盛之势。其间，理学虽不绝如缕，但强弩之末，非同往昔，作为一种学术体系，实已失去发展生机。总结既往学术，表彰理学可，而歪曲历史，贬抑经学则不可。《国朝学案小识》先入为主，意存轩轾，每每强人就我。譬如顾炎武、王夫之，虽然皆有引据程朱以排击陆王的倾向，但是两家精深的经学造诣以及博大的为学体系，已远非理气心性的论究所能拘囿。江藩著《国朝汉学师承记》，强顾炎武入汉学营垒固属不当，而唐鉴的《国朝学案小识》一反其道，强顾、王二家入程朱"翼道"者之列，同样并不实事求是。唐鉴学案，既以经学命名，就当介绍清初以来诸经学名家大师，此本情理中事，不言而喻。然而两卷《经学学案》，则遗漏太多，殊不可解。乾嘉以还，大师辈出，如段玉裁、王念孙、王引之、焦循、庄存与、刘逢禄等，皆影响一代经学甚巨，尽人皆知。而唐书只字不录，视若不见，真不知如何取信于人！

综观《国朝学案小识》全书，虽力图变通《明儒学案》编纂格局，但亦未能尽脱旧轨，无非学案体史籍的变异而已。这种变异带着由学案向纪传体史籍之《儒林传》回归的色彩，就历史编纂学而论，应当说并不是一种前进。所以清亡以后，徐世昌主持《清儒学案》的纂修，便否定了《国朝学案小识》的变异，以对《明儒学案》和《宋元学案》的继承，为中国古代学案史做了一个名副其实的总结。

第十九章 晚清七十年之思想与学术

道光中叶的鸦片战争，给中国社会带来了亘古未有的历史巨变。以之为肇始，迄于清朝覆亡，70 年间的中国学术界，站在时代的前列，为中国的社会走出困境，进行了不懈的努力。以下，拟就此一历史时期思想与学术之概况作一扼要梳理，挂一漏万，疏失多有，尚祈各位不吝赐教。

一、经世思潮的崛起

乾隆中叶以后，正当清高宗宣扬文治、侈谈武功之时，吏治败坏，官逼民反，清王朝业已盛极而衰。嘉庆一朝，其衰颓不振集中表现为此伏彼起的南北民变。就中尤以湘黔苗民起义、川楚陕白莲教大起义、东南沿海武装反清和畿辅天理教起义，予清廷的打击最为沉重。嘉庆二十五年（1820）七月，仁宗病卒，宣宗继位，改明年为道光元年。如果说嘉庆一朝，清廷的衰微以民变迭起为象征，那么道光前期的 20 年，王朝的危机则突出地反映为鸦片输入，白银外流。前者是内忧，后者则是外患，内外夹攻，交相打击，清王朝已经日薄西山。以空前深刻的经济、政治和社会危机为根据，自康熙中叶以后沉寂多年的经世思潮再度崛起，在鸦片战争前后趋于高涨，从而揭开了中国近代思想与学术的序幕。

（一）龚自珍的经世思想

龚自珍（1792—1841），又名巩祚，字璱人，号定盦，浙江仁和（今杭州）人。嘉庆末，以举人官内阁中书。道光九年（1829）成进士，因书法不中规矩而仍归中书原班。后擢宗人府主事，官至礼部主客司主事，兼祠祭司行走。道光十九年（1839），迫于仕宦艰险，托名避其叔父出任礼部尚书之嫌，拔足南旋。返乡后，置别业于江苏昆山徐元文故园，应聘主持杭州紫阳书院讲席，兼职江苏丹阳县云阳书院。道光二十一年八月，在丹阳暴病而卒。

自珍出身于浙江望族，父祖簪缨文史，世代为官，其外祖段玉裁更是著称一时的文字学家。他自幼随父宦居京城，在家学濡染之下，为学之始即受乾嘉朴学影响。然而置身日趋加剧的社会危机之中，家庭影响毕竟是不能与社会力量相抗衡的。嘉庆十八年（1813）四月，自珍入京应顺天乡试。九月，天理教义军攻击紫禁城，朝野为之震惊。至此，所谓太平盛世已成历史陈迹，一代王朝衰象毕露。"日之将夕，悲风骤至"。江河日下的国运，志不得申的际遇，终于驱使龚自珍"但开风气不为师"，走上了一条特立独行的学以救世的道路。

嘉庆十八年，龚自珍撰成著名的《明良论》四篇，喊出了"更法"的时代呼声。他说："待其蔽且变，而急思所以救之，恐异日之破坏条例，将有甚焉者也。"[1] 自珍敏锐地感受到一场历史大动荡的行将来临，于是在随后写成的《尊隐》一文中，他再度敲响警世之钟："山中之民，有大音声起，天地为之钟鼓，神人为之波涛矣。"[2] 二十一年前后，自珍再成《乙丙之际著议》25篇。文中，他深刻地描绘出一幅"将萎之华，惨于槁木"的"衰世"景象："衰世者，文类治世，名类治世，声音笑貌类治世。……左无才相，右无才史，阃无才将，庠序无才士，陇无才民，廛无才工，衢无才商……当彼其世也，而才士与才民出，则百不才督之缚之，以致于戮之。戮之非刀、非锯、非水火，文亦戮之，名亦戮之，声音笑貌亦戮之。……徒戮其心，戮其能忧心、能愤心、能

---

① 龚自珍：《龚自珍全集》第一辑《明良论四》。
② 龚自珍：《龚自珍全集》第一辑《尊隐》。

思虑心、能作为心、能有廉耻心、能无渣滓心。"对于这样一个是非颠倒、黑白混淆、欲使一世之人皆麻木不仁的衰世，龚自珍痛心疾首，他惊呼："起视其世，乱亦竟不远矣！"① 因此，龚自珍对现存秩序的合理性大胆提出质疑，他说："居廊庙而不讲揖让，不如卧穹卢；衣文绣而不闻德音，不如服橐鞬；居民上、正颜色而患不尊严，不如闭宫廷；有清庐闲馆而不进元儒，不如辟牧薮。"② 一如《明良论》之倡言"更法"，在《乙丙之际著议》中，龚自珍再次提出了"改革"的主张，他指出："一祖之法无不敝，千夫之议无不靡，与其赠来者以劲改革，孰若自改革。"③

（二）魏源"以经术为治术"的主张

道光时代的思想界，魏源与龚自珍同以"绝世奇才"④ 而齐名。他们不仅以各自学以救世的倡导，成为一时经世思潮的领袖，而且承先启后，继往开来，皆是晚清学术的开风气者。

魏源（1794—1857），原名远达，字默深，一字汉士，湖南邵阳金潭（今属隆回县）人。他早年随父宦居京城，相继从胡承珙问汉儒经学，从刘逢禄问《春秋》公羊学，从姚学塽问宋儒理学。道光二年（1822），举顺天乡试，以博学多识，名噪京城，时谚有"记不清，问默深；记不全，问魏源"⑤ 之语。后屡经会试不第，为地方督辅藩臬聘，作幕四方，于江淮盐务、河工、漕运诸大政，多所赞画。道光二十五年成进士，累官至高邮知州。咸丰初，太平军下扬州，以"贻误文报"⑥ 被劾去职。晚年侨居兴化，潜心佛学，法名承贯。咸丰六年（1856），

---

① 龚自珍：《龚自珍全集》第一辑《乙丙之际著议第九》。
② 龚自珍：《龚自珍全集》第一辑《乙丙之际著议第二十五》。
③ 龚自珍：《龚自珍全集》第一辑《乙丙之际著议第七》。
④ 李兆洛：《养一斋文集》卷一八《与邓生守之》。
⑤ 姚永朴：《旧闻随笔》卷二《魏默深先生》。
⑥ 《清文宗实录》卷八八"咸丰三年三月己未"条。

南游西湖。翌年三月，病逝于杭州僧舍。

魏源之学，始自王阳明心学入。及至北上京城，侨寓江南，广交一时耆儒硕彦，视野大开，故于乾嘉汉宋诸学，皆深知其病痛所在。立足动荡的社会现实，他终由《春秋》公羊学而转手，走向了"通经致用"的道路。与汉宋学营垒中人异趣，魏源主张"以经术为治术"，倡导"通经致用"。他说：

> 能以《周易》决疑，以《洪范》占变，以《春秋》断事，以礼乐服制兴教化，以《周官》致太平，以《禹贡》行河，以三百五篇当谏书，以出使专对，谓之以经术为治术。曾有以通经致用为诟厉者乎？①

同将经术与治术、通经与致用合为一体相一致，魏源立足现实，厚今薄古，主张把古与今、"三代以上之心"与"三代以下之情势"相结合，进而提出"变古愈尽，便民愈甚"的社会改革论。他就此阐述道：

> 变古愈尽，便民愈甚。……天下事，人情所不便者变可复，人情所群便者变则不可复。江河百源，一趋于海，反江河之水而复归之山，得乎？履不必同，期于适足；治不必同，期于利民。是以忠、质、文异尚，子、丑、寅异建，五帝不袭礼，三王不沿乐，况郡县之世而谈封建，阡陌之世而谈井田，笞杖之世而谈肉刑哉！②

在魏源的现存经学著作中，《诗古微》和《书古微》自成体系，是最能体现他"以经术为治术"思想的著述。尽管二书逞臆武断，牵强立说，多为后世学者讥弹，但是学以经世的精神，在道咸时代的大动荡

---

① 魏源：《魏源集》上册《默觚上·学篇九》。
② 魏源：《魏源集》上册《默觚下·治篇五》。

中，则又是可宝贵的财富。如果说《诗古微》《书古微》是魏源在假经术以谈治术，因而还不得不披上神圣的经学外衣的话，那么他的《皇朝经世文编》以及稍后结撰的《圣武记》《海国图志》，则是呼唤经世思潮的旗帜鲜明的呐喊。自《皇朝经世文编》出，同光诸朝，代有续辑，迄于民国，影响历久不衰。

（三）经世思潮的高涨

嘉道之际崛起的经世思潮，自管同的《永命篇》倡言改革，经包世臣著《说储》主张废八股、开言路、汰冗言，具体拟议改制方案，到龚自珍社会批判思想的形成，南北呼应，不谋而合，都是一时学术界针对日趋深化的社会危机而发出的拯颓救弊呐喊。西方殖民者罪恶的鸦片贸易和愈益加剧的军事威胁，赋予这一思潮以新的时代内容。在道光二十年（1840）前后，时局使之迅速发生重心的转化，由拯颓救弊转向呼吁挽救民族危亡，成为近代反帝爱国斗争的先导。

在这里，首先应当表彰的是林则徐。林则徐（1785—1850），字元抚，号少穆，晚号竢村老人，福建侯官（今福州市）人。嘉庆十六年（1811）进士，以翰林院编修官至湖广总督。道光十八年末，以钦差大臣前往广东查禁鸦片，旋任两广总督。迄于二十年九月被诬革职，两年间，林则徐雷厉风行，禁绝鸦片，加强战备，抗敌御侮。同时，又组织译员，从事外国书报的翻译，以知己知彼，抗御外侮。据陈胜粦教授研究，林则徐组织翻译的外国书报，可大致归为五类：一是《澳门新闻纸》六册，并据以选辑《澳门月报》五辑；二是摘译《华事夷言》和《对华鸦片贸易罪过论》；三是据1836年伦敦出版的《世界地理大全》，译为《四洲志》；四是摘译滑达尔著《各国律例》（又译《万国公法》）；五是翻译大炮瞄准法等武器制造应用书籍。[①] 其中，《四洲志》及相关

---

① 陈胜粦：《林则徐与鸦片战争论稿》，中山大学出版社，1985年，第22页。

中外文献，后来皆转交魏源，辑入《海国图志》之中。

经历鸦片战争失败的打击，尤其是《南京条约》等一系列不平等条约的民族屈辱，魏源率先而起，探讨抗敌御侮的对策。道光二十一年（1841），他在江苏镇江晤林则徐，接过《四洲志》等资料，遵林氏嘱，纂辑《海国图志》。翌年，50卷书成，旋即刊行。后续经增补，于咸丰二年（1852）以100卷重刊。全书介绍世界各国历史、地理、经济、政治等诸方面情况，开宗明义即揭出撰述宗旨，乃在："为以夷攻夷而作，为以夷款夷而作，为师夷长技以制夷而作。"[①] 自此，"师夷长技以制夷"遂成一时进步知识界的共识。

在介绍西方富国强兵之道的同时，魏源又着手总结清代前期的用兵经验，撰为《圣武记》14卷。该书于道光二十二年秋初成，后叠经增订，于二十四年重刊，二十六年再刊。全书与《海国图志》两位一体，激励民族奋发，成为一时探讨抗御外侮途径的重要著述。同林则徐一样，在鸦片战争前后，魏源也是倡道开眼看世界的杰出先驱。

鸦片战争后，清廷的妥协退让，导致投降声浪一度甚嚣尘上。林则徐、魏源开眼看世界的经世主张，因之而多遭朝廷士大夫非议。然而当此逆境，与林、魏同调共鸣者，亦不乏其人。其中，尤以姚莹、徐继畬二人影响为大。

姚莹（1785—1853），字石甫，一字明叔，号展和，晚号幸翁，安徽桐城人。嘉庆十三年（1808）进士。鸦片战争期间，以台湾兵备道率一方军民抗击英国侵略军，英勇卓杰，名垂史册。《南京条约》签订后，竟因之获咎，贬谪川藏。在颠沛流离之中，他既据亲身经历所得，又就"藏人访西事"，撰成著名的《康輶纪行》一书。全书16卷，接武林则徐《四洲志》和魏源《海国图志》，对世界各国的历史地理做了较之林、魏更为详尽的介绍。著者主张通过深入了解各国的情

---

① 魏源：《海国图志》卷首《自序》。

况，以从中寻求抗敌御侮的正确途径。他说："若坐井观天，视四裔如魑魅，暗昧无知，怀柔乏术，坐致其侵凌，曾不知所忧虑，可乎？甚矣，拘迂之见，误天下国家也！"[①] 书中，以大量无可辩驳的事实，揭露英国侵略者对我西藏的觊觎，进而敦促清廷加强边防守备，尤具远见卓识。

　　徐继畬（1795—1873），字健男，号牧田，一号松龛，山西五台人。道光六年（1826）进士。自十六年起，历官广西浔州知府、福建延建邵道、汀漳龙道、两广盐运使、广东按察使、广西巡抚。二十六年，调任福建巡抚，兼署闽浙总督。鸦片战争后，东南沿海为对外交涉之前沿，徐氏多年供职两广、福建，于各国风土人情多所了解。其间，入觐京城，宣宗曾以各国风土形势为问，徐氏奏对其悉，后即奉命采辑成书。道光二十八年，《瀛寰志略》10卷竣稿刊行。全书据中外多种图书编纂而成，所涉凡80余国之风土人情、史地沿革和社会变迁等，尤以东南亚各国资料最称详备。由于该书编纂严谨，构图精审，足以与魏源辑《海国图志》并肩媲美，成为鸦片战争后介绍世界各国情况的重要著述。因而不惟在国内风行，而且同《海国图志》一并传入日本，影响甚巨。

二、从"中体西用"到"三民主义"

　　咸丰间，太平天国民变如火如荼，资本主义列强剑拔弩张，清廷内外交困，国家积弱不振。于是"师夷智以造炮制船"和"中学为体，西学为用"的洋务思潮应运而起。同治、光绪间，此一思潮凭借时局的短暂稳定而席卷朝野。甲午中日战争清廷的惨败，宣告了洋务运动的破产。30余年的"自强新政"，被日本侵略者的炮舰击得粉碎。帝国主义

----

① 姚莹：《康辅纪行》卷12。

列强凶相毕露，竞相在中国划分势力范围，瓜分风潮骤然加剧，中华民族面临亡国灭种的深重灾难。于是自 19 世纪 70 年代开始酝酿的早期改良主义思潮，遂以康有为、梁启超领导的变法维新运动的高涨，迅速发展成强劲的变法维新思潮。晚清的最后十余年，是资产阶级民主革命思潮汹涌澎湃的时期。以中山先生的"三民主义"为旗帜，这一思潮以前所未有的力度，猛烈地冲击腐朽的君主专制政治，从而推动辛亥革命的爆发，最终埋葬了清王朝。

（一）"中学为体，西学为用"的文化观

"中学为体，西学为用"，是晚清思想界的一个重要文化观。它以鸦片战争前后林则徐、魏源倡导的"师夷长技以制夷"的思想为先导，中经曾国藩、李鸿章等清廷重臣的首肯而张扬，直到由洋务派殿军张之洞撰《劝学篇》而加以总结，在洋务运动中形成和定型，风行于晚清论坛数十年。

"中体西用"文化观在晚清思想界的风行，不是一桩偶然的事情，它有其深刻的社会背景和文化背景。从文化演进的角度而言，此一文化观的萌生，乃是鸦片战争之后，面对西方文化的有力挑战，朝野士大夫和知识界的积极回应。其主要目的则在于为接受西学，使之为我所用而进行呼吁。

道光中叶的鸦片战争，西方资本主义列强的文化，以"船坚炮利"向中国文化发出了有力的挑战。如何对待这样一个挑战？林则徐、魏源等有识之士，正视现实，倡言"师夷长技以制夷"。也就是说，为了抵御西方列强的侵略，必须向他们在军事上的长处学习。在当时弥漫朝野的保守氛围中，尽管这一主张未能迅速传播，但是当第二次鸦片战争清廷再败之后，慑于西方列强的"船坚炮利"，奕䜣、曾国藩、李鸿章等内外重臣被迫接受了严酷的现实。咸丰十年（1860），两江总督曾国藩提出"师夷智以造炮制船"的主张，他说："目前资夷力以助剿

济运，得纾一时之忧。将来师夷智以造炮制船，尤可期永远之利。"① 曾国藩的这一主张，同奕䜣、李鸿章等此呼彼应，无异向朝野发出信号，即可以有选择地向西学学习，具体地说，就是向列强学习"船坚炮利"之术。

清廷重臣的思想转变，在很大程度上则来源于进步知识界的促进。在这方面，最先发出呐喊的便是冯桂芬。冯桂芬（1809—1874），字林一，号景亭，又号邓尉山人，江苏吴县人。道光二十年（1840）进士，历官翰林院编修、右春坊右中允。后因病居乡不出，讲学著书，俨然为东南耆宿。他学有根柢，经史、小学，多所究心，于天文、历法、数学，尤多用力。面对列强侵略，他接武林则徐、魏源，于时政多有议论，且对中西文化的比较，更深入一层。咸丰十一年（1861），他的《校邠庐抗议》编成。全书二卷，凡 50 篇。书中，冯桂芬倡言"采西学""制洋器"，敢于承认中国"四不如夷"，即"人无弃材不如夷，地无遗利不如夷，君民不隔不如夷，名实必符不如夷"②。因而主张在不违背"三代圣人之法"的前提下，向西方学习。他甚至说："法苟不善，虽古先吾斥之；法苟善，虽蛮貊吾师之。"③ 一言以蔽之，冯桂芬所提出的文化观，就叫作："以中国之伦常名教为原本，辅以诸国富强之术。"④

冯桂芬的《校邠庐抗议》，为"中体西用"文化观确立了基本格局。此后之阐发"中体西用"说者，无论是洋务派中人，还是批评洋务派的早期改良主义者，乃至倡变法以图强的康有为、梁启超等，皆未能从总体上逾越其藩篱。同治、光绪间的思想界，一如梁启超所论，"中体西用"之说，确乎大有"举国以为至言"之势。正是在这样一个基础

---

① 曾国藩：《曾文正公全集·奏稿》卷一二《覆陈洋人助剿及采米运津折》。
② 冯桂芬：《校邠庐抗议》下卷《制洋器议》。
③ 冯桂芬：《校邠庐抗议》下卷《收贫民议》。
④ 冯桂芬：《校邠庐抗议》下卷《采西学议》。

之上，光绪二十四年（1898）三月，张之洞推出《劝学篇》，对之进行了全面的阐述和总结。

张之洞（1837—1909），字孝达，号香涛，晚号抱冰，卒谥文襄，直隶南皮（今属河北）人。同治二年（1863）进士，由翰林院编修历官湖北、四川学政，山西巡抚，两广、湖广总督，晚年以体仁阁大学士、军机大臣病逝。作为封疆大吏和朝廷重臣，张之洞以兴办洋务的诸多业绩，而对晚清时局产生了重要影响。与之相辅而行，身为名重朝野的儒臣，他学养深厚，政教并举，亦对晚清学术留下了深刻影响。何以要结撰《劝学篇》？张之洞于此有如下说明：

> 今日之世变，岂特春秋所未有，抑秦、汉以至元、明所未有也。语其祸，则共工之狂、辛有之痛，不足喻也。庙堂盱食，乾惕震厉，方将改弦以调琴瑟，异等以储将相，学堂建，特科设，海内志士发奋扼腕。于是图救时者言新学，虑害道者守旧学，莫衷于一。旧者因噎而食废，新者歧多而羊亡。旧者不知通，新者不知本。不知通，则无应敌制变之术；不知本，则有非薄名教之心。夫如是则旧者愈病新，新者愈厌旧，交相为愈，而恢诡倾危、乱名改作之流遂杂出其说，以荡众心。学者摇摇，中无所主，邪说暴行，横流天下。敌既至无与战，敌未至无与安。吾恐中国之祸，不在四海之外而在九州之内矣。[①]

如何评价"中体西用"的文化观？在这个问题上，笔者赞成冯天瑜教授的意见。冯先生认为，洋务运动初起，统治阶级中人提出这样一种"折中"的文化选择，自有其进步意义。然而在酝酿维新变法的关键时刻，依然坚持这样的文化观，力图以"中体"去抗拒变法，当然是不可取的。戊戌变法失败，政治革命已经提上日程，仍旧鼓吹"中体西

---

① 张之洞：《张之洞全集》卷二七○《劝学篇序》。

用"，就更是对抗革命舆论，妨碍思想解放，阻挠社会进步。①

（二）梁启超的变法活动及学术贡献

梁启超（1873—1929），字卓如，一字任甫，号任公，又号饮冰室主人，广东新会人。他自幼即接受了良好的家庭教育，少年科第，才气横溢。光绪十六年（1890）春，入京会试，颓然受挫。南归途经上海，从坊间购得徐继畬所著《瀛寰志略》，始知有五大洲各国，眼界为之一开。初秋返粤，得以结识学海堂高材生陈千秋。时值康有为以布衣上书受逐，寓居广州。千秋服膺康氏学术，启超遂于是年八月通过千秋以弟子礼前往拜谒。这次历史性的拜谒，成为梁启超一生学术和事业的里程碑。从此，在中国近代历史上，揭开了康、梁并称的一页。

光绪二十年六月，中日甲午战争爆发。清廷腐败无能，丧师败绩。国家民族的危难，把正在万木草堂求学的梁启超召唤到荆棘丛生的政治舞台。翌年春，他北上京城。三月，清廷与日本签订丧权辱国和约的消息传来，启超与其师康有为挺身而起，组织在京会试的十八省举人，联名上书，反对割地赔款，力主拒和、迁都、变法。此后数年，启超奔走南北，投身变法救亡活动。光绪二十四年，作为发生在当年的百日维新的领袖之一，他写下了自己青年时代极为悲壮的一页。

这年正月，梁启超抱病北上，二月抵京。面对西方列强的瓜分风潮，他不顾病体孱弱，冒险犯难，愤然奔走呼号。四月二十三日，以光绪皇帝颁发的定国是诏谕为标志，梁启超、康有为等志士多年来为之奋斗的变法维新，一度演成事实。八月初六日，梁启超正在谭嗣同寓所商议国事，忽然接到宫廷政变发生、光绪皇帝被软禁、慈禧太后垂帘听政的报告，而且还得悉康有为住宅已被查抄。谭嗣同决意一死报国，敦促梁启超潜往日本驻华使馆求助。后幸为日本代理公使林权助庇护，始得

---

① 冯天瑜：《张之洞评传》第七章《旧学为体新学为用》。

取道天津，投日轮东渡。从此，迄于清亡，他一直客居日本。

百日维新后的10余年间，同在政治舞台上的连年受挫相反，梁启超的学问则大为增进。当时的日本，经过明治维新之后，锐意求治，无论在经济、政治、军事，还是学术文化诸方面，都一跃而成为亚洲一流强国。梁启超置身于这样一个相对开放的国度，使他得以广泛接触西方的哲学和社会政治学说，深入探讨日本强盛的经验。这不仅给了他以政治主张的理论依据，而且也极大地开阔了他的学术视野，使之摆脱康有为的改制、保教说，接受了西方的资产阶级进化论。梁启超抱定"读东西诸硕学之书，务衍其学说，以输入于中国"的为学宗旨，以"思想界之陈涉"[①]自任，在这10余年间，写下了大量的、影响深远的政论文章，成为向西方寻求救国救民真理的杰出先行者之一。

作为进化论的笃信者，从光绪二十七年（1901）起，他将此一理论引入史学领域，转而致力于中国历史学的建设，发愿编著《中国通史》。为此，他连续发表了一系列极有价值的史学著作，其中尤以刊布于光绪二十七年和二十八年的《中国史叙论》《新史学》影响最巨。

在中国史学史上，梁启超第一次引进了"历史哲学"的概念。他指出："善为史者，必研究人群进化之现象，而求其公理公例之所在，于是有所谓历史哲学者出焉。历史与历史哲学虽殊科，要之苟无哲学之理想者，必不能为良史，有断然也。"尤为可贵者，他正是以之为依据，朦胧地触及了中国数千年历史发展的轨迹，提出了历史进程"非为一直线"的思想。他指出："或尺进而寸退，或大涨而小落，其象如一螺线。明此理者，可以知历史之真相矣。"[②]梁启超就是这样以他所倡导和身体力行的"史界革命"，最早地把西方资产阶级史学理论引入中国，而且也使他无可争议地成为中国资产阶级史学理论的奠基人。

---

① 梁启超：《清代学术概论》，中华书局，1954年，第65页。
② 梁启超：《饮冰室合集》专集《新史学》。

光绪二十八年，梁启超把"史界革命"的主张诉诸实践，发表了《论中国学术思想变迁之大势》一文。全文原拟作 16 章，惜仅写至前六章即搁笔。后来，他又于光绪三十年（1904）续作八、九章，以《近世学术》为题刊行。梁启超的这篇学术论著，虽然对章炳麟所著《訄书》多有借鉴，但是他却以较之章氏略胜一筹的高屋建瓴之势，对中国古代学术演进的历史做了鸟瞰式的勾勒。他不仅把中国学术思想的发展史视为一个有公理公例可循的历史进程，而且就历史编纂学而言，则在旧有的学案体史籍基础之上，酝酿了一个飞跃，开启了一条广阔而坚实的研究途径。

（三）中山先生"三民主义"的提出

孙中山（1866—1925），是中国民主革命的伟大先行者，是中华民国的伟大缔造者。在晚清的最后 10 余年间，中山先生的民主革命思想日趋成熟，以"三民主义"学说的提出为标志，有力地推动民主革命思潮的高涨，成为辛亥革命的指导思想。

中日甲午战争爆发，中山先生于当年 10 月抵达檀香山。在他的倡导下，革命组织兴中会成立。兴中会的《盟书》《章程》，皆为中山先生草拟。在《盟书》中，中山先生为这一团体规定了"驱除鞑虏，恢复中国，创立合众政府"[1] 的斗争目标。而中山先生草拟的《檀香山兴中会章程》，则明确指出："本会之设，专为振兴中华、维持国体起见。盖我中华受外国欺凌，已非一日。皆由内外隔绝，上下之情罔通，国体抑损而不知，子民受制而无告。苦厄日深，为害何极！兹特联络中外华人，创兴是会，以申民志而扶国宗。"[2]

翌年正月，中山先生又在香港成立兴中会，并着手准备在广州发动武装起义。后因事机不密受挫，中山先生被迫流亡欧美。光绪二十二

---

① 孙中山：《檀香山兴中会盟书》，《孙中山全集》第 1 卷，中华书局，1981 年，第 20 页。
② 孙中山：《檀香山兴中会章程》，《孙中山全集》第 1 卷，中华书局，1981 年，第 19 页。

年（1896），清廷获悉中山先生伦敦踪迹，遂由驻英使馆将先生诱捕。幸得英国友人相助，逃出使馆。从此，中山先生以中国革命家而驰名于世。他的革命思想，亦通过海外华侨和留学生向四方传播。

　　光绪三十年（1904），中山先生的著名论文《中国问题的真解决》在美国发表。文中，中山先生第一次明确地提出了建立中华民国的政治理想。他说："中国现今正处在一次伟大的民族运动的前夕，只要星星之火就能在政治上造成燎原之势。"中山先生号召，建立"一个新的、开明的、进步的政府来代替旧政府"，即"把过时的……君主政体改变为'中华民国'"。中山先生就此指出："这样一来，中国不但会自力更生，而且也就能解除其他国家维护中国的独立与完整的麻烦。在中国人民中有许多极有教养的能干人物，他们能够担当起组织新政府的任务。"中山先生满怀信心地瞻望前程，明确向全世界昭示："一旦我们革新中国的伟大目标得以完成，不但在我们的美丽的国家将会出现新纪元的曙光，整个人类也将得以共享更为光明的前景。普遍和平必将随中国的新生接踵而至，一个从来也梦想不到的宏伟场所，将要向文明世界的社会经济活动而敞开。"[①]

　　为了实现中山先生的政治理想，光绪三十一年八月，以中山先生领导的兴中会为中心，联合其他革命团体，中国同盟会在日本东京成立。从此，中国资产阶级民主革命趋向高涨。1905 年 10 月，中国同盟会机关刊物《民报》在日本东京创刊。[②]中山先生为该刊撰《发刊词》，文中，先生第一次完整地揭示了他的三民主义学说。中山先生说：

　　　余维欧美之进化，凡以三大主义：曰民族，曰民权，曰民生。罗马之
　　亡，民族主义兴，而欧洲各国以独立。洎自帝其国，威行专制，在下者不

---

　　① 孙中山：《中国问题的真解决》，《孙中山全集》第 1 卷，中华书局，1981 年，第 254、255 页。

　　② 关于《民报》的创刊时间，从已故郭廷以教授《近代中国史事日志》说。

堪其苦，则民权主义起。十八世纪之末，十九世纪之初，专制仆而立宪政体殖焉。世界开化，人智益蒸，物质发舒，百年锐于千载。经济问题继政治问题之后，则民生主义跃跃然动，二十世纪不得不为民生主义之擅场时代也。是三大主义皆基本于民，递嬗变易，而欧美之人种胥冶化焉。其他旋维于小己大群之间而成为故说者，皆此三者之充满发挥而旁及者耳。[①]

一年之后，为庆祝《民报》创刊一周年，中山先生在日本发表重要演说，对他的三民主义学说做了全面阐发。中山先生指出："兄弟想《民报》发刊以来已经一年，所讲的是三大主义：第一是民族主义，第二是民权主义，第三是民生主义。"关于民族主义，中山先生说："民族主义，并非是遇着不同族的人便要排斥他……惟是兄弟曾听见人说，民族革命是要尽灭满洲民族，这话大错。"[②] 所谓民族主义，一言以蔽之，就是中山先生稍后所说的"驱除鞑虏，恢复中华"[③]，"倾覆满洲专制政府"[④]。关于民权主义，中山先生说："至于民权主义，就是政治革命的根本。……我们推倒满洲政府，从驱逐满人那一面说是民族革命，从颠覆君主政体那一面说是政治革命，并不是把来分作两次去做。讲到那政治革命的结果，是建立民主立宪政体。照现在这样的政治论起来，就算汉人为君主，也不能不革命。"[⑤] 因此归结到一句话，中山先生讲的"民权主义"，就叫作"建立民国"[⑥]。关于民生主义，中山先生说："我们实行民族革命、政治革命的时候，须同时想法子改良社会经济组织，

---

① 孙中山：《民报发刊词》，《孙中山全集》第 1 卷，中华书局，1981 年，第 288 页。

② 孙中山：《在东京民报创刊周年庆祝大会上的演说》，《孙中山全集》第 1 卷，中华书局，1981 年，第 324、325 页。

③ 孙中山：《中国同盟会革命方略》，《孙中山全集》第 1 卷，中华书局，1981 年，第 296—297 页。

④ 孙中山：《临时大总统誓词》，《孙中山全集》第 2 卷，中华书局，1982 年，第 1 页。

⑤ 孙中山：《在东京民报创刊周年庆祝大会上的演说》，《孙中山全集》第 1 卷，中华书局，1981 年，第 369 页。

⑥ 孙中山：《中国同盟会革命方略》，《孙中山全集》第 1 卷，中华书局，1981 年，第 297 页。

防止后来的社会革命，这真是最大的责任。"[①]中山先生认为，对于社会问题应当未雨绸缪，"兄弟所最信的是定地价的法"[②]，"平均地权"[③]。

中山先生的结论是："总之，我们革命的目的是为众生谋幸福，因不愿少数满洲人专利，故要民族革命；不愿君主一人专利，故要政治革命；不愿少数富人专利，故要社会革命。这三样有一样做不到，也不是我们的本意。达了这三样目的之后，我们中国当成为至完美的国家。"[④]中山先生的三民主义学说，为同盟会的革命活动提供了思想指导，从而使之在思想上战胜了康有为、梁启超代表的资产阶级改良主义，并为推翻清朝统治的辛亥革命奠定了思想基础。

三、会通汉宋学术以求新

晚清 70 年间的学术，有一潮流行之最久，亦最可注意，这便是会通汉宋，推陈出新。民国初年的著名学者王国维先生论清代学术，有一句很有名的话，他说："国初之学大，乾嘉之学精，而道咸以来之学新。"[⑤]王先生所说的"新"，既指当时方兴未艾的西学，同时亦应包括中国传统学术在会通汉宋中的自我更新。

（一）曾国藩与晚清理学

晚清理学，枯槁狭隘，已非宋明时代之可同日而语。唯得一曾国

---

①　孙中山：《在东京民报创刊周年庆祝大会上的演说》，《孙中山全集》第 1 卷，中华书局，1981 年，第 326 页。

②　孙中山：《在东京民报创刊周年庆祝大会上的演说》，《孙中山全集》第 1 卷，中华书局，1981 年，第 329 页。

③　孙中山：《中国同盟会革命方略》，《孙中山全集》第 1 卷，中华书局，1981 年，第 297 页。

④　孙中山：《在东京民报创刊周年庆祝大会上的演说》，《孙中山全集》第 1 卷，中华书局，1981 年，第 329 页。

⑤　王国维：《王静安先生遗书》卷二三《沈乙庵先生七十寿序》。

藩，以其事功学业相济，几呈中兴之势。曾国藩（1811—1872），原名子城，字伯涵，号涤生，湖南湘乡人。道光十八年（1838）进士，以翰林院检讨累官至大学士兼直隶、两江总督。他一生既以功业显，为洋务派重要领袖，亦以学业著，实为晚清学术界一承前启后之关键人物。

曾国藩之学术，既承桐城姚鼐遗绪，又得乡先辈唐鉴熏陶。唐鉴（1778—1861），字栗生，号敬楷，又号镜海，湖南善化（今长沙）人。嘉庆十四年（1809）进士，以翰林院检讨官至太常侍卿，后以老病还乡。他研摩文史，潜心理学，颇得湖湘学统之传。据其嗣子尔藻所撰《镜海府君行述》记，初任翰林，公事之余，唐鉴即与戚人镜、贺长龄等以理学相切磋。道光二十年后，再次供职京城，他又时常与倭仁、何桂珍、窦垿等讲求性理体用之学。唐氏论学，深嫉陆九渊、王守仁，一以二程、朱子为依归。于乾嘉考据学，他亦深不以为然。在他看来，唯有一秉朱子之教，格致诚正，合内外于一体，始是圣人之道。以此为准绳，自道光二十三年初开始，唐鉴对前此二百年的清代学术进行总结，宗主程朱，卫道辨学，于道光二十五年夏完成了《国朝学案小识》的结撰。稿成，经曾国藩、何桂珍等校勘，于同年冬在京中刊行。

曾国藩为学，既承唐鉴之教，又不拘门户，多方采获，遂终能由博返约，自成一家。乾嘉以还，汉学脱离社会实际的积弊，到曾国藩的时代已经看得很清楚。所以，在为《国朝学案小识》作跋时，曾国藩对汉学病痛进行针砭，指出：

> 近世乾嘉之间，诸儒务为浩博，惠定宇、戴东原之流，钩研诂训，本河间献王实事求是之旨，薄宋贤为空疏。夫所谓事者非物乎？是者非理乎？实事求是，非即朱子所称即物穷理者乎？名目自高，诋毁日月，亦变而蔽者也。[1]

---

[1]　曾国藩：《曾文正公全集》文集卷二《书学案小识后》。

这就是说，乾嘉学派中人引为学的之"实事求是"，在曾国藩看来，同朱子主张的"即物穷理"并无二致。

然而于汉学中人所擅长的"博核考辨"，曾国藩则并不一概抹杀。他表示："国藩一宗宋儒，不废汉学。"[1] 又说："于汉宋二家构讼之端，皆不能左袒以附一哄。于诸儒崇道贬文之说，尤不敢雷同而苟随。"[2] 对于一时朝野每以太平天国民变归咎汉学，曾国藩则持异议，他说：

> 君子之言也，平则致和，激则召争。辞气之轻重，积久则移易世风，党仇讼争而不知所止。曩者良知之说，诚非无蔽，必谓其酿晚明之祸，则少过矣。近者汉学之说，诚非无蔽，必谓其致粤贼之乱，则少过矣。[3]

曾国藩认为，为学须破除畛域，会通汉宋，他说：

> 乾嘉以来，士大夫为训诂之学者，薄宋儒为空疏，为性理之学者，又薄汉儒为支离。鄙意由博乃能返约，格物乃能正心。必从事于礼经，考核于三千三百之详，博稽乎一名一物之细，然后本末兼该，源流毕贯。虽极军旅战争，食货凌杂，皆礼家所应讨论之事。故尝谓，江氏《礼书纲目》、秦氏《五礼通考》，可以通汉宋二家之结，而息顿渐诸说之争。[4]

由此出发，曾国藩以转移风俗、陶铸人才为己任，极意表彰礼学，主张以之去经世济民。他说：

> 先王之道，所谓修己治人，经纬万汇者，何归乎？亦曰礼而已矣。秦

---

① 曾国藩：《曾文正公全集》书札卷二〇《复颍州府夏教授书》。
② 曾国藩：《曾文正公全集》书札卷一《致刘孟蓉》。
③ 曾国藩：《曾国藩全集》文集卷一《孙芝房侍讲刍论序》。
④ 曾国藩：《曾国藩全集》书札卷一三《复夏弢甫》。

灭书籍，汉代诸儒之所掇拾，郑康成之所以卓绝，皆以礼也。杜君卿《通典》，言礼者十居其六，其识已跨越八代矣。有宋张子、朱子之所讨论，马贵与、王伯厚之所纂辑，莫不以礼为兢兢。我朝学者，以顾亭林为宗，国史儒林传，褎然冠首，言及礼俗教化，则毅然有守先待后、舍我其谁之志，何其壮也。厥后张蒿庵作《中庸论》，及江慎修、戴东原辈，尤以礼为先务。而秦尚书蕙田，遂纂《五礼通考》，举天下古今幽明万事，而一经之以礼，可谓体大思精矣。①

对于曾国藩先生在晚清学术史上的地位，已故钱宾四先生早年著《中国近三百年学术史》，有过专题讨论。宾四先生指出："涤生论学……虽极推唐镜海诸人，而能兼采当时汉学家、古文家长处，以补理学枯槁狭隘之病。其气象之阔大，包蕴之宏丰……有清二百余年，固亦少见其匹矣。"② 大师定评，实是不刊。

（二）黄式三的实事求是之学

黄式三（1789—1862），字薇香，号儆居，晚号知非子，浙江定海人。式三早年为岁贡生，屡应乡试不售，遂弃绝举业，专意治经。他毕生为学，"以治经为天职"③，主张会通汉宋，实事求是。他说："经无汉宋，曷为学分汉宋也乎！自明季儒者疏于治经，急于讲学，喜标宗旨，始有汉学、宋学之分。"④ 又说："学者分汉宋为二，誉矛忘盾，誉盾忘矛，读沈征君《果堂集》而知其非矣。……惠征君定宇，治汉学者之所宗也，志君之墓则曰：'自古理学之儒，滞于稾而文不昌；经术之士，汩于利而行不笃。君能去两短，集两长。'然则士苟志学，何不取汉宋

---

① 曾国藩：《曾国藩全集》文集卷二《圣哲画像记》。
② 钱穆：《中国近三百年学术史》下册，中华书局，1986年，第590—591页。
③ 黄式三：《儆居集》经说二《上达说》。
④ 黄式三：《儆居集》经说三《汉宋学辨》。

之所长者兼法之也邪！"① 因之式三倡言："天下学术之正，莫重于实事求是，而天下之大患，在于蔑古而自以为是。"②

黄式三早年，即本"实事求是"为学的，撰为《汉郑君粹言》一书，以推尊郑玄学说。书中有云：

> 世推北海郑君康成为经学之祖，辄复以短于理义而小之。郑君果短于理义乎哉？……夫理义者，经学之本原；考据训诂者，经学之枝叶、之流委也。削其枝叶而干将枯，滞其流委而原将绝。人苦不自知，而詡詡焉以其将枯绝者，矜为有本有原，鄙意所不信。而谓好学如郑君，无本而能有枝叶，无原而能有流委，尤不敢信之矣。③

而对于一时学术界中人宗汉宗宋，分门别户，黄式三深不以为然，他说："自治经者判汉宋为两戒，各守专家，而信其所安，必并信其所未安。自欺欺人，终至欺圣欺天而不悟，是式三所甚悯也。"④ 因此，黄式三既肯定江藩著《国朝汉学师承记》"可以救忘本失源之弊"，同时又指出："江氏宗郑而遂黜朱，抑又偏矣。"他的结论是："江氏宗师惠、余，揽阎、江诸公为汉学，必分宋学而二之，适以增后人之惑也。"⑤

式三晚年，尤好礼学，认为："礼者理也。古之所谓穷理者，即治礼之学也。尽性在此，定命在此。"⑥ 式三治礼，谨守郑学，不废朱子，于封建、井田、兵赋、郊禘、宗庙、学校、明堂、宗法诸大节目，凡有疑义，多所厘正。所撰《复礼说》《崇礼说》《约礼说》三篇，荟萃一生

---

① 黄式三：《儆居集》读子集四《读果堂集》。
② 黄式三：《儆居集》读子集三《读顾氏心学辨》。
③ 黄式三：《儆居集》杂著一《汉郑君粹言叙》。
④ 黄式三：《儆居集》杂著一《易释叙》。
⑤ 黄式三：《儆居集》杂著一《汉学师承记跋》。
⑥ 黄家岱：《㷀艺轩杂著》卷下《礼记笺正叙》。

治礼心得，提纲挈领，最得礼意。《复礼说》集中讨论礼之渊源流变，一以孔子"克己复礼为仁"为依归，他说：

> 礼也者，制之圣人，而秩之自天。当民之初生，礼仪未备，而本于性之所自然，发于情之不容已，礼遂行于其间。……孔圣言克己复礼为仁。复礼者，为仁之实功也，尽性之实功也。[①]

《崇礼说》论证"礼即为德性"，进而主张以"崇礼"为根本，融尊德性与道问学于一体。文中指出：

> 君子崇礼以凝道者也，知礼之为德性也而尊之，知礼之宜问学也而道之，道问学所以尊德性也。……后世君子，外礼而内德性，所尊或入于虚无；去礼而滥问学，所道或流于支离。此未知崇礼之为要也。不崇礼即非至德，何以能凝至道！[②]

《约礼说》则阐发《论语》博文约礼旨趣，并据以驳难"以心之臆见为理""以本心之天理言礼"的诬枉。式三说：

> 《论语》缠言博文约礼，圣训章矣。礼即先王之《礼经》也。王阳明《博约说》，博其显而可见之礼曰文，约以微而难见之理曰礼。岂圣人之教，必待王氏斡补而后明乎？礼一也，分显微而二之。文与礼二也，以礼之显者为文而一之。其所谓理，谁能明之乎？……以心之臆见为理，而理已诬；以本心之天理言礼，而礼又诬。[③]

---

① 黄式三：《儆居集》经说一《复礼说》。
② 黄式三：《儆居集》经说一《崇礼说》。
③ 黄式三：《儆居集》经说一《约礼说》。

（三）黄以周会通汉宋学术的努力

黄以周（1828—1899），字元同，号儆季，晚号哉生，浙江定海人。定海黄氏，世代力农。至以周祖兴梧，有志经学，以治《易》《诗》著名庠序。^① 以周父式三继起，潜心经学，遍治群经，更专以治礼名家。以周幼承庭训，为学伊始，即在式三课督之下奠定经学藩篱。他6岁入塾识字，7岁便开始读《小戴记》，初知礼学。后依次读《尚书》《诗经》《周易》，打下坚实经学根柢。道光二十年（1840），英国侵略军蹂躏定海，以周随父避兵镇海之海晏乡。迄于式三病逝，20余年间，一门朴学，治经传家。式三晚年，笃志礼学。以周亦步亦趋，专意读礼。他先是读秦蕙田《五礼通考》，病秦氏书言吉礼之好难郑玄说，军礼又太阿康成意，于是每一卷毕，皆有札记。自咸丰十年（1860）起，开始全面整理和总结历代礼学，结撰《礼书通故》，从此走上会通汉宋、表彰礼学的为学道路。时年33岁。

以周治礼，一秉其父之教，扫除门户，实事求是。他说："六经之外无所谓道，六书之外无所谓学。故欲谭道者先通经，欲通经者先识字。"^② 又说："离故训以谈经而经晦，离经以谈道而道晦。"^③ 因此，以周主张："去汉学之琐碎而取其大，绝宋学之空虚而核诸实。"^④ 他读《汉书艺文志》，就《孝经》《尔雅》共编一家，成札记一篇，有云："凡解经之书，自古分二例，一宗故训，一论大义。宗故训者，其说必精，而拘者为之，则凝滞章句，破碎大道；论大义者，其趣必博，而荡者为之，则离经空谈，违失本真。博其趣如《孝经》，精其说如《尔雅》，解经乃无流弊。《汉志》合而编之，乃所以示汉世读经之法。惜今之讲汉学、讲宋学者，分道扬镳，皆未喻斯意。"^⑤ 以如是之见而论《汉志》，

---

① 黄以周：《儆季杂著》文钞五《先考明经公言行略》。
② 黄以周：《儆季杂著》文钞二《说文解字补说叙》。
③ 黄以周：《儆季杂著》文钞二《经训比义叙》。
④ 黄以周：《儆季杂著》文钞三《答刘艺兰书》。
⑤ 黄以周：《儆季杂著》史说二《读汉艺文志》。

可谓读书得间，别具只眼。

同治元年（1862），黄式三病逝，以周居丧守制，读礼不辍。至光绪四年（1878），历时 19 年，《礼书通故》撰成，以周已然年逾半百。全书 100 卷，自礼书、宫室、衣服、卜筮，至六书、乐律、车制、名物，附以仪节、名物二图及叙目，凡作 50 目。以周所撰该书叙，梳理礼学源流，阐发著述大旨，最可见其礼学思想。他说：

> 夫礼唐修其五，虞典以三，夏造殷因，周礼犹酿。东迁以后，旧章云亡，孔子赞修，犹苦无征，言、曾讨论，又复错出。礼学难言，由来久矣。战国去籍，暴秦焚书，先王典章，尽为湮没。抱残守阙，汉博士之功也。分门别户，又汉博士之陋也。宣帝忧之，遂开石渠，以为不讲家法，无以明其宗旨，专守家法，又恐戾乎群经。于是令其法之异者，各陈师说，博观其义，临决称制，以定一尊。小戴次君，爰作奏议，执两用中，有合古道。白虎之论，聿追前徽，班氏孟坚，又纂通义，乃专取一己所好，尽扫群贤之议，大义虽存，师法莫考。许君叔重，裒入异议，拾戴议之遗，砭班论之锢，淯陈众见，条加案语。郑君康成，又驳其非而存其是，古礼以明。

> 夫西京之初，经分数家，东京以来，家分数说。一严其守，愈守愈精；一求其通，愈通愈密。诸博士，其守之精者也；戴、许二书，其通者也；郑所注书，囊括大典，网罗众家，其密者也。唐宋以来，礼学日微，好深思者或逞臆说，好述古者又少心得。究其通弊，不出两轨。以周不揣谫陋，缀入异闻，不敢立异，亦不敢苟同，为之反复群书，日夜覃思。贤者识大，不贤识小，道苟在人，何分局途。上自汉唐，下迄当世，经注史说，诸子杂家，谊有旁涉，随事辑录。昔者高密笺《诗》而屡易毛传，注《礼》而屡异先郑，识已精通乎六艺，学不专守于一家。是书之作，窃取兹意，以为按文究例，经生之功，实事求是，通儒之学。或者反以不分师说为我诟

病，甘作先儒之佞臣，卒为古圣之乱贼，惴惴自惧，窃有不敢。[1]

《礼书通故》成，一时经学大师俞樾欣然撰序，备加称道。俞先生说：

> 国朝经术昌明，大儒辈出，于是议礼之家日以精密。……而汇萃成书，集礼家之大成者，则莫如秦味经氏之《五礼通考》。曾文正公尝与余言，此书体大物博，历代典章具在于此，三通之外，得此而四，为学者不可不读之书。余读之诚然。惟秦氏之书，按而不断，无所折中，可谓礼学之渊薮，而未足为治礼者之艺极。求其博学详说，去非求是，得以窥见先王制作之潭奥者，其在定海黄氏之书乎！……君为此书，不墨守一家之学，综贯群经，博采众论，实事求是，惟善是从。……洵足究天人之奥，通古今之宜，视秦氏《五礼通考》，博或不及，精则过之。[2]

晚近著名经史学家胡玉缙先生为其师《礼书通故》撰写提要，亦给了该书以"体大思精"[3]的至高评价。

《礼书通故》刊行，已是光绪十九年（1893），以周年届 66 岁。晚年的黄以周，表彰诸子，沟通孔孟，依然专意兴复礼学。对于颜子，他表彰道："颜子之所乐者天，而乐天之学由好礼始。……颜子所见之大，虽无容轻拟，要不越《中庸》所谓'优优'之礼矣。……颜子有王佐才，要亦不出乎礼。"由表彰颜渊而及有宋诸儒，以周又说："朱子论程门高第弟子，如谢上蔡、游定夫、杨龟山皆入禅学，惟吕与叔不入禅。吕氏初学于张子横渠，湛深礼学者也。朱子之门，群推黄子勉斋为

---

① 黄以周：《礼书通故》卷末《叙目》。
② 俞樾：《礼书通故序》，见《礼书通故》卷首。
③ 胡玉缙：《许庼学林》卷一七《礼书通故跋》。

冠，黄子亦深于礼。"①以周认为："古人论学，详言礼而略言理，礼即天理之秩然者也。"因此，他的结论是："考礼之学，即穷理之学。"本此认识，黄氏于曾子有云："曾子之穷理，本末兼彻，经权并明，故卒能得孔孟一贯之传，又何间焉！"②

对于子游、子夏，以周亦有专文表彰，他说：

> 《仪礼》之记，先儒多以为子夏作。子游之言，亦多散见于《戴记》中。二子之学，实于礼为尤长。……学士之习礼者，专尚繁文缛节，务外而遗内，不知礼意所在。子游欲挽末流之失，独作探本之论。……子夏谨守礼文而不夺其伦，子游深知礼意而不滞于迹，一沉潜，一高明，学各得其性之所近。③

而黄以周晚年最为精意者，则是表彰子思子，为此，他以 69 岁之年，辑为《子思子辑解》七卷。以周考证："子思困于宋作《中庸》，归于鲁作《表记》。"他说："《旧唐书》载沈约之言曰，《中庸》《表记》《坊记》《缁衣》，皆取诸子思子。王伯厚《艺文考证》，亦引沈言。夫子思子作《中庸》，史有明文。《文选注》引子思子'民以君为心'二句及《诗》云'昔有先正'四句，今皆见《缁衣篇》。则《缁衣》出于子思子，可信。且小戴辑记，以《坊记》厕《中庸》前，《表记》《缁衣》厕《中庸》后，与大戴类取《曾子》十篇正同。《坊记》《表记》《缁衣》皆以'子言之'发端，其文法尤相类，则休文之言益信。"④近者郭店楚简出，时贤多有表彰子思学说，甚至倡言"重写学术史"者，殊不知，先贤黄以周已唱先声于百余年前矣。

---

① 黄以周：《儆季杂著》文钞一《颜子见大说》。
② 黄以周：《儆季杂著》文钞一《曾子论礼说》。
③ 黄以周：《儆季杂著》文钞一《子游子夏文学说》。
④ 黄以周：《儆季杂著》礼说六《坊记》。

有清一代学术，由清初顾炎武倡"经学即理学"开启先路，至晚清曾国藩、陈澧和黄式三、以周父子会通汉宋，兴复礼学，揭出"礼学即理学"而得一总结。以经学济理学之穷的学术潮流，历时 300 年，亦随世运变迁而向会通汉宋以求新的方向演进。腐朽的清王朝虽然无可挽回地覆亡了，然而立足当世，总结既往，会通汉宋以求新的学术潮流，与融域外先进学术为我所有的民族气魄相汇合，中国学术依然在沿着自己独特的发展道路而曲折地前进。跟在别人的后面跑，是永远不会有出路的，这不就是晚清 70 年的学术给我们所昭示的真理吗！

简短的结语：

晚清 70 年，中国社会经历了一场亘古未有的历史巨变，一时朝野俊彦，站在时代之前列，为中国社会走出困境，为中国学术之谋求发展，殊途同归，百家争鸣。晚近著名学者王国维先生论清代学术云："国初之学大，乾嘉之学精，而道咸以来之学新。"王先生以一"新"字来赅括晚清学术，得其大体，实是不刊。70 年间，先是今文经学复兴同经世思潮崛起合流，从而揭开晚清学术史之序幕。继之洋务思潮起，新旧体用之争，一度呈席卷朝野之势。而与之同时，会通汉宋，假《公羊》以议政之风亦愈演愈烈，终成戊戌维新之思想狂飙。晚清的最后一二十年间，"以礼代理"之说蔚成风气，遂有黄以周《礼书通故》、孙诒让《周礼正义》出而集其大成。先秦诸子学之复兴，后海先河，穷原竟委，更成一时思想解放之关键。中山先生三民主义学说挺生其间，以之为旗帜，思想解放与武装抗争相辅相成，遂孕育武昌首义而埋葬清王朝。

述往思来，鉴古训今。认真总结晚清 70 年之思想与学术，对于今日及往后中国学术和中国社会之发展，无疑是会有益处的。

第二十章　梁启超对清代学术史研究的贡献

20 世纪初以来，在治清史的众多前辈中，梁启超先生以其对清代学术史的开创性研究，使他成为这一领域的卓然大家和杰出的奠基人之一。回顾梁先生在这一领域辛勤耕耘的历程，总结他在开拓道路上的成败得失，对他的研究成果做出实事求是的、科学的评价，是很有必要的。因为这不仅是对中国文化史上一位继往开来大师的纪念，而且对于我们把清代学术史的研究引向深入，也是一桩有意义的事情。

一、关于《近世之学术》

评价梁启超清代学术史研究得失者，多集中于他的《清代学术概论》和《中国近三百年学术史》。这样做无疑是正确的，因为这两部论著，正是他研究清代学术史心得的精粹所在。但是，作为对梁启超研究历程的回顾，则可追溯到《清代学术概论》问世的 10 余年前，也就是他治清代学术史的处女作《近世之学术》发表的 1904 年。

1902 年，梁启超发愿结撰《论中国学术思想变迁之大势》。这一长篇论著，原拟作 16 章，惜仅写至第六章隋唐佛学，便因故搁笔。两年后，他才于 1904 年夏，续作讨论清代学术史的专章。稿成，即以《近世之学术》为题，刊布于《新民丛报》。文凡三节：第一节"永历康熙间"，第二节"乾嘉间"，第三节"最近世"。他把清代学术作为中国古代学术发展的一个阶段来考察，文中指出："吾论次中国学术史，见夫明末之可以变为清初，清初之可以变为乾嘉，乾嘉之可以变为今日，而叹时势之影响于人心者正巨且剧也，而又信乎人事与时势迭相左右也。"① 他的作品虽然对章炳麟所著《訄书》有所借鉴，但是却以较之太炎先生略胜一筹的高屋建瓴之势，对 200 余年间学术演进的历史做了鸟瞰式的勾勒。轨迹彰明，脉络清晰，在清代学术史研究中，实在是一个创举。

在《近世之学术》中，梁启超关于清代学术史的若干根本观点，诸如清代学术的基本特征，清代学术史的分期，清初经世思潮，乾嘉学派及今文经学派的评价，清代学术在中国学术史上的地位等，都已经大致形成。在论及清代学术的基本特征时，他写道："本朝二百年之学术，实取前此二千年之学术，倒影而缫演之，如剥春笋，愈剥而愈近里，如啖甘蔗，愈啖而愈有味。不可谓非一奇异之现象也。"② 梁启超很注意清初经世思潮的研究，他对清初诸大师，如顾炎武、黄宗羲、王夫之、颜元等，评价甚高，而且把刘献廷与之并提，称之为"五先生"。他认为："五先生者皆时势所造之英雄，卓然成一家言。求诸前古，则以比周秦诸子，其殆庶几。后此，惟南宋永嘉一派（原注：陈止斋、叶水心、陈龙川一派）亦略肖焉。然以永嘉比五先生，则有其用而无其体者也，即所谓用者，亦有其部分而无其全者也。故吾欲推当时学派为秦汉以来二千年空前之组织，殆不为过。"③ 同样是清初学者，梁启超对徐乾学、汤斌、李光地、毛奇龄等，则深恶痛绝，斥之为"学界蟊贼"。他说："上既有汤、李辈以伪君子相率，下复有奇龄等以真小人自豪，而皆负一世重名，以左右学界，清学之每下愈况也，复何怪焉。"④ 在梁启超看来，从清初诸大师到乾嘉学派，清学是在走下坡路。因此，他对乾嘉学派评价并不高，他指出："吾论近世学派，谓其由演绎的进于归纳的，饶有科学之精神，且行分业之组织，而惜其仅用诸琐琐之考据。"⑤

---

① 梁启超：《饮冰室合集》之《文集》第三册《近世之学术》第三节。
② 梁启超：《饮冰室合集》之《文集》第三册《近世之学术》第一节。
③ 梁启超：《饮冰室合集》之《文集》第三册《近世之学术》第二节。
④ 梁启超：《饮冰室合集》之《文集》第三册《近世之学术》第二节。
⑤ 梁启超：《饮冰室合集》之《文集》第三册《近世之学术》第二节。

在对乾嘉大师惠栋、戴震的评价上，他既认为："惠、戴之学，固无益于人国，然为群经忠仆，使后此治国学者省无量精力，其功固不可诬也。"① 但同时又对戴震颇多微词。他说，戴震"极言无欲为异氏之学，谓遏欲之害甚于防川焉。此其言颇有近于泰西近世所谓乐利主义者，不可谓非哲学派中一支派。虽然，人生而有欲，其无怪也，节之犹惧不蒇，而岂复劳戴氏之教猱升木为也。"他甚至委罪戴震，认为："二百年来，学者记诵日博，而廉耻日丧，戴氏其与有罪矣。"② 这同他20世纪20年代以后的所为，简直判若两人。有关这方面的情况，我们随后再谈。

梁启超是晚清今文经学营垒中的健将。早年，他曾在广州万木草堂从学于康有为，戊戌变法失败后，流亡日本。当时的日本，经历明治维新，锐意求治，无论在经济、政治、军事，还是学术文化诸方面，都一跃而成为亚洲一流强国。梁启超置身于这样一个相对开放的国度，使他得以广泛接触西方资产阶级的哲学、史学和社会政治学说，深入探讨日本强盛的经验。这不仅给了他以政治主张的理论依据，而且也极大地开阔了他的学术视野。当梁启超撰写《近世之学术》和《论中国学术思想变迁之大势》之时，正是他摆脱今文经学的羁绊，逾越康有为的改制、保教说藩篱，成为西方资产阶级进化论笃信者的时候。他把进化论引进史学领域，在中国近代史学史上，率先举起了"史界革命"③的旗帜。《近世之学术》及其先后发表的一系列史学论著，正是他所倡导的"史界革命"的产物。由于从旧营垒中拔足，而且又找到了为今文经学所不可望其项背的思想武器，因而当他回过头去俯视旧营垒的时候，其中的利病得失便了若指掌。在《近世之学术》中，梁启超就清代今文经学的演变源流写道："首倡之者，为武进庄方耕（存与），著《春

---

① 梁启超：《饮冰室合集》之《文集》第三册《近世之学术》第二节。
② 梁启超：《饮冰室合集》之《文集》第三册《近世之学术》第二节。
③ 梁启超：《饮冰室合集》之《文集》第三册《新史学》。

秋正辞》。方耕与东原同时相友善，然其学不相师也。戴学治经训，而博通群经，庄学治经义，而约取《春秋公羊传》。东原弟子孔巽轩（广森），虽尝为《公羊通义》，然不达今文家法，肤浅无条理，不足道也。方耕弟子刘申受（逢禄），始专主董仲舒、李育，为《公羊释例》，实为治今文学者不祧之祖。逮道光间，其学寖盛，最著者曰仁和龚定庵（自珍），曰邵阳魏默深（源）。"他认为，龚、魏之后，集今文经学之大成者当推廖平，而将其用之于变法改制，则自康有为始。他说："康先生之治《公羊》，治今文也，其渊源颇出自井研（即廖平，平系四川井研人——引者），不可诬也。然所治同，而所以治之者不同。畴昔治《公羊》者皆言例，南海则言义。惟牵于例，故还珠而买椟；惟究于义，故藏往而知来。以改制言《春秋》，以三世言《春秋》者，自南海始也。"[1] 在中国近代学术史上，能把清代今文经学的源流利弊梳理得如此有条不紊，梁先生堪称第一人。

从《近世之学术》中，我们可以看到，在梁启超先生最初步入清代学术史门槛的时候，他从总体上对清学的评价是不高的。他认为："综举有清一代之学术，大抵述而无作，学而不思，故可谓之为思想最衰时代。"[2] 然而，作为一个正在奋发向上的年轻学者和思想家，他对中国思想界的前景则甚为乐观。在这篇文章末了，梁先生满怀信心地写道："要而论之，此二百余年间，总可命为古学复兴时代。特其兴也，渐而非顿耳。然固俨然若一有机体之发达，至今日而葱葱郁郁，有方春之气焉。吾于我思想界之前途，抱无穷希望也。"[3]

《近世之学术》作为梁启超研究清代学术史的早期作品，同他晚年的同类论著相比较，可谓虎虎有生气。但平心而论，却又显得朝气有余，而踏实不足。当时，正是他以"思想界之陈涉"自任，"读东西诸

---

① 梁启超：《饮冰室合集》之《文集》第三册《近世之学术》第三节。
② 梁启超：《饮冰室合集》之《文集》第三册《近世之学术》第三节。
③ 梁启超：《饮冰室合集》之《文集》第三册《近世之学术》第三节。

硕学之书，务衍其学说，以输入于中国"的时候^①，因此他这一时期的论著，用以拯救时弊的实用色彩很浓。惟其如此，加以在学业上的所涉未深，因而在《近世之学术》中，过当和疏漏之处在所多有。譬如我们刚才所引述的对戴震的苛求，对徐乾学等的指斥，就是一例。而且由于当时梁先生又曾一度倾向"革命排满"和"破坏主义"，因而对清初学者刘献廷、吕留良，他都做了不适当的拔擢。他对刘、吕二人倾心推许，称赞刘献廷为"绝世之秘密运动家"，甚至说："吾论清初大儒，当首推吕子。"^②对刘献廷，尤其是吕留良以肯定的评价，这在清廷统治尚能维持的情况下，实在是需要足够的政治和理论勇气的。梁先生在这一点上，的确无愧于"思想界之陈涉"的自况。但是，以政治需要去代替学术研究，就难免要言过其实。这一类的瑕疵和不成熟之处，本来依恃其学业根柢，加以出类拔萃的才气，只要潜心有日，是不难使之臻于完善的。可是，晚清的纷乱时局，却把他长期地拖在政治斗争的旋涡中。民国初建，他更被洪流推至浪端，以致这一工作竟延宕了 16 年才得以进行。这就是以 1920 年《清代学术概论》的发表为标志，梁启超先生的二度进入清代学术史研究领域。

二、《清代学术概论》的创获

人类的认识活动，总是沿着一条不断向前的螺线，由低级向高级，从片面向更多的方面发展。梁启超先生的清代学术史研究，也正是遵循这一运动法则前进的。他的《清代学术概论》就形式而论，虽然同 16 年前的《近世之学术》一样，依然只是清代学术的一个鸟瞰式的提纲，而且若干基本观点也没有大的异同。然而，过细地加以比较，我们即可

---

① 梁启超：《饮冰室合集》之《文集》第十册《清议报一百册祝辞并论报馆之责任及本馆之经历》。

② 梁启超：《饮冰室合集》之《文集》第三册《近世之学术》第一节。

发现，二者之间有继承，有因袭，但却不是简单的复述。正如他所自述："余今日之根本观念，与十八年前无大异同，惟局部的观察，今视昔似较为精密。且当时多有为而发之言，其结论往往流于偏至。故今全行改作，采旧文者什一二而已。"[①] 综观全文，梁先生在其中不仅对昔日的某些结论做了必要的修正，而且在更深的程度和更广的切面上，展示了他对清代学术史的思考，从而使这部论著成为他晚年治清代学术史的纲领性著作。

以下，我们想着重讨论一下《清代学术概论》与《近世之学术》的不同处，换句话说，也就是看一看梁先生在哪些方面把自己的研究向前做了推进。

首先，是关于清代学术史的分期。在《近世之学术》中，梁先生以时间先后为序，将清学分为四期，即"第一期，顺康间；第二期，雍乾嘉间；第三期，道咸同间；第四期，光绪间"。他还就各时期的主要学术趋向做了归纳，认为第一期是程朱陆王问题，第二期是汉宋学问题，第三期是今古文问题，第四期是孟荀问题、孔老墨问题。[②] 这样的分期和归纳，事实上就连他本人也认为不成熟，因此他在所列分期表后特意加了一个注脚："上表不过勉分时代，其实各期衔接掺杂，有相互之关系，非能判若鸿沟，读者勿刻舟求之。"[③] 到写《清代学术概论》时，梁启超就没有再继续沿用呆板的时序分期法。当时，他正从事佛学的研究，遂借用"佛说一切流转相，例分四期，曰生、住、异、灭"的观点，并使之同时序分期相结合，将清学做了新的四期划分。这就是"一、启蒙期（生），二、全盛期（住），三、蜕分期（异），四、衰落期（灭）"[④]。为了叙述的方便，我们把前者称作时序分期法，后者称作

---

① 梁启超：《清代学术概论》，中华书局，1954 年，卷首《自序》，第 4 页。
② 梁启超：《饮冰室合集》之《文集》第三册《近世之学术》第一节。
③ 梁启超：《饮冰室合集》之《文集》第三册《近世之学术》第一节。
④ 梁启超：《清代学术概论》，中华书局，1954 年，第 2 页。

盛衰分期法。同样是四期划分，按时序分期，虽无大谬，但它实际上只是一种简单的自然主义的写实。而盛衰分期法，则通过对学术思潮演变轨迹的探寻，试图揭示一代学术发展的规律。在这个问题上，尽管我们对梁先生的结论尚有较大保留，但是我们依然认为，盛衰分期法较之先前的时序分期法已经前进了一大步，因为它是从本质上向历史实际的接近，而不是背离。

其次，是对清代学术基本特征的归纳。如果说《近世之学术》还只是以考证作为清学正统派的学风，那么《清代学术概论》则是囊括无遗地把整个清代学术目之为考证学。该书开宗明义即指出："我国自秦以来，确能成为时代思潮者，则汉之经学，隋唐之佛学，宋及明之理学，清之考证学四者而已。"[1] 所以，在论及考证学派的演变源流时，他说："此派远发源于顺康之交，直至光宣，而流风余韵，虽替未沫，直可谓与前清朝运相终始。"[2] 在梁先生看来，清代学术以复古为职志，采取绵密的考证形式而出现，是中国学术史上的一个独立思潮。而且他认为，清学的"复古"特征，就其具体内容而言，有一个层层递进的上溯趋势。他说："综观二百余年之学史，其影响及于全思想界者，一言以蔽之，曰以复古为解放。第一步，复宋之古，对于王学而得解放；第二步，复汉唐之古，对于程朱而得解放；第三步，复西汉之古，对于许郑而得解放；第四步，复先秦之古，对于一切传注而得解放。"[3] 这样的归纳，把"以复古为解放"说成是清学发展的必然趋势，坦率地说，我们并不赞成。但是，它显然就把在《近世之学术》中所作的"古学复兴"的简单表述引向了深入。因为它不仅充实了"古学复兴"的层次，而且还探讨了"复古"的目的。正是从这样一个基本估计出发，梁启超以"以复古为解放"作纽带，把清代学术同现代学术沟通起来。他说："夫

---

[1]　梁启超：《清代学术概论》，中华书局，1954 年，第 1 页。
[2]　梁启超：《清代学术概论》，中华书局，1954 年，第 48 页。
[3]　梁启超：《清代学术概论》，中华书局，1954 年，第 6 页。

既已复先秦之古，则非至对于孔孟而得解放焉不止矣。"① 这一沟通固然带着明显的主观臆想印记，但是作为一种理论尝试，它却自有其应当予以肯定的价值。这样的尝试，无疑也是对作者先前研究课题的深化。

再次，是对清代学术在中国学术史上地位的评价。一如前述，在《近世之学术》中，梁启超从总体上对清学的评价是不高的。然而事隔16 年之后，他却对先前的看法做了重大的修正。当时，正值他结束一年多的欧游返国。访欧期间，梁启超对欧洲的文化，尤其是自"文艺复兴"以来欧洲文化之所以居于领先地位的原因，有了进一步的认识。他将这一认识同中国传统的政治、经济、社会和文化相对照，旧日的悲观消极为之一扫，对国家的前途充满了信心。在返国初的一次演说中，他指出："鄙人自作此游，对于中国甚为乐观，兴会亦浓，且觉由消极变积极之动机现已发端。诸君当知中国前途绝对无悲观，中国固有之基础亦最合世界新潮，但求各人高尚其人格，励进前往可也。"② 从此，他决意委身教育，以之为终身事业，按其所设计的社会蓝图，去"培养新人才，宣传新文化，开拓新政治"③。梁启超先生对清代学术评价的改变，以及他的《清代学术概论》的撰写，就是在这一背景之下酝酿成熟的。在《清代学术概论》中，他自始至终把清代学术同欧洲"文艺复兴"相比较，对清学的历史价值进行了充分的肯定。他说："清代思潮果何物耶？简单言之，则对于宋明理学之一大反动，而以复古为其职志者也。其动机及其内容，皆与欧洲之'文艺复兴'绝相类。而欧洲当'文艺复兴'期经过以后所发生之新影响，则我国今日正见端焉。"④ 这也就是说，清学即是我国历史上的"文艺复兴"，有清一代乃是我国的"文艺复兴"时代。关于这一点，梁先生在写《清代学术概论自序》时，对旧

---

① 梁启超：《清代学术概论》，中华书局，1954 年，第 6 页。
② 《梁任公在中国公学演说》（《申报》1920 年 3 月 15 日），转引自丁文江、赵丰田编《梁启超年谱长编》，上海人民出版社，1983 年，第 902 页。
③ 梁启超：《致伯祥亮侪等诸兄书》（1920 年 5 月 12 日），见丁文江、赵丰田编《梁启超年谱长编》，上海人民出版社，1983 年，第 909 页。
④ 梁启超：《清代学术概论》，中华书局，1954 年，第 3 页。

著的一处改动，是很能说明问题的。本来，在《近世之学术》中，他是把清代的二百余年称为"古学复兴时代"，而到此时他引述旧著，则不动声色地将"古学"改为"文艺"二字。他写道："此二百余年间，总可命为中国之文艺复兴时代。"[①] 这样的改动和评价，同早先的"思想最衰时代"的论断，当然就不可同日而语了。

最后，《清代学术概论》在理论上探讨的深化还在于，它试图通过对清代学术的总结，以预测今后的学术发展趋势。在《近世之学术》中，梁启超的这一努力已经发端，他曾经表示："吾于我思想界之前途，抱无穷希望也。"[②] 不过，这样的展望与其说是预测，倒不如说是良好愿望和对读者的鼓动，因此，它的理论价值是极有限度的。而《清代学术概论》则辟为专节，对之加以论述。他说："吾稽诸历史，征诸时势，按诸我国民性，而信其于最近之将来必能演出数种潮流，各为充量之发展。"[③] 对于梁先生所预测的五大学术潮流，我们在这里姑且不去论其是非，然而仅就这一展望本身而言，它的理论价值则是显而易见的。历史学作为一门科学，它不仅是要本质地还历史以原貌，揭示历史的发展规律，而且还应当依据这种规律性的认识，去预测历史发展的趋势。梁先生在《清代学术概论》中所进行的理论探索，使他在这一点上，远远超过了中国传统史学"引古筹今""鉴往训今"的治史目的论。他把既往同现实以及未来一以贯之，这样的路子无疑是正确的。这正是他作为一个资产阶级史家较之封建史家的卓越之处。

三、《中国近三百年学术史》的结撰

以《清代学术概论》为起点，梁启超先生在其晚年，比较集中地

---

① 梁启超：《清代学术概论》，中华书局，1954 年，卷首《自序》，第 3 页。
② 梁启超：《饮冰室合集》之《文集》第三册《近世之学术》第三节。
③ 梁启超：《清代学术概论》，中华书局，1954 年，第 79 页。

对清代学术史进行了广泛而深入的研究。这一研究在广度和深度上的发展，其主要表现，首先便在于他对戴震及其哲学的高度评价。

1923 年旧历十二月二十四日，是戴震 200 周年诞辰。梁先生于当年 10 月向学术界发出倡议，发起召开专门纪念会。他为此撰写了一篇《戴东原生日二百年纪念会缘起》，文中对戴震及其哲学备加推崇。他指出："前清一朝学术的特色是考证学，戴东原是考证学一位大师。"又说："戴东原的工作，在今后学术界留下最大价值者，实在左列两项。"即一"他的研究法"，二"他的情感哲学"。梁先生认为，由于这两方面的价值，所以戴震"可以说是我们科学界的先驱者"，是足以与朱熹、王守仁"平分位置"的"哲学界的革命建设家"。[1] 为了准备参加这次纪念会，他赶写了《戴东原先生传》和《戴东原哲学》，会后又撰成《戴东原著述纂校书目考》等。在这几篇文章中，梁启超先生对戴震的生平行事、思想渊源及其哲学思想的主要方面，进行了深入的探讨。他的结论是："戴东原先生为前清学者第一人，其考证学集一代大成，其哲学发二千年所未发。虽仅享中寿，未见其止，抑所就者固已震铄往襈，开拓来许矣。"[2] 这些倾心的推许，较之他 20 年前的微词，固有矫枉过正之失，但确是研究有得之言。在戴震思想研究中，梁先生的开创之功实不可没。

同对戴震及其哲学的评价一样，随着研究的深入，梁先生早年对清初学者所作的一些过当之论，到此时也都一一进行了切合实际的修正。1924 年 2 月，他撰成《近代学风之地理的分布》一文。文中在论及先前他所诋为"学界蟊贼"的汤斌等人时，便已经一改旧观。他说："睢州汤潜庵（斌），清代以名臣兼名儒者共推以为巨擘，潜庵宦达后假归，及折节学于苏门。而夏峰弟子中，最能传其学者，在燕则魏莲陆，在豫则潜庵。时盈廷以程朱学相夸附，诋陆王为诐邪，潜庵岳然守其师

①　梁启超：《饮冰室合集》之《文集》第十四册《戴东原生日二百年纪念会缘起》。
②　梁启超：《饮冰室合集》之《文集》第十四册《戴东原图书馆缘起》。

调和朱陆之旨，而宗陆王为多。居官以忤权相明珠去位，几陷于戮，是真能不以所学媚世者。"① 对徐乾学，他亦指出："昆山徐健庵（乾学）、徐立斋（元文），虽颇以巧宦丛讥议，然宏奖之功至伟。康熙初叶，举国以学相淬励，二徐与有力焉。健庵治《礼》亦颇勤，其《读礼通考》出万季野，然主倡之功不可诬也。《通志堂九经解》嫁名成容若德，实出健庵，治唐宋经说者有考焉。"② 就连早年被他斥作"伪君子""真小人"的李光地、毛奇龄，而今在他的笔下，也得到了持平的评价。他说："安溪李晋卿（光地），善伺人主意，以程朱道统自任，亦治礼学、历算学，以此跻高位，而世亦以大儒称之。"③ 他还说："清初浙东以考证学鸣者，则肖山毛西河（奇龄）。""西河之学，杂博而缺忠实，但其创见时亦不可没。"④ 梁启超先生对其既往学术观点的这一类修正，当然不是他在研究中的倒退，而正是他追求真理的反映。

　　梁先生在这一时期把他的清代学术史研究推向深入的另一表现，则是他对整个 17 世纪思潮的研究。重视清初经世思潮的探讨，这在梁先生数十年的清代学术史研究中，可以说是一个好传统，是足以构成他的研究特色的一个重要方面。在这方面，他所走过的也是一个不断深化的历程。早先，他只是将清初思想作为清学发展的初期阶段去进行考察，对之予以肯定的评价。而到其晚年，随着学识的积累和研究的深入，他已逾越王朝兴替的界限，扩展为对整个 17 世纪思潮的研究。为此，他在 1924 年专门撰文一篇，题为《明清之交中国思想界及其代表人物》。在这篇文章中，梁先生对自 1624 年至 1724 年，凡百年间中国思想界的大概形势及其重要人物加以论列。他指出："若依政治的区划，是应该从 1644 年起的，但文化史的年代，照例要比政治史先走一步。所以

①　梁启超：《饮冰室合集》之《文集》第十四册《近代学风之地理的分布》五《河南》。
②　梁启超：《饮冰室合集》之《文集》第十四册《近代学风之地理的分布》七《江苏》。
③　梁启超：《饮冰室合集》之《文集》第十四册《近代学风之地理的分布》十三《福建》。
④　梁启超：《饮冰室合集》之《文集》第十四册《近代学风之地理的分布》九《浙江》。

本讲所讲的黎明时代，提前二三十年，大约和欧洲的十七世纪相当。"① 而且他还认为："这一百年，是我们学术史最有价值的时代，除却第一期 —— 孔孟生时，像是没有别个时代比得上它。"②

在梁启超先生晚年所进行的 17 世纪思潮研究中，对颜李学派的表彰，成为他致力的一个重要课题。颜元曾经说过："立言但论是非，不论异同。是则一二人之见不可易也，非则虽千万人所同不随声也。"③ 梁先生由衷地服膺这段话，他认为："颜李不独是清儒中很特别的人，实在是二千年思想界之大革命者。"④ 当时，正值美国著名哲学家杜威访华之后，杜威以及詹姆斯的实用主义哲学风行一时，梁先生则指出，颜元、李塨的学说，同样可以与之媲美。他说："他们所说的话，我们读去实觉得餍心切理，其中确有一部分说在三百年前而和现在最时髦的学说相暗合。"⑤ 他把颜李学说同现代教育思潮相比较，对颜元、李塨的实学思想和教育主张进行了详尽的引证。他指出："我盼望我所引述的，能够格外引起教育家兴味，而且盼望这派的教育理论和方法，能够因我这篇格外普及，而且多数人努力实行。"⑥ 在这个问题上，后世教育学界对颜元教育思想的深入研究，是可以告慰梁先生于九泉的。

1924 年前后，是梁启超先生研究清代学术史取得丰硕成果的一个时期。在这一时期中，他除连续发表上述论文外，还着手进行《清儒学案》的纂辑。1923 年 4 月，他在给当时商务印书馆负责人张元济的一封信中，曾经写道："顷欲辑《清儒学案》，先成数家以问世，其第一家即戴东原。"⑦ 翌年初，他在高校授课时又讲道："吾发心著《清儒学

---

① 梁启超：《饮冰室合集》之《文集》第十四册《明清之交中国思想界及其代表人物》。
② 梁启超：《饮冰室合集》之《文集》第十四册《明清之交中国思想界及其代表人物》。
③ 颜元：《颜习斋先生言行录》卷下《学问》第二十。
④ 梁启超：《饮冰室合集》之《文集》第十四册《明清之交中国思想界及其代表人物》。
⑤ 梁启超：《饮冰室合集》之《文集》第十四册《颜李学派与现代教育思潮》。
⑥ 梁启超：《饮冰室合集》之《文集》第十四册《颜李学派与现代教育思潮》。
⑦ 梁启超：《致菊公书》，见丁文江、赵丰田编《梁启超年谱长编》，上海人民出版社，1983 年，第 992 页。

案》有年，常自以时地所处窃比梨洲之故明，深觉责无旁贷；所业既多，荏苒岁月，未知何时始践夙愿也。"① 很惋惜的是，这一工作未及完成，病魔便夺去了梁先生的生命。他所留下的，仅为戴震、黄宗羲、顾炎武三学案及《清儒学案年表》凡百余页手稿。与之同时，梁启超先生所做的第三桩事，便是在天津南开大学和北京清华研究院讲授中国近三百年学术史。后来他所撰写的授课讲义，即以《中国近三百年学术史》为书名印行。

《中国近三百年学术史》是继《清代学术概论》之后，梁启超先生研究清代学术史的又一部重要论著，也是他晚年在这一学术领域中研究成果的荟萃。在写《清代学术概论》时，梁先生刚由政治斗争旋涡拔足，所以他的作品难免还颇带些昔日政论家的气息。而此时著《中国近三百年学术史》，他已经是执教有年的著名教授，对学术问题的探讨，较之数年前更为冷静、缜密。因而，作为一部学术专史的雏形，这部著作显然就比《清代学术概论》趋于成熟。它既保持了作者先前对清代学术史进行宏观研究的独具特色，同时又以专人、专题的研究，使宏观研究同局部的、具体的考察结合起来。这部论著凡 16 节，而归纳起来不外乎就讲了三个专题，一是清代学术变迁与政治的影响；二是清初经世思潮及主要学者的成就；三是清代学者整理旧学的总成绩。全书无论是对清代学术主流的把握，还是对各时期学术趋势的分析；无论是对清初诸大师，如顾炎武、黄宗羲、王夫之、颜元等的研究，还是对为论者所忽视的方以智、费密、唐甄、陈确、潘平格等的表彰，都无不显示了基于深厚研究之上的卓越识断。其中，尤其是对第三个专题的研究，更是搜讨极勤，很见功力，从而也成为他晚年的得意之作。1924 年 4 月，当他将这一部分书稿送请《东方杂志》率先发表时，就曾经指出，全篇

---

① 《梁启超论清学史二种·中国近三百年学术史》，朱维铮校注，复旦大学出版社，1985 年，第 438 页。

所列 20 个学术门类，"每类首述清以前状况，中间举其成绩，末自述此后加工整理意见，搜集资料所费工夫真不少。我个人对于各门学术的意见，大概都发表在里头，或可以引起青年治学兴味。颇思在杂志上先发表，征求海内识者之批驳及补正，再渐为成书"①。

梁启超先生因不惬于《清代学术概论》的简略，而久有改写的志愿。《中国近三百年学术史》可以说是在这方面迈出了坚实的一步。但是很可惜，他没有再继续往前走下去，便把学术兴趣转向先秦子学研究。严格地说来，《中国近三百年学术史》应当说是一部尚未完成的作品。因为梁先生在该书一开始便说得很清楚："本讲义目的，要将清学各部分稍为详细解剖一番"②，"要将各时期重要人物和他的学术成绩分别说明"③，可是全书终了，这个任务却只做了一半，清中叶以后的学术史仅有综论而无说明，更无解剖。尔后，随着中国第一次大革命的高涨，他戴着有色眼镜去观察时局，以致苦闷彷徨，日益落伍。加以病魔深缠，直到 1929 年 1 月赍志辞世，他始终未能再行涉足于清代学术史研究，这不能不说是一桩深以为憾的事情。倘使天假以年，使梁先生得以矢志以往，将《清代学术概论》与《中国近三百年学术史》合而一之，实现改写《清代学术史》的夙愿，那么他在这一学术领域中的所获，当是不可限量的。

四、杰出贡献举要

在中国近现代学术史上，梁启超以富于开创精神而著称。正是无所

---

①　梁启超：《致菊公书》，见丁文江、赵丰田编《梁启超先生年谱长编》，上海人民出版社，1983 年，第 1016 页。

②　《梁启超论清学史二种·中国近三百年学术史》，朱维铮校注，复旦大学出版社，1985 年，第 103 页。

③　《梁启超论清学史二种·中国近三百年学术史》，朱维铮校注，复旦大学出版社，1985 年，第 125 页。

依傍的大胆开拓，构成了他的清代学术史研究独具一格的特色，使他取得了超迈前人的卓越成就。作为一个杰出的先行者，梁先生的研究虽然还只是开了一个头，不可能走得更远，而且也还存在若干偏颇和疏失；但是发凡起例，辟启蹊径，在清代学术史的开创和建设中，他的功绩是不朽的。归纳起来，梁启超先生在这一学术领域的贡献，主要有如下几个方面。

第一，开创性的宏观研究。

有清一代，对当代学术发展的源流进行局部的梳理，从其中叶便已开始。嘉庆、道光间，江苏扬州学者江藩，撰就《国朝汉学师承记》《国朝宋学渊源记》和《国朝经师经义目录》，实为此一学术趋向之滥觞。随后，湖南学者唐鉴不满江藩扬汉抑宋的做法，一反其道，独以程朱学派为大宗，置经学、心学为异己，编成《国朝学案小识》，也堪称继起有得者。不过，江、唐二人的著作，虽然对我们了解清代前期学术界的状况不无参考价值，但是他们皆为门户之见所蔽，其中尤以唐鉴为甚。因而就学术史研究而言，他们的所得同梁启超相比，就实在不成片段。梁启超先生的研究之所以远胜于前人，其根本之点就在于，他将进化论引进学术史研究领域，把清代学术发展视为一个历史的演进过程，在中国学术史上，第一次对它进行了宏观的历史的研究。在愈趋深化的研究过程中，梁先生首先从纵向着眼，将清代学术史置于中国数千年学术发展史中去论列。他不仅指出清学同之前的宋明理学间的必然联系，而且还把它同以后对孔孟之道的批判沟通起来。他所昭示给人们的，既不再是数千年来旧史家对封建王朝文治的歌颂，也不再是从朱熹到唐鉴历代学者对一己学派的表彰，而是一个历史时期学术思想盛衰的全貌。这样，梁先生就以其"史界革命"的实践，把清代学术史研究引向一个崭新的天地。同时，作为一个特定历史阶段的学术思想史，梁先生又把300年间的学术发展看作一个独立的整体，对之进行了多层次、多切面的系统研究。无论是他所涉及的研究课题之广泛，还是所论列的学者之众多，都是空前的。他关于清代学术发展的基本特征，清代学术史的分期和各个时期主要的学术趋向，以及 17 世纪经世思潮和整个清学历史地位等方面的探讨，不仅前无古人，睥睨一代，而且也给后来的学者指出了深入研究的广阔而坚实的路径。十分可贵的是，身为晚清学术界的代表人物之一，梁启超先生却能以一个杰出史家的理智，摆脱门户之见的羁绊，对自己亲历的学术史事进行冷静、缜密的研究。他"不惜以今日之我，难昔日之我"，"即以现在执笔之另一梁启超，批评三十年史料上之梁启超也"。[1] 他曾经说过："启超之在思想界，其破坏力确不小，而建设则未有闻，晚清思想界之粗率浅薄，启超与有罪焉。"[2] 在中国学术史上，能如同梁先生一样，把自己作为一个历史人物去进行解剖，实在是不可多见的。正是这种虚怀若谷、从善如流的学风，使他在清代学术史研究中的开创精神历久而不衰。梁启超先生对清代学术史所进行的开创性的宏观研究，使他理所当然地成为这一学术领域的杰出奠基人之一。

第二，对清代学术发展规律的探索。

清代学术，作为中国古代学术发展的一个重要阶段，它有其自身的运动规律，探讨和准确地把握这一规律，是清代学术史研究的一个根本课题。在中国学术史上，进行这一探索的先驱者便是梁启超先生。当他青年时代跨入清代学术史研究门槛的时候，便以封建史家所不可企及的魄力和卓识，大胆地提出了历史的三大"界说"。即第一，"历史者，叙述进化之现象也"；第二，"历史者，叙述人群进化之现象也"；第三，"历史者，叙述人群进化之现象而求得其公理公例者也"。[3] 在中国史学史上，梁启超先生第一次从西方引进"历史哲学"的概念，他指出："善为史者，必研究人群进化之现象，而求其公理公例之所在，于

---

① 梁启超：《清代学术概论》，中华书局，1954 年，第 63 页、卷首《自序》第 4 页。
② 梁启超：《清代学术概论》，中华书局，1954 年，第 65 页。
③ 梁启超：《饮冰室合集》之《文集》第三册《新史学》。

是有所谓历史哲学者出焉。历史与历史哲学虽殊科，要之苟无哲学之理
想者，必不能为良史，有断然也。"①梁先生研究清代学术史的过程，也
就是他以其资产阶级的历史哲学为指导，去探索这一学术领域的"公理
公例"的过程。

从《近世之学术》到《中国近三百年学术史》，梁启超先生的全部
研究表明，他并没有满足于对清代学术演变源流的勾勒，也没有局限于
对清代学者业绩的表彰。他的卓越之处在于，他试图去探索在清代历史
上递相出现的学术现象产生的原因，以及它们之间的联系，并把它们合
而视为一个独立的思潮，进而找到这一思潮与其前后历史时期所出现思
潮的联系。尽管由于历史和阶级的局限，在这个问题的探讨中，梁先生
最终未能如愿以偿；但是，无论是他对清代学术发展内在逻辑的认识，
还是他就地理环境、社会环境、人们的心理状态等因素对学术发展影响
的探讨，尤其是他晚年所着力论证的封建专制政治对学术趋向的制约，
都在这方面做出了有价值的尝试。他的探讨所得，为继起者向真理的追
求，提供了宝贵的思想资料。

第三，一系列重要研究课题的提出。

学术研究，归根结蒂，是为了追求真理，解决问题。然而问题的解
决，真理的把握，却并非一蹴而就，它需要研究者付出长期的、一代接
一代的艰辛劳动。因而，作为开拓者，评判他们功绩的依据，往往并不
在于能否解决问题，历史给他们以肯定评价的，则是他们提出问题的识
断。从这个意义上说，提出问题与解决问题是具有同等重要价值的。梁
启超先生的清代学术史研究，其历史价值就不仅仅是因为他触及并着手
解决前人所未曾涉及的若干问题，而且更在于他提出了这一学术领域中
应当解决的一系列重要课题。在梁先生所提出的研究课题中，既有对规
律性认识的探讨，也有对局部问题深入的剖析。前者比如清代学术史的

---

① 梁启超：《饮冰室合集》之《文集》第三册《新史学》。

分期，清代学术发展的基本特征和趋势，17世纪经世思潮研究，清代学术的历史地位，等等。后者譬如对戴震及其哲学和颜李学派的评价，清代学者整理旧学的总成绩，乾嘉学派、常州学派的形成，晚清的西学传播等。如果要开成一张单子，那么至少可以列出四五十个大题目来。半个多世纪以来，继起的研究者正是沿着梁启超先生开辟的路径走去，从不同的角度，运用不同的研究方法，去解决他所提出的一个个课题。同时又在这一过程中，不断发掘出新的研究课题来，把清代学术史研究推向了一个新的更高的层次。

第四，进行东西文化对比研究的尝试。

每一个国家，每一个民族，都有自己的理论思维史和文化史。尽管由于历史的原因，它们之间的发展水平参差不一，但是将各个国家、各个民族在同一历史时期，或相似发展阶段的理论思维史、文化史进行比较研究，对于提高各自的发展水平，共同缔造人类的文明，无疑是十分必要的。从今天看来，这样的认识已经广为人们所乐于接受。然而，一个多世纪前，在闭关锁国的清政府统治下，这则是不可思议的事情。直到20世纪初，封建统治尚在苟延残喘的时候，要去这么做，也是需要足够的理论勇气和远见卓识的。在这方面，梁启超先生破天荒地进行了勇敢的尝试。他在清代学术史研究中，不仅把不同时期的著名思想家，诸如黄宗羲、颜元、戴震等的某些思想，同西方相似的思想家进行局部的对比，肯定其思想的历史价值；而且还从整体上把全部清代学术同欧洲的"文艺复兴"相比照，高度评价了清学的历史地位。虽然他所做的对比研究，还只是十分简单的、粗疏的类比，而且往往又带着明显的主观随意性；但是通过这样的比较研究，他既没有成为拘守"国粹"的故步自封者，也没有成为拜倒在他人脚下的民族虚无主义者。梁启超先生的成功尝试表明，这样做的结果，带给他的则是对我国思想文化遗产的深入认识，以及对其发展前景的满怀乐观。正如他在《清代学术概论》篇末所说："吾著此篇竟，吾感谢吾先民之饷遗我者至厚，吾觉有极灿烂庄严之将来横于吾前。"

欧洲"文艺复兴",作为西方走向资本主义的先导,它具有无可估量的历史价值。恩格斯曾经把它称作"从来没有经历过的一次最伟大的、进步的变革"①。从这个意义上说,梁启超先生所进行的比较,实是不伦。然而梁先生试图以对清代学术史的总结,找到清学与"文艺复兴"间的相似之点,从而呼唤出中国的资本主义来,则又是有其历史进步意义的。尽管历史的进程雄辩地证明,只有社会主义才能救中国,但是在 20 世纪初,梁启超先生对新社会的憧憬,以及他所进行的理论探索,我们却不能因此便不加分析地一概加以否定。事实上,他的东西文化比较研究,他的"'无拣择的'输入外国学说"②,用他的话来说,其目的就在于"欲使外学之真精神普及于祖国"③。在这一点上,梁启超先生无愧于向西方寻求救国救民真理的杰出先行者之一。而且他所进行的理论探索还告诉我们,在清代的近 300 年间,就理论思维水平而言,我们同西方世界相比,已经落后了整整一个历史阶段。探讨导致这一差距形成的根源,正是我们研究清代社会史和思想史的一个重要课题。

第五,学术史编纂体裁的创新。

在中国史学史上,学术史的分支,可谓源远流长。从《庄子》的《天下篇》、《荀子》的《非十二子篇》,到历代史书中的儒林传、经籍志、艺文志,代有董理,一脉相承。不过,严格地说来,作为一种专门的史书体裁,它的雏形则形成于较晚的南宋。这便是朱熹的《伊洛渊源录》。随后,又经历数百年的发展,直到清初学者黄宗羲纂辑《明儒学案》,才使之最终臻于完成。有清一代,学术史的编纂即步黄宗羲后尘,以学案体为圭臬,大体无异,小有变通而已。梁启超先生的清代学

---

① 《马克思恩格斯选集》第 4 卷,人民出版社,1995 年,第 261 页。
② 《梁启超论清学史二种·中国近三百年学术史》,朱维铮校注,复旦大学出版社,1985 年,第 124 页。
③ 梁启超:《饮冰室合集》之《文集》第三册《近世之学术》第三节。

术史著述，则打破了这一格局。从《近世之学术》到《中国近三百年学术史》，他对学案体史书，取其所长，弃其所短，试图把对学者专人的研究，融入各历史时期主要学术现象的专题研究中去。章节分明，纲举目张。在梁先生的笔下，人们所看到的，就不再是旧学案里那些孤立的一个个学者或学派，而是彼此联系、不可分割的历史演进过程。梁先生仿佛绘制的是一幅写生画，清代 300 年间的学术演变宛若一株参天大树，而各个历史时期的主要学术现象，则是使其得以成荫的繁密枝干，各领风骚的学者，便是那满缀枝头的累累硕果。这样，就历史编纂学而言，梁启超先生的清代学术史著述，便在旧有学案体史书的基础之上，酝酿了一个飞跃，提供了编纂学术史的一种崭新体裁。

　　写到这里，我们以为还有必要指出的是，同清代学术史编纂相一致，梁先生对整个清史的编纂，也是有过贡献的。早在 1914 年，他就曾对编写清史的纪、表、志、传，分门别类提出过一系列建设性的意见。梁先生很重视表、志在史书中的地位，他认为司马迁的《史记》创立十表，"宜为史家不祧之大法"，但是"后之作者，惟踵人表，舍弃事表，史公精意隳其半矣"。他同时又指出："全史精华，惟志为最。"因而，他把清代重大史事列为数十表、志，以取"文简事增"之效。[①]可惜他的很有见地的看法，却未能引起史馆诸公的应有重视。所以，后来他为肖一山先生的《清代通史》作序时，不胜感慨地写道："清社之屋，忽十二年，官修《清史》，汗青无日，即成，亦决不足以餍天下之望。吾侪生今日，公私记录未尽散佚，十口相传，可征者滋复不少。不以此时网罗放失，整齐其世传，日月逾迈，以守缺钩沉盘错之业贻后人，谁之咎也？"[②]梁先生作为一个史家的高度责任感，于此可见一斑。我们今天重修《清史》，虽然尽可不必再去沿袭旧史书的纪传体格式，

　　①　梁启超：《饮冰室合集》之《专集》第八册《清史商例初稿》。
　　②　梁启超：《饮冰室合集》之《文集》第一四册《清代通史序》。

但是对梁启超 70 余年前的某些意见，诸如对清代重大史事的把握，重视清代有作为帝王的历史作用；在人物编写上以专传、附传等多种形式，"部画年代""比类相从"等，依然是可以借鉴的。

五、大师留下的思考

梁启超先生博学多识，才华横溢。他一生广泛涉足于史学、文学、哲学、法学、佛学、社会学、政治学、财政金融学、语言文字学、金石书法学、地理学、教育学等众多的学科，其为学领域之广博，在他那个时代实是罕有匹敌。广，这是他为学之长。因有其广，故能在浩瀚学海任情驰骋，"裂山泽以辟新局"，发人之所未发，往往犹如信手拈来。然而正是这个广字，却又成了他的为学之短。因务其广，欲面面俱到而不得专一，故流于"务广而疏"。诚如他所自责："启超务广而疏，每一学稍涉其樊，便加论列，故其所著述，多模糊、影响、笼统之谈，甚者纯然错误。及其自发现而自谋矫正，则已前后矛盾矣。"[1]这并非谦辞，而是肺腑之言。在他的清代学术史研究中，这样的弊病也同样存在。梁启超的清代学术史著述，大刀阔斧，视野开阔，加以文笔平易畅达，因此读来实是令人痛快，不忍释手。然而掩卷而思，则疏失之处在所多有，尤其是一些总结性的论断，更是每每经不住推敲。这样又不禁让人为之惋惜。以下，我们试举一二例作说明。

梁启超先生认为，清代学术发展的主要潮流是"厌倦主观的冥想而倾向于客观的考察"[2]。据此出发，他把清代的考证学视为同先前的两汉经学、隋唐佛学、宋明理学并称的"时代思潮"[3]。这样的归纳，大体

---

① 梁启超：《清代学术概论》，中华书局，1954 年，第 65 页。
② 《梁启超论清学史二种·中国近三百年学术史》，朱维铮校注，复旦大学出版社，1985 年，第 91 页。
③ 梁启超：《清代学术概论》，中华书局，1954 年，第 1 页。

上是允当的。但是，基于上述估计，梁先生遂把清代学术的发展划分为
启蒙、全盛、蜕分、衰落四期。他认为："吾观中外古今之所谓思潮者，
皆循此历程以递相流转，而有清三百年，则其最切著之例证也。"[①] 这
样，他便把整个清代学术发展的历史仅仅归结为唯一的考证思潮史。这
个做法就很可商量了。我们以为，清代学术虽以考证学为主流，但却不
能以之去囊括整个清学。清代近 300 年间，固然有源远流长的考证学，
但在它之前，尚有作为清初学术主流的经世思潮；当它鼎盛发皇之时，
今文经学则已酝酿复兴，乃至清中叶以后风行于世；到了晚清，又兴起
了向西方寻求救国救民真理的历史潮流。而且，始终与考证学相颉颃
的，还有那不绝如缕的宋学。凡此种种，不一而足。所有这些纷繁复杂
的学术现象，既彼此联系，互相渗透，却又独立地存在于不同的历史时
期。它们既非考证学的附庸，更不能以考证学去取代。而借用梁先生的
话来说，它们同考证学一样，也都有各自的启蒙、全盛、蜕分和衰落的
历史。因此，我们不赞成梁先生把清代学术演进的历史简单化的做法。

又如应当怎样去看待清代学术发展中的"复古"现象？在梁启超
先生看来，清代学术走的是一条"复古"的路，所以他曾经把清代称作
"古学复兴时代"。他不仅认为清学是"以复古为解放"，而且还归纳了
一个层层上溯的"复古"过程。这就是"第一步，复宋之古"；"第二
步，复汉唐之古"；"第三步，复西汉之古"；"第四步，复先秦之古"。[②]
对梁先生的这些看法，我们只能大致赞成其前半部分，而对所谓"以复
古为解放"的命题，尤其是那个四步"复古"过程的归纳，我们以为不
惟"模糊、影响、笼统"，而且"纯然错误"。清代是对中国古代学术
进行整理和总结的时期，因而从形式上看，它确实带着"复古"的特
色。但是"复古"毕竟只是一种现象而已，并不能据以说明清代学术发

---

① 梁启超：《清代学术概论》，中华书局，1954 年，第 3 页。
② 梁启超：《清代学术概论》，中华书局，1954 年，第 6 页。

展的本质。对清学的"复古",我们切不可脱离具体的历史条件去孤立地进行考察。同样是"复古",清初、乾嘉以及清中叶和晚清就很不相同。清初学者的"复古",是要解答社会大动荡所提出的现实课题。然而落后、陈旧的生产方式,桎梏着他们的思维方式和思维能力,他们无法超越历史的制约,只好回过头去,向儒家经典回归,从上古的"三代之治"中去勾画他们的社会蓝图。乾嘉时期的"复古",是在与清初不同的社会经济、政治条件下进行的。正是在社会所提供的舞台上,乾嘉学者沿着清初以经学济理学之穷的趋势走下去,纯然走向古学的整理。这同清初的"经世致用",显然就存在质的差别。而道咸以后,尤其是同光之世的"复古",既有承乾嘉遗风对旧学的整理,更有借《春秋》公羊家说的"非常异义可怪之论",来谋求挽救社会危机途径的努力。这与乾嘉时期相比,就又是一次新的质变。到了晚清,则是把西学同中学相沟通,"复古"是为了传播西学,向西方寻求救国救民真理成为不可抗拒的历史潮流。清代学术史就是在这样一个否定之否定的矛盾运动中前进的,其间既有渐进性的量的积累,也有革命性的质的变化。梁先生为庸俗进化论所束缚,看不到质变在清学发展中的能动作用,他无法准确地透过现象去把握历史的本质,结果只好牵强立说。这大概就是他致误的哲学根源之所在。事实上,无论在清代任何一个历史时期,都并不存在"以复古为解放"的客观要求,更不存在层层上溯的"复古"趋势。梁先生为一时倡导国学的需要,而去作这样的主观归纳,实在是不足取的。

总之,梁启超先生的清代学术史研究,既有大胆探索所取得的创获,也有粗疏失误而留下的教训。然而就大体而论,在这一学术领域中,梁先生的贡献是其主要的、根本的方面,疏失则是次要的、非本质的方面。批判地继承梁先生所留下的学术文化遗产,完成他所未竟的《清代学术史》编纂事业,这恐怕就是我们今天对他最好的纪念。

六、梁任公先生与清华研究院

欣逢清华国学研究院 80 华诞，谨将旧日为梁任公先生所作传略稍事掇拾，奉呈清华学报。既借以略申祝贺之悃忱，亦敬抒对前辈大师的景仰。

（一）创造合为人为学于一体的新学风

1920 年 3 月，梁任公先生欧游返国。欧游过程中，经历在各地的访问考察，梁先生对欧洲的文化，尤其是近百年来欧洲文化之所以居于领先地位的原因，有了进一步的认识。他将这一认识同中国传统的政治、经济、社会和文化相对照，旧日的悲观消极为之一扫，对国家的前途充满了信心。在返国初的一次演说中，任公先生表示："鄙人自作此游，对于中国甚为乐观，兴会亦浓，且觉由消极变积极之动机现已发端。诸君当知中国前途绝对无悲观，中国固有之基础亦最合世界新潮，但求各人高尚其人格，励进前往可也。"① 从此，梁先生决意委身教育，以之为终身事业，企求按照其设计的社会蓝图，"培养新人才，宣传新文化，开拓新政治"②。清华学校和清华研究院，遂为任公先生晚年实现其社会抱负的重要场所。

关于梁任公先生的首次在清华学校登坛讲学，据丁文江、赵丰田二位先生辑《梁启超年谱长编》所记，为 1922 年春。③ 而李国俊先生著《梁启超著述系年》，则据梁先生《国学小史》手稿，记为 1920 年冬之后。④ 梁先生于 1923 年 9 月起，再度应聘到清华学校讲学。此次讲学历时一年，翌年 9 月 13 日，因梁先生夫人病逝而中辍。1925 年 9 月，

---

① 丁文江、赵丰田编：《梁启超年谱长编》，上海人民出版社，1983 年，第 902 页。
② 丁文江、赵丰田编：《梁启超年谱长编》，上海人民出版社，1983 年，第 909 页。
③ 丁文江、赵丰田编：《梁启超年谱长编》，上海人民出版社，1983 年，第 949 页。
④ 李国俊：《梁启超著述系年》，复旦大学出版社，1986 年，第 197 页。

梁任公先生重登清华讲席，且主持清华研究院事，入住北院教员住宅第二号。迄于 1928 年 6 月，因病势垂危而被迫辞去研究院事，梁先生主持清华研究院工作前后凡三年。

梁任公先生讲学清华，尤其是主持清华研究院事，有一个明确的宗旨，那就是创造合为人为学于一体的新学风。关于这一点，1926 年 11 月 12 日，梁先生在清华研究院的茶话会上，向校长及与会师生发表过一次演说。梁先生开宗明义，即揭出清华研究院的办学宗旨，他说："我所最希望的，是能创造一个新学风。"何谓新学风？用梁任公先生此次演说的话来讲，就是"做人必须做一个世界上必不可少的人，著书必须著一部世界上必不可少的书"①。

1927 年初夏，梁任公先生抱病偕清华研究院诸位同学游北海。小憩间，梁先生发表即席讲话，结合时局回顾在清华研究院两年的追求。梁先生说："我这两年来清华学校当教授，当然有我的相当抱负而来的，我颇想在这新的机关之中，参合着旧的精神。吾所理想的也许太难，不容易实现。我要想把中国儒家道术的修养来做底子，而在学校功课上把他体现出来。……一面求智识的推求，一面求道术的修养，两者打成一片。"讲话结束之时，梁先生总结道："归纳起来罢，以上所讲的有二点：（一）是做人的方法 —— 在社会上造成一种不逐时流的新人。（二）做学问的方法 —— 在学术界上造成一种适应新潮的国学。我在清华的目的如此。虽不敢说我的目的已经满足达到，而终得了几个很好的朋友。这也是做我自己可以安慰自己的一点。"最后，任公先生勉励同游诸年轻学人："今天是一年快满的日子了。趁天气晴和时候，约诸同学在此相聚。我希望在座的同学们，能完全明了了解这二点 —— 做人做学问 —— 而努力向前干下去呀。"②

---

① 梁启超：《饮冰室合集》之《文集》第五册，第 5—7 页。
② 丁文江、赵丰田编：《梁启超年谱长编》，上海人民出版社，1983 年，第 1144 页。

（二）开拓学术研究的新领域

梁任公先生博学多识，通贯古今。在执教清华学校，尤其是主持清华研究院讲席期间，先后讲授的课程，计有《国学小史》《中国历史上民族之研究》《中国文化史》《中国近三百年学术史》《要籍解题及其读法》《中国历史研究法》《儒家哲学》《古书真伪及其年代》等。不惟其为学领域之广博，在他那个时代罕有匹敌，而且其锐意创新之开拓精神，在中国学术史上更是堪称不朽。以下仅就梁先生的清代学术史研究作一管中之窥。

梁任公先生的清代学术史研究，其开拓精神主要体现在如下几个方面。

首先，是贯通全体的大局观。在清一代，对当代学术发展的源流进行梳理，从其中叶便已开始。嘉庆、道光间，江苏扬州学者江藩，撰就《国朝汉学师承记》《国朝宋学渊源记》和《国朝经师经义目录》，实为此一学术趋向之滥觞。迄于19世纪末20世纪初，章太炎先生著《訄书》（后经修订改题《检论》），刘申叔先生撰《近儒学术统系论》《清儒得失论》，清代学术史学科，已然初露端倪。至梁任公先生《清代学术概论》《中国近三百年学术史》出，则后来居上，奠定樊篱。梁先生的研究之所以超过前人，其根本之点就在于，他将西方晚近之进化论引入史学领域，把清代学术发展视为一个历史演进的过程，在中国学术史上第一次对它进行了宏观的历史的研究。梁先生的研究所得，不惟揭示了清代学术同之前宋明理学间的必然联系，而且还把它同其后对孔孟学说的批评沟通起来，从而肯定了清代学术的历史价值。同时，作为一个特定历史阶段的学术发展史，梁任公先生又把300年间的学术发展视为一个独立的整体，对其进行了多层次、多切面的系统研究。梁先生所昭示给读者的，已经不再是数千年来旧史家所歌颂的帝王文治，也不再是从朱子经黄宗羲到江藩，历代学术史家对一己学派的表彰，而是一个历史阶段学术思想的发展史。这样，任公先生就以其"史界革命"的实践，开辟了清代学术史研究的崭新天地，使他理所当然地成为这一学术领域的杰出奠基人。

其次，是一系列重要研究课题的提出。这些问题的提出，不仅前无古人，睥睨一代，而且也给后来的学者指出了深入研究的广阔而坚实的路径。

最后，是对学术史编纂体裁的创新。从早年著《近世之学术》，到晚年在清华研究院讲《中国近三百年学术史》，梁先生把对学者的专人研究，融入各个历史时期重大学术现象的专题探讨之中，章节分明，纲举目张，从而实现了对旧有学案体史书革命性的改造。

清末民初之学，以求新为其特色。梁任公先生作为一位继往开来的大师，他上承道咸以来先行者的足迹，重倡清初诸大师广博的经世致用之学，于广中求新而高树其帜，卓然成家。半个多世纪以来，继起的研究者取梁先生之所长而补其所短，深入开拓，精进不已，始有今日清代学术史研究之新格局。

（三）树立献身学术的新精神

梁任公先生有一句名言，叫作"战士死于沙场，学者死于讲座"[①]。这句话道出了梁先生献身学术的可贵精神，成为他晚年执着追求的写照。

梁任公先生一生的最后岁月，是在同病魔斗争之中度过的。梁先生性情豁达，素少疾病，每每以此自恃，因而在繁忙的工作中忽视了节劳调养。加以他有饮酒的嗜好，久而久之自然也要伤害身体。正当梁先生对病痛不以为然的时候，无情的病魔却已暗暗向他袭来。

1924 年 9 月，经历晚年丧偶之痛，过分伤感，诱发梁先生小便出血症。翌年春，病情加重，入京中德国医院治疗。3 月，转协和医院，将右肾割去。虽经过此番手术，但病根未除，血仍不止。未待痊愈，梁先生便以对教育事业的高度责任感，重登清华研究院和燕京大学讲坛。

---

① 丁文江、赵丰田编：《梁启超年谱长编》，上海人民出版社，1983 年，第 1203 页。

1927 年 6 月，梁任公先生在燕京大学讲完《古书真伪及其年代》，特意讲了如下告别辞。梁先生说："这一堂讲演虽然经过了半年，但因次数太少，钟点太短，原来定的一小时，我虽然常常讲到两小时，仍旧不能讲得十分多。幸亏总算讲完经部各书了，最可惜的就是没有讲子部。子部最要紧，又最多伪书和年代不明的书，下年我能否再和诸君在一堂聚谈，很难自定。其故一，像这样危疑震荡的时局，能否容许我们从容讲学，很是问题。其故二，我自己自从上年受过手术以后，医生忠告我，若不休息是不行的。好在我们相见的机会还很多，再见再见。"①

与之同时，梁任公先生还在清华研究院讲授《中国历史研究法补编》。关于梁先生此数年间在清华的扶病登坛，姚达人先生有过一段如泣如诉的追记。谨过录如后：

> 右《中国历史研究法补编》一部，新会梁任公先生讲述，其门人周传儒、姚名达笔记，为文都十一万余言。所以补旧作《中国历史研究法》之不逮，阐其新解，以启发后学，专精史学者也。忆民国十四年九月二十三日，名达初受业于先生，问先生近自患学问欲太多，而欲集中精力于一点，此一点为何？先生曰："史也，史也。"是年秋冬，即讲《中国文化史·社会组织篇》，口教笔著，昼夜弗辍。入春而病，遂未完成。十五年十月六日，讲座复开，每周二小时，绵延以至于十六年五月底。扶病登坛，无力撰稿，乃令周君速记，编为讲义，载于《清华周刊》，即斯编也。周君旋以事忙，不能卒业，编至《合传及其做法》而止。名达遂继其后，自三月十八日至五月底，编成《年谱及其做法》《专传的做法》二章。自八月十三日至二十八日，编成《孔子传的做法》以后诸篇，全讲始告成文。经先生校阅，卒为定本。是秋以后，先生弱不能耐劳，后学不复得闻高论，而斯讲遂成绝响。②

---

① 梁启超：《饮冰室合集》之《专集》第七册，第 135 页。
② 梁启超：《饮冰室合集》之《专集》第七册，第 177 页。

　　1928 年春，梁任公先生再度住进协和医院，采取输血法以弥补便血带来的损耗。无奈治标之法终非长策，鉴于身体业已极度衰弱，在家人苦谏之下，梁先生于同年 6 月被迫完全辞去清华研究院教学事。此后，梁先生人在津门，心系清华。清华研究院旧日诸高足，亦无不时时牵挂梁先生病情。是年 12 月 1 日，清华研究院南下诸弟子徐中舒、程璟、杨鸿烈、方欣、陆侃如、刘纪泽、周传儒、姚名达等先生，由上海联名致书慰问梁先生。书中有云："自别道范，相从南来，河山虽隔，系念常殷。每度京津同学有道出沪上者，辄相与把臂促膝，问津门起居。闻师座清恙大减，则粲然色喜；若闻玉体违和，则相与蹙额浩叹矣。"诸先生共同表示："此间同门有足为师座告者，即全体俱能安心向学，无一轻率浮动者；且社会各方皆相推重，是悉由师座曩日训诲之功也。"①

　　迄于 1929 年 1 月 19 日逝世，梁任公先生把自己的晚年献给了清华研究院和中华民族的学术事业。梁先生不惟属于清华，而且更属于整个中国学术界。继承和发扬梁先生倡导的合为人为学于一体的学风，实事求是，锐意创新，为国家和民族的学术事业而奋斗，这就是今天我们对清华研究院和梁任公先生最好的纪念。

---

　　①　丁文江、赵丰田编：《梁启超年谱长编》，上海人民出版社，1983 年，第 1198 页。

第二十一章 《清儒学案》杂识

在中国学术史上，由徐世昌主持纂修的《清儒学案》，以卷帙浩繁、网罗宏富著称。有清一代，举凡经学、理学、史学、诸子百家、天文历算、文字音韵、方舆地志、诗文金石，学有专主，无不囊括其中。它既是对清代 260 余年间学术的总结，也是对中国古代学案体史籍的总结，具有十分重要的文献价值。

一、徐世昌倡议修书

《清儒学案》纂修，工始于民国十七年（1928）。迄于民国二十七年中，由北京文楷斋刊刻蒇事，并于翌年七月，在京中修绠堂书店发售，[①] 历时达 10 余年之久。这部书虽因系徐世昌主持而以徐氏署名，实则是一集体协力劳作的成果。

徐世昌，字菊人，一字卜五，号东海，又号弢斋、水竹邨人、退耕老人等，天津人。生于清咸丰五年（1855），卒于民国二十八年，终年85 岁。世昌为光绪十二年（1886）进士，以翰林院编修兼任国史馆协修、武英殿协修。清末，一度协助袁世凯督练新建陆军于天津。后历任东三省总督，军机大臣，民政部、邮传部尚书，内阁协理大臣等。民国初建，三年，出任国务卿。七年十月，由"安福国会"选为总统，十一年六月下野。之后，即戢影津门，究心文史，著述终老。

徐世昌为清末词臣出身，素工诗文，留心经史，注意乡邦文献的整

---

① 容媛：《清儒学案》，《燕京学报》1940 年 6 月第 27 期。

理、表彰，博涉古今，为经世之学。任民国大总统期间，曾在总统府内举晚晴簃诗社。社中成员多显宦，亡清遗老亦吟咏其间。后即聘诗社中人选编清诗，辑为《晚晴簃诗汇》200 卷刊行。

民国十七年（1928），复网罗旧日词臣友好，倡议纂修《清儒学案》。九月，初拟《清儒学案目录》，时年七十有四。从此，世昌的晚年精力，则多在《清儒学案》纂修之中。据贺培新辑《水竹邨人年谱稿》记，十八年一月，《清儒学案概略》稿成，徐氏即亲为审订。入春以后，《学案》已有初稿一批送津请阅。翌年三月，夫人席氏病逝。经晚年失偶之痛，十月，世昌即又按日续阅《清儒学案》稿本，多所订正。当时，因预修诸公皆在京城，徐氏日阅《学案》稿本，凡有商榷，则随手批答，故函札往还一直不断。徐世昌当年书札，虽经数十年过去，多有散佚，但所幸中国历史博物馆史树青老先生处尚有珍藏。二十余年前，承史老先生不弃，尽以所藏予笔者一阅，至今感念不忘。去秋，惊悉史树老病逝噩耗，失此文史大师，痛哉！

迄于民国二十三年，徐世昌已届八十高龄。他不顾年高，始终潜心于《清儒学案》稿本审订。逐日批阅，书札往还，备殚心力。同年六月，京中主要纂修人夏孙桐来书，商定《学案》事宜。徐世昌是冬作复，并以撰写《清儒学案序》拜托代劳。徐世昌此札，幸为夏先生后人刊布，弥足珍贵，谨过录如后。

闰枝我兄同年阁下：久不晤，甚念。得惠书，知体气冲和，为慰。《学案》得公主持，已成十之九，观成有日，欣慰无似。序文非公不办，实无他人可以代劳。三百年之全史皆公手订，三百年之儒学又由公综核成书。此种序文，非身历其事者，不能道其精蕴，希我兄勿再谦让也。至"长编"二字，恐非《学案》所宜引用。唐确慎当国家鼎盛之时，欲编学案，不能不加"小识"二字。梨洲《明儒学案》成书，已入清代。此时编辑《学案》，深惧三百年学术人文，日久渐湮，深得诸君子精心果力，克日成书。

案之云者，不过引其端绪，综合诸儒，使后之学者因此而考其专书，则一代之学术自可永存天壤间也。斯时与梨洲著书之时大略相同，则"长编"二字似不必加入也。仍请卓裁。《凡例》拟出，先请示阅，诸劳清神，心感无似。此颂健安，冬寒尤希珍卫不宣。弟昌顿首。①

徐世昌此札，颇涉《清儒学案》纂修故实。观札中所述，至少可以明确如下诸点。自1928年倡议修书，历时六年，全书已得大半。此其一。其二，《清儒学案》的京中纂修主持人，实为夏孙桐。其三，该书是否在书名后加"长编"二字，徐、夏二氏意见相左，夏提议加，徐则否定。其四，徐世昌以黄宗羲之于故明自况，将其眷念亡清的阴暗心理一语道出。最后，修书既已六年过去，全书《凡例》初稿始迟迟拟出，可见先前工作之粗疏。因之，徐氏之"观成有日"云云，未免盲目乐观。

之后，徐世昌以年入耄耋，亟待《清儒学案》早日成书，于是按日批阅稿本益勤，阅定即送京中付梓。民国二十六年（1937）新春，世昌因之而悉谢贺客，闭门批阅《学案》。同年四月，全书已近告成。次年正月，傅增湘由京中来津，议定刻书事宜。三月，徐世昌将《清儒学案序》重加改订。就这样，卷帙浩繁的《清儒学案》，终于在徐氏生前得以问世。

二、夏孙桐与《清儒学案》

《清儒学案》的纂修，徐世昌不惟提供全部经费，而且批阅审订书稿，历有年所，并非徒具虚名者可比。而纂修诸人，辛勤董理，无间寒暑，同样功不可没。据当年主持撰稿事宜的夏孙桐氏后人介绍，《清儒

---

① 过溪：《清儒学案纂辑记略》，见《艺林丛录》第七编。

学案》的具体纂修者，前后共 10 人。最初为夏孙桐（闰枝）、金兆蕃（籀孙）、王式通（书衡）、朱彭寿（小汀）、闵尔昌（葆之）、沈兆奎（羹梅）、傅增湘（沅叔）、曹秉章（理斋）、陶洙（心如）9 人。后因金兆蕃南归，王式通病逝，复聘张尔田（孟劬）。临近成书，夏孙桐以年力渐衰辞职，张尔田应聘三月，即因与沈、闵、曹不和，拂袖而去。诸人分工大致为，夏、金、王、朱、闵、沈分任撰稿，傅为提调，曹任总务，陶任采书、刻书。此外，另有抄写者若干。[①] 撰稿诸人中，以夏孙桐学术素养最高，又长期供职史局，故不啻京中撰稿主持人。

夏孙桐，字闰枝，号悔生，晚号闰庵老人，江苏江阴人。生于清咸丰七年（1857），卒于民国三十一年（1942），终年 85 岁。孙桐于光绪八年（1882）举乡试。徐世昌亦于同年中举，故前引徐氏致夏闰枝书，始以"同年"相称。不过，夏氏成进士则晚于徐氏六年，直到光绪十八年，方得通籍。之后，即长期供职于翰林院。光绪三十三年，外任浙江湖州知府。五年间，转徙于湖州、杭州、宁波三郡，无所建树，遂以病谢归。清亡，避地上海。民国初，应聘入清史馆，预修《清史稿》。嘉、道、咸、同四朝诸列传及《循吏》《艺术》二汇传，多出其手。后又佐徐世昌编选《晚晴簃诗汇》。民国十七年以后，再应徐世昌之请，主持《清儒学案》撰稿事宜。前引徐氏札以《清儒学案序》的撰写相请，并云："《学案》得公主持，已成十之九。"足见对其倚重之深。

夏孙桐虽因年事已高，深恐《清儒学案》难以克期蒇事，遂于民国二十三年秋致函徐世昌，"乞赐长假"而辞职。但孙桐于《清儒学案》的纂修，其功甚巨。他的基本主张，皆保存于《拟清儒学案凡例》和《致徐东海书》中。谨详加引录，略事评述如后。

---

① 过溪：《清儒学案纂辑记略》，见《艺林丛录》第七编。夏先生生平学行，多承夏武康先生赐教，谨致谢忱。

夏孙桐所撰《拟清儒学案凡例》共十条。第一条云："清代学术昌明，鸿硕蔚起。国史合理学、经学统列《儒林传》，实兼汉儒传经、宋儒阐道之义。而史学、算学皆超前代，以及礼制、乐律、舆地、金石、九流百家之学，各有专家。大之有裨经世，小之亦资博物，史传虽或列其人于《文苑》，揆以通天地人之谓儒，是各具其一体。谨取广义，并采兼收，以备一代学史。"此条概述全书宗旨，入案标准，意取宽泛，勿拘门户。逾越以往诸家学案专取理学旧规，以之述一代学术史，无疑更接近于历史实际。

第二条云："学重师法，故梨洲、谢山于宋、元、明诸家，各分统系，外此者列为《诸儒》。清初，夏峰、二曲、梨洲，门下皆盛，犹有明代遗风。亭林、船山，学贯古今，为一代师表，而亲承授受者，曾无几人。其后，吴中惠氏、皖南江氏、戴氏、高邮王氏，传派最盛。而畿辅之颜氏、李氏，桐城之方氏、姚氏，奉其学说者，亦历久弥彰。盖以讲习为授受，与以著述为渊源，原无二致。至于闳通硕彦，容纳众流，英特玮材，研精绝学，不尽有统系之可言，第能类聚区分，以著应求之雅。大体本于黄、全前例，而立案较繁，不得不因事实为变通也。"此条论立案原则，既大体沿黄宗羲、全祖望《明儒》《宋元》二学案旧例，又从清代学术实际出发而加以变通，不失为务实之见。

第三条云："唐确慎《学案小识》，虽兼列经学，而以理学为重。理学之中，以服膺程朱为主，宗旨所在，辨别綦严。今既取广义，于理学之朱、王，经学之汉、宋，概除门户，无存轩轾。推之考订专门，各征心得，异同并列，可观其通。但期于先正之表彰，未敢云百家之摒黜。折中论定，别待高贤。故叙列不分名目，统以时代为次。"此条推阐首条立意，论定编次先后，一以时代为序，亦是允当之论。

第四条云："清代三百年，学派数变，递有盛衰。初矫王学末流之弊，专宗朱子，说经则兼取汉儒。继而汉学日盛，宋学日衰，承其后者，调停异派，稍挽偏重之势。又自明季以来，西学东渐，达识者递有发明。海禁既开，其风益畅。于是汉学、宋学之外，又有旧学、新学之分。有清一代，遂为千年来学术之大关键。综其先后，观之变动之机，蜕化之迹，可以觇世变矣。"此条鸟瞰一代学术递嬗，既言汉、宋，又述新、旧，最终则归结于以之反映社会变迁。立意甚高，难能可贵。

第五条云："学派渊源，每因疆域。淳朴之地，士尚潜修；繁盛之区，才多淹雅。巨儒钟毓，群贤景从，疏附后先，固征坛坫之盛。亦有官师倡导，风气顿为振兴。如李文贞之治畿辅，张清恪之抚闽疆，阮文达之于浙、粤，张文襄之于蜀、粤、鄂，其尤著者。文翁治化而兼安定师法，所关于学术兴替甚巨。此类谨详识之。至于辟远之区，英贤代有，而道显名晦，著述或少流传。虽加意搜求，宽为著录，终虑难免遗珠也。"地理环境之于学术文化，虽非决定因素，但其影响毕竟不可忽视。此条所言，虽尚可商榷，但"淳朴之地，士尚潜修；繁盛之区，才多淹雅"，夏氏此见，不无道理。

第六条云："此采诸人，以《国史儒林传》为本，以《文苑传》中学有本原者增益之。唐氏《学案小识》中，有史传所未载，而遗书可见、仕履可详者，并收焉。江氏《汉学师承记》《宋学渊源记》，李氏《先正事略》，及各省方志，诸家文集，并资采证。加以搜访遗籍所得，为前诸书所未及者，共得正案若干人，附案若干人，列入《诸儒》案中若干人，共若干人。"此条意在说明入案诸家传记资料来源，用力不为不勤。

第七条云："编次仿《宋元学案》而稍有变通。首本传，仕履行谊，以史传为根据，兼采碑志传状，不足再益以他书。学说有正案所难详者，括叙入传。凡著述俱详其目。次正案，凡著述可摘录者，存其精要，难以节录者，载其序例。次附录，载遗闻佚事，有关系而未入传者，他人序跋有所发明者，后人评骘可资论定者。"此条论定各学案首本传、次正案、次附录之编纂体例，仿《宋元学案》而稍有变通。择善而从，前后划一，确能收眉清目朗之效。

第八条云："附案亦仿《宋元学案》诸名目，略从简括。首家学，以弟从兄，子孙从父祖，疏属受学者并载之。次弟子，以传学为重，其科举列籍，非有讲学关系者，不载。次交游，凡同学、讲友等，皆在其中。次从游，凡交游年辈较后，或从学而无列弟子籍确据者，入此项。次私淑，或同时未识面而相景慕，或不同时而承学派者，并入此项。附案中又有所附，别标其目，列于诸项之后。凡所引据，悉注书名，以资征信。"此条专论附案编纂体例，既取法《宋元学案》，又去其繁冗，除"从游"一类尚属累赘之外，其余皆切实可行，实为一个进步。"凡所引据，悉注书名"，尤为可取。

第九条云："史传附见之人，或以时地相近，或以学派相同，牵连所及，而其例较宽。学案附见者，必其渊源有自，始能载入。凡潜修不矜声气，遗书晦而罕传者，既未能立专案，苦于附丽无从，皆列诸儒案中。其例虽出黄、全二编，取义略有差别。"此条论定《诸儒学案》立案原则，既出黄、全二编而例有所本，又略异二家《学案》及史传，实是当行之论。徐东海先生云"非身历其事者，不能道其精蕴"，即此之谓也。

第十条云："梨洲一代大儒，荟萃诸家学说，提要勾玄，以成《明儒学案》，故为体大思精之作。《宋元学案》梨洲创其始，谢山集其成，网罗考订，先后历数十年。几经董理，而后成书，如是之难也。清代学派更繁，著述之富过于前代，通行传本之外，购求匪易。辗转通假，取助他山，限于见闻，弥惭谫陋。徒以一代文献所关，不揣末学，勉为及时搜辑。窃等长编之待订，仅供来哲之取材。海内明达加之补正，是私衷所企望者也。"①此条言《清儒学案》实一代学术史之资料长编，无非供来哲取材而已。言而由衷，无意掩饰，著述者能坦白如此，令人钦敬。

————————
① 夏孙桐：《观所尚斋文存》卷六《拟清儒学案凡例》。

　　《致徐东海书》与《拟清儒学案凡例》为姊妹篇，信中，夏孙桐云："前奉复谕，垂念四十年交谊，当日黄垆旧侣，仅存公及下走二人。勖以炳烛余光，岁寒同保，读此语不禁为之感叹，难以傲然拒命。而自顾孱躯，能否勉力从事，殊无把握。姑先清理积稿，择其较完整者，随手收拾，陆续交出。其有应改作者，加签待商。约于四月正可毕，再开清单呈阅。乞赐长假，薪款以腊月截止，请勿再施。至公笃念故旧之深情，幸勿拘于形迹。津门咫尺，明春和暖之时，冀得躬诣崇阶，以申十年阔绪。"以上是说辞职意坚，不可商量。接下去，便是对沈兆奎所拟《凡例》的商榷。

　　夏孙桐云："再顷见羹梅所拟各节，煞费苦心，当有可采。其言增取之人，亦有早经议及，觅书未得，悬以有待者。要以征集原书阅过，方能确定去取，此时尚是虚拟。鄙见不尽同处，仍有数端。"孙桐所商榷者，为如下三条。

　　一、生年次序。羹梅系从正、续《疑年录》开出，间有见于本书者。按现编原以时代为序，然只能论大段，如最初皆明遗老，次则顺、康间人。凡记清代先儒之书，无不以夏峰、亭林、南雷、船山、二曲、杨园、桴亭数人居首，即《诗汇》亦取其例。若以沈国模、陈确数人驾于其上，似其未安（沈国模案，初稿仅有一传，无一文可录，并本案尚难成立，正议设法销纳。说详将来清单，阅之可悉）。曩时，国史馆续修《儒林传》，列船山名次较后，为众论所不及。时公方在枢庭，当尚忆之。窃谓首数案，断难厕入此类之人。至以后有此目印证，不致大有颠倒，其有益不少。而不必尽拘年岁，盖学案非齿录可比也。

　　一、诸儒一类不可少。初拟草例之时，与书衡详商，黄、全两家皆有此类，以收难入附案之人。原出于不得已，何必不从！编到无可位置之时，自能了然此义。

　　一、学问之道无穷。无论大家、名家之著作，其毫无遗议者，殊不多见。不必因有一二人之批驳，轻加裁抑。公于此类素持广大主义，愿守此宗旨，以示标准。惟《学案》究以理学为主体，其稍具规模者，自宜多收（如《学案小识》中，此类最多）。而非有诸儒一类，不能位置也。至《文苑传》中人物，非实为专家之学，具有本末者，不宜过多。勿使喧宾夺主，亦宜慎之。①

夏孙桐此书，其大要有三。以时代先后为编纂次第，这是《清儒学案》的一个大原则，不过其间仍可变通，未可拘泥。此其一。其二，《清儒学案》中，《诸儒学案》之设立，系以《明儒学案》和《宋元学案》为本，并非别出心裁，标新立异。凡难入附案诸人，《诸儒学案》实一最恰当的归宿。其三，以理学为主体，此乃学案体史籍的基本特征。因而凡学有规模者，皆可编入。至于《文苑传》中人，则宜慎选。

观夏氏所撰《拟清儒学案凡例》及《致徐东海书》，孙桐在《清儒学案》编纂中的举足轻重地位，确乎无可置疑。正如夏氏后人所云："开始拟具编纂方案，商榷体例案名，然后各人分担功课，由夏氏持其总。"②虽然今本《清儒学案》卷首《凡例》，未能尽采孙氏拟稿，但其主要原则，皆已大体吸收。至于《学案序》，不知是何种原因，夏氏始终未有见允。今本《学案序》，系先由张尔田草拟。尔田所拟本非精心，未能副一代学史之重，徐世昌自然不会用它。惟定本序之稿出何人，文献无征，只有俟诸来日读书有得，再行考订。

三、《清儒学案》举要

《清儒学案》共208卷，上起明清之际孙奇逢、黄宗羲、顾炎武，

---

① 夏孙桐：《观所尚斋文存》卷六《致徐东海书》。
② 过溪：《清儒学案纂辑记略》，见《艺林丛录》第七编。

下迄清末民初宋书升、王先谦、柯劭忞，一代学林中人，大多网罗其间。不惟其内容之宏富超过先前诸家学案，而且其体例之严整亦深得黄宗羲、全祖望之遗法。尽管其主持者徐世昌未可与黄宗羲、全祖望这样的一代大师比肩，然而书出众贤，合诸家智慧于一堂，亦差可追踪前哲，相去未远。

《清儒学案》卷首，有《凡例》17条，全书主要内容及编纂体例，皆在其中。兹逐条分析，以观全书概貌。

第一条云："是编以从祀两庑十一人居前，崇圣道也。自高汇旃以下，则以生年为次。不得其年者，则以其生平行谊及与交游同辈约略推之。不以科第先后者，例不能括也。《全唐诗》以登第之年为主，于是文房远在李、杜之前，浩然远在李、杜之后，岂其所哉！"在旧时代，从祀孔庙，乃儒林中人身后殊荣。有清一代，得此殊荣者凡九人，以雍正间陆陇其肇始，依次为汤斌、孙奇逢、张履祥、陆世仪、张伯行、王夫之、黄宗羲、顾炎武。民国初，在徐世昌任总统期间，复以颜元、李塨从祀。此条所云11人，即由此而来。而《学案》中此11人之具体编次，则未尽依从祀先后，而是以生年为序。卷一孙奇逢《夏峰学案》，卷二黄宗羲《南雷学案》，卷三、卷四陆世仪《桴亭学案》上下，卷五张履祥《杨园学案》，卷六、卷七顾炎武《亭林学案》上下，卷八王夫之《船山学案》，卷九汤斌《潜庵学案》，卷十陆陇其《三鱼学案》，卷十一颜元《习斋学案》，卷十二张伯行《敬庵学案》，卷十三李塨《恕谷学案》。孙、黄等11人，皆清初大儒，如此编次，既避免了康熙间修《全唐诗》以科第为次所造成的年辈混乱，又与全书以生年为次的编纂原则相符，应当说大体上是允当的。

第二条云："夏峰已见《明儒学案》，而是编取以弁冕群伦。以苏门讲学，时入清初，谨取靖节晋、宋两传之例。《学案小识》不加甄录，盖有门户之见存，非以其重出也。次青论之赵矣。"《清儒学案》以孙奇逢《夏峰学案》置于诸学案首席，既与明清之际历史实际相吻合，又得

《晋书》《宋书》同为陶渊明立传遗意。唐鉴著《清学案小识》以门户之私而摒孙氏于不录，李元度修《国朝先正事略》力斥其非。此条首肯李说而不取唐书，有理有据，已得是非之平。

第三条云："诸儒传略，取材于《汉学师承记》《宋学渊源记》《洛学编》《濂学编》《学案小识》《先正事略》之名儒、经学，《碑传集》之理学、经学，《续碑传集》之儒学，《耆献类征》之儒行、经学。去其复重，表其粹美，大抵著者八九，不著者一二。《经解》两编，作者毕举，《畴人》三传，家数多同。至《儒林传稿》，虽未梓行，而足备一代纲要。《清史列传》虽出坊印，而实为馆档留遗。引证所资，无妨慎取，斯二书者，亦参用之。"此条言全书著录诸儒的依据，即主要是理学家、经学家及算学家。所列取材诸书，虽优劣各异，但扫除门户，去短集长，一代学术界中人，凡学有规模者，自然可以大致网罗其间。

第四条云："清儒众矣，无论义理、考据，高下自足成家。第欲远绍旁搜，譬之举网而渔，不可以一目尽。所谓不著之一二，非故摈弃也。或声闻不彰，或求其书不得，如都四德《黄钟通韵》之类，遂付阙如。"此条言入案诸儒，虽力求其多，但仍以客观条件制约，或因声名不显，或缘著述未见，以致不能将一代学人悉数网罗。

第五条云："家学濡染，气类熏陶，凡有片善偏长，必广为勾索。或遇之文集，或附载序跋，而名不见于上述诸书者，十之三四。非曰发潜阐幽，亦宁详毋略之义。"此条道出《清儒学案》著录诸儒的一条重要原则，即宁详毋略。由于广事搜寻，多方勾索，所以入案者的数目已经逾出第三条所列诸书儒林中人。因而本书不仅编选了清代学术史的资料，而且也为清代人物，尤其是学林中人的董理提供了依据。

第六条云："上述诸书，体例各异。其中有分门类者，如卿相中之汤文正、魏敏果、纪文达、阮文达、曾文正，下至监司守令，若唐确慎、罗忠节、徐星伯、武授堂之伦，并依官爵。犹汉之鲁国，唐之昌黎，不入儒林，固史法也。是编以学为主，凡于学术无所表见者，名位虽极显崇，概不滥及。"此条继前三条之未竟，还是讲入案标准问题。学案乃史书，要以之记一代学史。既是修史，须遵史法，因而凡与学术无关者，纵然名位贵显，亦不得编入学案。《清儒学案》这条规矩立得好，否则就失去其作为学案的意义了。

第七条云："古人为学，不以词章自专，长卿、子云，包蕴甚广。自范书别立《文苑》一传，遂若断港绝潢，莫之能会，而秋孙、叔师，岂遽逊于子严、敬仲？清代文章，号为桐城、阳湖二派，证以钱鲁斯之言，则二派固自一源。望溪之于《三礼》，姬传之于《九经》，即不与婺源同科，亦何异新安正轨！前乎此者，尧峰经术，与望溪叠矩重规。并乎此者，子居究心三代，识解独超。后乎此者，桦湖、子序，风诗传记，根柢亦深。惟冰叔纵横之气，为《四库提要》所嗤，然极其意量，雪苑未可抗衡。是编于《文苑》中人，亦加甄综，必其文质相宣，无愧作述之美。其余附见，未必尽纯，要之空疏而徒骋词锋者寡矣。"自第三条起，《凡例》以五条之多，专究甄录标准。既将一代儒林中人网罗尽净，又破除儒林、文苑的传统界限，于学有专门者皆多加甄录。"宁详毋略"之意，于此再伸。

第八条云："《明儒学案》通以地望标题，其渊源有绪者，则加之曰相传，同时者则否。其不相统系者，则曰诸儒。其以字标题者，惟止修、蕺山二案。《宋元学案》或以地，或以谥，或以字，为例不纯；诸儒则累其姓于上，步趋班、范而意过其通。是编标题以字称，曾为宰辅者以县称，二人合案者亦以县称，诸儒以省称。参酌梨洲、谢山二书而折中之，固无取因袭也。"此条专论各学案标题。唯论《明儒学案》，因系用河北贾氏刻本，故于阳明学传衍称为"相传"。而道光间莫氏刻本，则谓原本实作"王门"，"相传"系经贾氏所改。今中华书局排印本即据莫氏说，题为《浙中王门学案》《江右王门学案》等。所论《宋元学案》标题之为例不纯，言之有据，确能得其病痛之所在。学如积薪，后来居上，《清儒学案》参酌黄、全二书，择善而从，实现了标题的划一。全书除任过宰辅及数人合案者以县名标题外，其余各案，皆以案主之字标题。而《诸儒学案》一类，《凡例》所云则与实际编次略异。本书卷一九五至卷二〇八皆称《诸儒学案》，依次为《诸儒学案一》至《诸儒学案十四》。编次虽以省为类，先直隶，再山东，以下依次为江苏、安徽、江西、浙江、湖北、陕西、四川、云南，但却不以省为称。江苏、浙江为人文渊薮，故不仅全书著录学者最多，《诸儒》一案中，亦以二省学者为多。关于《诸儒学案》之立，著者于卷一九五《诸儒学案一》卷首总论，说得很明白，据云："汉宋之学，例重师承，全书于诸家授受源流，已详加纪述矣。其有潜修自得，或师传莫考，或绍述无人，各省中似此者尚复不少。今特别为一类，分省汇编。凡著作宏富者，撷取菁华，否则撮叙大略，兼搜博采，冀不没其劬学之深心焉。"

第九条云："《宋元学案》附案之类有六，曰学侣，曰同调，曰家学，曰门人，曰私淑，曰续传。而于居首之人，大书其前曰某某讲友，某某所出，某某所传，某某别传。其再传、三传者，又细书于其下。详则详矣，其如紊何！以视梨洲《明儒学案》，繁简顿殊。今于附案之人，别为五类，曰家学，曰弟子，曰交游，曰从游，曰私淑，亦足以该之矣。删繁就简，由亲及疏，合而观之，后生或越前辈，别类观之，仍以生年为次，义例相符。"此条专论《附案》编次，以家学、弟子、交游、从游、私淑五类赅括，较之《宋元学案》的叠床架屋，确能收删繁就简之效。唯从游一类，似尚可归并。譬如卷六、卷七顾炎武《亭林学案》，入从游一类者凡三人，即徐乾学、徐元文兄弟和陈芳绩。乾学、元文皆案主外甥，学承舅氏，同以显宦而治经史，实可归入"家学"一类。陈芳绩，字亮工，为顾炎武早年避地常熟乡间故人子，谊在弟子、私淑之间。倘依案主慎收弟子例，入"私淑"一类即可，不必再列"从游"一类。

第十条云："《宋元学案》每案之前，必为一表，以著其渊源出入。支分派别，瓜蔓系联，力至勤，意至善也。清代学术宏多，非同道统之有传衍。是编于授受攸关而别在他案者，则分类列举，不复表于卷前。然或居附传之前，或居附传之后，或错综各传之间，或以所见先后为次，或以生年先后为次，当属稿时，随笔记载，不拘一式。迨书经墨板，改刻良难，阅者谅之。"宋儒论学，最重渊源，入主出奴，门户顿分。《宋元学案》不取批判态度，复列传衍表于卷首，徒增烦琐，实是多余。清代学术盘根错节，包罗至广，自有其不同于宋明理学的历史特征。"清代学术宏多，非同道统之有传衍"，此为《清儒学案》编者见识之远迈唐鉴《清学案小识》处。有鉴于此，全书于学术传承，不复表列于案前，而是在附案中随处加以说明。如卷二黄宗羲《南雷学案》，于弟子一类，万斯大、万斯同，则分别注云："别为《二万学案》。"于交游一类亦然，李颙、李因笃、汤斌、毛奇龄、阎若璩、胡渭诸人，皆仅列其名，而各注所在学案名。眉目清晰，秩然有序，同样可见案主学术影响。

　　第十一条云："学案大旨，以尊统卑，其祖若父、若兄，学术声名不足以统一案者，则载之子弟传首。其子孙不别为传者，则附之祖父传末，目中不著其名，名遗而实不遗也。亦有兄弟齐名，未可轩轾，则比肩居首，分系诸徒。是编所举，二高、三魏之属，六家而已。交游相附，但视所长，年辈后先，无事拘执。"此条言学术世家的入案编次。所述二类，前者如卷三九阎若璩《潜丘学案》之于案主传中，首述其父修龄，"以诗名家"；卷二〇七《诸儒学案十三》费密传中，先叙其父经虞，"字仲若，明末，官云南昆明知县，累迁广西府知府，有治行。兼邃经学，著有《毛诗广义》《雅论》诸书，以汉儒注说为宗"等。后者如卷一四高世泰、高愈《无锡二高学案》，卷二二魏际瑞、魏禧、魏礼《宁都三魏学案》，卷三四、卷三五万斯大、万斯同《鄞县二万学案》，卷八五朱筠、朱珪《大兴二朱学案》，卷一〇三梁玉绳、梁履绳《钱塘二梁学案》，卷一四三钱仪吉、钱泰吉《嘉兴二钱学案》六家。如此立案，变通体例，同中有异，确实颇费斟酌。

第十二条云："诸儒著述，详叙传中。已刊行者，举其卷数，异同多寡，间为更定。设其书仅有传稿，若存若亡，或仅见书名，未知成否，则别为未见，以待续考。然书籍浩繁，虽八道以求，而一时难得。以梨洲之通博，犹失朱布衣《语录》、韩苑洛、范栗斋诸集，矧在寡陋，颇囿见闻。海内鸿儒，幸赐匡正。"学案体史籍，以选编各家学术资料为主，故品评其高下，一是据其立案人选；第二则是诸家学术资料的别择。《清儒学案》编者于此，亦多所究心，所以此条以下，直至十六条，皆论资料选编问题。此条专论案主传略所载著述目录。徐世昌得担任民国大总统之便，在纂辑《晚晴簃诗汇》时，即向各地征集到大批图书。下野之后，此批图书多置于徐氏京邸。之后，便成为纂修《清儒学案》的主要资料来源。然而徐邸庋藏及撰稿诸人未见之书尚多，所以先作声明，不失为求实之见。

第十三条云："甄录著述，盖有二义。一、其书贯串，未容剪裁，如《礼书纲目》《廿二史考异》之属，则取其序例，以见大凡。一、其书美富，不胜标举，如《日知录》《东塾读书记》之属，则择其尤至，以概其余。凡近于帖括者，虽经不录也。近于评骘者，虽史不录也。清儒序跋，最为经意。自序必详为书之纲要，为人书序必为之说以相资。此固征实之学，大启后学之途径，故足取焉。"《清儒学案》于案主重要著述，多载序例，此条就此专文解释。至于顾炎武《日知录》、陈澧《东塾读书记》一类著名学术札记，诚可谓美不胜收，其精要实非序例一类文字所能赅括。于是编者亦提出甄录标准，即"择其尤至，以概其余"。譬如卷六于顾炎武《日知录》，主要选取书中论经术、治道的部分，于博闻一类，则概行从略。全书大要，依稀可见。又如卷一七四陈澧之《东塾读书记》，亦以读诸经、诸子为主，陈书概貌亦得反映。

第十四条云："采纂诸书，必求原本。正续《经解》多割弃序跋，所收札记、文集，虽经抉择，往往未睹其全。后出单行，每堪补订。其未见之书，或有序跋载于文集，刻之丛书，如《说文统释》之属，则记注其下，庶免疑误将来。其文集不传，而得篇章于总集选本者，题曰文钞，亦同此例。"《皇清经解》及其续编，为清代说经著述汇刻，一代经学著作虽多在其中，但诚如《清儒学案》编者所批评，该书或割弃原作序跋，或选本未为尽善，故每每不及单行别本。有鉴于此，《学案》甄录学术资料，并不以《经解》为据，必求原本，广事搜寻。其用力之勤，实可接踵黄宗羲《明儒学案》。

第十五条云："采纂诸书，略依四部排比，先专著而后文集，书名与正文平写，序例视正文。文集亦平写，其篇目则抑写，以为区别。然清儒文集，编次多规仿经子，如《述学》《述林》之属，力避文集之名。若概称曰集，似违作者本意。《宋元学案》尽依原目，不取通称，深合名从其实之义。是编于各传后所采著作，悉已于传中标明，其名实固可考见焉。"此条专言甄录资料的抄写格式及著述称谓。尊重原作，名从其实，如此确立标准，无疑是妥当的。

第十六条云："采纂诸书，其原刻大书、细书、平写、抑写，体式互有不同。是编义取整齐，辄复变通，期臻划一。"此条专言书写体式的整齐划一，立意甚为明了。

第十七条云："是编列入正案者一百七十九人，附之者九百二十二人，《诸儒案》六十八人，凡二百零八卷，共一千一百六十九人。"《清儒学案》卷一至卷一九四，大体人自为案，此条之"正案"云者，即指以上各案案主，计179人。922人者，则为各案附载诸儒，与"正案"相对，称作"附案"。加上《诸儒学案》14卷之68人，全书凡208卷，共著录一代学者1169人。卷帙如此之浩繁，编纂体例如此之严整，既反映了清代学术整理和总结古代学术的基本特征，亦不失为对以往诸家学案体史籍的总结。

以上17条，全书大要，勾勒而出。然过细而论，似尚有二条可补。其一，各案案首，取法《明儒学案》，皆有总论一篇，述案主学术渊源，评为学得失，论学术地位。虽见识或不及黄宗羲，所论亦间有可商榷处，但提纲挈领，言简意赅，实非当行者不能道。倘合各案总论为一编，取与全祖望《宋元学案序录》并观，恐并不逊色。其二，各案案主学术资料选编之后，仿《宋元学案》编次，立"附录"一目，专记案主学行遗闻轶事。所辑录者，或为案主友朋所论，或为弟子、门生及后人追述，长短详略不一，皆可补其传记之所未尽。

中国学案体史籍，自《明儒学案》肇始，总论、传略、学术资料选编，一个三段式的编纂结构业已定型。后经全祖望续修《宋元学案》加以发展，案主学术资料选编后，既增"附录"一目，又于其后以学侣、同调、家学、门人、私淑、续传为类，著录案主交游、学术传衍。至徐世昌《清儒学案》出，合黄、全二案而再加取舍，各学案遂成正案、附案两大部分。正案依黄氏三段式结构不变，再添"附录"一目。附案则别为家学、弟子、交游、从游、私淑五类。至此，就编纂体例而言，学案体史籍业已极度成熟。

四、读《清儒学案》商榷

一如前述，《清儒学案》是一部集体协力的劳作，书出众贤，集思广益，从而保证了纂修的质量，使之成为继《明儒学案》和《宋元学案》之后，又一部成功的学案体史籍。然而，由于历史和认识的局限，加以晚期亟待成书，未尽琢磨，所以《清儒学案》又还存在若干值得商榷的地方。兹掇其大要，讨论如后。

（一）徐世昌《清儒学案序》的未尽允当处

《清儒学案序》撰于 1938 年，虽执笔者未确知其人，但既以徐世昌署名，则功过皆在徐氏。徐氏此序，可商榷者有二，其一是对康熙帝学术地位的评价问题；其二是应当怎样看待社会的进步问题。

康熙帝不惟是清代开国时期功业卓著的帝王，而且也是整个中国古代并不多见的杰出政治家。他于繁忙的国务活动之暇，数十年如一日，究心经史，研讨天文历法和数学，则尤为难能可贵。然而，康熙毕竟只是一个国务活动家，而非以治学为业的学者。因此，评价其历史功业，就当从大处着眼，不可把他等同于一般学者来论究。《清儒学案序》于此本末倒置，对康熙帝的所谓学术成就随意溢美。序中，不惟认为他生前"于当时著作之林，实已兼容并包，深造其极"，称之为"天纵之圣"，而且假述他人语断言："清代之达人杰士，悉推本于圣祖教育而成。"并云："圣祖之教，涵育于二百年。"[1] 极意推尊，言过其实，显然是不妥当的。

辛亥革命，终结帝制，这是中国历史上一次翻天覆地的巨变，其意义远非以往任何一次改朝换代所能比拟。民国建立之后，中国社会日益卷入国际潮流，社会生活的各个方面都在冲击腐朽的桎梏而大步前进。这本来是一桩十分令人欣喜的事情，而徐世昌的序文则与之唱为别调，声称："盱衡斯世，新知竞瀹，物奥偏明，争竞之器愈工，即生民之受祸益烈。狂澜既倒，孰障而东！"用这样的眼光去看待社会和总结历史，当然就难免曲解历史，做出错误的判断。我们赞赏徐世昌以《清儒学案》述一代学史的业绩，但于其间包含的不健康情调，则没有任何理由去肯定。"狂澜既倒，孰障而东"云云，岂非螳臂当车！挽歌一曲，哀鸣而已！

（二）应否"以从祀两庑十一人居首"的问题

"以从祀两庑十一人居首"，语出前引《清儒学案凡例》第一条。关于这个问题，我们先前就依生年为次这个意义立论，认为幸而从祀诸人皆清初大儒，所以才说它并无大谬，是大体允当的。然而此十一人中，除颜元、李塨为民国初从祀孔庙者外，其余九人皆清代钦定。徐世

---

① 徐世昌：《清儒学案》卷首《自序》。

昌主持纂修《清儒学案》，时已入民国，且身为下野的民国大总统，如此编次，一以清廷好尚为转移，则是一种不健康的遗老情调的反映。这同第一个问题中的侈谈挽狂澜于既倒一样，落伍颓丧，实不可取。

（三）关于吕留良的评价问题

吕留良，一名光轮，字用晦，又字庄生，号晚村。暮年削发为僧，名耐可，字不昧，号何求。浙江崇德（今桐乡）人。生于明崇祯二年（1629），卒于清康熙二十二年（1683），终年 55 岁。他是清初浙江的著名学者，在清代学术史、政治史上，都曾经产生过较大影响。但是由于他故世后，于雍正间为文字冤狱祸及，被清世宗斥为"千古罪人"而戮尸枭首，乾隆间，其遗著又遭清廷尽行禁毁，因之雍乾及尔后学者，对吕留良的学行罕有论及。嘉庆、道光间，江藩著《汉学师承记》《宋学渊源记》，唐鉴著《清学案小识》，皆不敢置一词。《清儒学案》能不为成见所拘，著录吕留良于卷五《杨园学案》交游一类中，无疑是一个进步。不过，案中于吕留良的评价，则尚可商榷。

《清儒学案》评吕留良学行云："晚村生平承明季讲学结习，骛于声誉，弟子著籍甚多。又以工于时文，《竿木集》之刻，当日已为凌渝安所讥。杨园初应其招，秀水徐善敬可遗书相规，谓兹非僻静之地，恐非所宜。其语亦载在《见闻录》中。全谢山记其初师南雷，因争购祁氏淡生堂书，遂削弟子籍。屏陆、王而专尊程、朱，亦由是起。可见名心未净，终贾奇祸。"[①] 这是一段似是而非的评论。关于吕留良的评价问题，笔者于 20 世纪 80 年代中撰有《吕留良散论》一文，载于《清史论丛》第七辑。《清儒学案》所云"工于时文"及与黄宗羲交恶的原因，拙文皆已做过考察，而结论恰与《清儒学案》相反。在此，恕不赘述。不过，既然徐世昌等人引全祖望之说为立论依据，为澄清历史真相，不妨

---

① 徐世昌：《清儒学案》卷五《杨园学案》附案《吕先生留良》。

再作一些讨论。

据全祖望称："吾闻淡生堂书之初出也，其启争端多矣。初，南雷黄公讲学于石门，其时用晦父子俱北面执经。已而以三千金求购淡生堂书，南雷亦以束修之入参焉。交易既毕，用晦之使者中途窃南雷所取卫湜《礼记集说》、王偁《东都事略》以去，则用晦所授意也。南雷大怒，绝其通门之籍。用晦亦遂反而操戈，而妄自托于建安之徒，力攻新建，并削去《蕺山学案》私淑，为南雷也。"① 全氏此说，本出传闻，因其私淑黄宗羲而偏见先存，故撰诸事实，多有不合。

首先，吕留良固然有削私淑名事，但并非为黄氏辑《蕺山学案》，所削亦非己名，而是其子葆中。至于吕留良本人，所声言必削其名者，乃《刘念台先生遗书》中的校对名，与"私淑"实毫不相干。关于此事原委，吕留良有复黄宗羲同门友姜希辙子汝高书，言之甚明。据云："尊公先生与老兄主张斯道，嘉惠来者。去岁委刻《念台先生遗书》，其裁订则太冲任之，而磨对则太冲之门人，此事之功臣也。若弟者，因家中有宋诗之刻，与刻工稍习，太冲令计工之良窳，值之多寡已耳。初未尝读其书，今每卷之末必列贱名，于心窃有所未安。……岂此本为太冲之私书乎？果其为太冲之书，则某后学之称，于心又有所未安也。望老兄一一为某刊去。"信中还说："至小儿公忠，则并无计功之劳，岂以其受业太冲门下，故亦滥及耶？"② 全祖望不辨父子，混校对与私淑于一谈，未免差之毫厘，谬以千里。

其次，吕留良之与黄宗羲，本属友朋，并无师生之谊。起初二人情谊笃挚之时，黄宗羲跋吕留良撰《友砚堂记》，即自称"契弟"，并云："用晦之友即吾友，用晦之砚即吾砚。"③ 兄弟之交，情同手足，其间又

① 全祖望：《鲒埼亭集外编》卷一七《小山堂祁氏遗书记》。
② 吕留良：《吕晚村先生文集》卷二《复姜汝高书》。
③ 黄宗羲：《跋友砚堂记》。此文不见于《南雷文案》《南雷文定》等，附录于《吕晚村先生文集》卷六《友砚堂记》。

何尝有过师生之说呢！而吕氏诗文杂著，虽涉及黄氏者甚多，却从未见有只字述及二人间为师生事。至于与黄宗羲为师生，一如方才所引《复姜汝高书》，那并非吕留良，而是其子吕葆中。

最后，购买祁氏藏书事，与黄宗羲、吕留良同时的陈祖法所述，则另是一番模样。据云："黄梨洲居乡甚不满于众口，尝为东庄（即吕留良——引者）买旧书于绍兴，多以善本自与。"[1] 陈祖法年辈早于全祖望，其说乃在康熙二十八年（1689）正月初六。虽因他为吕氏姻亲，不能排除其间可能存在的感情成分，但较之半个多世纪之后得自传闻的全祖望，显然其可靠程度要高得多。

足见，全祖望《小山堂祁氏遗书记》的记载是很靠不住的。古人云，皮之不存，毛将焉附？《清儒学案》仅据一面之词，何况还是很靠不住的传闻，便贸然立说，自然就难免以讹传讹，经受不住历史实际的检验。

众所周知，吕留良之蒙冤，乃在其身后 40 余年，系由清世宗惩治曾静、张熙秘密反清案，滥施淫威，殃及枯骨所致。而《清儒学案》的"名心未净，终贾奇祸"云云，不惟于雍正帝的专制暴虐蓄意讳饰，反而拾清廷牙慧，对吕留良信口诋斥。是非不分，黑白淆乱，显然与历史实际相去就太远了。

（四）几位不当遗漏的学者

《清儒学案》既以网罗儒林中人为宗旨，以下诸人皆非默然无闻者，似不当遗漏。

潘平格，字用微，浙江慈溪人。生约在明万历三十八年（1610），卒约在清康熙十六年。[2] 他为清初浙东著名学者，与黄宗羲、张履祥、

---

① 陆陇其：《三鱼堂日记》卷一〇"康熙二十八年正月初六"条。
② 容肇祖：《潘平格的思想》，见《容肇祖集》，齐鲁书社，1989 年，第 459 页。

吕留良皆有往还，唯论学多不合。所著《求仁录》，于朱、陆学术皆有批评，故世后，于康熙末年以《求仁录辑要》刊行。道光间，唐鉴著《清学案小识》，视之为对立面，置于卷末《心宗学案》中。虽误其字为"用征"，但《求仁录辑要》的基本主张已有引述。徐世昌主持纂修《清儒学案》时，《求仁录辑要》当能看到，遗漏不录，实是不该。

戊戌维新，既是晚清政治史上的一个重大事件，也是 19 世纪末中国思想界的一次狂飙。维新运动中的领袖康有为、梁启超、谭嗣同等，无一不是当时儒林佼佼者。《清儒学案》著录之人，其下限既已及民国二十二年（1933）故世的柯劭忞，何以不著录先于柯氏辞世的康、梁、谭？退一步说，即使以康、梁入民国以后，尚有若干重要政治、学术活动，因而不便著录，那么谭嗣同早在百日维新失败即已捐躯，何以摒而不录？《清儒学案》的纂修者带着不健康的遗老情调，可以仇视戊戌变法中人，但是康、梁诸人的学术成就则是抹杀不了的。

从纯学术的角度言，康有为、梁启超都是晚清今文经学巨子。《清儒学案》所著录一代今文经师，既有清中叶的庄存与及其后人庄述祖、刘逢禄、宋翔凤，下至凌曙、陈立、皮锡瑞，而不及康有为、梁启超，以及对康氏学说有重要影响的廖平。以一己之好恶而人为地割断历史，实在是令人不能接受的。

（五）编纂体裁的局限

《清儒学案》承黄、全二案开启的路径，仍用学者传记和学术资料汇编的形式，以述一代学术盛衰。这样一种编纂体裁，或人自为案，或诸家共编，某一学者或学术流派自身的传承，抑或可以大致反映。然而，对于诸如这一学者或流派出现的背景，其学说的历史地位，不同时期学术发展的基本特征及趋势，众多学术门类的消长及交互影响，一代学术的横向、纵向联系，尤其是蕴涵于其间的规律等，所有这些问题，又都是《清儒学案》一类学案体史籍所无从解答的。惟其如此，所以尽管《清儒学案》的纂修历时 10 余年，著录一代学者上千人，所辑学术资料博及经史子集，斟酌取舍，殚心竭虑，然而终不免"几成集锦之类书"的訾议。一方面是学案体史籍在编纂体例上的极度成熟；另一方面却又是这一编纂体裁的局限，使之不能全面地反映历史发展的真实面貌。这样一种矛盾状况，适足以说明至《清儒学案》出，学案体史籍已经走到了它的尽头。

进入 20 世纪以后，随着西方史学方法论的传入，摆脱由纪传体史籍演化而来的学案束缚，编纂崭新的章节体学术史，成为历史编纂学中一个紧迫的课题。于是与《清儒学案》纂修同时，梁启超挺然而起，以"史界革命"的倡导，成为完成这一课题的杰出先驱。自梁启超的《清代学术概论》和《中国近三百年学术史》出，以之为标志，学术史编纂最终翻过学案体史籍的一页，以章节体学术史的问世而迈入现代史学的门槛。

第二十二章 《清儒学案》之余波

钱穆，字宾四，江苏无锡人。生于清光绪二十一年（1895），卒于1990年，享年96岁。钱宾四先生早年论清儒学术，以《中国近三百年学术史》《清儒学案》为姊妹篇。1931年秋，钱先生执教北京大学史学系，讲授近300年学术史，历时五载而成大著《中国近三百年学术史》。全书凡作14章，上起清初黄宗羲、王夫之、顾炎武，下迄晚清曾国藩、陈澧、康有为，一代学术兴替，朗然在目。钱先生此书自1937年初付印行世，迭经再版而衣被学人。而其后所成之《清儒学案》，则因稿沉长江，起之无术而引为憾恨。所幸20世纪40年代初，钱先生曾以《清儒学案序目》为题，将后书之大要刊诸《四川省立图书馆图书集刊》。原稿虽失，精义尚存，实是不幸中之万幸。笔者以学清儒著述为功课，起步之初，即深得《清儒学案序目》之教益。30年过去，当初抄录先生之大文，依然恭置箧中。以下，谨掇拾读钱先生大文之一得，排比成篇，奉请赐教。

一、对唐、徐二家《学案》之批评

在钱宾四先生之前，以学案体史籍记清儒学术，所存凡两家，一为道光季年唐镜海先生之《国朝学案小识》，一为20世纪30年代间徐菊人先生之《清儒学案》。40年代初，钱先生受命撰《清儒学案简编》，克期交稿，任务紧迫。按理，徐先生书刊布伊始，既系简编，以之为依据，参酌唐先生书，别择去取，得其梗概，无须多费心力即可完成。然而钱先生并未如此行事，而是遍读清儒著述，爬梳整理，纂要钩玄，废寝忘食而成聚 64 位案主于一堂的崭新大著。

　　钱宾四先生何以要如此费尽心力？其原因在于钱先生认为，唐、徐二书不可与黄梨洲、全谢山之《明儒学案》《宋元学案》相提并论。黄、全二家著述，可据以简编，而唐、徐二书，则断断不可。关于这方面的理由，钱先生于《清儒学案序目》篇首《序》中，有明确交代："惟《清儒学案》，虽有唐、徐两家成书，而唐书陋狭，缺于闳通，徐书泛滥，短于裁别，皆不足追踪黄、全之旧业。"[①] 继之又在《例言》中进而加以阐述，于唐书有云：

　　　　唐鉴镜海之《学案小识》，其书专重宋学义理，而篇末亦附"经学"，"经学"之名复与"汉学"有别。即宋明诸儒，岂得谓其非"经学"乎？唐书于黄梨洲、颜习斋诸人，均入"经学"，则何以如顾亭林、王船山诸人，又独为"道学"？分类之牵强，一望可知。其编"道学"，又分传道、翼道、守道诸门，更属偏陋无当。鲁一同氏评之已详。唐书尽于道光季年，亦未穷有清一代之原委。

于徐书则称：

　　　　最后有徐世昌菊人之《清儒学案》，全书二百八卷，一千一百六十九人，迄于清末，最为详备。然旨在搜罗，未见别择，义理、考据，一篇之中，错见杂出。清儒考据之学，轶出前代远甚，举凡天文、历算、地理、水道、音韵、文字、礼数、名物，凡清儒考订之所及，徐书均加甄采而均不能穷其闉奥。如是则几成集锦之类书，于精、于博两无取矣。

---

　　①　钱穆：《清儒学案序目》篇首《序》，《钱宾四先生全集》第 22 册，台北联经出版事业股份有限公司，1982 年，第 593 页。

合唐、徐二书并观，钱先生遂引清儒秦树峰之见为据，揭出一己著述之宗旨：

> 昔秦蕙田氏有言："著书所患，在既不能详，又不能略。"窃谓唐书患在不能详，徐书患在不能略也。本编所录，一以讲究心性义理，沿续宋明以来理学公案者为主，其他经籍考据，概不旁及。庶以附诸黄、全两家之后，备晚近一千年理学升降之全。此乃著书体例所关，非由抑汉扬宋，别具门户私见也。[①]

钱先生之所以如此批评唐、徐二家《学案》，并非蓄意立异他人，而是从清代学术实际出发所使然。依钱先生之所见，观察清代学术，尤其是一代理学，有两个特点最宜注意：第一，"理学本包孕经学为再生"，清代并非"理学之衰世"；第二，清代理学"无主峰可指，难寻其脉络筋节"。关于第一点，钱先生认为：

> 宋明理学之盛，人所俱晓，迄于清代，若又为蔑弃宋明，重返汉唐。故说者莫不谓清代乃理学之衰世。夷考其实，亦复不然。宋元诸儒，固未尝有蔑弃汉唐经学之意。观《通志堂经解》所收，衡量宋元诸儒研经绩业，可谓蔚乎其盛矣。清代经学，亦依然沿续宋元以来，而不过切磋琢磨之益精益纯而已。理学本包孕经学为再生，则清代乾嘉经学考据之盛，亦理学进展中应有之一节目，岂得据是而谓清代乃理学之衰世哉？[②]

这就是说，从宋元到明清，数百年间之学术，乃一后先相承之整体，其

---

　① 钱穆：《清儒学案序目》之《例言》第1条，《钱宾四先生全集》第22册，台北联经出版事业股份有限公司，1982年，第594页。
　② 钱穆：《清儒学案序目》篇首《序》，《钱宾四先生全集》第22册，台北联经出版事业股份有限公司，1982年，第589—590页。

间并无本质差异，无非历史时段不同而已。理学本包孕经学为再生，因此，即使乾嘉经学考据之盛，实亦在理学演进之范围中。

关于第二点，钱先生讲了两段话。"清儒理学既无主峰可指，如明儒之有姚江；亦无大脉络、大条理可寻，如宋儒之有程朱与朱陆。然亦并非谓如散沙乱草，各不相系，无可统宗之谓也。"① 此其一。其二，"至论清儒，其情势又与宋明不同，宋明学术易寻其脉络筋节，而清儒之脉络筋节则难寻。清学脉络筋节之易寻者，在汉学考据，而不在宋学义理。唐书传道、翼道、守道之分，既不可从。徐书仍效黄、全两家旧例，于每学案必标举其师承传授，以家学、弟子、交游、从游、私淑五类附案，又别出《诸儒学案》于其后，谓其师传莫考，或绍述无人，以别于其他之各案。其实亦大可不必也"②。

正是从清代学术的前述实际出发，钱宾四先生尊重历史，实事求是，既摒弃唐、徐二书于不取，又变通黄、全《学案》旧规，采取"人各一案"的方法，编就别具一格的《清儒学案》。关于这一点，钱先生于《例言》中说得很清楚："编次《清儒学案》，最难者在无统宗纲纪可标，在无派别源流可指。然因其聚则聚之，因其散则散之，正不妨人各一案，转自肖其真象。虽异黄、全两家之面目，实符黄、全两家之用心。何必亦趋亦趋，乃为师法？本编窃取斯旨，每人作案，不标家派，不分主属。至其确有家派、主属者，则固不在此限也。"③

二、清代理学演进之四阶段

钱宾四先生著《清儒学案》，以四阶段述一代理学演进。第一阶段

---

① 钱穆：《清儒学案序目》之《例言》第 3 条，《钱宾四先生全集》第 22 册，台北联经出版事业股份有限公司，1982 年，第 596 页。

② 钱穆：《清儒学案序目》之《例言》第 2 条，《钱宾四先生全集》第 22 册，台北联经出版事业股份有限公司，1982 年，第 595 页。

③ 钱穆：《清儒学案序目》之《例言》第 2 条，《钱宾四先生全集》第 22 册，台北联经出版事业股份有限公司，1982 年，第 596 页。

为晚明诸遗老，第二阶段为顺康雍，第三阶段为乾嘉，第四阶段为道咸同光。64 位案主，即分四编依次著录其中。

清代理学演进之四阶段，钱先生最看重者为第一阶段之晚明诸遗老。明清更迭，社会动荡，学术亦随世运而变迁。钱先生认为，这是一个承先启后的时代，晚明诸遗老在其间做出了不可磨灭的贡献。先生于《清儒学案序目》中指出：

> 当明之末叶，王学发展已臻顶点，东林继起，骎骎有由王返朱之势。晚明诸老，无南无朔，莫不有闻于东林之传响而起者。故其为学，或向朱，或向王，或调和折衷于斯二者，要皆先之以兼听而并观，博学而明辨。故其运思广而取精宏，固已胜夫南宋以来之仅知有朱，与晚明以来之仅知有王矣。抑且孤臣孽子，操心危而虑患深，其所躬修之践履，有异夫宋明平世之践履，其所想望之治平，亦非宋明平世之治平。故其所讲所学，有辨之益精，可以为理学旧公案作最后之论定者；有探之益深，可以自超于理学旧习套而别辟一崭新之蹊径者。

这就是说，明清之际诸大儒，无论是为学之广博，思虑之精深，还是践履之笃实，皆远迈宋明，不啻数百年理学所结出之硕果。因此，钱先生得出结论："不治晚明诸遗老之书，将无以知宋明理学之归趋。观水而未观其澜，终无以尽水势之变也。"[①]

编入此一阶段的案主凡 14 位，其学案依次为：孙奇逢《夏峰学案》第一，黄宗羲《梨洲学案》第二，张履祥《杨园学案》第三，陆世仪《桴亭学案》第四，顾炎武《亭林学案》第五，王夫之《船山学案》第六，胡承诺《石庄学案》第七，谢文洊《程山学案》第八，李颙《二曲

---

① 钱穆：《清儒学案序目》篇首《序》，《钱宾四先生全集》第 22 册，台北联经出版事业股份有限公司，1982 年，第 590 页。

学案》第九，颜元《习斋学案》第十，陈确《乾初学案》第十一，张尔岐《蒿庵学案》第十二，应扬谦《潜斋学案》第十三，费密《燕峰学案》第十四。

较之晚明诸遗老时代略后，则是入清以后之理学诸儒。编入此一阶段的案主凡 13 位，其学案依次为：汤斌《潜庵学案》第十五，陆陇其《稼书学案》第十六，毛奇龄《西河学案》第十七，李塨《恕谷学案》第十八，唐甄《圃亭学案》第十九，刘献廷《继庄学案》第二十，彭定求《南畇学案》第二十一，邵廷采《念鲁学案》第二十二，劳史《余山学案》第二十三，张伯行《孝先学案》第二十四，杨名时《凝斋学案》第二十五，朱泽沄《止泉学案》第二十六，李绂《穆堂学案》第二十七。

钱先生认为，顺治、康熙、雍正三朝，是一个理学为清廷所用，以为压制社会利器之时代。因此，理学中人，无论朝野，皆不可与上一阶段相比。对于此一阶段的理学大势，钱先生归纳为：

> 遗民不世袭，中国士大夫既不能长守晚明诸遗老之志节，而建州诸酋乃亦唱导正学以牢笼当世之人心。于是理学道统，遂与朝廷之刀锯鼎镬更施迭使，以为压束社会之利器。于斯时而自负为正学道统者，在野如陆陇其，居乡里为一善人，当官职为一循吏，如是而止。在朝如李光地，则论学不免为乡愿，论人不免为回邪。此亦一述朱，彼亦一述朱。往者杨园、语水诸人谨守程朱矩矱者，宁有此乎？充其极，尚不足追步许衡、吴澄，而谓程朱复生，将许之为护法之门徒，其谁信之？其转而崇陆王者，感激乎意气，磨荡乎俗伪，亦异于昔之为陆王矣。[1]

乾嘉时代，经学考据之风甚盛，俨然一时学术主流。面对理学之落

---

① 钱穆：《清儒学案序目》篇首《序》，《钱宾四先生全集》第 22 册，台北联经出版事业股份有限公司，1982 年，第 590—591 页。

入低谷，钱先生挥去表象，直指本质，做出了如下别具只眼的揭示：

> 理学道统之说，既不足餍真儒而服豪杰，于是聪明才智旁进横轶，群凑于经籍考订之途。而宋明以来相传八百年理学道统，其精光浩气，仍自不可掩，一时学人终亦不忍舍置而不道。故当乾嘉考据极盛之际，而理学旧公案之讨究亦复起。徽、歙之间，以朱子故里，又承明末东林传绪，学者守先待后，尚宋尊朱之风，数世不辍。通经而笃古，博学而知服，其素所蕴蓄则然也。及戴东原起而此风始变。东原排击宋儒，刻深有过于颜、李，章实斋讥之，谓其饮水忘源，洵为确论。然实斋思想议论，亦从东原转手而来。虫生于木，还食其木，此亦事态之常，无足多怪。理学本包孕经学为再生，今徽、歙间学者，久寝馈于经籍之训诂考据间，还以视夫宋明而有所献替，亦岂遽得自逃于宋明哉！故以乾嘉上拟晚明诸遗老，则明遗之所得在时势之激荡，乾嘉之所得在经籍之沉浸。斯二者皆足以上补宋明之未逮，弥缝其缺失而增益其光耀者也。[1]

视乾嘉诸儒之沉浸经籍与明清之际诸大儒之回应时势为异曲同工，超越门户，睿识卓然。

编入此一阶段的案主凡 15 位，其学案依次为：汪绂《双池学案》第二十八，陈弘谋《榕门学案》第二十九，雷铉《翠庭学案》第三十，张秉直《萝谷学案》第三十一，韩念周《公复学案》第三十二，全祖望《谢山学案》第三十三，戴震《东原学案》第三十四，程瑶田《易畴学案》第三十五，汪缙《大绅学案》第三十六，彭绍升《尺木学案》第三十七，章学诚《实斋学案》第三十八，恽敬《子居学案》第三十九，凌廷堪《次仲学案》第四十，焦循《里堂学案》第四十一，阮元《芸台

---

[1]　钱穆：《清儒学案序目》篇首《序》，《钱宾四先生全集》第 22 册，台北联经出版事业股份有限公司，1982 年，第 591 页。

学案》第四十二。

晚清七十年，理学一度俨若复兴，然而倏尔之间已成历史之陈迹。依钱先生之所见，道光、咸丰、同治、光绪四朝之理学，不惟不能与晚明诸遗老相比，而且较之乾嘉亦逊色，充其量不过可以同顺康雍并列。用钱先生的话来说，就是：

> 此际也，建州治权已腐败不可收拾，而西力东渐，海氛日恶。学者怵于内忧外患，经籍考据不足安定其心神，而经世致用之志复切，乃相率竞及于理学家言，几几乎若将为有清一代理学之复兴。而考其所得，则较之明遗与乾嘉皆见逊色。①

编入此一阶段的案主凡 22 位，其学案依次为：姚学塓《镜塘学案》第四十三，潘咨《诲叔学案》第四十四，唐鉴《镜海学案》第四十五，潘德舆《四农学案》第四十六，黄式三《儆居学案》第四十七，夏炘《心伯学案》第四十八，方坰《生斋学案》第四十九，吴廷栋《竹如学案》第五十，李棠阶《强斋学案》第五十一，魏源《默深学案》第五十二，鲁一同《通甫学案》第五十三，罗泽南《罗山学案》第五十四，朱次琦《九江学案》第五十五，陈澧《东塾学案》第五十六，曾国藩《涤生学案》第五十七，郭嵩焘《筠轩学案》第五十八，刘蓉《霞仙学案》第五十九，刘熙载《融斋学案》第六十，黄以周《儆季学案》第六十一，张之洞《香涛学案》第六十二，刘光蕡《古愚学案》第六十三，郑杲《东甫学案》第六十四。

中国古代学术，尤其是宋明以来之理学，何以会在迈入近代社会门槛的时候形成这样一种局面？钱先生认为，问题之症结乃在不能因应世

---

① 钱穆：《清儒学案序目》篇首《序》，《钱宾四先生全集》第 22 册，台北联经出版事业股份有限公司，1982 年，第 591—592 页。

变，转而益进。相反，路愈走愈窄，直至无从应变迎新而为历史淘汰。钱先生就此尖锐地指出：

> 抑学术之事，每转而益进，途穷而必变。……至于理学，自有考亭、阳明，义蕴之阐发，亦几乎登峰造极无余地矣。又得晚明诸遗老之尽其变，乾嘉诸儒之纠其失，此亦途穷当变之候也。而西学东渐，其力之深广博大，较之晚汉以来之佛学，何啻千百过之！然则继今而变者，势当一切包孕，尽罗众有，始可以益进而再得其新生。明遗之所以胜乾嘉，正为晚明诸遗老能推衍宋明而尽其变。乾嘉则意在蔑弃宋明而反之古，故乾嘉之所得，转不过为宋明拾遗补阙。至于道咸以下，乃方拘拘焉又欲蔑弃乾嘉以复宋明，更将蔑弃阳明以复考亭。所弃愈多，斯所复愈狭，是岂足以应变而迎新哉？[①]

这是历史的悲剧，乃时代使然。

三、精进不已终身以之

在《清儒学案序目》刊布 30 余年后的 1977 年 8 月，钱宾四先生以 83 岁高龄，为此一旧作写了一篇《后跋》。文中，钱先生既回顾了早年奉命结撰《清儒学案简编》之故实，于二曲、程山二家学案，因多所创获而殊自惬意。同时，又慨叹学无止境，年光邅逝，已不能如当年之"晨夜繙阅，手自誊录"[②]。恭读钱宾四先生之《后跋》，令人感悟最深者，便是钱先生于清儒学术之执着追求，精进不已。从 1947 年发

---

① 钱穆：《清儒学案序目》篇首《序》，《钱宾四先生全集》第 22 册，台北联经出版事业股份有限公司，1982 年，第 592—593 页。

② 钱穆：《清儒学案序目》篇末附《后跋》，《钱宾四先生全集》第 22 册，台北联经出版事业股份有限公司，1982 年，第 619 页。

表《论清儒》，到 1978 年完成《太炎论学述》，30 余年间，钱先生除结撰《朱子新学案》《朱学流衍考》之外，于清代诸大儒，若陆桴亭、顾亭林、陆稼书、吕晚村、王白田、钱竹汀、罗罗山、朱九江、朱鼎甫诸家，皆有专题学述。其他论文所议，则及朱舜水、方密之、王船山、阎百诗、姚立方、姜白岩、段懋堂、魏默深诸儒。凡所论列，无一不是对《中国近三百年学术史》和《清儒学案》之发展与深化。以下，谨以钱先生于 1976 年 6 月发表之《读段懋堂经韵楼集》一文为例，试觇一斑。

《读段懋堂经韵楼集》，是一篇考论段懋堂与理学因缘的重要文字。嘉庆十四年（1809），段懋堂时年七十五。是年，段氏于《经韵楼集》留有三篇文字，其一为《娱亲雅言序》，其二为《博陵尹师所赐朱子小学恭跋》，其三为《答顾千里书》。三文或批评"今之言学者，身心伦理不之务，谓宋之理学不足言，谓汉之气节不足尚，别为异说，簧鼓后生。此又吾辈所当大为之防者"[1]；或表彰朱子《小学》"集旧闻，觉来裔，本之以立教，实之以明伦敬身，广之以嘉言善行。二千年圣贤之可法者，胥于是在"[2]；或告诫年轻俊彦须读"子朱子《小学》"，指出"未有无人品而能工文章者"。[3] 正是以此三文为依据，钱先生论证，段懋堂"其心犹不忘宋儒之理学"，"一瓣心香之深入骨髓可知"。[4]

由此而进，钱先生再合观段氏先前所撰《戴东原集序》《刘端临先生家传》二文，并通过考察懋堂与同时诸大儒之往还，从而得出段氏为学及一时学风之重要判断："懋堂之学术途径与其思想向背，自始以来，显无以经学、理学相对抗意。而其同门如王石臞，至好如刘端临，亦皆绝不作此想。此可知当时之学风也。"继之，钱先生又以宝应刘氏、高邮王氏家学之传衍为据，指出"治经学而不蔑理学"，乃乾嘉间高邮、

---

① 段玉裁：《经韵楼集》卷八《娱亲雅言序》。
② 段玉裁：《经韵楼集》卷八《博陵尹师所赐朱子小学恭跋》。
③ 段玉裁：《经韵楼集》卷十一《答顾千里书》。
④ 钱穆：《读段懋堂经韵楼集》，《钱宾四先生全集》第 22 册，台北联经出版事业股份有限公司，1982 年，第 408—409 页。

宝应两邑之学风。钱先生说:"是宝应刘氏,自端临、楚桢、叔俛三世,家教相传,正犹如高邮王氏,自安国、石臞、伯申三世之家教相传,治经学而不蔑理学也。"①

钱先生探讨段懋堂与理学之因缘,进而据以观察乾嘉间之江南学风,不惟深化了段懋堂学行的研究,而且也为研究乾嘉学派与乾嘉学术开辟了新的路径。钱先生所示范的为学方法告诉我们,研究乾嘉学派与乾嘉学术,应当注意考察理学与经籍考证之关系,以及彼此渗透所演成之学风变迁。20世纪80年代,陈鸿森教授沿此路径而深入开拓,爬梳文献,多方搜讨,终于获得重要之学术发现。

根据鸿森先生之研究所得,先于钱先生所揭嘉庆十四年(1809)之段氏三文,之前一年,段懋堂即在致王石臞书中,以"剿说汉学"与河患并提,同指为一时社会病痛,主张"理学不可不讲"。据云:"今日之弊,在不尚品行政事,而尚剿说汉学,亦与河患相同。然则理学不可不讲也,执事其有意乎?"②迄于嘉庆十九年段氏80岁,此念愈深且更其明确。是年九月,段懋堂有书复闽中陈恭甫,重申:"愚谓今日大病,在弃洛、闽、关中之学不讲,谓之庸腐。而立身苟简,气节败,政事芜,天下皆君子,而无真君子,未必非表率之过也。故专言汉学,不治宋学,乃真人心世道之忧,而况所谓汉学者,如同画饼乎!"③以汉学大师而抨击汉学弊病,昌言讲求宋儒理学,足见嘉庆中叶以后,学风败坏,已然非变不可。诚如鸿森先生之所见:"据此书,略可推见段氏晚年之思想及其对当时学风之批评。乃近世论乾嘉学术者,类多忽之不视,今亟宜表出之。"④

---

① 钱穆:《读段懋堂经韵楼集》,《钱宾四先生全集》第22册,台北联经出版事业股份有限公司,1982年,第418页。

② 段玉裁:《与王怀祖书》,见陈鸿森《段玉裁年谱订补》"嘉庆十三年、七十四岁"条。

③ 段玉裁:《与陈恭甫书》,见陈寿祺《左海文集》卷四《答段懋堂先生书》附录;又见《左海经辨》卷首《金坛段懋堂先生书》之三,唯系节录。

④ 陈鸿森:《段玉裁年谱订补》"嘉庆十九年、八十岁"条。

四、余论

　　钱宾四先生著《中国近三百年学术史》《清儒学案》，倡导清代理学研究，开辟路径，奠定根基，做出了不可磨灭的历史贡献。近者，欣悉颇有学者起而继承钱先生之未竟事业，致力于有清一代理学之全面梳理。钱宾四先生著《清儒学案》，所最服膺之李二曲、张杨园二家，《二曲全集》已于 20 世纪 90 年代初，承陈俊民教授整理出版，《杨园先生全集》亦在 2002 年 7 月由中华书局刊出。所有这些，或可告慰钱先生于九泉之下。

　　1995 年，香港中文大学新亚书院召开"纪念钱宾四先生百年冥诞学术讨论会"，祖武有幸忝列旁听。在送请与会先进赐教之拙文末，笔者妄议："近人治清代学术史，章太炎、梁任公、钱宾四三位大师，后先相继，鼎足而立。太炎先生辟除榛莽，开风气之先声，首倡之功，最可纪念。任公先生大刀阔斧，建树尤多，所获已掩前哲而上。宾四先生深入底蕴，精进不已，独以深邃见识而得真髓。学如积薪，后来居上，以此而论章、梁、钱三位大师之清代学术史研究，承先启后，继往开来，总其成者无疑当属钱宾四先生。笔者妄论，今日吾侪之治清代学术史，无章、梁二先生之论著引路不可，不跟随钱宾四先生之《中国近三百年学术史》深入开拓尤不可。这便是在今日及尔后的清代学术史研究中，钱宾四先生不可取代的卓越历史地位。"十余年过去，祖武依然秉持此一信念。发扬光大钱宾四先生之学术思想与事业，乃是今日对钱先生最好的纪念。